U0954217

中国社会科学院金融研究所
Institute of Finance & Banking, Chinese Academy of Social Sciences
特华博士后科研工作站
Tehua Postdoctoral Programme

Thesis Series on China's Finance

中国金融论丛

(2014)

总　编　李　扬　李光荣
主　编　王　力　黄育华

经济科学出版社

图书在版编目（CIP）数据

中国金融论丛.2014/李扬，李光荣主编.—北京：经济科学出版社，2013.12

ISBN 978-7-5141-4013-2

Ⅰ.①中… Ⅱ.①李…②李… Ⅲ.①金融-研究-中国-文集 Ⅳ.①F832-53

中国版本图书馆 CIP 数据核字（2013）第 272934 号

责任编辑：柳　敏　宋　涛
责任校对：苏小昭
版式设计：齐　杰
责任印制：李　鹏

中国金融论丛（2014）
总　编　李　扬　李光荣
主　编　王　力　黄育华
经济科学出版社出版、发行　新华书店经销
社址：北京市海淀区阜成路甲 28 号　邮编：100142
总编部电话：010-88191217　发行部电话：010-88191522
网址：www.esp.com.cn
电子邮件：esp@esp.com.cn
天猫网店：经济科学出版社旗舰店
网址：http://jjkxcbs.tmall.com
汉德鼎印刷厂印刷
华玉装订厂装订
710×1000　16 开　26.75 印张　440000 字
2013 年 12 月第 1 版　2013 年 12 月第 1 次印刷
ISBN 978-7-5141-4013-2　定价：50.00 元
（图书出现印装问题，本社负责调换。电话：010-88191502）

论企业的物质资本与非物质资本

什么是物质资本和非物质资本？我认为一个国家、一个民族、一个行业、一个企业，甚至于每一个人，都承载着这两种形态的资本。

广义地说，资本是人类创造物质精神财富的各种社会经济资源的总称；狭义地说，资本既代表着基本生产要素，又代表着社会金融财富。一般而言，人们习惯将资本分为三类：产业资本、金融资本和人力资本。我认为，无论是产业资本还是金融资本，都属于物质资本范畴，在物质资本范畴之外，还有一个更为重要的资本范畴，那就是非物质资本。

非物质资本的范围非常广泛，包括理念、理论、管理方法、营运模式、决策层智慧、品牌、商誉和团队执行力，以及在最近我参加的东盟博览会和夏季达沃斯论坛上，李克强总理讲话中有关扫清体制障碍、改善监管环境、释放政策红利、打破行业垄断和压缩寻租空间的一系列论述等。我们分析非物质资本，不能只讲正面的，讲所谓的“正能量”。对于落后的营运模式、管理制度和政策环境，例如非洲的落后状态、可供开发的有提升空间的闲置资产以及年轻人的年龄，都可以纳入非物质资本的范畴。物质资本和非物质资本共同构成了广义资本的概念。

马克思说过：“资本来到世间，从头到脚，每个毛孔都滴着血和肮脏的东西。”这句话一针见血地揭示了资本追逐剩余价值而剥削雇佣劳动者的实质，即资本的利己性，我想这并不能概括一切社会形态下资本属性的全部含义。亚当·斯密一生奉献了两部传世经典，《国富论》和《道德情操论》，很多人可能对《国富论》更为熟悉一些，但我认为《道德情操论》对当前物欲横流的社会更有现实意义。温家宝同志曾五次推荐《道德情操论》，在2008年我参加的夏季达沃斯论坛的总理接见会上，他强调“企业家的血管里要流着道德的血”，1976年诺贝尔经济学奖得主米尔顿·弗里德曼也曾说，“不读《国富论》不知道应该怎样才叫‘利己’，读了《道德情操论》才知道‘利他’才是问心无愧的‘利己’”。因此，利己仅是物质资本的本质属性，至于非物质资本，它的本质属性则呈现出利他性。

物质资本的利己性，是现代西方经济学经济人假设和理性选择原理的核心观点，承认物质资本的利己性，是运用和发挥物质资本力量的前提。物质资本不仅总是在国内市场追逐最高收益，只要有可能，它还会在全球范围内追逐最高收益。非物质资本是人类社会赖以维系、和谐发展的基础，对于促进人类福利能够发挥更为基本的作用，是市场经济良性运行不可或缺的润滑剂。物质资本的合理利己是正常的，过度利己则不正常，就成为贪婪。人们在积累物质资本的同时，也在沉淀着非物质资本的力量。物质资本决定非物质资本，不同性质的物质资本积累过程将会形成完全相反的非物质资本状态，过度利己、贪婪的物质资本主导下的经营所形成的非物质资本力量是负面的，表现为客户不放心、合作者不放心、政府监管部门更不放心，路会越走越窄，甚至破产倒闭；另外，合理利己、阳光的物质资本主导下的经营所形成的非物质资本力量是正面的、符合人类发展方向的，表现为社会认同、客户放心、合作者放心、政府监管部门放心、追随者云集，是一条可持续发展之路；非物质资本对物质资本具有能动的反作用，非物质资本的状态影响物质资本积累的时间、成本、风险和效益，一个企业一旦形成一股阳光、利他、正面、理性的非物质资本的“正能量”，就可以通过非物质资本能动的反作用，使物质资本积累的过程时间更短、成本更低、风险更小、效益更高。反之，会得到相反的结果。我们要学会运用非物质资本的利他性，理性地驾驭物质资本的过度利己。物质资本的利己和非物质资本的利他，是辩证统一的关系。

在中国改革开放后成长起来的众多企业当中，有不少同时注重物质资本和非物质资本积累、协调发展和匹配运行的典范。他们不仅聚集了可观的物质资本，同时非常重视将物质资本力量上升转化为非物质资本强大的“正能量”，沉淀了极具价值的非物质资本，形成了正面、强大的非物质资本力量，得到了社会各界的高度认可。

当然，也有许多反面的例子说明，贪婪的资本不可持续，不遵纪守法的资本价值为零甚至是负数。历史已多次给我们敲响了警钟，现实也时时刻刻在为我们提供反面教材。因此，我们要用非物质资本的正能量，理性驾驭物质资本的利己性，壮大资本的力量。

如何理性驾驭资本的利己性，壮大金融企业的资本力量？换句话说，金融企业怎么做才有价值？我认为不外乎以下三点：

首先，必须探寻、认识、遵循并实践金融资本的本质规律，做到“三理”。一是坚持正确的理念，它解决金融为谁的问题，金融必须服务社会、助推经济，为百姓、为客户谋利益，这是必须坚持的理念。一旦理念出了问题，理论就很难客观，操作也难以理性。我们既要承认资本的逐利性，又要坚决反对资本的贪婪，善于运用正确的理念，理性驾驭资本的利己性，这样才不至于酿成巨大的风险。二是把握客观的理论，简单概括起来，金融资本的发展应遵循“三个三”的理论。第一是金融企业的“三个属性”：企业属性，必须盈利；金融属性，必须融通资金；社会属性，必须承担应有的社会责任。第二是金融企业“价值三要素”理论：客户资源、营销网络、产品和服务，一个企业只有具备了差异化和覆盖面广的销售网络、一批有竞争力的产品和服务、一批真诚稳定的客户群，这个企业才有可能创造价值；“三个能力”即资本能力、规模能力、风险控制能力，作为金融机构，这三个能力是最基本、最主要的。第三是在正确理念和客观理论的基础上，规规矩矩、心存敬畏，保持操作的理性。

其次，要按现代公司有效治理的要求，培育主动治理的企业文化，打造有效治理的长效机制。具体而言，一是要建立科学的决策机制。科学划分股东、董事与经营层之间的决策权限与流程，确保实现科学、民主、高效决策，确保不存在廉价投票权。二是要建立有效的职业经理人选任机制。优秀的职业经理人可以为企业创造巨大财富，甚至改变一家企业的命运，这一点在经营风险的金融业表现得尤为突出。三是要致力于打造所有者与经营者激励相容的中长期激励机制。激励不足时，不但员工没有积极性，而且极有可能留不住人。激励不恰当时，“少的确实少、多的还想多”。四是“多的也想走、少的留不住”，甚至导致经理人过分追求高风险、高回报的投资，使企业的经营风险无法得到有效控制。五是要建立有效的监督机制。监督作为最后的机制，其核心在于确保不存在廉价监督权，其中，监事会对执行董事及管理层在经营和财务中的过程监督尤为重要。

最后，“依法合规明得失，人间正道是沧桑”，金融资本必须依法合规经营。金融业是国民经济的命脉，是受政府严格监管的行业。金融业的监管法律法规既是吸取教训、总结经验的成果，又是尊重规律的本质体现和调整社会经济关系的最低要求，其目的是为了有关行业及相关机构的健康可持续发展，并更好地服务于经济社会发展，其导向是金融要为社会、为客户、为百姓谋利益。因此，依法合规经营，是金融企业必须自觉遵守的底线，主动接受政府的监管，是对金融资本的最低要求，例如中国保险业的偿付能力充足率监管、银行业的资本充足率监管以及证券、信托业的净资本监管等。

金融资本力量的聚集是一个不断努力做“加法”的过程。“好事不出门，坏事传千里”，企业不经意地做“减法”，那么它的客户、合作者、监管部门就会十倍百倍地跟企业做“减法”。与此相反，建立恰当的激励机制，达到风险与收益的平衡，按照“三理”的要求，遵循金融的本质规律，建立规范的治理机制，依法合规经营，主动接受监管，赋予企业管理层独立自主经营权，不干预企业的日常经营管理，讲道德、讲良心等，都是做“加法”，其结果是客户放心，合作者放心，监管部门也放心。

金融企业在不断壮大物质资本力量，并上升转化为非物质资本的“正能量”过程中，要处理好三个方面的矛盾关系：

第一，金融企业每一笔业务、每一个流程的合规合法与该企业战略目标的实现和效益的提高同等重要。两者相矛盾时，前者优先。金融企业要想实现长期持续较快发展，就要树立可持续发展的文化理念，而可持续发展的文化理念是不允许违规违法的，对违规违法必须是零容忍。所以作为金融企业的管理者，要鼓励员工走人间正道，做事业卫士，“勿以恶小而为之”。要鼓励员工牢固树立强烈的历史使命感和社会责任感，在各自的岗位上为事业站好岗、把好关，对法律法规、政府监管要心存敬畏，所做的每一笔业务、工作中的每一个流程都要合规合法。对不遵纪守法或违反监管规定的行为，无论有什么借口——诸如为了加快发展、为了提高效益之类，都要敢说“不”，尤其是不能一味地盲目迎合上级。这才是真正意义上的对事业负责、对上级负责、对自己负责。

第二，通过有效治理提高现有物质资本效益来实行规模扩张与通过新的兼并收购实行规模扩张同等重要。两者相矛盾时，前者优先。

对于一个成长型企业特别是集团公司，“跑马圈地”、投资收购很重要，它可以实现规模的快速扩张，做大做强。但是，跑马圈地了，投资了，收购了，只是有了收入效益的预期，并不等于收入效益就实现了。只有跑马圈地者从马背上下来，到田地里精耕细作，才能巩固实现圈地时所预期的效益。10年前，我们放弃其他金融机构的股权，一心一意经营华安，正是基于这样的考虑。像华安保险这样成立十八年的金融企业，还有更重要的规模扩大的路径，即通过非物质资本提高物质资本效益。所以，金融企业要加强对现有牌照价值的挖掘及其专业化经营。因为从“机会成本”原理来讲，这可能比新投入兼并收购付出更少的资本支出而获得更多的回报。

第三，加强品牌形象的树立与信誉的维护等非物质资本力量的聚集与物质资本力量的聚集同等重要。两者相矛盾时，前者优先。

如果非物质资本力量的聚集跟不上物质资本力量的聚集速度，或者两者不相匹配，就会拖累一份事业发展的进程与方向，甚至会毁掉一份事业。金融企业必须从自我做起，规规矩矩做事，有始有终待人，配备有专门机构、专业人员、专项激励机制的“三专”政策措施，加强品牌形象的树立和信誉的维护等方面非物质资本力量的聚集，确保非物质资本与物质资本的匹配。例如，作为金融企业，产品到期后要按期兑付，出现法律纠纷时要主动化解，要以换位思维兼顾合作者利益，乃至媒体维护和舆情管理等都非常重要。

总之，金融企业经营管理要学会运用非物质资本的利他性，理性地驾驭物质资本的过度利己，“规规矩矩，心存敬畏，有始有终，敢于担当”，像保护我们自己的眼睛和心脏一样来保护企业的信誉和品牌，才能在未来路上走得更远！

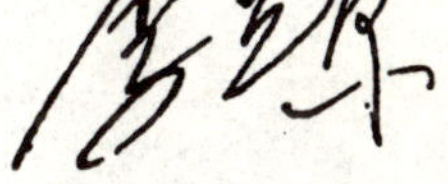

2013 年 12 月

目录

综合经济篇

互联网金融挑战现有电子支付体系 …………………………………… (3)
西部金融业发展的现状问题与建议 …………………………………… (9)
中国经济——尚无日本式衰退风险 …………………………………… (18)
中美智库的外部环境因素对比研究 …………………………………… (25)
中国非官方智库的机遇、挑战与发展路径 ……………………………… (32)
中国思想库发展的外部环境辨析与对策研究 …………………………… (40)
关于我国地方政府债务风险现状的研究 ………………………………… (49)
关于我国地方政府发行债券市场的研究 ………………………………… (59)
关于我国地方政府债务偿债机制的研究 ………………………………… (65)
城市化与产业关系：理论演进与述评 …………………………………… (73)
基础设施投资还能拉动经济增长吗?
——基于1995~2011年全国30个省市地区
分行业面板数据分析 …………………………………………… (81)

金融市场篇

金融监管体系的变迁历史及对中国的启示 ……………………………… (99)

利率市场化背景下利率衍生产品发展策略 …………………………… (108)
重启资产证券化：国际经验与我国实践 ……………………………… (125)
人民币跨境直接投资与人民币"走出去" …………………………… (136)
约翰·泰勒对货币理论和货币政策的贡献 …………………………… (144)
制度环境结构质量对利率市场化改革的影响
——基于影子货币与国际货币国家面板数据研究 ……………… (161)
存款保险制度的必要性与制度设计 ……………………………………… (185)
中美股市联动的经济基础和传染现象 ………………………………… (190)
新形势下中国金融条件的测度与衡量研究 …………………………… (202)
利率市场化加速对我国商业银行的影响分析 ………………………… (215)

银行机构篇

中央银行应在金融宏观审慎管理中发挥主导作用 ……………………… (231)
中央银行支付清算体系中的抵押品管理 ……………………………… (240)
商业银行核心功能的非银行化及其影响 ……………………………… (247)
FDIC 关于本国银行境外分行存款保护的最新修订与启示……………… (254)
冰岛 Icesave 银行破产存款赔付跨境诉讼案的启示………………… (263)
KDIC 关于互助储蓄银行现场检查权的改革与启示 ………………… (271)
新时期我国大型商业银行零售业务发展的战略思考 ………………… (280)
关于商业银行加强城镇化建设金融支持的思考 ……………………… (289)

信托信用篇

民事信托在我国的实践与发展 …………………………………………… (303)
民事信托在老龄化社会的应用与发展 ………………………………… (314)
节省信托制度初探
——从比较法的视角看我国信托法相关规定的不足与完善 …… (320)

我国征信业的市场化发展及有限监管 …………………………………… (330)
征信机构的有限监管及其市场化发展
——《征信业管理条例》解读 ……………………………………… (341)
征信新规构建社会诚信激励约束机制 …………………………………… (349)
征信业监管制度及其边界 ………………………………………………… (353)
主权信用评级的决定因素与信用评级机构的规范化研究 ……………… (360)
信托公司声誉机制及监管对策 …………………………………………… (375)

保险市场篇

构建完善农业保险体系　提高三农保险保障作用 ……………………… (385)
政策性农业保险的发展和顶层设计探讨 ………………………………… (392)
政策性农业保险的现状和发展路径探讨
——以天津市为例 ……………………………………………………… (406)

综合经济篇

互联网金融挑战现有电子支付体系

王大威

就在最近十年里，我们已经看到互联网技术的应用，特别是云计算、搜索引擎、社交网络等已经引发了媒体行业、零售业和部分服务行业的变革，而现在这种影响力已经逐渐渗透到金融行业当中。

广义的金融泛指一切与信用货币的发行、保管、兑换、结算，融通有关的经济活动，其核心是跨时间、跨空间的价值交换，所有涉及价值或者收入在不同时间、不同空间之间进行配置的交易都是金融交易。随着互联网的迅猛发展，金融交易已经从传统的专网不断向互联网进行渗透，互联网将金融跨时间、跨空间的价值交换发挥到了极致，并且这种趋势还在呈几何级数增长。目前部分商业银行、基金公司、保险公司已经开始通过社交网络推广自己品牌或者直接在网上销售金融产品，这就已经是互联网金融了。

不论是哪种互联网金融，电子支付体系都将是不可忽略的重要基础设施。和现有的网络商品交易相比，互联网金融交易的特点是：金额规模巨大，营销所产生的爆发力更强，容错率也更低，这就要求在电子支付这个基础设施环节必须做到的高效、稳定、安全和灵活的资金流转。没有这个基础，互联网金融就只能是空中楼阁。

一、电子支付体系发展现状

国内电子支付体系主要是在中国电子商务网上支付的应用背景下产生和发展的。

1998 年 4 月，招商银行在一网通网页上率先推出“网上企业银行”服务，成为国内首家推出网上业务的商业银行。1999 年首信易推出网关支付平台，标志着我国非金融机构支付平台的产生。

然而，由于电子商务中的商家与消费者之间的交易不是面对面进行的，而且物流与资金流在时间和空间上也是分离的，这种没有信用保证的信息不对称，导致了商家与消费者之间的博弈：商家不愿先发货，怕货发出后不能收回货款；消费者不愿先支付，担心支付后拿不到商品或商品质量得不到保证。博弈的最终结果是双方都不愿意先冒险，网上购物无法进行。

2003 年 10 月，支付宝率先创造性地推出了“担保交易”的形式，在商家与消费者之间建立了一个公共的、可信任的中介，一举解决了买卖双方互不信任的难题。而且，通过第三方支付可以使商家看不到客户的银行卡信息，同时又避免了银行卡信息在网络上多次传输而导致信息泄露。因此第三方支付模式同时满足了电子商务中商家和消费者对信誉和安全的要求，它的出现和发展在推动电子商务产业发展的同时，也大大推动了相关信任环境和安全机制的建设。2005 年以后，随着国内网上购物的普及，电子支付市场进入蓬勃发展时期，市场参与者越来越多，政府部门为适应市场发展的需要，加快了相关法律法规的建立。《电子签名法》、《电子支付指引（第一号）》、《支付清算组织管理办法（征求意见稿）》等相关法律法规文件相继出台，为国内电子支付的发展提供了政策和法律方面的保障，促进了电子支付产业快速发展，初步形成一条由商业银行、非金融支付机构、商户等组成的产业链。

在非金融支付机构出现之前，传统的市场交易一直由银行提供支付结算的金融服务，但是随着市场交易虚拟化，商业银行的支付系统无法满足网络交易需求。

例如，网上交易活动的完成涉及异地异行间多个银行系统配合才能完成，前台交易实时与后台结算滞后形成突出矛盾；再如，银行支付方式只具备资金的传递功能，不能对交易双方进行约束和监督，这使银行不可能承担网上交易资金损失和货物保障的赔付承诺，这种交易方式本身就存在着信任缺失的危机；又如，网上交易的高风险和高成本，给银行带来资金风险，使银行不愿意经营大量的零售结算业务等。

上述问题的存在为支付宝等非金融支付机构的介入提供了良好的契

机，通过提高整个电子支付体系效率和适应性，使其能适应电子商务市场的快速发展。

在目前的电子支付产业链中，商业银行既是所有网上支付的资金源头又是结算后台，所有的电子支付资金流转还是运行在商业银行体系内；而非金融支付机构则是托管在银行系统之上的支付体系。

非金融支付机构对于整个电子支付体系的价值主要体现在4个方面：

其一，在网络信用普遍缺失的情况下，非金融支付机构开创了“担保交易”的支付流程，提高了网上交易中商家和消费者的相互信任，促进交易成功实现。

其二，通过云计算等网络技术，提高电子支付系统稳定性。以2011年淘宝光棍节大促为例，当天凌晨0：01分瞬间有超过5.5万笔交易同时涌入支付宝系统，8分钟之内成交额突破1亿元，当天共成功完成了3 369笔交易，创造了新的电商世界纪录。除此以外，支付宝当天还接待了超过90 000位客户的来电咨询，向用户发送短信近1 700万条。如果没有云计算技术和产业链合作，任何一个世界级的支付平台都会瘫痪。

其三，大幅度提高支付成功率和便捷性。例如，支付宝推出的“快捷支付”服务，消费者不用开通网银，直接通过输入银行卡面信息就可以完成网上购物付款。该服务不仅有效减少了网上支付步骤，而且还大幅度提高了支付成功率，网上商户在不做任何追加成本投入的情况下，就可以增加近四成的交易额。

其四，利用互联网安全技术分担支付风险。

除了资金流转本身的价值以外，非金融支付机构还为金融机构的产品和服务的营销提供运营推广平台。例如，支付宝的“收银台立减”和“积分POS”，都帮助合作伙伴银行提供了客户营销平台，不仅可以吸引新客户办卡，更可以激发持卡客户消费的积极性。

二、电子支付体系的发展趋势

可以看得出，目前电子支付体系还是建立在以服务电子商务实物交易为核心的设计理念之上，而互联网金融的交易标的则是虚拟的金融资产，交易规模更大、更频繁，容错率也更低。

中国投资有限责任公司副总经理谢平先生曾经撰文对未来互联网金融的支付体系进行如下描述：随着 Wi－Fi、3G 等技术发展，互联网和移动通信网络的融合趋势已非常明显，有线电话网络和广播电视网络也会融合进来。在此基础上，移动支付将与银行卡、网上银行等电子支付方式进一步整合。未来的移动支付将更便捷、人性化，真正做到随时、随地和以任何方式进行支付。随着身份认证技术和数字签名技术等安全防范软件的发展，移动支付不仅能解决日常生活中的小额支付，也能解决企业间的大额支付，完全替代现在的现金、支票、信用卡等银行结算支付手段。谢平给出的蓝图实际上描绘了电子支付体系发展的三个重要趋势：

其一，终端的离散化。如果回溯一下电子支付的历史，我们就会发现支付终端一直随着金融业发展处于离散化进程中。最初的支付终端完全掌握在银行网点柜台上，人们得拿上身份证、户口本等所有证件，耐心排上一个小时的队等待叫号才能完成一次简单的存取款或者异地汇款。随后的“银行卡—ATM 机—POS 系统”则将收付款终端从银行手中拓展到了商业聚集区、机场、地铁站和所有安装了 POS 机的商户手里。这不仅为商户提供了便利，也大大刺激了银行个人消费信贷的发展。

支付终端的最近一次革命就来自于互联网。终端最终被解放到每个网络商户和用户的手中，可能是笔记本、掌上电脑或手机。这样做的最重要的结果之一就是，商业银行或支付机构可能会面临其所有用户突然因为某种原因，同时发起多笔交易付款或转账，当然也可能会大宗卖出的某类金融资产（就像股票市场上的恐慌性抛售一样）……问题在于，银行和支付机构做好准备了吗？

其二，身份的数字化。支付终端的离散化带来的另一个问题就是身份认证的问题。在并非面对面的情况下，如何区分真实的交易还是欺诈交易？

互联网技术提供了这样一种可能性，通过手机或个人电脑将个人（或企业）的大量行为状态记录并存储到云端（而不仅仅是交易行为），并通过对人的行为的连续性进行分析来识别身份。这种名为“数字化自我（quantified self）”的项目最近在硅谷受到创投公司的重视是由于它能够帮助监测身体特征，阻止疾病的发生，延长人类寿命并且降低医疗成本，但很可能成为网络身份认证的重要技术手段。

身份数字化的另一个重要用途并非出于安全考虑，而是对人的需求进行分析，以便于金融企业为其提供贴身服务。“数字化自我”的魅力在于，当机器给你提供一份金融服务方案的时候，或许你自己都没有意识到自己的真实需要。

其三，服务通用化。或许很多人都认识到互联网上很容易出现巨型企业，这源于同质化竞争在互联网上如此激烈，以至于只有“免费+服务最好”的企业能够生存下来（赢者通吃）。在互联网的世界里更换服务商只有很低的机会成本，很难想象现实世界中人们对品牌的忠诚度，由于客户直接面对的是软件（或者说是自己手机的屏幕），他们对品牌的感受也明显要弱于对服务的感受。换句话说，在互联网上，只有服务差异，没有品牌差异。这也就是为什么互联网如此渴望创新，因为大公司对小公司并没有绝对优势。

❐三、支付行业的困境

不过，目前国内支付体系的发展正面临停滞不前的危险。

第一个问题来自于行政部门。出于监管便利考虑，以及受强大的垄断企业既得利益等因素影响，决策层有意为线上线下资金流动设置防火墙，防止效率更高的互联网支付体系冲击线下支付网络。还有消息称，决策层还考虑将支付机构定位限制为主要服务于小额消费支付，为支付机构的线上虚拟账户设定各种限额和使用限制。

对于互联网金融，尤其是电子支付风险控制的研究仍亟待深入，除了对洗钱、套现、欺诈等风险的防范外，还包括货币电子化后对宏观经济货币政策的影响，等等。不过，如果就此延缓电子支付体系的发展，所带来的后果很可能是整个经济互联网化的大幅放缓，长期来看金融行业的竞争力也会因此而受损。

第二个问题来自于银行与支付机构之间的产业链合作。由于支付机构作为互联网企业成长速度惊人，不少商业银行担心失去对支付体系的主导权。由于害怕支付机构掌握了互联网入口后银行被后台化，部分银行以担心客户信息泄露为名拒绝将客户身份验证过程交给效率更高的支付机构完成；也有的银行为了获得客户交易信息而投入巨资创办一家自己的网上商城（尽管这一行为的可行性值得商榷，但支付机构的确几乎没有机会通过创办一家银行去获取客户的金融资产状况）。

实际上，支付机构与银行的目标客户存在很大差异。对于商业银行而言，80%利润来自于20%的高净值客户，因此商业银行更愿意把资源用于服务大客户。而网络支付企业的主要客户都是那些希望在网上买便宜货的普通消费者。支付机构集中为这些低净值客户提供信用卡还款、缴水电煤气费等民生服务，还能有效缓解银行网点排队压力。

不过商业银行与支付机构之间并未建立“互信”的产业链关系。对于支付机构而言，应该从互联网企业逐步向金融服务平台转型。其一，支付机构应该改变过去单一的产品主导，而是更多从了解金融业改革的层面出发，加强对金融企业需求的了解和服务，加强商业银行对互联网技术、营销方面的培训；其二，提供更加标准化的产品、服务和价格体系；其三，努力向金融行业较为严格的内控、风险控制、信息安全以及合规标准看齐。

而传统金融企业若想要在网络市场中占得先机，还需要进一步解放思想，学习互联网演进规律，尤其是通过融入现有电子支付产业链和电子商务营销链，嫁接最新的互联网技术，为企业的互联网战略夯实基础。

第三个问题来自于外资互联网巨头的威胁。包括苹果、Google、Facebook等国际互联网巨头都不同程度地控制着中国用户的互联网入口。这些创新能力超强的公司不仅中国用户数量惊人、黏度甚至也超过任何一家国内企业；它们掌握着大量国内用户的数据，而且它们都进军电子支付行业。

留给中国支付行业的时间或许并不多了。

原载《银行家》2012年第11期

西部金融业发展的现状问题与建议

王大威　杨贺田

西部地区作为当前我国经济整体规划中的重点支持地区，其在我国西部大开发战略的指引下，经济已取得了长足快速的发展，但也应看到，在取得优异成绩的同时，西部省份在发展数量和质量的综合考评下，仍滞后于东部省份，这其中原因尽管很多，其中不乏西部省份间自然资源、生态环境资源差异较大，整体发展基础相对薄弱等原因，但缺乏结构完善、直接融资间接融资并存的金融体系支撑，使得实体经济、整体产业发展因缺乏金融的有效支持而难以良性高效发展，则是其中的主要原因。当前在西部地区，大型金融机构贷款投向偏向于各项条件相对较优的东部地区，而政策性金融机构的支持力度相对有限，区域性金融机构又发展相对滞后，都造成了当今西部省份的金融发展现状。为此，本文将针对西部地区金融服务业的发展状况进行研究，深入探析西部地区金融服务业的发展状况、趋势，指出当前西部地区金融服务业发展中的存在的问题，并提出相应建议。

一、当前西部地区金融服务业的发展现状

本文所界定的“西部地区”概念，是按照在西部大开发中，我国对西部地区的界定，即其范围共包括陕西省、甘肃省、青海省、宁夏回族自治区、新疆维吾尔自治区、四川省、重庆市、云南省、贵州省、西藏自治区、内蒙古自治区、广西壮族自治区 12 个省份，其中含 5 个自治区、1 个直辖市，面积共 685 万平方公里，约占全国总面积的 71. 4%。2002 年年末人口为 3. 67 亿人，占全国总人口的 25%。约占国内生产总值的 15%。

在此，对西部地区的金融服务业发展现状进行分析。

（一）金融机构存贷款规模保持稳健增长

作为评价一个地区金融规模的重要指标——金融机构存贷款规模，这一指标一直呈增长态势，截至2011年年底，各省份的金融机构本外币存贷款均呈正增长。但也应看到，尽管12个省份均被划为我国西部省份，但各省间的经济发展水平特别是金融发展水平有显著差异，在存款方面，存款规模最大的陕西省为19 348.66亿元，最小的西藏自治区仅为1 662.5亿元，前者为后者的11倍；而贷款方面，规模最大的重庆市为13 001.39亿元，最小的西藏自治区为409.05亿元，前者为后者的31倍。可见，西部12个省份间的金融资金量规模相差极大。

（二）银行类金融机构发展日趋完善

我国金融改革经过30余年的发展，各类金融机构发展日趋完善，西部地区的金融机构设置也日趋健全。在银行类金融机构方面，截至2011年年底，中国工商银行、中国农业银行、中国建设银行和中国银行四大国有商业银行均以省分行形式在西部地区12个省份设置了分行。股份制银行方面，交通银行于2011年作为战略投资者身份筹备发起设立了西藏银行，从而在西部12个省份均设立了分行；招商银行和浦发银行均在9个省份设置了分行；中国民生银行、兴业银行、华夏银行、光大银行在7个省份均设置了分支机构；中信银行在5个省份均设置了分支机构；恒丰银行和浙商银行在4个省份设置了分行；平安银行（原深发展银行）在3个省份设置了分支机构；广发银行在2个省份设置了分支机构；渤海银行在西部12个省份均未设置网点。城商行和农村信用合作社方面，包括股份制银行较少设置网点的西藏自治区，也由交通银行发起设立了西藏银行，其他11个省份也有由过去城市信用社改制成的城商行，宁夏回族自治区更是将区内城商行整合成立了宁夏黄河银行。而各省份的农信系统，除重庆市，整体改制为重庆农村商业银行并在中国香港上市外，其他均在各省份的省联社体系服务、管理下运行。

（三）证券业保持持续发展

西部证券业多年来保持了持续快速发展，各省份均有1~2家本地证券公司，国内一些大型证券公司也均在西部12省份的一些主要省份设置了营业部。以近年来发展迅猛的能源大省——内蒙古自治区为例，截至2011年年底，共有2家本地证券公司，为恒泰证券股份公司（注册资本21.95亿元）、日信证券有限公司（注册资本6亿元）。全区各类证券公司共有证券营业部59家，证券投资者75.74万户，客户资产794.51亿元，交易额3 003.35亿元，实现利润2.42亿元。期货营业部9家，期货投资者2 120户，客户资产3.1亿元，成交额6 052.86亿元，期货从业人员1 700人。

证券业的快速发展，也推进了西部省份资本市场的发展，各省份境内外上市公司数量的日趋增加，这既推动了西部省份经济的发展，也让西部以外的其他省份以及境外投资者能够更好地了解西部经济、西部发展，提高西部地区的影响力。

（四）保险业整体呈增长态势

随着西部各省份经济的发展，各地金融意识、保险意识日趋增强，全国性保险公司如中国人寿保险股份有限公司，中国人民保险股份有限公司，基本实现的网点布局西部区域全覆盖，各省份自身的省级保险公司数目也日渐增多。如内蒙古自治区，截至2011年年末，其省级保险公司达32家，其中财产保险公司17家，人身保险公司（含健康险、养老险公司）15家，自治区各类保险公司的分支机构共达1 733家。显示了西部省份的金融机构发展日趋成熟。

在原保费收入方面，西部12个省份的保费收入总体保持增长态势，如内蒙古自治区，截至2011年年底，保费收入达229.78亿元，同比增长15.56%，其中财产险保费收入116.69亿元，同比增长21.22%，人寿保费收入113.09亿元，同比增长10.25%。这显示了我国西部地区居民保险意识的日趋增强。

二、西部地区金融服务业发展中存在的问题

在西部12个省份金融业保持持续发展，金融机构存贷款规模不断增大，各省份金融业架构日益完善的同时，作为我国经济欠发达地区的西部，尽管在国家政策、能源需求以及区域优势发展的各类因素推动下经济取得了高于全国经济增速的发展水平，但就金融业而言，诸如整体金融环境较差、金融总量偏低、民间金融发展亟待完善等因素的存在，仍制约着西部省份金融业的发展进而制约着西部省份整体经济的发展，具有主要体现为以下五个方面。

（一）西部地区整体金融环境相对落后

尽管西部12个省份的金融业近年来保持持续发展，但应看到，在整体金融环境建设方面，西部地区仍滞后于东部地区。这既体现在西部地区居民、企业的金融意识方面，还体现在西部地区整体的金融信用环境，两方面相互影响在金融环境方面制约着西部地区金融业的发展。一方面西部省区特别是西北省份，经济以农牧业、能源等为主，居民整体金融意识不强，政府发展金融业的动力与导向性也有待加强。另一方面，由于金融意识的薄弱，使得相应的金融信用环境也相对较差，这既体现在金融机构方面，也体现在实体经济与居民方面，金融信用环境的相对落后也使得金融机构在设置网点方面也较少，更多出于盈利性考虑设置网点的股份制银行较少在甘肃省、青海省、宁夏回族自治区、贵州省和西藏自治区设置网点；而金融机构对此类地区的较少光顾又使加剧了此类地区的金融支持不足问题，影响了金融业对地区实体经济的支持力度。

（二）金融总量和经济金融化程度相对偏低

在金融总量方面，以金融机构存贷款规模、存贷款规模与省份生产总值的比值、金融增加值以及金融资产与地区生产总值相比四个指标计算，显示西部省份金融业总量近年来尽管保持持续增长，但在总量比较和经济

金融化程度方面，仍然偏低。在金融机构存贷款规模和金融增加值方面，以西部省份近年来发展相对较快，在国内生产总值比较中居2011年首位的内蒙古自治区为例（2011年各省生产总值排名第15位），其2011年的金融增加值居西部12个省份第6位（居于中间位置），但在全国仅排名第21位。2011年的存款余额和贷款余额在西部12个省份同样居于第6位（居于中间位置），但在存款余额在全国仅排名第24位；贷款余额在全国仅排名第22位。显示了西部省份的存贷款余额与金融增加值在国内排名的相对靠后情况。而从金融资产与地区生产总值相比指标看，内蒙古自治区1.7万亿元的金融资产与其区域生产总值比为121%，而全国119万亿元金融资产与国内生产总值比则为254%，差距明显。西部其他省份尽管有部分好于内蒙古自治区，但从整体看，比值仍较小。

（三）信贷投放结构不合理

金融业的根本在于支持实体经济，而西部省份推动金融业发展的实质更是在于根据西部各省份经济发展的特点，在国家西部大开发的战略指导下，有的放矢的支持各省份的经济发展。而这其中，信贷投放作为各省份金融业主力军的银行业主流业务，自然成为评判一个区域金融支持地方经济发展的重要指标。而在此方面，西部12个省份中，除重庆市、四川省和云南省金融业发展较好，信贷支持相对较好外，其他省份信贷投放结构仍存诸多不合理之处。如甘肃省、青海省、宁夏回族自治区、内蒙古自治区等尽管近年来各项产业发展迅速，但此4个省份的农牧业在其总体经济中所占比重均较大，但信贷的支持力度却明显不足，如内蒙古自治区的信贷投放中，截至2011年年底，呼和浩特、包头和鄂尔多斯三地的贷款总额1 142.5亿元，占到其自治区总额的61%，使得大量地区特别是农牧地区的信贷支持经济发展力度明显不足。

（四）金融体系发展尚不完善

完善的金融体系应当是金融业通过直接融资与间接融资并举的模式支持地区的实体经济发展。而目前西部省份中，除重庆市、四川省等少数省份直接融资达到一定比重外其他省份仍以直接融资类的银行信贷融资为主，以内蒙古自治区为例，该区债券融资规模不到全国的0.5%，直接融资与间接融资比例为11∶89，共有境内上市公司22家，在西部12个省份中处于中间位置，而在全国仅排名第27位。而以西部地区整体数据统计，考虑到东北地区仅有辽宁省、吉林省和黑龙江省三省，西部地区与在境内上市公司数方面与中部地区持平（中部地区仅有6省，即山西省、安徽省、江西省、河南省、湖北省和湖南省），尚不足东部地区的1/4；在境外上市公司数方面，西部地区为中部地区的1/2强，为东部地区的1/10强。可见，西部12个省份的金融体系仍以直接融资为主，尚待完善。

（五）保险业功能发挥尚显不足

与间接融资情况类似，西部省份保险业尽管取得了不错的成绩，但在与东部省份的横向比较方面，其发展仍显滞后。其分散风险、风险共担以及投资等功能尚未充分发挥。特别是在西部省份整体金融环境尚不完善的情况，保险密度和保险深度仍相对落后，与西部12个省份整体经济规模相比，保险业规模相对较小，且在金融资产中的比重较低，特别是在保费收入方面，仍然较低。在截至2011年年底的国内各区域保费收入及各类赔款给付的比例情况方面，扣除仅有三省的东北区域，西部地区仅财产保险保费收入好于仅有6个省份的中部省区，而相较东部省区，其总体保费收入、财产保险保费收入和人身保险保费收入均为东部省区的1/2强，而赔付比例为东部省区的1/3，这都使得保险业在西部省区的功能发挥明显不足。

三、未来西部地区金融服务业发展的建议

西部地区作为我国整体经济发展战略中的重要组成部分，在国家东中西部协调发展，平衡区域经济的大格局中，西部大开发的发展对于我国经济发展意义重大，而要推动西部大开发战略，西部金融业的作用更显得尤为重要。为此，针对西部地区的发展现状与现存的相关问题，提出以下五点建议，以期完善西部地区金融体系，优化西部金融生态环境，提升西部产业竞争力，推动西部地区整体经济发展。

（一）改善西部地区金融环境

针对当前西部地区金融环境相比东部地区尚有诸多需完善之处，居民、企业的金融意识有待提升，整体金融信用环境需要改善的问题，应努力改善金融环境，特别是在西北部省份加强金融知识的宣传力度，加快信用体系建设，推进各省份信用评级系统和个人征信系统的建设，逐步构建区域性的征信平台，实现区域信息共享，使金融信息交流得以更加顺畅，改善西部地区整体的金融信用环境。同时，制订切实可行的相关金融人才引进策略，大力引进培育扎根西部的金融人才，为西部地区打造一支优秀的金融理论和金融业务的领导干部队伍，组建具有国际视野的高级金融研究人才队伍以及具有实践经验的高素质金融管理人才队伍，形成可持续的人才建设梯队。

（二）完善地方金融体系的发展

地方性金融机构作为植根于本地的金融机构，一直是支持地方经济发展的主力军，其相对于引进的金融机构，更能够发挥支持本地经济、支持中小企业发展、支持农牧区经济的作用，对于改善当前西部地区存在的信贷结构不合理等问题裨益甚大。目前，西部 12 个省份的银行类地方性金融机构基本为各地原有的城市信用社与农村信用社改革而成，目前西部基本形成了大小规模不等的地区银行类金融机构的局部，而未来应按照《国家金融业“十二五”规划》的改革思路，以及中国银监会对农村信用机构的指导，加大对地方性金融机构的扶持改革力度，推进西部 12 个省份的信用合作机构的商业化改革，壮大自身的银行类金融机构。同时，发展西部 12 个省份各自的证券机构，对尚无地方性法人保险机构的省份应根据自身情况，在当前中国保监会鼓励地方性保险机构发展的机遇下，适当引进战略投资者，设立自身的保险机构，完善自身的地方性金融服务体系，使地方性银行类金融机构、证券类金融机构与保险类金融机构协调发展，与引进类金融机构共同促进地方经济的发展。

（三）支持新型金融机构的发展壮大

村镇银行、小额贷款公司和资金互助社三类新型金融机构从2009年设立之初，便成为支持地方经济发展，解决农村金融“缺血”，支持中小企业发展的重要力量。其中，小额贷款公司作为由各省份金融办公室审批设立的机构，目前在内蒙古自治区、重庆市等地推进力度较大，而其在设立后对于支持各地中小企业发展的成效也日趋显现，对于活跃地方经济贡献颇大。而村镇银行和资金互助社，更是从成立之时便被定位为支持“三农”经济，解决常年来农村金融仅有农村信用社独立支撑这一长期困局的重要使命，而对于解决西部省份特别是西北部省份农牧业金融支持意义重大。因此，应鼓励在西部省份特别是各省份的欠发达地区设立小额贷款公司和村镇银行，并对符合条件的小额贷款公司和村镇银行允许其设立分支机构，在村一级鼓励设立资金互助社，它是新型金融机构西部12个省份的地方性金融机构的二级梯队。

（四）大力推进民间金融的发展

针对西部省份民间金融发展相对滞后，而民间金融需求却相对旺盛的困局，应在监管部门不断提高民间融资参股金融机构比例的大背景下，鼓励新型金融机构等民间融资可介入的力度，并在推动各地信用合作机构改革时给予民间资本更大的参与度，并逐渐推动形成民间资本交易平台，使之在合理地方监管规范的范围内，推动西部民间金融体系的发展完善，以避免资金流民间借贷市场和泡沫产业等风险较大投机领域。

（五）建立有效的风险防范体系

在大力推动西部地区金融业发展的同时，也应切实注意防范金融业发展中的相关风险。首先，建立各地政府与金融监管部门之间，以及各省区市之间的沟通协调机制以及应急处置机制，强化各省份的经济金融研究能力，定期对西部各省份金融发展中的稳定情况、风险情况进行分析，构建各省份的金融风险识别和监测评估体系的建设。其次，各省份可成立金融专项应急指挥机构，或由各省区市间协调成立应急指挥机构，针对金融风险协调处置。再次，应加大对金融违法犯罪活动的防范打击力度，加强对金融机构风险管理和内控制度建设的监督检查力度，强化内部风险防控意识。最后，应加大对非法金融活动的整治力度，强化对非法集资和非法证券经营活动的防控和打击。全面规范不合理的民间金融活动，强化对民间金融组织活动的监测分析，做好民间金融的预警工作。

原载《银行家》2013 年第 5 期

中国经济——尚无日本式衰退风险

王大威

继2012年我国GDP增速降为7.8%，连续两年下滑，并创出13年来增速新低后，2013年4月各项经济数据继续下行。汇丰数据显示，2013年4月，汇丰中国制造业PMI指数初值为50.5，低于上月的51.6，而汇丰中国服务业PMI指数也由上月的54.3大幅回落至51.1，为2011年8月来最低，就业指数方面更是降至50的荣枯线以下。在国际经济形势并未出现明显好转势头，新兴市场国家普遍增速放缓，以及国内经济尚无法通过外贸刺激的大背景下，这一系列数据的走低，是否预示着在实体经济趋于低迷，房地产调控持续，地方政府债务加剧的多重“挤压”下，中国经济会走向低迷？甚至如一些悲观者预测，中国经济到了盛而转衰，高速增长数十年后将呈现日本式停滞之时？

一、作为参照系的日本经济

日本经济在第二次世界大战中受到重创，受创程度可用“满目疮痍”来形容，而其恢复能力则更可用“惊人”来形容。第二次世界大战后，日本积极发展经济，1953~1973年的20年间，日本经济迅速崛起，20世纪60年代，日本经济更是取得了9%的平均增长率，但随后却于1973年下降为4%，尽管仍为美国的1.5倍，高居发达国家之首，但已停止了之前的高速增长态势。到了80年代，“广场协议”的签订使日元升值，出口受到抑制，到1990年出现经济泡沫。为此，日本开始提高利率，1991年日本随即出现股价与房地产价格的双双下跌，此后的十年（“失去的十年”），日本经济增长率只有1年达到80年代的平均值。对于日本经济一路走来的发展模式、轨迹以及后期经济出现衰落的原因，可做如下阐释。

（一）日本经济的发展模式

日本经济能够从第二次世界大战后迅速崛起，可分为两个阶段：第一阶段为第二次世界大战后初期，其通过国内自身变革改良等因素支撑本国经济的高速发展；第二阶段则是在日本经济已取得一定成绩后，在亚洲处于经济领导地位后，亚洲各国纷纷效仿日本模式，并按照产业链的上下游分布，形成雁阵理论的发展模式。

第一阶段的变革和技术提升。第二次世界大战后，日本得以形成不同于欧美的自身高速发展模式，主要有以下四点支撑因素。

一是引进先进技术，提升自身创新能力。从明治维新开始，日本便一直在积极引进西方先进技术，而日本在第二次世界大战后的经济发展模式中，同样是通过积极引进国外的先进技术来提升自身生产能力，并通过发展如住友集团、三井集团、三菱集团、丰田集团等一大批企业，鼓励其在引进西方国家新进技术的同时积极创新，提升自身研发能力，逐渐形成自身知名品牌，再出口与西方的大公司竞争，促进经济发展。到20世纪70年代，日本已经成为世界上最大的钢铁和汽车出口国。

二是重点提升农业技术和生产能力，以解放大量劳动力。日本之前一直是农业大国，为顺应世界工业化的发展步伐，同时要在人口稠密的日本解决大量人口的粮食问题，日本积极提升农业的工业化、现代化进程，解放大量劳动力到工业化中，从人力资源方面支持日本工业经济的发展。

三是以自有资本支持经济发展。日本与中国一样是高储蓄国家，无论是政府、企业还是民间，都拥有较高比例的储蓄，同时，出口的发展也使日本保持了常年的贸易顺差（这也是“广场协议”签订，“逼迫”日元升值的原因）。因此，日本尽管也在引进少量外资，但支撑起经济发展的资本来源主要为自有储蓄和贸易顺差。

四是扶持优质大企业支撑经济发展。日本政府还通过主办银行制（主办银行制是由一家或多家银行与企业形成财团，各企业持有银行股份，银行向各家企业派驻董事，几家核心企业与银行组成决策委员会，由银行董事长任委员会主席的制度）与“挑选赢家”（在众多企业中重点扶持经营情况较好的优质企业，进行扶持）的模式，在众多企业中重点扶持一大批优质企业，使得一大批优质企业在国际竞争中逐渐凸显出来。

第二阶段的雁阵理论发展模式。在日本经济高速崛起后，日本的成功模式引来了同处亚洲的其他国家的模仿，而日本自身经济增长出现的瓶颈也使日本将产业与资本的目光转向其他亚洲国家，同时，其对亚洲其他国家的产业与资本支撑也推动了亚洲经济的发展。

随着日本经济的高速发展，其各项成本都在增加，自主品牌和研发能力也在日渐提升，而其他亚洲国家看到日本经济发展模式的成功后，积极效仿日本，最终形成了各产业的上游留在本国，而将产业链的低端由日本转向亚洲其他国家，转移顺序首先是“亚洲四小龙”，然后传导至中国，目前已日渐传导至东南亚诸国，形成了当时亚洲以日本为“雁头”的雁阵模式。

但在日本一些低端配套产业逐渐转向亚洲其他国家的同时，日本经济本身的瓶颈逐渐显现。如前所述，早在日本“失去的十年”前，日本的经济增速已在逐渐放缓，多年积累的贸易顺差以及高额储蓄也在积极寻找更高的利润空间，使得资本大量流出。首先，资本大量流向发达经济体，以求保值增值，大量资本的流出以致当时美国人曾惊呼日本要买下美国。其次，被誉为新兴经济体的亚洲其他国家迅速崛起，需要大量外国资本，因此，日本的大量资本同转移的产业一起流向亚洲的其他国家。再次，在“广场协议”后，日元于1985~1995年承受着巨大的升值压力，资本转移流向亚洲其他国家在增加日本亚洲影响力的同时，也可减小贬值压力。最后，亚洲其他国家在依靠自身储蓄模式发展的同时，伴随经济总量的扩大，对资本的需求也日趋强烈，而日本这一同属亚洲国家又为“雁头”的资金供应者，无疑受到了各国的普遍欢迎。

（二）日本经济增长危局

在雁阵模式下，以日本为“雁头”的亚洲各国实业紧密联系、资本上密切相关，这也使得日本经济在出现困局时也波及了亚洲其他国家。

除日本1985年签订“广场协议”致使日元贬值，导致国际竞争力下降外，日本之所以出现“失去的十年”，其自身的发展模式也存在三方面原因。一是日本经济赖以成功的模式有一大特征——“退休挂职”制，即官员退休后回到企业继续担任高管，这在增强企业与政府的联系，推动企业发展的同时，也滋生了相应的腐败，影响了公司有效治理体系，影响了其市场竞争力。二是日本银行的国际经验不足，在其资本计算中将未实现价值的股票也算作资本，同时，按照账面价值记账，使得资产价值虚高。日本银行经营的杠杆率也通常高于西方银行，过高的杠杆率使得经营中一旦出现风险，银行便难以为继。此外，日本银行实行主办银行制，使企业在银行的信贷决策占有较大的话语权，银行在控制关联交易方面难以保持客观性，致使投放了大量贷款。三是日本当时为刺激增速放缓的经济，大量进行基础设施建设造成财政赤字严重，同时，又实行宽松的货币政策以应对升值压力，使得货币超发、资产出现泡沫、土地价格高企，为日本经济的危局埋下了隐患。

到 1995 年，日本已出现部分银行倒闭，使得股市大跌，随后由于以上原因造成了外界开始不看好日本经济，日元贬值与房地产泡沫破裂同时发生，进而造成螺旋效应。而此时的亚洲其他国家同样面临信贷扩张下的资产泡沫问题，日本企业受困于国内的经济不景气，加之亚洲其他国家资产泡沫日趋严重，造成日本企业的两项举动并助推了亚洲金融危机的发生：在资本方面，开始对亚洲其他国家实施资本撤离以增援国内。在实业方面，由于本国实业受损，造成了处于产业上游的日本企业对下游产业链的亚洲各国企业的需求减少，这又致使亚洲各国实业受损。这都助推了亚洲金融危机的发生，而亚洲金融危机反过来又使得日本经济停滞进一步加剧。

而在经济出现危局后，日本企业普遍的“资产负债表衰退”又使得日本难以走出泥潭。传统观点认为，当经济衰退时，宽松的货币政策可以使市场资金供应充足，降低资金供应利率，使企业及实体经济能够以低廉的价格获得所需的资金并尽快走出低谷，但由于日本企业在走出短暂困境后，出于对过去高负债、高杠杆率经营的恐惧，在负债经营方面踯躅不前，不愿过度扩大自身的资产负债表，因此，使得宽松货币政策难以推动企业的扩大经营，也难以有效推动经济发展。

二、中国经济无衰退之辩

作为与日本同处亚洲的中国，如同之前的日本，于改革开放后保持了

30余年的增长奇迹，加之两国的多方面相似之处，以致各界均惊呼中国在经过数十年高速增长后，是否也会出现如日本式的衰退。为此，在结合第一部分基础上，浅析中国经济与日本经济之异同，并探析当前之风险。

（一）雁阵模式中实体经济产业链的承接

中国经济与日本经济相似性的一大特征，在于高速增长之处都是从模仿欧美制造业开始，并首先从承接全球产业链的低端制造业开始，进入全球经济体系中。作为早于中国30年高速发展的日本，起初也是从模仿欧美制造业并逐渐形成本国的产业品牌，而中国则是在日本已成为发达经济体后，在以日本为“雁头”的雁阵体系中扮演30年前日本的角色，并逐渐实现技术升级和产业变革。但应看到，20世纪80年代的日本已形成了丰田、本田等国家制造业品牌，而中国仍面临产业升级形成自主品牌的压力。尽管中日两国经济直至今天，仍在制造业等产业体系中维持着密切的联系，但发展起始点的相似却未必成为“中国会重蹈日本覆辙”这一推论的根据，两国所处的国际环境和其他因素也千差万别。因此，发展模式的相似性仅是充分条件而非必要条件。

（二）高储蓄率与引资发展模式的差异

资本作为经济发展的重要因素，同样为中日两国经济发展所重视。尽管同为高储蓄国家，但相对于本国总体经济发展的体量等方面要求，日本可通过自有储蓄和贸易顺差的累计，而中国的自有资本相对有限，尽管通过贸易顺差与强制结售汇制积累了巨额外汇储备，但从改革开放初期便开始实施的招商引资及中后期日趋增大的资本项目顺差，都成为支撑中国经济30年高速增长的重要支撑，而这本身也显示了中国本土经济比之日本有着更适宜的投资土壤以及对中国未来发展前景更好的预期。

（三）处于农业生产力发展阶段的差异

日本经济发展的另一支撑为农业技术改良，得以解放大量劳动力以支援工业发展。而中国的土地改革使得经济发展初期劳动相对过剩，本身较日本有着劳动力优势，而农业的现代化进程尽管有所推进，但由于土地所有制等方面的因素直到近期方才开始推进集体农场等经营形式。因此，中日两国农业发展阶段的差异也使得对整体经济劳动力的供应存在不同。

（四）主办银行制与中国的商业化改革

日本经济得以高速发展的原因在其实行主办银行制，强化银行与企业间的联系，支持“挑选赢家”的企业发展，但在企业出现问题时，难免不会影响企业的风险控制，特别是在银行与控股企业的关联交易方面，大量贷款风险控制方存在隐患。而中国银行业在经历 20 世纪末的不良资产剥离和商业化改革后，银行业在关联交易和各项风险管控方面，特别是银行业监管上在全球均是趋严，尽管次贷危机后出现了天量信贷，但总体均流向实体经济，并未出现超发。因此，我国商业银行的风险基本可控，不会出现日本主办银行制的风险。

（五）中国式影子银行与日本式“资产负债表衰退”

在评估我国的各类风险中，“影子银行”被认为是重要的风险源，中金公司更是估计我国影子银行体系规模达 27 万亿元之巨。基于次贷危机中美国影子银行体系所造成的负面影响，各界对此谈之色变。但应看到，相对于美国影子银行体系的各类高杠杆衍生品交易，我国影子银行体系更多是在银行与实体经济间充当各类合法及非法的交易中介，资金通过影子银行体系最终流向实体经济。这客观上也说明我国实体经济对资金的渴求。当年，日本在陷入“十年衰退”并实施各类刺激政策难以维持增长的重要原因，在于其实体经济出现了“资产负债表衰退”，即资金需求方对资金的需求不旺，实体经济的需求不旺，这不同于我国实体经济对资金的旺盛需求与增长潜能。

（六）房地产价格的危机之辩

日本经济在危机时房地产市场的价格高企直至崩盘，被认为是日本经济“十年衰退”的直接导火索，而深层原因则是实体经济对资金需求不旺与投向其他国家的资本大量回流，使得资金流向房地产市场，直接冲高地价和房价造成的泡沫所致。而我国在持续房地产调控中，尽管房价持续上涨，但整体风险仍然可控，银行对房地产的信贷风险控制仍属趋严。购房者也不同于次贷危机中欧美购房者的零首付或极低首付的高风险购房，而是集全家之力的购进资产行为。土地出售方的政府也在尝试各类改革，以缓解单一土地财政的风险。在多重努力下，我国房地产市场在当前持续降温下，风险仍然可控。

因此，尽管我国经济与日本经济的增长轨迹与发展模式存在诸多相似与关联，但应看到，被视为同日本相似的各类风险（如金融体系和资产价格方面），在我国有效总结相关国家危机治理经验前提下，风险仍属可控，并不会陷入日本式的衰退风险中。

原载《银行家》2013 年第 6 期

中美智库的外部环境因素对比研究

夏春海　王　力

一、引言

2009年，号称“超级智库”的中国国际经济交流中心成立，并于同年主办“2009全球智库峰会”，智库（也称思想库）再次成为社科领域的焦点话题之一。根据相关资料显示，美国智库数量超过全球智库总量的1/4，在数量、质量、规模、影响力、资金来源、管理机制等方面都有着较大的优势。

中国学者针对美国智库开展了较多研究，希望能借鉴其成功经验，探讨中国智库发展道路。然而，不同的政治体制、文化背景和社会环境将对智库发展模式产生不同的影响，需要深层次剖析中美智库发展环境，从而为中国智库发展贡献建设性意见。

二、智库影响因素剖析

《简明政治学辞典》将“智库”定义为“一种特殊的研究咨询机构”，其功能是“为政府、国会、企业公司和社团就外交、国防、战略、经济、社会等方面的问题进行专题研究，为决策机构估计形势、制定政策、确定目标提供依据”，其工作方式是“根据决策机关的要求对某一问题进行专门研究，或主动就某一重大问题进行研究，向有关决策机构献策”。智库的“特殊性”包括：（1）以政府为主要服务对象；（2）研究成果集中在思想领域，影响深远；（3）具有非营利性质。

影响智库发展的因素包括社会环境、政治体制、“市场”环境（以政府购买智库成果为主）、管理机制、人才、资金来源、研究成果等，前三个因素属于外部环境因素，其余属于智库自身的差异。外部环境因素是深层次的影响因素，是决定智库兴盛的关键因素，也是决定不同国家智库发展模式的核心因素。

智库以政府为主要研究对象，以服务政府决策、影响政策制定为主要目标，因此政治体制决定了智库在政府决策过程中的地位、生存方式和发挥作用的途径。智库的主要产品是思想，智库研究属于高端的智力活动，不同的社会发展阶段、经济条件和社会状态对思想产出的需求不同、对高端智力活动的重视程度也不同，将影响智库的活跃程度和影响力。政府是智库最大的“客户”，政府购买市场的开放程度和购买量，是决定智库发展规模和数量的根本要素。

三、中美智库的外部环境因素对比

（一）社会环境

美国智库兴起于第二次世界大战结束到20世纪60年代，即政府合同型智库涌现的阶段。这一时期正好是美国经济蓬勃发展、国民生产总值持续高增长、在资本主义世界经济中逐渐占据霸主地位的“黄金时期”。在科学技术快速发展、政府加大科技投入、生产力水平大大提高、美苏争霸对独立外交政策需求增强的背景下，来自政府的大量委托课题推动了智库的发展。

基金会是推动智库发展的另一个重要社会因素，在智库的发展过程中，基金会一直是智库重要资金来源。美国基金会的产生源于美国的慈善传统、维护资本主义制度需要、宗教等因素，同时也是社会财富积累、经济实力增强的产物。19世纪末，工业资本与金融资本的融合催生了垄断财团和超级富豪，也为基金会的兴起提供了充足而持久的物质基础。20世纪初最早出现的智库多数本身就是基金会。

中国智库起步于新中国成立后，国家急需工程建设、政策制定、外交策略等领域的技术支持，于是各部委陆续建立官方研究机构。邓小平南行讲话和中共十四大的召开，确立了社会主义市场经济体制深化改革的目标，社会经济面临新的局面，而智库能够在行政改革、企业发展、财务制度、社会进步等方面为政府提供智力支持，官方和半官方智库迅猛发展。同时，一批民间智库也逐渐涌现，成为官方和半官方智库的补充。中国加入WTO以后，受世界政治经济格局的影响加强，国内国外经济和社会形势更加复杂。面对次贷危机、通货膨胀、油价上涨等问题，面对国内国外经济形势急转直下、宏观调控政策快速调整等问题，政府智商和现有智库显得力不从心，对中国智库体系的转型提出了要求，也使得智库迎来了新的发展机遇。

中美两国智库的快速发展，均发生在社会变革、经济转型时期，政府“智商”难以应对新的经济社会形势所带来的战略决策、政府管理、经济体制、政策制定、社会发展等问题，需要借助“外脑”的力量。同时，社会相对开放，更容易接受新思想、新思维，智库的作用更加突出。

中国的经济水平和社会财富积累都与美国有着较大的差距，社会无法分流大量的资金成立类似基金会的机构，智库的资金来源也就无法获得大量的捐赠资金。

（二）政治环境

美国是联邦制国家，政权组织形式为总统制，实行三权分立与制衡相结合的政治制度和两党制的政党制度，这种制度必然导致权力的分散与竞争。国会、总统、联邦法院之间，不同层级政府之间，松散的政党组织内部，都存在着权力的争夺和竞争。以美国的外交决策机制为例，其决策主体包含总统、国会、官僚机构、利益集团、公众舆论等。总统拥有最高的外交决策权；国会通过拨款、外交政策辩论、申遗决议和法令等方式参与外交决策；与外交政策制定相关的各类官僚机构是外交政策的基本决策者，国务院负责参与外交政策的制定、修改和执行，国防部是安全政策决策的参与者与实行者；受外交政策直接或间接影响的利益集团通过“直接院外活动”和“间接院外活动”影响政策制定；大众媒体通过设立议题和议程、影响舆论、担任外交战略工具在外交决策中发挥着“影子政府”

的作用。

美国的政治制度导致“权力的分散和决策机制的公开性和开放性”，为智库发展提供了重要的政治“土壤”和“市场”。总统、国会、联邦法院、各级政府、政党成员之间为了争夺外交、内政、经济等各个领域的权力，需要大量的信息支撑、详尽的资料分析、专业化的决策建议、高端的智囊团，从而提出富有竞争力的政策主张，获得权力争夺的主导权。从美国智库的发展历程来看，20 世纪 70 ~80 年代兴起的“倡导型智库”就带有明显的政治意识形态的趋势，具有鲜明的党派倾向；而 90 年代发展起来的“名流型智库”更是为政治家推销其政治主张服务。

美国复杂的外交程序包含信息与情报收集、分析咨询、拟订方案、选择方案、实施及修正方案的流程，对决策参与提出了较高的要求，而智库凭借频繁的外交专家交流、长期的专题研究、广泛的情报信息、翔实而专业的决策分析报告、公众的影响力能够在外交决策中占有一席之地。

中国实行人民代表大会制度，全国人民代表大会是最高国家权力机关，中国共产党是中国的唯一执政党，实行中国共产党领导的多党合作和政治协商制度，实行人民民主专政、民主集中制，依法治国。

中国的一党制和民主集中制与美国的两党制和“三权分立”有着本质的区别，不存在权力的分散和争夺，也就不需要智库为不同的利益主体提供“政治游说”的服务。中国智库发展的政治基础来源于决策科学化和民主化，是政府完善决策系统、提升政府“智商”的需求。从中国智库的发展历程来看，智库最早源于国家建设需要，随着经济的发展，中央政府和地方政府都成立了一批官方和半官方智库，其主要职能是为其上级或者关联行政部门提供决策支持。例如，中共中央政策研究室专为中央政治局研究政治理论、政策及草拟文件，对党的建设、思想理论重要课题和中央重大决策的可行性进行调查研究，提出政策性建议，对全国经济形式跟踪、收集、分析、整理，以及报送党建和思想理论的重要综合信息、动态，为中央决策提供建议和咨询。随着经济社会的发展，才逐步出现了大学智库和民间智库，但官方和半官方智库依然在智库体系中占据垄断地位。

中美两国政治体制的差别对智库产生和发展有着深层次的影响。美国政治体制的“分权”和“制衡”为智库发挥作用提供了空间和机会，但也使得智库带有鲜明的政党和政治意识形态的特点，成为政治“游说”和权力争夺的工具。美国特有的外交决策机制，使得智库在美国外交决策中发挥着重要的作用。中国大多数智库主要为对应的政府部门服务，是决策体系自我完善的诉求，而不是权力争夺的产物。同时，由于中国外交机制与美国外交机制的重大差异，中国智库在外交决策中远没有美国智库活跃。

（三）“市场”环境

智库的主要功能是为政府提供智力支持，因此政府采购决策咨询成果是智库最主要的“市场”，而政府采购行为又与政府公共管理模式密切相关。

美国的政府治理模式受20世纪90年代初的“重塑政府运动”影响，其理论基础是“企业化政府”，认为：政府职责是“掌舵而不是划桨”，应把政策制定（掌舵）和服务提供（划桨）分开；建设“竞争性政府，把竞争机制注入提供服务中去”，打破公共服务的垄断性；塑造“讲究效果的政府”，全面推行业绩管理等。美国的重塑政府运动和“企业化政府”理念要求政府更加重视战略思考和长远规划，摒弃大包大揽的“大政府”角色，运用市场的力量，鼓励民间组织协助政府处理公共事务。职能定位的转变使得政府一方面更加重视战略性的公共决策；另一方面，向社会分权后，政府不再是无所不管的角色，政府主要的角色是服务委托和监督。公共决策的制定需要收集大量的信息和情报、开展长期而专业的研究、进行多方面的交流和调研，这些工作是“变小”后的政府所不能胜任的，于是就需要专门的机构接受政府的委托，开展专业的公共决策咨询和研究工作，为政府决策提供智力支持。“企业化政府”实质上向智库更多地开放了公共决策咨询的市场，为智库发展营造了良好的市场环境。在“重塑政府运动”之后，美国逐渐依托智库建立起高效的决策系统，最为常见的决策模式是“思想库→小内阁→总统”，这种模式中，智库向政府提出各种政策研究报告，由各小内阁分析后挑选出政策建议供总统选择，总统决策班子与智库紧密结合，充分利用社会智囊资源。

新中国成立伊始，中国实行高度集中的计划经济体制，政府庞大而臃肿，垄断几乎全部的政治、经济、社会职能，属于“全能型”政府。改革开放以来，中国多次围绕政府职能的转变进行政府机构改革，尽管取得了一些成绩，但是依然没有走出“精简——膨胀——再精简——再膨胀”的怪圈。政府职能的“大而全”现象同样存在于公共决策机制中。中国的公共决策咨询机构最初成立于20世纪80年代，隶属各级政府和所属部门，主要为决策层提供信息搜集、咨询建议、调查研究和方案论证支持。这些依附在各级行政主管部门的决策咨询机构多数是事业单位性质，属于行政机构序列的一部分，构成了中国公共决策咨询系统的主要力量。

现代科学决策体系要求决策系统与咨询系统相互独立又相互支撑，不能合而为一。但是，大量官方智库的存在，使得中国的咨询系统和决策系统并没有实现分离，政府采购市场主要向与政府有着千丝万缕联系的官方智库和半官方智库开放。然而，美国实行“企业化政府”理论，政府“小”，民间智库在美国的智库体系中所占的比例较大，咨询系统和决策系统相对分离。

❐四、启示

外部环境是影响智库发展的根本因素，中美两国智库发展的社会环境、政治环境和“市场”环境存在着较大的差异，在智库发展路径的选择上也应该有所不同。

（1）美国智库兴起于经济高速发展的“黄金时代”，而中国当前正处于经济高速发展、社会转型的关键阶段，中国智库有可能迎来蓬勃发展的机遇。

（2）美国的基金会是非官方智库的重要资金来源，建立在巨额社会财富积累的基础上。中国社会的整体富裕程度与美国有较大的差异，在慈善捐赠方面也缺少传统，因此类似基金会的机构很难成为智库的资金来源。随着中国经济的继续增长，需要引导社会多余的财富用于支持非营利性的智库研究工作。

（3）美国智库是在“分权”和“制衡”的政治环境中发展起来的，而中国智库的政治背景是一党制和民主集中制。两国智库在功能上有所差异，美国智库承担着政治游说、权力竞争、外交决策的职能，而中国智库则更加注重对政府决策机制的完善，实现决策科学化和民主化。在讲求权力制衡的政治体制中，美国智库通过数据分析、调查研究、专题研究的方式客观地提出政策建议，敢于指出决策的不足和弊端，从而使决策在“争吵”中更加符合实际情况，美国智库的独立、客观、翔实、专业的研究态度值得中国智库借鉴。

（4）美国的智库体系中，民间智库的比重较大，但中国政府职能和政治体制决定了现阶段民间智库不可能像美国那样活跃。如果依赖大量的官方智库，很可能使智库成为所属部门的“代言人”。因此，现阶段为了完善智库体系建设，应大力发展半官方智库，同时鼓励民间智库和大学智库成为官方和半官方智库的重要补充。借鉴美国的经验，政府采购市场向社会开放，争取更多的社会智力资源，活跃决策咨询市场，打破官方智库对决策咨询的垄断，逐步建成以相对对立的新型半官方智库（例如中国国际经济交流中心）为主，官方智库、民间智库和大学智库并存的智库体系。

原载《前沿》2013 年第 1 期

中国非官方智库的机遇、挑战与发展路径

夏春海　王　力

智库作为国家“软实力”的重要代表，在外交、国防、战略、经济、社会等方面发挥着重要的决策研究和智力支持作用，是改革和完善决策机制、实现决策科学化、健全智力支持系统的重要选择。智库可分为官方智库、半官方智库、大学智库和非官方智库组成，它们在机构属性、资源特点、研究力量方面各有优劣，在决策咨询方面发挥着不同的作用。

在经济大发展、社会多元化、政治民主化的背景下，非官方智库逐渐成为智库体系中不可或缺的部分，发挥着完善决策机制、延伸政府智商、整合智力资源、沟通政府与民间的重要作用。然而，中国的非官方智库发展面临着政府信任度不高、缺少资金支持、自身能力不足等困境。尽管我国学者对国外智库开展了大量的研究，但是中国非官方智库有着自身的特点，国外智库的成功经验未必适合中国非官方智库。因此，有必要剖析智库特点，分析非官方智库的发展环境，并深入研究中国非官方智库的发展路径，使非官方智库作为重要的决策咨询力量，完善和充实决策信息与智力支持系统。

一、中国非官方智库发展的历史机遇

（一）经济高速发展和社会多元化使非官方智库成为迫切需求

我国非官方智库兴起于1992年以后，邓小平南行讲话和中共十四大

对深化市场经济体制改革提出了明确要求，经济发展遇到了各种困惑和难题，仅仅依靠官方智库已经不能满足经济发展的需求，更需要来自非官方智库的智力支持。

中国加入 WTO 以后，经济高速发展，与世界的融合速度明显加快，但同时面临着美国次贷危机、欧债危机、美国债务危机、房价高涨、物价高涨等复杂的国内国际经济形势。

同时，中国所处的内部环境变得更加错综复杂，现代市场经济体制的不完善导致经济领域里出现政企不分、政资不分、行业垄断、不正当竞争、假冒伪劣、经济腐败等一系列问题；传统社会约束机制的弱化和现有各种社会整合力量的不足，使得社会出现了一定程度上的混乱和无序；传统的政治思想工作不断弱化，国外文化和思想的渗透，社会快速发展对思想的冲击，使得社会价值观呈现多元化趋势，人的思想更加复杂，而法制建设的不完善给公共权力的腐败和公共资源配置的不公制造了机会。

国内外的历史经验表明，当经济高速发展、社会面临转型时，政府原有的智商往往显得力不从心，非官方智库总能在特殊的历史时期发挥重要的作用。中国社会当前正处于重要的转型时期，社会矛盾多元化、社会信息巨量化、社会问题复杂化、行政管理困难化都给政府的管理带来了极大的挑战，而非官方智库恰好可以弥补政府在专业知识、信息资源、决策能力方面的不足。

（二）决策民主化和科学化是重要的政策导向

国家关于公共决策咨询、决策民主化和科学化的政策导向是非官方智库发展的主要驱动力之一。

早在 1986 年，原国务院副总理万里同志就提出“决策民主化和科学化是政治体制改革的一个重要课题”。在随后的历次重大会议中，均从不同角度对决策民主化和科学化进行了充实。党的十七大报告明确提出“推进决策科学化、民主化，完善决策信息和智力支持系统，增强决策透明度和公众参与度，制定与群众利益密切相关的法律法规和公共政策原则上要公开听取意见”。

2004 年 1 月，《中共中央关于进一步繁荣发展哲学社会科学的意见》在党的历史上第一次以中共中央的名义明确指出，“要使哲学社会科学界成为党和政府工作的‘思想库’和‘智囊团’”。

2009年6月17日，温家宝主持召开的国务院常务会议上明确要求“根据国内外经济形势变化和中长期发展需要，加强储备性政策的研究，提高宏观调控的前瞻性和针对性。”“储备性政策”一词首次进入普通大众视野当中，而智库的主要功能之一就是为政府提供储备性政策。

同样在2009年，广东省提出依靠非官方智库提升软实力，使各项决策更加科学；出台《关于进一步培育发展和规范管理社会组织的方案》，明确规定社会组织可直接向民政部门申请成立，无须业务主管单位前置审批；提出按照“建立目录—设立咨询服务机构—职能转移—购买服务”的方式，推进政府职能转移和购买服务制度，向非官方智库开放了“决策咨询”市场。

非官方智库参与公共决策制定，本身就是决策民主化的重要体现，而委托非官方智库开展重大政策的专题研究则有助于提升决策科学化，因此，发展非官方智库符合国家政策要求。

（三）非官方智库发展是健全智库系统的重要组成

根据智库的组织属性，可分为官方智库、半官方智库、非官方智库、大学附属智库和跨国智库。

体制内智库的人员、资金等都受制于其上级主管部门，缺少竞争压力和激励动力，对研究成果质量缺少有效的评价和监控，而官本位思想的影响使得研究成果往往形式大于实质，很难反映真实情况，甚至成为对已有政策的维护和解释。

非官方智库的人员、资金等相对独立，其研究可以摆脱原有体制的条条框框，观察和分析问题的视野会更加开放和广阔。而且非官方智库本身来源于民间，对社会真实需求和信息的把握更准确，研究成果也就更有效，更加贴近实际。此外，由于非官方智库生存的关键在于其高质量和前瞻性的研究成果，而不像官方或者半官方机构那样依靠政府每年划拨的研究经费，生存的压力从根本上避免了研究成果的低质量和形式化。

非官方智库能够弥补体制内智库的缺陷和不足，为公共决策提供竞争性的选择方案。非官方智库还起着沟通政府与公众的桥梁作用，一方面，公众的利益得到表达、政治参与得到体现；另一方面，政府更全面真实地获得了决策所需的信息，也更好地引导了公众对政策的理解。

然而，中国官方智库和大学智库无论在数量和影响力上都占据主导地位。据不完全统计，在中国2 500家智库中，官方智库和大学智库约占95%，而非官方智库仅占5%。首届中国智库论坛评出的“中国十大智库”无一例外都是官方或者半官方智库。根据美国传统基金会2008～2009年版发布的《智库指南》统计表明，美国非官方智库有570家，而日本的非官方智库占智库总量的50%。与其他国家相比，中国非官方智库发展程度远远不够，亟待加强非官方智库的建设，健全智库体系，完善决策支持系统。

二、非官方智库发展的困境与挑战

尽管非官方智库获得了重大发展机遇，但力量还很弱小，依然面临较多的困境和挑战，主要体现在以下几个方面。

（一）缺少足够的政策支持

国家对民间组织的发展历来较为谨慎，而非官方智库的研究领域又涉及影响广泛的思想领域，因此国家对非官方智库的支持力度还远远不够。尽管从2009年开始，非官方智库逐渐受到重视，但却依然缺少实质性的激励政策。绝大多数非官方智库依然以工商局注册的“企业”身份运作，从事着非营利的工作，却在税收、捐赠方面无法享受非营利机构的优惠政策。

政府采购研究成果是国外智库生存和发展的主要资金来源之一，也是智库扩大影响力的重要途径，但是我国政府的决策程序并不完善，没有实质性的政策和法规为非官方智库参与政府决策的有效渠道，也难以向政府“推销”研究成果。

（二）缺少核心信息阻碍了研究的开展

智库的主要功能是影响公共决策，而研究开展需要大量来自政府内部的数据信息的支撑，才能保证研究的深度、高度和严谨性。而我国经济信息和行政管理信息的透明度并不高，与公共决策制定和评估相关的经济、社会、产业等信息仍然由政府及其附属部门掌握，非官方智库很难从政府获得研究所需的重要数据信息。

（三）来自官方智库的竞争威胁

政府各级部门都设置了各种事业单位性质的官方智库机构，这些机构与其所属部门有着直接的行政隶属关系，更容易获得核心资料，也更方便参与重大决策的研究和制定。国家政府部门和地方政府部门课题研究经费主要流向国务院及各部委、各级地方政府所属研究机构，这些官方智库占据了国家大量的研究经费，对非官方智库形成了强大的“挤出”效应。

（四）非官方智库自身建设存在缺陷

美国的非官方智库已经发展到相当成熟的阶段，在行政管理、人才引进、课题管理等方面形成了较为完善的运作机制。我国的非官方智库多数依赖个别经济学家的影响力，组织形式更像“明星工作室”。尽管在某些领域有独到的见解和长期研究的积累，但是言论往往过于偏激，研究成果的抱怨和指责多过建设性的措施和对策。智库管理较为松散，研究课题对当前亟待解决的问题关注不够。

❐三、非官方智库的发展路径

尽管面临着重大的发展机遇，但是非官方智库的发展模式并不成熟，智库定位和建设思路也不清晰。资金来源、研究质量、成果推销机制、政策环境是影响智库发展的主要影响因素，其中政策环境属于外部因素，而其他因素则是非官方智库自我发展需要重点思考的问题。针对特有的历史机遇、外部环境、发展困境，中国的非官方智库应该探索一条符合中国特色发展道路。

（一）智库定位立足于完善决策信息和智力支持系统

完善决策信息和智力支持系统，推动决策科学化和民主化是推进社会主义民主政治的重大举措，也是非官方智库发展的主要驱动力。在我国的智库体系中，官方智库和半官方智库由于拥有“垄断”的政府资源优势，短期内依然是决策咨询的主要力量；大学智库依托高校的科研力量和人才资源优势，在一些与高校研究方向相关的专业领域发挥着举足轻重的作用；非官方智库的隶属关系与其他智库差别较大，而且作为专业的智库机构，将可能在智库体系中逐渐承担更加重要的功能。官方智库和半官方智库由于隶属关系的原因，不可避免地与所属部门的利益紧密相关，极大地影响研究成果的独立性和公正性；大学智库属于高校的研究机构，其考核机制、主要职能、发展方向、研究课题都受到所在高校的限制，智库的专业化程度有限。

要完善决策信息和智力支持系统，推进决策的民主化和科学化，还需要发展真正具备独立性和公正性的智慧力量，同时整合更多的智力资源为政府的决策服务，而这正是非官方智库所具备的优势。为充分发挥非官方智库在智力支持系统中的作用，扮演好政府决策咨询的“第三方”和智力补充角色，非官方智库应坚持独立性、创新性、开放性，搭建公共平台，集聚和整合社会智力资源，深入研究国民经济发展中的重大问题，用高质量、前瞻性、战略性、实证性的研究成果为政府提供决策咨询、为企业提供智力支持、为社会贡献原创思想，实现以智慧服务社会、用知识回报国家的目标。

（二）强化决策咨询功能，弱化机构“身份”

“身份”一直是困扰非官方智库发展的尴尬问题。我国非官方智库可能的组织形式有五种：民办社科研究机构、科技类民办非企业单位、社科类社会团体、公司和非正式组织。理论上，民办社科研究机构和科技类民办非企业单位享受国家关于非营利组织的相关优惠政策，是最适合非官方智库的组织形式。但是，非官方智库要注册成为民办社科研究机构和科技类民办非企业单位的难度很大，而且即便注册成功，也很难获得实质性的政策和资金的优惠。社科类社会团体和非正式组织相对松散，很难承担起非官方智库。因此，较多非官方智库以公司的形式存在，无法归入非营利机构的范畴。

尽管“身份”对智库发展影响较大，但是在中国当前的环境下，非官方智库应弱化“身份”概念，强化政府服务意识、注重决策咨询功能，摒弃陈旧的运营理念，以“企业化运作思维、市场化运作态度”开展智库工作。由于我国非官方智库较难获得政府资助，资金的捐赠来源有限，势必要求非官方智库通过市场渠道获得资金来源，解决生存问题。事实上，像天则经济研究所、零点调查集团都面向市场开展咨询服务。因此，在中国当前的环境下，是否盈利、是否提供商业服务并不应该成为智库的判定标准，主要职能是否是提供决策咨询，是否在外交、国防、战略、经济和社会方面为政府提供智力支持才应该成为非官方智库的主要特征。

（三）建设基础研究能力，提升智库竞争力

相对于官方和半官方智库而言，非官方智库难以获得政府的大量核心统计数据；相对于大学智库而言，非官方智库又缺少高校丰富的人才资源和持续的研究力量；因此，基础研究能力对于非官方智库而言尤其重要。国外著名的非官方智库都拥有具备较强竞争优势的基础研究能力。例如，美国兰德公司拥有强大的数据库、计算机系统支持、调查研究能力、统计分析能力，从而保障了研究成果的质量。

我国的数据统计和调查研究体系并不完善，即便是政府也在某些领域也存在数据缺失的问题，而政府决策所需要的真实数据信息往往来源于民间。因此，基于调查研究的信息数据库和数据分析研究能力应该成为非官方智库的基础研究能力，是非官方智库长期发展的根本。依托信息数据库，非官方智库更能够为政府提供一手的真实数据和客观信息，从而产出独立、公正的研究成果，满足政府决策的需求。

（四）整合社会智力，发挥平台优势

推进决策民主化，增强决策透明度和公众参与度，需要有更多的社会智力参与到政府的决策流程中，贡献其智慧资源、表达其利益诉求。由官

方智库、半官方智库和大学智库的行政隶属关系，很难成为沟通政府与民众的桥梁。非官方智库来自于民间，更能够代表民众的利益诉求，也更容易与民间智力沟通。因此，整合社会智力资源既是非官方智库的职能，也是非官方智库的竞争优势。

智库研究属于高端服务工作，为了保证研究的权威性和高质量，需要有大量的高级智力工作者。非官方智库不具备官方智库的政府吸引力，也不拥有大学智库的高校资源，如果长期维持较大数量的高端研究人员，将形成巨大的人力成本压力，影响非官方智库的正常运营。此外，大量的社会智力来自于社会的各行各业，研究并不都是它们的主要工作，让它们长期从事智力研究工作并不符合其自身的职业发展诉求。

非官方智库应创新经营模式，通过搭建公共研究平台，整合社会智力资源，为高端智力提供基础研究资料、研究人员、研究工具、研究场所的支持，建立以课题和项目为导向的组织架构和激励机制。一方面，解决较高的人力成本压力；另一方面也吸引更多的社会智力。

四、总结

相对于西方国家，中国的智库体系一直以官方智库为主。但是，经济高速发展和社会多元化所带来的政治、战略、体制、社会等方面的困惑，赋予了非官方智库新的发展机遇。立足于完善决策信息和智力支持系统，中国的非官方智库应结合当前推进决策科学化和民主化的战略要求，根据特有的政治、社会和经济环境，探索具有中国特色的非官方智库发展道路。非官方智库应紧紧围绕决策咨询功能、明确发展定位、创新经营模式、搭建公共平台、整合智力资源、完善管理机制，承担起政府智商的重要补充和智力辅助角色，逐渐成长为重要的智慧力量。

原载《前沿》2013 年第 3 期

中国思想库发展的外部环境辨析与对策研究

夏春海　王　力

思想库是产生新思想、引领社会思潮，服务于国家宏观战略、经济发展、社会管理、国家外交等领域的公共政策研究机构，在美国被认为是行政、立法、司法以外的"第四部门"。我国的现代思想库因新中国成立初期国家建设与发展的需要而兴起，并伴随着改革开放的推进而逐步发展。根据相关统计报告表明，截至2010年，我国思想库总量为425个，仅为美国的23.4%。思想库在数量、规模、影响力、结构构成（官方、半官方、民间和大学思想库比例）等方面与美国的思想库都有一定的差距，存在政府决策体制"谋""断"不分、参与政府决策咨询的制度性框架缺失、"体制"内外思想库不公平竞争、研究项目和决策服务的互动性合作不足、多元化研究资助机制缺失等问题。

思想库主要以从事公益性的决策咨询研究为主，服务对象是政府，产出成果是公共政策，因此，思想库的发展受外部环境因素的影响较大。在既定的政治体制、政府治理模式和社会发展水平下，思想库主要受宏观政策、资金渠道、机构经营环境等外部环境的影响，研究我国思想库所处的环境现状，有助于提出思想库建设的对策和建议。

一、外部环境现状

（一）宏观政策

我国政治体制的特点是一党制和民主集中制，与美国的两党制和"三权分立”有着本质的区别，思想库不需要扮演政党之间权力争夺和为不同利益主体进行“政治游说”的角色，其主要功能是在决策科学化和民主化进程中完善政府决策机制、提升政府“智商”，因此，宏观政策是影响思想库发展的主要外部环境因素之一。

决策科学化和民主化是我国政治体制改革的重要内容之一，也是思想库发展最重要的政策背景。1986 年，万里同志在全国软科学研究工作座谈会上的讲话中要求各类政策研究室“集中各方面的智慧，使它们能够真正发挥智囊、参谋、研究、咨询的作用”。在我党历届全国代表大会报告中，都对决策科学化和民主化进行了阐述。十六大报告提出“改革和完善决策机制”、“完善专家咨询制度”；十七大报告提出“完善决策信息和智力支持系统”；十八大报告提出“发挥思想库作用”。

在具体实施方面，国务院 2004 年发布《全面推进依法行政实施纲要的通知》，要求“涉及全国或者地区经济社会发展的重大决策事项以及专业性较强的决策事项，应当事先组织专家进行必要性和可行性论证”；2010 年，在《国务院关于加强法治政府建设的意见》中进一步要求“要把公众参与、专家论证、风险评估、合法性审查和集体讨论决定作为重大决策的必经程序”、“凡是有关经济社会发展和人民群众切身利益的重大政策、重大项目等决策事项，都要进行合法性、合理性、可行性和可控性评估，重点是进行社会稳定、环境、经济等方面的风险评估……要把风险评估结果作为决策的重要依据，未经风险评估的，一律不得作出决策”。根据国务院发布的两个政策性文件，健全决策机制和完善决策程序成为法治政府建设的重要内容，公众参与、专家论证和风险评估是决策咨询的重要形式。《国务院关于加强法治政府建设的意见》对风险评估提出舆情跟踪、抽样调查、重点走访、会商分析、科学预测、综合研判等要求，并要求提供与风险对应的化解处置预案，而这些工作只能通过专门的决策咨询研究才能完成。

在国家宏观政策的引导下，各地政府也制订了加强决策研究工作的政策，并且成立了决策咨询委员会及其办公室，多数决策咨询委员会办公室还会同政府发展研究中心负责管理当地政府重大决策咨询课题面向全社会公开征选的工作。例如，吉林省 2005 年发布《吉林省人民政府决策咨询工作规则》，明确规定决策咨询机构构成和职能、决策咨询程序等；上海市 2005 年修订了《上海市人民政府工作规则》，要求“在重大决策过程中，要充分发挥智囊机构和专家学者的咨询、参谋作用，自觉运用前期预测、效益评估、论证听证、比选择优等决策手段，实行依法决策、科学决策和民主决策”；河南省于2007年发布了《河南省人民政府关于加强政府决策研究工作的若干意见》，要求发挥各级政府研究机构、高等院校、科研机构、民间研究机构、国外研究力量等思想库的作用，每年围绕省政府中心工作确立一批重大决策研究课题；陕西省决策咨询委员会的章程规定，委员会统一部署重大决策研究课题，必要时还可向社会进行课题招标。

2011年，发布的《中共中央、国务院关于分类推进事业单位改革的指导意见》（以下简称《意见》）将可能对思想库产生深远的影响。体制内的政策研究机构属于支持行政决策的事业单位，按照《意见》规定，将事业单位划分为承担行政职能、从事生产经营活动和从事公益服务三个类别，并采取对应的改革措施。《意见》还提出“不断拓展公益服务领域，增加公益服务品种，扩大公益服务供给总量”、“完善购买服务机制”等有助于扩大决策咨询市场的要求；提出“鼓励社会力量依法进入公益事业领域……与事业单位公平对待”，给民间思想库的发展提供了契机；提出“完善和落实税收优惠政策，鼓励企业、社会团体和公民个人捐赠公益事业”、“加大投入力度，着力构建财政支持公益事业发展长效机制”、“形成多渠道筹措资金发展公益事业的投入机制”等措施性要求。

（二）资金渠道

1. 政府资助

我国思想库的发展源于支持国家建设和经济社会发展，大量的思想库具有官方背景，属于体制内机构，因此政府的资金资助是我国思想库最主要的资金来源。来自政府的资金渠道主要包括全国社科基金、上级行政部门的财政拨款和各级政府部门的科研经费。

成立于1991年的全国哲学社会科学规划办公室承担着制订哲学社会科学发展计划以及管理和筹措社会科学基金（即国家社会科学基金）的职能，该基金的经费来源于国家财政拨款，重点项目课题经费为25万～30万元，一般项目和青年项目课题经费为15万～18万元。2011年，国家社会科学基金总经费为7.97亿元，资助范围包含所有的哲学社会科学研究，政策研究仅为其中的一部分。美国联邦政府专门设立的国家科学基金的总金额大概在十几亿规模，大多数用于资助各思想库。与美国相比，我国的国家级社科研究基金的经费偏少，而专门关注公共政策研究的经费就更少。

近年来，各地相继成立决策咨询委员会，并整合社会智力资源（包括大专院校、科研院所、社会团体、咨询企业、国际组织等有关智库机构），开展重大决策研究课题。研究课题主要服务于地方政府的经济社会发展，为政府提供决策咨询参考，课题形式包括公开招标和委托研究，一般由市政府发展研究中心负责课题的总体策划、具体招标、经费安排、过程管理、成果推广与转化等组织管理工作。课题经费主要来自地方政府的财政拨款，但课题研究经费总额和单项课题经费都不高（一般不超过15万元）。由于课题经费的限制，使得很多课题的中标单位主要为高校科研团队。以上海市为例，2012年共有27项决策咨询研究重点课题通过评审，23项的课题承担单位为高校，其余4项分别由上海市统计科学应用研究所、上海市发展改革研究院（2项）、上海社会科学院世界经济研究所；每项课题的研究经费为5万元，总计135万元，而上海市2010年的社会人文科学研究经费就已经达到4.33亿元。

直接的财政拨款只有官方智库可以享受，各级政府的科研经费也主要由体制内的思想库获得。有关资料表明，中央和地方政府部门有超过3/4的课题由国务院、各部委、各级政府所属信息研究机构承担，民间思想库很难分享政府的资金资助。

2. 社会捐赠

社会捐赠是美国思想库重要的资金来源，以排名前十的美国企业公共政策研究所为例，其2012年经费总额约为3 740万美元，其中来自基金会、个人和企业的捐款分别占39.3%、40.6%和15%。

我国2010年慈善捐赠总额达到700亿元，占GDP的0.21%，而美国2007年的慈善捐赠总额达到3 063.9亿美元，占GDP的2.2%。我国慈善捐款流向的十二个主要领域中，并不包含与思想库研究相关的公共政策和国际事务，最多的三个领域为教育、救灾和扶贫。美国最早的慈善活动也是以济贫扶困为主，但在19世纪中期以后，慈善活动开始转向支持研究机构开展社会问题方面的研究。以2008年为例，美国慈善捐款流向公共事业和国际事务的比例达到12.1%。

中国基金会最早出现于1981年，2004年国家颁布了《基金会管理条例》，规定基金会是“利用自然人、法人或者其他社会组织捐赠的财产，以从事公益事业为目的，依法成立的非营利性法人”。到2010年，全国基金会总数达到2 179家，公益支出总额达到276亿元，主要资助领域为教育、科研、医疗、文化等领域。与思想库活动相关的是科研领域，但该领域的资助对象主要是自然科学研究，对公共政策研究关注较少。

税收优惠政策是影响思想库社会捐赠资金来源的主要因素，我国慈善捐赠的税收政策主要存在以下问题：适用范围小，只有对100个左右非政府组织和社会团体的捐赠可享受税收优惠；捐赠扣除比例偏低，个人所得税只在年度纳税所得额30%以内的部分予以扣除；捐赠抵扣税收手续复杂；没有对遗产税进行征税。与美国相比，我国税收政策对慈善捐赠的激励程度远远不够。

3. 咨询服务

咨询是通过专业人士所储备的知识经验和通过对各种信息资料的综合加工而进行的综合性研究开发，咨询产生智力劳动的综合效益，起着为决策者充当顾问、参谋和外脑的作用。咨询业属于智力密集型产业，起源于19世纪中叶。咨询行业的业务范围包括政策咨询、工程咨询、管理咨询、技术咨询、其他专业咨询（法律、旅游、保险、贸易、商业等）。我国加入世贸组织后，咨询行业营业额从1996年的21.5亿元增长到2001年的302亿元，5年间增长了13.8倍。

政策咨询是思想库的主要工作内容，思想库属于特殊的咨询机构。除了开展带公益性质的政策研究工作外，思想库也会接受各级政府和企业的委托，开展咨询服务工作。美国著名的思想库兰德公司和布鲁金斯学会就承担了很多政府和企业委托的咨询服务工作，日本的野村综合研究的咨询服务范围覆盖面很广，大到人类共同面临和关心的全球性问题，小到超级市场、闲暇时间、技术产品、化妆品、出租汽车等，从宏观到微观应有尽有。

在政府资助和社会捐赠的资金来源有限的情况下，咨询服务成为思想库（尤其是民间思想库）最重要的资金来源。成立于1993年的天则经济研究所是我国典型的民间思想库，其主要研究领域为制度经济在中国的发展和应用，以北京天则经济研究所咨询有限公司的形势向地方政府和企业提供企业战略咨询、投资项目可行性分析、企业并购咨询与策划等服务。

一方面面向市场提供各种咨询服务；另一方面秉承思想库的宗旨开展政策研究、推广研究成果、举办论坛会议，这种形式成为当前多数民间思想库的“曲线”生存之道。但是，思想库与咨询公司在组织机构目标、定位和研究成果方面区别较大。思想库承担的工作更具有宏观性和战略性，更偏向于储备性政策的研究，与政策的紧密程度更高，而且很多研究工作没有委托合同的支撑，带有公益性研究的性质。

（三）经营环境

经营环境主要影响思想库的日常运营，思想库的机构性质和税收优惠制度的影响最大，前者涉及思想库的“身份”问题，后者则影响思想库的运营成本。

1. 机构性质

体制内思想库隶属于上级行政部门，属于事业单位性质，接受上级行政主管部门的管理，人事归党政人事部门统一管理，经费由财政拨付，所研究的课题有许多来自上级机构的委托。在中国首届智库论坛上公布的十大思想库中，国务院发展研究中心和中国社会科学院为国务院直属事业单位；中国国际问题研究所系中华人民共和国外交部直属专业研究机构；中国现代国际关系研究院为国家安全部的直属研究机构；上海国际问题研究院隶属于上海市政府。鉴于体制内思想库与行政主管部门的行政隶属关系，其研究很难保持独立性，受到领导意识的影响较大。

大学思想库隶属于大学，往往是以高校研究机构的形式存在，不具有独立法人，财务上不能独立核算。在经费来源上，大学思想库的经费有的依靠政府拨款，有的依靠社会或者企业捐助。例如，北京大学中国经济研究中心主要依靠美国福特基金会资助。

民间思想库的身份比较尴尬，民间非营利组织和民办非企业单位应该是民间思想库最佳的生存状态，但是实际注册难度却很大。根据 2004 年 10 月中共中央办公厅、国务院办公厅颁发的《关于加强民办社科研究机构管理工作的意见》，明确民办社科研究机构属于民办非企业单位，受省级民政部门和社科联双重管理，省级社科联是民办社科研究机构的业务主管单位。由于民间思想库的研究涉及思想领域，有的还可能有一定的政治敏感性，地方社科联和民政部门为了规避政治风险，并不乐意担任民间思想库的“婆婆”，使得民间思想库注册为民办非企业单位的难度加大。另外，在2005年前后，受“颜色革命”的影响，民间思想库甚至被“控制发展、从严管理”，工商总局也不再办理民办社科研究机构登记，已经登记的民办社科研究机构也被“注销”。这就使得绝大多数的民间思想库以企业的“身份”生存，比如天则经济研究所、北京大军经济观察研究中心。

2. 税收优惠

税收优惠制度对思想库发展有很大的激励作用，主要体现在思想库经营的税收优惠以及获得捐赠的优惠。

根据《事业单位、社会团队、民办非企业单位企业所得税征收管理办法》（1999年）和《财政部、国家税务总局关于非营利组织企业所得税免税收入问题的通知》的规定，思想库可享受所得税优惠的前提是其机构性质为非营利机构、社会团体、民办非企业单位或者事业单位，免征所得税的内容包括接受其他单位或者个人捐赠的收入、事业单位从主管部门和上级单位取得的用于事业发展的专项补助收入、社会团体取得的各级政府资助、社会团体按照省级以上民政和财政部门规定收取的会费等。

根据《中华人民共和国公益事业捐赠法》的规定，公益性政策研究并没有被明确列为公益性事业规定非营利事项，只能勉强与“促进社会发展和进步的其他社会公共和福利事业”相关。同时，可接受捐赠的对象包含公益性社会团体和公益性非营利的事业单位，后者包含教育机构、科学研究机构、医疗卫生机构、社会公共文化机构、社会公共体育机构和社会福利机构等。事业单位性质的思想库只能勉强列入科学研究机构的范畴。

目前的优惠政策并没有明确支持公共政策研究的条款，而且享有优惠政策的对象主要是以事业单位、社会团队和非营利组织为主，难以被认定为非营利组织的民间思想库并不在优惠范围内。

二、思想库发展对策建议

（一）进行思想库体系建设的顶层设计和系统规划

党的十八大报告明确提出了“坚持科学决策、民主决策、依法决策，健全决策机制和程序，发挥思想库作用”的要求，但是如何发挥思想库的作用、思想库的功能定位、思想库体系的构成、思想库融入决策机制的方式等问题还缺少相应的规定，而这些都需要通过思想库体系建设的顶层设计和系统规划来回答。思想库体系建设的整体方案需要立足战略高度、结合事业单位分类改革的推进，从体制内政策研究机构改革、社会捐赠制度、税收优惠制度、非营利组织和民办非企业单位管理、政府治理模式、决策程序建设等方面开展工作，从而谋划布局思想库发展策略和路径，充分调动各类思想库资源为国家的经济建设、社会发展、国际外交等工作服务。

（二）强化政府公共政策研究的支持

政府是政策研究机构主要的资助来源，在我国的思想库体系中，各级政府都设置有政策研究机构，政府资源主要被体制内的思想库垄断，导致决策咨询结果的“同质化”和“解释性”特点明显。要想改变这种现状，一方面需要在本轮的事业单位改革中，推进政策研究机构的改革；另一方面要加大政府对公益性政策研究的支持力度。

现有的各级政策研究机构既承担部分行政职能，又承担思想库的政策研究职能。对于以行政职能为主的事业单位型政策研究机构，应转为行政机构，承担起政策研究的行政管理职能，而非开展具体的决策咨询工作，实现决策中枢主体和决策咨询主体的分离。对于以决策咨询为主的事业单位型政策研究机构，应将行政职能划归其他行政机构，强化其公益属性，而政府应减少对此类机构的具体管理，尽量保持政策研究的独立性。

目前，各级政府尽管通过市级发展研究中心和决策咨询委员会拟定每年的决策研究重点课题，并向全社会公开招标，但是研究经费非常有限，对于决策咨询市场的支持是杯水车薪。地方政府应加大在决策咨询研究的经费支持，除了财政拨款外，吸纳更多的社会资金充实课题研究经费。同时，除了每年设立具体的研究课题外，还应该通过专项资金支持思想库根据自身研究成果申报课题，鼓励思想库向政府推销研究成果。

国家社会科学基金是目前资助政策研究的国家级基金，应该将政策研究明确列为国家社会科学基金的重点资助对象，从而引导更多的资金资助思想库。

（三）完善慈善捐赠制度

美国的慈善基金会在兴起的最初阶段以教育、医疗卫生和自然科学为主要资助对象，但在慈善基金会的快速发展阶段（1940～1991年），重点资助对象从自然科学研究向社会科学和公共政策研究，大量的资金用于思想库。现阶段，我国的慈善捐赠主要资助教育、自然科学研究和医疗卫生，与美国慈善基金会初期捐赠对象类似。过去10年，我国经济高速增长，但内外部环境却变得更加复杂，经历了金融危机、欧债危机、美国次贷危机的影响以后，物质财富的增长和科学技术水平的提高不一定能解决当前的社会问题，从人与人之间的社会关系入手，开展公共政策和社会科学的研究尤为重要。

加强社会捐赠对思想库的支持，第一，要完善我国的公益事业捐赠制度，将公共政策研究明确列为非营利的公益性事业，使之成为慈善捐赠的主要对象；第二，扩大享受优惠的受赠机构体系，解决民间思想库的身份问题，明确思想库作为非营利机构的条件和要求，降低思想库注册为民办非企业单位的门槛；第三，提高捐赠扣除比例，激励慈善捐赠行为；第四，开征遗产税，引导富人把自己的财产贡献给慈善公益事业；第五，鼓励成立资助社会公共政策、社会科学、公共福利领域的基金会，专门资助思想库的公共政策研究工作。

原载《云南社会科学》2013年第3期

关于我国地方政府债务风险现状的研究

饶云清

一、引言

我国审计署公布的2011年第35号审计报告（总第104号），第一次较为全面系统地提供了关于我国地方债务的存量数据。该报告指出，截至2011年年底，我国地方政府负债的总规模达到了10.7万亿元。如果将政府之间的借债剔除，那么地方政府对非政府部门的债务为10.2万亿元。从债务结构及期限结构方面来看，地方融资平台公司作为发债主体所借贷的债务占我国地方债务的46%。其中，我国地方政府债务绝大部分将在2016年前到期。此外，2013年4月9日，惠誉（Fitch）评级机构因我国基础层面的结构性弱点等方面原因，将我国的评级从AA-下调至A+。该评级机构认为，我国的债务水平自2009年以来一直令人担忧，最终而言，中国的债务问题将需要主权资源来解决，债务将转移到中国的主权资产负债表上。有鉴于此，摸清我国地方债务存量风险的现状及其变化趋势，对于探寻我国地方债务的解决路径与方案具有十分重要的理论价值和现实意义。

二、基本理论研究综述

关于我国地方政府债务问题及地方融资平台的研究始于2009年之后。从大量的研究成果来看，关于这个问题的研究主要集中在地方融资平台债务风险的程度、风险的成因以及风险的化解与治理方式和路径三个方面。

第一，关于地方债务风险程度方面的研究。2011 年，贾康、巴曙松和陈少强等专家都对我国 2009 年和 2010 年年末的地方政府融资平台债务总量进行了研究分析。他们认为，我国地方投融资平台偿债风险能够实现逐年分散，不宜过分夸大。但由于地方投融资平台的债务风险增长速度过快，需要进行严格的控制。此外，一部分学者已经从实证分析的角度开始对我国地方债务风险评估方面进行研究。他们运用债务负担比率，并且从我国国情的实际出发，结合国外有关的风险警戒标准，分析计算出了 2009 年年末地方融资平台对于我国地方债务快速增长的贡献程度。

第二，关于我国地方债务风险成因方面的研究。国内学术界对于这一问题的观点主要分为两类：一是来自于外部的客观因素；二是由内部制度因素所引发。综合来说，我国地方债务风险的成因，从我国经济发展阶段来看，必然受到我国经济增长模式和我国财政政策、财政体制以及相关法律制度方面的影响。同时，地方政府投融资行为的管理与监督制度存在缺失，加上债务管理水平低下而导致的无序化、融资平台机制不健全、土地财政依赖性过大等内部性制度存在缺陷也是地方债务风险不断上升的重要原因。其中，地方政府缺乏债务风险预警体系和控制机制以及责任追究制度也是一个重要的影响因素。此外，一些深层次的原因来自于政府的换届以及政府业绩评价机制等。

第三，关于地方债务风险的解决路径与方案方面的研究。理论界认为，化解我国地方债务风险问题需要从宏观和微观两个角度推进。首先，在科学评估债务规模的基础上，对地方债务总量进行控制，并适时改革当前以经济增长为目标的考核机制；调整财政体制和修改《预算法》，逐步增加地方政府发债权力，逐步提高地方政府融资能力。其次，积极推进地方政府融资的市场化，鼓励金融创新，特别是信用风险转移工具方面的创新，探索地方政府的直接融资方式。其中，在 2012 年，马骏还运用了存量和增量的组合方式，提出了解决地方融资平台不良资产的一种组合方案。该方案认为，在未来几年，通过四种手段的组合，地方政府和中央政府可以解决大约 80% 的平台不良贷款。这四种手段分别是：地方政府发行债券、地方政府出售资产、使用地方政府部分收入以及中央政府的税收返还以及转移支付。

❐三、我国地方债务风险的基本情况

我国地方债务问题以及地方融资平台产生有着经济和制度两个方面的原因。一方面，地方政府为拉动地方经济增长，不断加大投资，导致地方政府资金需求快速上升；另一方面预算法规定地方各级预算不列赤字，地方政府不得发行地方政府债券，从而使得我国地方政府的预算内财政收支严重不平衡。这也是作为地方政府融资工具的地方融资平台得以产生并快速发展的重要原因。目前，我国地方债务风险在地区分布、增长速度、债务结构以及期限结构方面呈现出如下的基本状况：

（一）地区分布广泛

我国地方政府性债务的分布广泛，而且呈现出快速增长的趋势。根据《中国统计年鉴（2010）》的统计数据，截至1996年年底，我国所有省级政府、90.05%的市级政府和86.54%的县级政府都举借了债务。而到2010年年底，我国只有54个县级政府没有举借政府性债务。同时，截至2010年年底，我国23个省、5个自治区、4个直辖市、333个地级市、2 858个县（区）和40 858个乡（镇）分别通过大约6 500～8 200个地方融资平台公司进行政府性债务的举借，如图1所示。

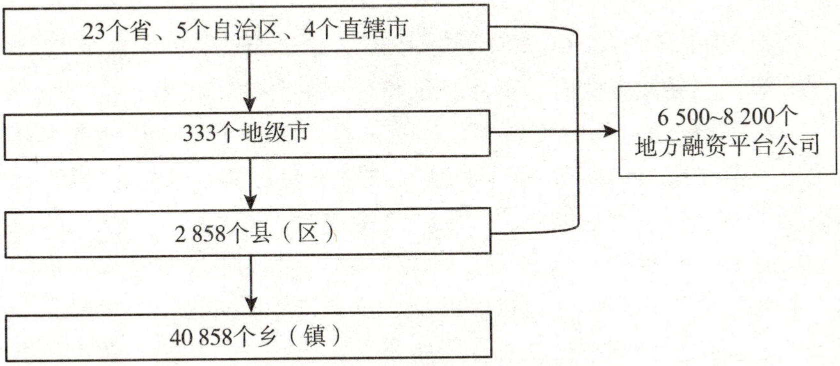

图1　我国地方融资平台的主体

资料来源：《中国统计年鉴（2010）》。

（二）增长速度过快

我国地方融资平台自出现以来一直保持了较高的发展速度，而且在1998年和2009年还出现高速增长。根据统计（见图2），我国地方政府性债务在1998年增长了48%，而在2009年这一增长幅度达到了62%。

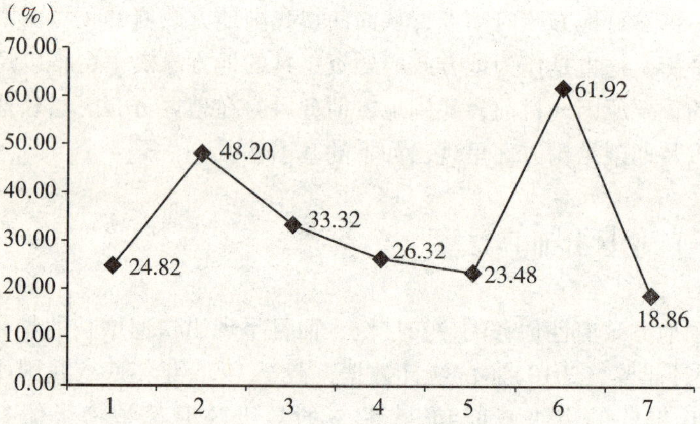

图2　1997年以来我国地方政府性债务余额增长率

资料来源：《2011年第35号：全国地方政府性债务审计结果》。

（三）融资方式单一

按照2011年6月国家审计署第35号公告公布的数据：截至2011年年底，我国包括地方政府、事业单位和融资平台公司在内的地方债务总额为10.7万亿元。其中有8.5万亿元来自于银行贷款。从债务主体方面来看，其中有5万亿元来自于地方融资平台，而这其中的63%的债务，地方政府负有直接偿还的责任，总量约合3.1万亿元。从地方融资平台的运营结构来看，我国各个地方政府是通过股本和贷款注入的方式，再加上地方国企和土地资产以及财税支持等形式为地方融资平台提供支持，而地方融资平台则对，诸如公共设施、道路桥梁以及土地开发等项目进行投资（见表1）。

表1　　2010年年底我国地方政府性债务资金融资结构情况表

	政府负有偿还责任的债务比重	政府负有担保责任的债务比重	其他债券的比重	三类债务合计比重
银行贷款	74.84%	81.88%	91.77%	79.01%
上级财政	3.18%	10.04%	—	4.18%
发行债券	8.21%	4.56%	5.92%	7.06%
其他单位和个人借款	13.77%	3.52%	2.31%	9.75%

资料来源：《2011年第35号：全国地方政府性债务审计结果》。

（四）期限结构不合理

从债务偿还期限来分析，地方融资平台的贷款主要分为新项目融资与原有项目的后续资金补充。同时，在融资平台的贷款中，每年都有到期的贷款。根据我国审计署的报告，地方平台的债务中有24.5%的于2011年年底到期，70%的将于2015年前到期。如果假设融资平台的贷款为5年期，而且在第4年至第8年将等额偿付本金，那么将在2011年年底的8.5万亿元的基础上进一步上升。其中，根据中金公司的预测，我国地方融资平台在偿付本金方面，地方政府偿债率将会从2012年的26.6%水平继续上升，持续超过20%的警戒线水平，直至2014～2015年缓慢回落至20%的警戒线以下（见表2）。

表2　　2010年年底我国地方政府性债务未来偿债情况

偿债年度	政府负有偿还责任的债务比重	政府负有担保责任的债务比重	其他债券的比重	三类债务合计比重
2011	27.84%	15.60%	23.46%	24.49%
2012	19.35%	12.72%	14.66%	17.17%
2013	11.91%	9.70%	11.61%	11.37%
2014	9.20%	9.73%	8.92%	9.28%
2015	7.35%	7.62%	7.77%	7.48%
2016年及以后	24.35%	44.63%	33.58%	30.21%

（五）存在倒逼机制

地方融资平台的偿债风险，促使地方政府不得不寻求新的融资方式和渠道化解融资平台资金链可能出现断裂的问题。也正是由于我国地方债务的偿债期限结构配置的不合理，由此引发了监管当局为化解地方融资平台偿债风险转而执行从紧的贷款政策，这又将会造成融资平台无法获得资金而面临资金链断裂。这又会产生地方融资平台因偿债风险倒逼地方政府进而引发一系列的问题。

根据审计署公布的报告，在地方融资平台的5万亿元的贷款中，地方政府承担直接偿还责任的占到了63%，约合3.1万亿元。对于其他的贷款来说，地方政府只是承担担保等其他有关责任，这就使得银行金融机构承担较高的信用风险。这是因为银行的贷款主体因现金流等问题的影响，使其在债务清偿力方面存在较大的风险，同时地方政府又不完全承担有关的债务清偿责任。反过来说，对于地方政府发行的债券来说，地方财政不仅需要对其负有全部偿付责任，而且也使得地方政府成为一个可以对其进行信用风险评估的主体。这一方面大大降低了银行系统所面临的信用风险；另一方面，也有效地提高了地方财政的透明度。

综上所述，我国地方债务风险水平，由于受到我国经济发展阶段、外部客观环境以及内部制度等因素的共同作用，呈现出地区分布广泛、资产结构、负债结构以及期限结构不合理的特点，严重地影响我国经济发展的健康程度与经济增长的可持续性。为了有效地规范地方政府及其融资平台的投融资行为，以及有效地化解我国地方政府债务风险，就需要合理分析与评估地方融资平台潜在的不良贷款规模及其对我国银行业可能产生的影响，了解我国地方政府的资产与收入等情况，尝试新的融资工具与融资方式，设计科学合理的管理模式。其中的关键环节就是要在上述基础上，设计制定适合我国国情的、合理的以及可执行的地方债务偿还机制。

四、我国地方政府资产负债表的分析

2007年国家统计局许宪春等专家，在他们发表的《中国资产负债表编制方法》以及《中国国民经济核算体系》中不仅讨论了国家资产负债表核算的概念、核算原则、表式结构、国民资产的估值，而且还编制了中央和若干地区2004年之前的资产负债表。2012年，由马骏、张晓蓉主持的“国家资产负债表研究”课题研究中，有关的专家参照英国、加拿大、澳大利亚和日本等国的经验，结合我国统计数据和经济运行的具体情况，编制了2002～2010年的中国国家资产负债表。其中，关于我国地方政府资产负债表的编制工作，除了直接参照有关单位公布的统计数据之外，他们还进行了估算（见表3）。

表3　2002～2010年我国地方政府资产负债表　单位：亿元

年份	2002	2003	2004	2005	2006	2007	2008	2009	2010
总资产	80,177	91 136	104 881	120 704	148 611	208 648	197 780	250 373	290 612
非金融资产	72 844	82 606	96 872	112 883	130 608	149 922	172 313	201 724	239 800
非经营性资产	24 521	29 251	35 181	42 523	51 212	61 087	73 594	92 633	114 800
土地储备	18 000	20 000	25 000	30 000	35 000	40 000	45 000	50 000	60 000
非上市公司股份	30 323	33 355	36 691	40 360	44 396	48 835	53 719	59 091	65 000
净金融资产	-6 688	-9 182	-14 366	-20 442	-17 698	13 627	-30 221	-41 520	-56 363
金融资产	7 334	8 530	8 008	7 821	18 004	58 725	25 466	48 649	50 812
地方财政存款	1 114	1 641	1 996	2 559	3 497	5 642	5 773	9 067	7 743
股票	6 219	6 889	6 013	5 262	14 507	53 083	19 693	39 583	43 069
负债	14 022	17 712	22 374	28 263	35 702	45 098	55 687	90 169	107 175
地方政府债券	996	1 258	1 589	2 007	2 535	3 202	3 954	6 367	7 567
地方政府银行贷款	11 077	13 993	17 675	22 328	28 204	35 628	43 993	71 243	84 680
地方政府上级财政借款	589	744	940	1 187	1 499	1 894	2 339	3 767	4 478
地方政府其他借款	1 374	1 736	2 193	2 770	3 499	4 420	5 457	8 792	10 450
净资产	66 156	73 424	82 507	92 441	112 910	163 549	142 092	160 204	183 437

资料来源：马骏、张晓蓉和李治国：《中国国家资产负债表研究》，社会科学文献出版社2012年版。

根据表3可知，我国地方政府的资产，被划分为非金融资金和金融资产两类。其中，非金融性资产包括土地储备、非经营性资产以及非上市企业权益；而金融资产则包括地方财政存款和股票等。我国地方政府的负债主要包括地方政府发行的债券、银行贷款、向上级财政的借款以及地方政府向其他单位及个人的借款。根据我国地方政府资产负债表的数据显示：截至2010年，我国地方政府的总资产为29.0612万亿元。其中，非金融资产23.98万亿元，金融资产为5.08万亿元，与2002年相比分别增加了21万亿元和4万亿元。在地方政府负债方面，从2002年的1.4万亿元上升到了10.7万亿元。可以说，在这9年的时间里，我国地方政府的资产负债表呈现了非常明显的变化：一是我国地方政府的非金融性资产增长速度明显低于地方政府负债的上升速度；二是我国地方政府净资产规模也呈现了上升的趋势。

从资产结构方面来看，地方政府资产中非金融性资产比重过高，因此极大地影响了地方政府资产的流动性。以2010年数据为例，地方政府非经营性资产为11.48万亿元，占比达到了37%；土地储备为6万亿元，约占总资产的20%，再加上非上市公司股份6.5万亿元。这三种流动性较弱资产后占总资产的比重达到了80%。此外，地方财政存款占比为8%，而具有较好流动性的上市公司股票等资产只有14%。这就表明了，在我国地方政府资产结构中，存在结构不合理问题。流动性较差的资产在地方政府资产结构中所占比重较高。

在地方政府负债结构方面，从2002年到2010年的数据显示，我国银行系统为地方政府所提供的贷款呈现平稳上升趋势，并且地方政府负债中保持大约80%的水平。另外，地方政府债券发行水平虽然也呈逐步上升的趋势，但规模较小约占总负债的7%水平。地方政府向上级财政以及其他单位或个人的借款维持在一个较低的水平上，约占15%以下。

在2011年10月，中央政府批准了广东、上海、深圳及浙江四个地方政府独立发行3年期和5年期债券的申请。这些债券发行所筹集的资金，一部分直接用于了地方融资平台的到期债务偿还，另一部分则是用于化解地方融资平台项目资金链断裂的风险。据统计，这四个地方政府在一个月的时间内，共计发行了229亿元的债券，而且这些债券的利息都在3%左右。这一利息水平不仅低于地方融资平台所承担的利息水平，甚至低于了无风险的中央政府债券。从这一情况来看，地方政府发行债券不仅能够缓解地方政府融资平台再融资以及对银行还贷的压力，而且也将提高地方政府财政的透明度，从而有利于解决借款人信用质量问题。

更进一步来说，我国通过构建并完善地方政府债券市场，是能够对地方融资平台及其债务混乱的状况实施有效地规范和清理。在这一过程中，不仅需要科学合理地区分地方政府融资平台信用风险与地方政府债券信用风险之间的差异性，而且还需要重点对地方政府债券市场中的“债务清偿机制”进行设计与完善。可以说，这将是解决我国地方债务问题的一项重要工作，也是建立健全我国市政债券市场的一个关键性步骤。但是需要特别注意的是，此次四个地方政府发行债券，并不等同于西方国家的地方政府债券或市政债券，因为这二者之间实际存在着体制与机制等方面的实质性差别。具体来说：第一，此次地方政府发行的债券缺乏严格的法律和制度基础；第二，此次四个地方政府发行的债券仍然是在中央财政集中管理和控制之下，不是地方政府没独立的决定权；第三，此次地方政府发行的债券，虽然突出了地方政府的责任，但都没有直接的法律约束力。同时，如果出现地方政府无法偿还这些债务时，中央政府也必然承担相应的责任。

综上，通过对我国地方政府资产负债表的分析，从存量的角度方面，了解了我国地方政府资产结构与负债结构。从体制与机制方面，比较了四个地方政府发行债券与西方国家市政债券的差异性。我们可以得出：第一，地方政府融资过度依赖于银行贷款。我国地方政府债务风险对我国银行体系影响巨大。根据我国银监会在 2010 年 7 月公布的数据来看，我国商业银行为地方融资平台提供的贷款达到了 7.66 万亿元，并将不良贷款率设定为 23% 。根据这一比率计算，截至 2010 年，我国地方政府约 8.5 万亿元的贷款总额中，潜在的不良贷款的总规模将达到 1.96 万亿元的水平。第二，地方政府融资渠道有限，极大地制约了债务的偿付能力。我国地方融资平台缺乏严格的财务纪律，而且借款主体对债务的偿付主要依赖于土地销售以及地方政府的财政转移。如果将地方政府的资产结构和负债结构进行分析，从资产与债务存量的角度来分析，二者存在明显的不匹配性。这就是说，地方政府为了偿还以银行贷款为主的地方政府债务，必须积极寻求盘活自身的非金融性资产，出售其金融资产，以及增加地方政府债券发行规模。

五、结论

目前，我国地方政府债务问题已经成为我国经济发展过程中必须要解决的问题。本文通过对我国地方政府资产负债表的分析，从存量的角度比较了我国地方政府资产结构、负债结构以及期限结构，得出了以下研究结论：

首先，为化解地方政府融资平台不良贷款的风险，地方政府需要对其资产负债表进行结构性的调整。为了偿还银行贷款，地方政府应通过盘活数量巨大的非经营性资产、动用部分地方政府收入以及出售部分金融资产。这些金融资产，不仅包括非上市企业的权益，而且也包括所持有的上市公司股票。地方政府通过将这些金融资产变现，以及动用地方政府的部分收入，用于解决融资平台的不良贷款问题。

其次，四个地方政府所发行的地方政府债券与融资平台负债存在差异。第一，承债主体不同；第二，债务类型不同；第三，资金使用途径不同；第四，管理方式不同；第五，偿还方式及偿债机制不同。因此，此次我国四个地方政府发行债券并不是以清偿地方性融资平台的债务为目标的，它仍然属于财政预算内负债的范畴。

最后，探索我国市政债券市场的运行模式，逐步扩大地方政府债券发行规模。不论是从解决我国地方政府融资平台可能出现的资金链断裂以及地方融资平台再融资的现实问题，还是从提高我国地方政府债务偿还能力的角度出发，在科学设计合理规范的前提下，逐步扩大地方政府债券发行规模都是化解地方债务风险，减轻地方政府债务负担的一个有效途径。特别是，通过政府债券发行，还能够有效地降低地方融资平台不良贷款对我国银行业的影响。

关于我国地方政府发行债券市场的研究

饶云清

目前我国所面临的地方债务问题，从债务主体结构方面来看，主要来自于地方政府融资平台公司的负债。地方融资平台，作为地方政府融资工具以及举债主体所形成的债务占整个债务总量的46%，据有关学者专家的估计，由我国地方融资平台和其他地方性债务产生潜在不良资产的规模将会达到2.5万亿元。按照国家审计署2011年6月发布的《全国地方政府性债务审计结果》，截至2011年年底，我国地方债务为10.7万亿元，其中有5万亿元来自于地方融资平台。此外，由于地方融资平台的偿债能力过度依赖于土地销售以及当地政府的财政转移，因此我国地方融资平台面临着巨大的偿债风险。在这个背景下，管理层和银行机构都实施了从紧的贷款风险指引，这又造成了地方融资平台，因无法获得再融资而面临资金链断裂的风险。这不仅造成了投资明显下降，而且还将出现对地方政府的倒逼现象。在2011年10月，中央政府批准了广东、浙江、上海和深圳4个地方政府独立发行3年期和5年期的政府债券。对于这一举措，不少专家学者指出，通过我国地方政府发行债券，除了缓解我国地方融资平台再融资以及我国银行系统压力之外，也将会对提高地方财政的透明度产生十分积极的推动作用。不过，这个新现象也带来了一系列需要深入研究和广泛探讨的相关问题。

一、发行地方政府债券是化解地方债务问题的重要部分

从我国地方政府性债务余额增长来看，地方融资平台在1998年和

2009 年出现过高速增长的情况。这两次分别发生在亚洲金融危机以及美国次贷危机爆发之后，政府为了应对经济增长放缓，而采取刺激性经济政策的结果。再加上《预算法》的约束，即各级地方预算不列赤字，也不得发行地方政府债券，为解决地方政府的预算内财政收支严重失衡问题，而选择的一种融资工具或者说是融资平台。据统计，2009 年我国地方政府债务占 GDP 的比重从 2008 年的 18% 迅速上升至 26%。从融资角度来说，由于受到我国金融市场的发展现状以及金融产品结构单一的影响，地方政府融资平台的融资方式也相对地集中于银行贷款。从地方政府负债结构来看，银行贷款在地方政府负债中的占比基本稳定在 80% 的水平，远远高于地方政府其他单位和个人借款、地方政府债券和地方政府上级财政借款。其中，地方政府债券发行数量虽然也呈现小幅上升趋势，但它在地方政府负债中的占比仅有 7% 左右。

从目前我国地方政府的债务结构角度来说，假设我国经济金融发展环境在未来一段时期内不发生重大的变化，对于我国地方债务问题解决方案的设计与选择，一些专家学者认为，应充分发挥地方政府、银行系统、中央政府以及金融市场的积极作用，通过对地方政府部门资产与负债进行存量和增量调整的方式，逐步化解我国地方债务问题。同时，这一调整方案不仅需要考虑到我国的财政体制和金融体制的改革与调整，同时也将会触及一些深层次问题。从我国一些专家学者提出的地方融资平台债务问题解决方案来看，这些方案涉及短期与中长期相结合、地方政府与金融机构以及金融市场相结合的设计思路，它们主要包括以下几个关键环节：第一，地方政府与银行机构相结合解决地方融资平台不良贷款问题；第二，地方政府与金融市场相结合解决地方融资平台再融资的问题；第三，地方政府与金融市场相结合盘活大量的非营利性资产；第四，中央政府通过对地方的税收返还、转移支付以及政策调整等手段为地方债务化解提供支持；第五，积极构建并完善我国市政债券市场。

从地方政府的视角，化解地方债务的具体解决方案可以概括为地方政府自行发行债券、出售地方政府资产与动用地方政府部分收入这三种方式的组合方案，即确定以发行地方政府债券与出售地方政府资产为主要形式，并以动用地方政府部分收入为辅助的解决方案。

首先，发行地方政府债券与出售地方政府资产相结合能够解决超过 1 万亿元的不良贷款问题。按照银监会在 2010 年 7 月经济金融形势通报会议公布的数据计算，截至2010年6月底，银行对地方融资平台的贷款额达到了7.66万亿元，其中1.76万亿元的贷款属于存在严重风险的贷款。如果根据一些信用评级机构的30%不良贷款率的假设，那么我国地方融资平台的不良贷款额为2.3万亿元。从地方政府的角度来说，地方政府可以选择发行债券和出售资产相结合的方式来解决这一巨额的不良贷款及有关的债务问题。按照马骏等人的观点，地方政府可以发行地方债券并扩大地方政府发行债券的规模，由2011年之前的每年2 000亿元提高到每年3 000亿元，并将其中的50%用于解决地方融资平台的再融资问题。同时，地方政府还可以出售包括上市国有企业的部分股份、非上市国有企业股权以及土地等资产。按照2002～2010年我国地方政府资产负债表，截至2010年年底，我国地方政府持有的上市公司股份约为4.3万亿元。另外，截至2010年，我国地方政府所持有的非上市公司股权为6.5万亿元，二者之和将超过10万亿元。如果考虑我国经济增长放缓以及仍处于转轨阶段证券市场的实际情况来说，地方政府可以选择每年按照一定的比例逐步减持上市公司股份和非上市公司股权，如果将减持比例设置在5%～10%之间，那么地方政府将会获得5 000亿元～1万亿元的资金规模用于解决地方融资平台的不良贷款问题。

其次，地方政府部分收入将为地方债务问题的解决提供有力的支持。据统计，截至2010年我国地方政府本级公共财政收入为4.06万亿元，政府性基金收入为3.36万亿元。二者之和为7.42万亿元。为此，如果地方政府对其支出水平进行合理调整，即支出每降低1%，约合700多亿元。这一调整周期维持5年，那么地方政府可以获得大约3 500亿元的资金规模用于消化地方融资平台的不良贷款。

综合来说，地方政府在化解地方债务问题的三种方式中，出售地方政府资产和动用地方政府部分收入（或者说降低地方政府支出水平）这两种方式都具有明显的短期性特征，或者说属于应急性的风险解决方案。而对于地方政府发行债券的融资方式来说，这是一种具有较高稳定性的重要金融行为。从西方国家的实践经验来看，地方政府以发行债券的形式进行资金的筹集在其融资结构中占据着非常重要的地位，而银行贷款只占有非常小的比重。值得注意的问题是，我国地方政府目前所自行发行的债券并不是完全意义上的市政债券，它与西方国家的市政债券还存在着法律上以及体制和机制上的实质性差异。

❐二、我国地方政府发行债券与市政债券的差异性分析

从20世纪70年代开始，我国的财政体制是以“既无内债又无外债”的思想为指导，为此在较长的一段时期，我国不仅没有地方政府债券，就是中央政府债券也没有发行。不过，国债在1981年恢复了发行，而地方政府债券仍然受到限制。在20世纪80年代末，我国许多地方政府为了进行地方基础设施的建设，而选择以发行债券的方式进行资金的筹集。但是由于地方政府债务清偿能力等问题的出现，国务院在清理整顿地方债券的各种问题之后，决定暂停此类债券的发行，并在1995年实施的《预算法》中明确规定，地方政府不得发行债券（除法律和国务院另有规定外）。此后，中央政府决定每年增发一定数量的国债，由财政部转贷给省级政府，用于各个地方经济和社会发展项目。到了2009年，我国在积极落实“扩大内需、刺激经济”的经济增长方式和结构性调整的过程中，地方政府债券在我国又得以重新出现，其发行方式和规模则是由中央财政每年代理发行2 000亿元的地方债，用以支持地方政府经济发展和建设。2011年10月，中央政府批准广东、浙江、上海以及深圳四个地方政府独立发行3年期和5年期的债券。此次的地方政府自行发行债券，虽然没有正式公布，但其中的一部分债券将用于解决现有地方融资平台的再融资。从金融方面来说，这一举措虽然体现出了创新思想，不过从财政部出台的《2011年地方政府自行发债试点办法》中，我们还是可以发现此次地方政府独自发行债券的一些特点，以及与西方国家市政债券的差异。

第一，在法律和制度约束方面。西方国家的市政债券是以地方政府财政独立性为基础的，而且配有严格的法律、体制和机制等方面的约束。特别是在规则制定方面，以及监督管理机构的部门及功能设置方面都有着非常明确的法律和制度规定。而我国的地方政府自行发行债券，是经过国务院批准的而不是地方政府独自决策的。这表明，我国地方政府债券的发行环节以及发行制度、决策程序和机制在一定程度上都是缺失的。

第二，在发行人的条件方面。市政债券的发行人必须是地方政府、地方政府的授权或代理机构。这一点，我国地方政府自行发行债券与其具有较高的相似度，但是在2011年我国四个地方政府发行的债券更多的是为

化解地方融资平台的问题，防范地方融资平台下的项目因无法获得新的贷款而面临资金链断裂的风险，从而保证那些已经开工的地方融资平台项目的继续建设。在这样的背景下，四个地方政府所发行的债券更多的是在我国中央财政通盘权衡中展开的，而不是地方财政自平衡的结果。进一步来说，这四个地方政府独自发行债券也不是根据市场状况自行决策的，而且在发债的规模和期限结构方面都严格地被限定在国务院批准的范围内。

第三，在债务偿还机制方面。市政债券是由地方政府及其有关的机构承担债券的还本付息责任，在债务偿还机制中，市政债券根据不同的债务属性，法律法规都对其偿债资金来源进行了较为明确的规定。而我国四个地方政府自行发行的债券不是建立在地方政府有效的偿债机制基础上的，虽然财政部在公告中强调地方政府的责任，但这些内容不具有直接的法律约束力。从一定意义上来说，这些规定属于行政性的命令要求。具体来说，2011 年我国四个地方政府所发行的债券，其还本付息都由财政部代办，即在规定时间将财政部代办债券还本付息资金足额缴入中央财政专户，这表明，我国四个地方政府自行发行债券受到了严格的管控。

概括起来说，我国四个地方政府独自发行债券属于自行发债，但不是自主发债。这里的自行发债，也就是说这四个地方政府在国务院批准的发债规模限额内，自行组织发行本地政府债券的发债。中央政府对此进行了严格的限制，特别是在发行规模、类型、期限等方面四个地方政府均需遵守中央政府的有关规定。它与西方国家的市政债券具有十分明显的差异，不过对于推动我国地方政府债券市场的建立，我国地方政府发行债券仍旧具有十分重要的意义。

三、我国地方政府发行债券的意义

我国四个地方政府发行债券标志着，我国地方政府债券改革和试点有着实质性的推进，这一重要的举措不仅有着十分重要的经济意义，也有利于为化解目前受到广泛关注的地方债务问题提供一个可行的解决方案，也为地方政府履行公共责任提供了具有一定持续性的资金支撑。

第一，地方政府发行债券，除了缓解地方融资平台再融资和不良贷款问题，也将在一定程度上促进地方财政的透明度。长期以来，由于地方政府财政缺乏透明度导致了无法对借款人的信用质量进行科学合理的评估。由地方政府发行债券而逐步形成完善的地方政府债券市场将有效地清理地方融资平台混乱的债务问题，不仅使得地方政府成为能够通过现代信用评估体系和方法对其进行信用质量评估的信用主体，而且也有利于明晰有关的债务关系和偿还责任，从而大大降低债务持有人所面临的信用风险。

第二，地方政府发行债券，在一定程度上能够缓解城镇化进程中的地方政府所面临的资金压力。城镇化已经成为我国经济发展的一项重要的战略，要实现城镇化，各地政府就必须有效展开一系列基础设施、公用设施和房地产等方面的投资活动。但要满足这些巨额投资需求，我国目前各地方政府的财政收入存在着比较严重的资金缺口。在城镇化发展战略的背景下，通过地方政府自行发债，并构建完善的地方政府债券市场可以从一定程度上为地方经济发展、城镇化建设提供所需要的资金。与此同时，它还有助于改变中央与地方财政分权中的不足。目前，我国地方税体系的问题表现为缺乏主体税种，以及税基不清。再加上城镇化进程的不断加快，地方政府所肩负的经济发展职责不断扩大，由此阐述的地方财权与事权之间的矛盾越来越突出，中央财政的通过转移支付和税收返还等方式难以及时地满足地方经济发展的资金需求。为此，通过批准地方政府自行发行债券，进而构建相对完善的地方政府债券市场是解决这种财权与事权不平衡，弥补地方经济发展资金缺口的一个有效的方法。

第三，发行地方政府债券，有力推进我国债券市场的健康发展，加快我国债券市场的产品多元化，有利于我国金融结构的不断优化。目前，我国资本市场体系中，债券市场发展的滞后已经成为我国资本市场发展的一个明显的缺陷。这主要表现在债券市场规模小，债券市场上的品种严重不足。在地方政府成为信用质量评估主体之后，明确了地方政府的有关法律责任的基础上，地方政府债券对于债务持有人来说，它们所面临的信用风险将大大降低。换句话说，在我国债券市场上有了一种地方财政信用支持的债券品种，必然将极大地弥补我国债券品种不足的问题，同时在现代金融技术的推动下，也必然将加快我国债券市场上债券品种多元化的发展。此外，随着地方政府债券市场的建立健全，我国金融结构也必然出现逐步优化的趋势。也就是说，随着地方政府债券市场的完善，将有利于缓解我国长期以来过分偏重间接融资形式，大大提高直接融资方式的比重，从而推动我国金融体系向着现代化金融体系转化的步伐。

关于我国地方政府债务偿债机制的研究

饶云清

在西方发达国家的理论与实践中，政府债券被划分为中央政府债券和地方政府债券（包括市政债券）。这一划分是基于地方政府财政具有独立性的体制设计。以美国为例，美国各州的财政是独立于美国联邦政府的财政。这就是说，如果出现财政危机，美国州及以下的地方政府将会出现财政破产。对此，我国具有十分明显的差异性。目前，我国实行的是分税制的财政管理体制。在这个体制下，各地政府财政不是独立于中央财政的，同时地方政府也不存在所谓的破产风险，因为中央政府对于各级地方政府的债务承担了最后清偿人的角色。但是随着我国工业化和城镇化发展进程的不断加快，各个地方政府财政越来越难以满足实际发展的资金需求。在这样的条件下，地方政府融资平台得以快速发展，其风险问题也引起了国内外的广泛关注。目前，我国理论界和实务界纷纷提出了发行地方政府债券，以及构建我国市政债券市场等设想，并对此从理论和政策的视角进行了广泛的分析研究。从一些西方国家的实践经验来看，地方政府筹集资金的模式及其市政债券发展模式的成功与否，不仅在于融资方式的选择，更重要的是合理地解决地方政府债务的清偿问题。从市政债券市场及其相关的机制设计角度来说，一个成功的模式更多地体现在设计出与本国经济发展实际相适应的且切实可行的偿还机制，并创造出稳定的宏观经济、借款人与债权人权利明晰、风险管理措施具有法律保障的环境。

一、美国市政债券的发行与偿还

所谓市政债券（municipal bonds），是指地方政府或其授权机构发行的，并承诺在一定期限还本付息的债券。它可以分为一般责任债券（general obligation bonds）、收益债券（revenue bonds）和混合债券（mixed bonds）。从债务偿还方面来说，一般责任债券的偿债资金是地方政府的税收收入；收益债券则是投资项目的收入；混合债券的偿债来源则是由投资项目的收入以及地方政府税收收入共同组成的。

（一）发行主体

美国市政债券发行主体，包括州、市和县等各级地方政府及其授权机构。根据统计，2009 年加利福尼亚等 11 个州政府发行了超过 100 亿美元，其中，加利福尼亚州、纽约州和德克萨斯州发行的市政债券规模分别为 723.3 亿美元、439.8 亿美元和 327.9 亿美元，位居美国地方政府市政债券发行额前三位。

（二）发行程序

美国地方政府在联邦制的国家结构设计中拥有着较大的自主权，在市政债券的发行过程中，地方政府不需要上一级政府的批准。也就是说，州政府发行市政债券无须联邦政府的批准，州以下的地方政府发行市政债券也不需要州政府的同意。

美国《证券法》还规定，美国州政府以及州以下各级地方政府发行的市政债券不用向美国证券交易委员会（SEC）报告及登记。这里需要注意的是，美国证券交易委员会主要是根据反欺诈的原则进行事后监管，而美国市政债券规则委员会是市政债券的行业自律组织，主要承担有关市政债券规则的制定责任，同时接受 SEC 的监督。从这个意义上来说，美国各地方政府对于市政债券的发行与否，完全由该级政府自行决定。

不过，美国各州关于市政债券发行的决策程序及其有关责任也存在差异性。例如，加利福尼亚州的橘县就市政债券的发行决策设立了监督委员会。该委员会成员由五名经选举产生的全职委员构成。特别对于发行期限少于 13 个月的短期债券以及超过 13 个月的长期债券的发行进行了不同的程序设计。另外，在美国迈阿密地区，关于市政债券的发行则需要通过该城市委员会审核批准。这个城市委员会是由市长、副市长及三名选举产生的委员构成，并设立城市经理人这一职位。城市经理人根据实际情况提请市政债券发行申请，并负责相关的财务报表和有关的陈述文件。该委员会最终决定市政债券的发行与否。

（三）发行方式

在美国，收益债券一般主要是用于政府公共事业以及准公共事业等发展建设所需的资金筹集。从债券的发行方式来看，美国市政债券的发行方式主要分为公募和私募两种形式。其中，公募发行方式又可以细分为竞标承销和协议承销两种。此外，美国市政债券私募的发行方式在整个发行方式中所占的比重非常小。一般来说，责任债券通常是选择公开竞标承销的发行方式，而收益债券则往往选择协议承销的发行方式。其中，协议承销方式是美国市政债券使用最多的发行方式，超过了85%。

（四）偿还机制

美国政府根据不同的市政债券，规定了明确的偿还方式。按照规定，（1）关于一般责任债券，地方政府可以使用项目收费所形成的收入以及地方税收等收入支付债券利息并向投资者偿还本金。如果州政府或州以下的地方政府不能或者不愿意筹集资金用于债券利息支付以及本金偿还，债券持有人有权向有关法院提请上诉，以获得政府或其代理机构相应的资产。（2）关于收益债券，地方政府通过项目的收费所形成的收入作为债务偿还资金，如果出现该项收入不足以支付债券利息以及本金的情况，地方政府不得动用其他收入来源进行补偿，债券持有人则需要自行承担由此形成的部分或全部损失。

（五）小结

第一，市政债券管理体制。关于市政债券的监督和管理，美国主要是通过两个机构进行的：一是在美国证券交易委员会市场监督部设立市政债券办公室；二是成立美国市政债券规则委员会。前者主要是根据反欺诈条款进行事后监管，同时承担一系列关于约束承销商、经纪商、交易商、律师及会计师行为的规则制定。后者则承担美国市政债券规则制定的责任。

第二，市政债券风险控制。为应对市政债券风险以及地方政府偿债风险，美国目前已经形成了包括行政控制、信用评级、债务担保、债务透明度以及危机化解等内容在内的风险控制框架。在发行规模方面，美国设计并制定了一系列控制指标，如负债率、债务率以及资产负债率等。根据2002年美国全国州预算官员协会（NASBO）的调查：在47个法律允许发行责任债券的州政府中，有37个州政府在法律中明确规定了限额，即债务率为90%~120%；负债率为13%~16%；其中，北卡罗来纳州地方政府还规定了地方政府资产负债率要低于8%。此外，美国有十多家专业市政债券保险公司，以及金融担保保险协会（AFGI）为美国市政债券市场的各个环节提供保险服务。

第三，市政债券偿付危机的化解。美国在1840年以前采用的是由联邦政府完全接管的方式，之后逐渐形成了地方政府因发债所造成的债务危机由地方政府自行解决的方式。同时还根据不同性质的市政债券进行了相应的规定：（1）一般责任债券如果因暂时性或技术性问题引发了偿付危机，可以通过与债权人直接协商的方式解决；（2）如果地方政府因收入来源不足而导致了债务偿付危机，地方政府可以通过提高税收比率或者投资项目收费比率的方式进行解决；（3）如果地方政府自我补救失败，还可以通过设立专门的机构进行救助。但一旦救助行动方案失败，依据美国联邦《破产法》有关规定，则由发债地方政府提出和解协议以及破产申请；（4）如果收益债券（即债权由相应的某种收入来源作为抵押）出现偿债危机，其损失则由投资者自行承担。

❐二、美国地方政府偿债收入来源分析

根据2011年10月31日美国商务部普查局公布的2009年政府体系普查报告（census of governments），美国地方政府的短期债务余额为350亿美元，长期债务余额为2.6万亿美元，同期市政债券为3.7万亿美元。其中，短期债务仅占美国地方政府债务比重约为1.32%。这就意味着，美国地方政府性债务主要是各类期限结构的市政债券，而银行贷款占了非常小的比重。其中，美国市政债券的偿债来源一般不包括联邦税。

从偿债机制的视角来分析，美国市政债券可以分为一般责任债券和收益债券两类。（1）一般责任债券。此类债券从偿债角度可以分为三种：非自偿债券、半自偿债券和自偿债券。其中，非自偿债券以及非自偿部分构成了债券发行地方政府的债券净负债额，而自偿债券及其自偿部分则不能计入地方政府的债券净负债额，但要计入债券总负债额；半自偿债券的偿债来源处于项目自身收益以及政府专项基金。（2）收益债券。从理论上来说，收益债券是以所投资项目产生的未来现金流作为偿债资金来源的。这个投资项目一般是由一个具有公用事业性质的经济体组建的项目公司负债经营，其中发行此类债券的地方政府只具有资金筹集以及转付的功能，不应为项目提供担保，也不应涉及地方政府税收。不过，在实际中，美国除了亚利桑那州之外的各个地方政府，在满足地方政府确保不提供担保的原则条件下，设计出“税金增额融资”的偿债机制以及特殊的收益债券工具，从而形成了通过设立偿债基金（即项目未来产生的税金增额部分）用于债务的偿还。

从美国地方政府财政收入的角度来看，美国地方政府财政收入包括4个一级科目，即一般收入、市政设施收费、酒类专卖收入以及社保基金收入。其中，一般收入包括本级财政一般收入和政府间转移收入。而社保基金收入则是以雇员养老金收入为主。在这些地方政府财政收入中，房产税收入是美国地方政府平衡预算的一个重要手段。一般来说，房产税的征收总额往往取决于第二年的财政预算情况，并且根据总额每年进行税率调整。因此，房产税率不仅是美国地方立法机构的焦点问题，也构成了上一级政府调解下级地方政府收入的重要调控手段。特别值得注意的是，美国地方政府财政收入中的房产税主要来源于土地价值。这也表明了，美国地方政府也存在所谓的“土地财政”现象，但是这一现象在不同层级的地方政府具有较大的差异性。通常依赖于土地价值的情况往往集中于市级以下的地方政府中。同时，在美国地方政府财政收入中，房产税和土地出让金具有弥补地方财政收入不足等作用，而且房产税不仅是市级以下地方政府的主要税收，同时还具有稳定的比例，因此成为美国市政债券主要的偿债税源。这主要是因为通过税收的方式获取土地收益，具有较强的法律约束性和较强的行政计划性，以及收益稳定等优势特点。

综上所述，美国市政债券的偿债来源，主要包括偿债基金和其他资金来源两类。前者主要包括地方政府税收收入以及偿债基金资产投资收益；后者则包括发行新债所取得的融资性收入、其他政府基金转入、发行债券筹集资金所获得的存款利息或者投资收益、资本项目基金结余等。但值得关注的是，在美国地方政府偿债来源中，将土地价值收益纳入地方政府收入体系，并且使其成为偿还地方政府性债务的一个重要来源。因此，美国的房产税不仅成为美国市政债券稳定的偿债来源，在保证了地方政府债务自偿的同时，也成为稳定地方土地收入的一个重要的宏观政策条款手段。

❐三、我国地方政府资产与资金来源分析

1. 我国地方政府的资产（见表1）

表1　　2002～2010年我国地方政府资产负债表　　单位：亿元

年份	2002	2003	2004	2005	2006	2007	2008	2009	2010
总资产	80 177	91 136	104 881	120 704	148 611	208 648	197 780	250 373	290 612
非金融资产	72 844	82 606	96 872	112 883	130 608	149 922	172 313	201 724	239 800
非经营性资产	24 521	29 251	35 181	42 523	51 212	61 087	73 594	92 633	114 800
土地储备	18 000	20 000	25 000	30 000	35 000	40 000	45 000	50 000	60 000
非上市公司股份	30 323	33 355	36 691	40 360	44 396	48 835	53 719	59 091	65 000
净金融资产	－6 688	－9 182	－14 366	－20 442	－17 698	13 627	－30 221	－41 520	－56 363
金融资产	7 334	8 530	8 008	7 821	18 004	58 725	25 466	48 649	50 812
地方财政存款	1 114	1 641	1 996	2 559	3 497	5 642	5 773	9 067	7 743
股票	6 219	6 889	6 013	5 262	14 507	53 083	19 693	39 583	43 069
负债	14 022	17 712	22 374	28 263	35 702	45 098	55 687	90 169	107 175
地方政府债券	996	1 258	1 589	2 007	2 535	3 202	3 954	6 367	7 567
地方政府银行贷款	11 077	13 993	17 675	22 328	28 204	35 628	43 993	71 243	84 680
地方政府上级财政借款	589	744	940	1 187	1 499	1 894	2 339	3 767	4 478
地方政府其他借款	1 374	1 736	2 193	2 770	3 499	4 420	5 457	8 792	10 450
净资产	66 156	73 424	82 507	92 441	112 910	163 549	142 092	160 204	183 437

资料来源：马骏、张晓蓉和李治国：《中国国家资产负债表研究》，社会科学文献出版社2012年版。

按照马骏、张晓蓉和李治国在《中国国家资产负债表研究》中的分析，我国地方政府的资产包括非金融资产和金融资产两类。其中，前者包括非经营性资产、土地储备和非上市公司股份；后者则包括地方财政存款和股票。

我国地方政府非经营性资产，是指我国机关事业单位和部分国有企业所占有和使用的资产，包括非营利的交通、环保、医疗和教育等具有公共产品性质的基础设施。土地储备则是地方土地储备中心所持有的土地储备量。参照马骏等专家的估算，2010 年我国地方政府非经营性总资产为 11.5 万亿元；土地储备为 6 万亿元，以及地方政府持有非上市企业股份价值为 6.5 万亿元，再加上地方政府金融性资产 5.1 万亿元。综合来说，截至 2010 年年底，我国地方政府的总资产达到了 29.1 万亿元。从资产构成来看，截至 2010 年，在我国地方政府资产中非经营性资产约占 37%、土地储备占 20%、非上市企业股份占 21%、地方财政存款占 8% 以及上市公司股票占 14%。从资产流动性角度来说，我国地方政府资产流动性较差的非金融资产占比达到了 78%，而流动性较强的金融资产占比仅有 22%。

2. 地方政府资金来源

我国地方经济发展以及市政基础设施建设资金的主要来源就是财政性资金。我国地方财政资金收入主要包括政府预算内支出、政策性收费和经营资源收入。具体来说，（1）政府预算内支出，主要包括城市维护建设税和公用事业附加、中央财政的专项拨款以及地方专项资金。关于城市维护建设税的税率分别是城市 7%、县和镇 5%、乡镇 1%。关于公用事业附加税则是地方政府根据水、电、公共交通、燃气等营业额的 5% 征收。（2）地方政府政策性收入，主要包括各种配套费和使用费等。这些构成了地方政府市政基础设施建设的另一个资金来源。但是，这一资金来源的稳定性较差，而且呈现出明显的下降趋势。在 20 世纪 90 年代中期，地方政府政策性收费在市政建设资金来源中的比重曾接近 50%。但随着有关收费项目的治理工作，目前这一比重仅为 4%。难以成为我国地方政府性债务偿还资金来源。（3）地方政府经营性资产收入，主要包括土地出让转让收入以及存量资产经营权转让收入等。特别是在 1994 年我国推行的土地有偿使用制度改革，由于土地有偿使用，不仅增加了地方政府的财政收入，而且也成了我国地方经济发展以及基础设施建设的一个重要资金来源。此外，我国地方政府融资平台公司作为举债主体所进行的融资活动，也主要是以经营性收入、公共设施收费和财政资金等作为偿债资金来源。

值得注意的是，地方政府债券与地方融资平台公司负债在偿债方式方面存在明显的区别。这一点主要是由于清偿责任方面的差异所产生的。一般来说，地方政府债券是地方政府财政要承担全部债务的清偿责任，而地方融资平台公司负债的清偿则要依据相关的《公司法》和《破产法》等有关法律和市场规则。进一步来说，地方政府融资平台公司的负债，除了银行贷款之外，具有明显的企业债券性质。同时，融资平台公司的负债还包括中、短期票据融资券以及商业活动中形成的负债。因此，在债务清偿方面，地方政府债券的偿债资金主要来源于地方税收及其他收入。地方融资平台公司负债的偿还则是依靠自身的经营性收入或者通过再融资的方式取得资金来对债务进行清偿。如此一来，对于营利性较高的地方融资平台公司来说，它们的债务偿还往往不涉及地方政府责任。对于一些非营利性投资项目的地方融资平台公司来说，它们的有关债务清偿则主要依赖于项目日常运作中所形成的收入。

综上所述，目前我国面临的地方债务问题主要来自于我国地方政府融资平台公司负债所形成的债务。这一债务问题从债务偿还机制的角度来看，主要是因为我国地方融资平台的债务偿还机制存在明显缺陷，即没有稳定的偿还资金来源和健全的保障机制。按照标普信用评级公司的观点，由于地方融资平台的信贷偿还能力过度依赖于当地政府财政转移以及土地销售，因此呈现出较高的风险。也正是由于这些融资平台公司银行贷款规模增长过快，且偿债资金来源有限且不稳定，从而导致了我国地方政府债务面临较高的偿债风险。此外，在我国分税制的财政体制下，我国地方政府的资产集中于非金融资产。换句话说，流动性较弱的非金融性资产在我国地方政府资产机构中所占的比重过大，难以为地方政府债务提供稳定的偿债资金来源，特别是大体量的非经营性资产还没有盘活。此外，我国目前对于地方政府债务偿债机制保障方面的设计还十分欠缺。再加上中央政府不能直接调节我国地方政府土地出让金收入，使得地方政府不得不面临由于各种原因所导致的土地交易市场波动性风险。

城市化与产业关系：理论演进与述评*

周莉萍

城市化是一种复杂的社会和经济现象，其本身具有多元性、多学科交叉性。全球历史进程同时表明，城市化是一个自然历史过程，是人类走向现代化社会的必由之路。这一必由之路之所以不以人的意志为转移，重要的内在推动因素就是产业发展。各国实践表明，人为的产业政策设计会在短期内促进或制约城市化速度。但其内在机理如何，这是本文的研究重点。

一、城市化与经济增长

1965 年，伴随着世界城市化水平的提高，城市经济学从经济学独立出来成为一个单独的分支学科，城市化问题也开始成为研究热点，并逐步被纳入主流经济学研究框架。在讨论城市化与产业的关系研究之前，需理清城市化与经济增长的基本关系。基于此，本部分总结了经济学理论对城市化问题的解释，以及城市化因素被纳入经济学理论的演变过程。

（一）城市化与经济增长的不同研究阶段

第一阶段：古典经济学家眼中的城市化与产业分工。观察到二者关系密切，古典经济学家最早从分工视角研究城市化。阿林·杨格认为，分工一般地取决于分工、经济发展有自我强化过程。与此对应的历史发展事实

* 本研究为国家社科基金重大项目“利率市场化改革与利率调控政策研究”（12&ZD086）子课题“利率市场化与金融稳定：城镇化及地方债务融资问题”的阶段性研究成果。

是，城市化由单个城市发展进入卫星城镇、城市带阶段；城市带不断深化社会分工和协作，分化中心城市的某些功能。从经济效率角度来看，这种分工优化了产业结构，增加了国民财富。此观点可以概括为，城市化强化分工和专业化，而分工和专业化能产生经济利益。这一观点还可以用马克思的协作分工理论或现代西方经济学的报酬递增理论解释。

第二阶段：第一波城市化之后的产业发展研究。随着第一次工业革命的冲击，各国城市化水平达到一定高度并稳定。在此背景下，学者们观察到产业的发展及基本演变特征。早期的工业区位论认为运输成本和劳动成本是区位变化的位置因素，后者包括集聚因素和分散因素。集聚因素能通过产业集中节约成本。佩鲁提出经济增长的空间机制，认为增长过程容易极化。从空间机制角度来看，经济增长由较高强度的点极地区通过各种渠道向其他地区扩散传导，核心是推进型产业。进一步深入探讨，布德维尔提出了里昂惕夫乘数效应，认为规模较大、具有较高生产率的推进型产业能通过关联性产业带动增长，并推动形成特定区域内产业综合体。集聚程度较高的点即增长极经多种途径传播后对区域经济发展产生扩散效应。增长极具有支配效应、乘数效应、极化和扩散效应。集聚的人口和经济产生了积极的外部效应，形成集聚经济，再次吸引区域外的人口和经济活动，从而强化了城市化进程。经济发展的不均衡使先导性产业集聚形成不同的空间点状分布，集聚包括工业群集聚和市场交易集聚。

第三阶段：城市化因素开始被嵌入现代经济学研究框架（20 世纪 60 年代）。城市“剪刀差”问题的提出为拉尼斯和费景汉，哈里斯和托达罗等构建二元经济模型奠定了基础。凯莉和威廉姆森等人提出了完全动态的二元经济模型。假定城市化就是一国产出构成从农业部门转向制造业和服务业的过程，城市化是外在技术变化、贸易等迎合城市部门需要的过程。由于二元经济模型有很多内在缺陷，后被经济地理分析框架代替。

第四阶段：新经济地理框架中的城市化和产业关系。目前，城市化问题的前沿性分析主要基于规模报酬递增的新经济地理框架。经济地理框架首先用几个因素（包括技术、经济部门结构、政府政策如税收、价格、流通等）将城市和农村纳入同一个经济模型。威廉姆森研究了 24 个国家的经济发展，认为经济发展由最初的区域分离、而后的集聚过程推动。其中，分离来自个别地区有发展优势而迅速发展，集聚来自落后城市的赶超过程。这一观点被后来的西欧、美国和日本的发展案例所印证。米尔斯假设单个城市是一个出口部门，建立了城市最优规模决定的一般均衡模型。亨德森等利用该框架对最优城市规模进行了深入研究。1991年，克鲁格曼提出新经济地理模型，即中心—边缘模型，后来的学者普加（Puga）等人完善了该模型。由于该模型的一般形式对发展中国家的城市化决策没有实际建议，鲍德温和福斯里德等在新经济地理模型中加入了增长背景等因素进行扩展。20世纪80年代的新经济增长理论把知识外溢和技术创新看做是经济增长的新引擎，看成是规模报酬递增的源泉。进一步的理论解释是，由于地方知识和信息的溢出能够产生经济集聚，而人力资本积累能够促进内生经济增长，所以单个城市伴随着人力资本的积累和知识的溢出而增长，城市数目增加以后所形成的城市化群落也就越来越成为经济增长的重要引擎。由此，形成了经济增长与城市化相互作用的理论解释。与此同时，城市经济学家如卢卡斯和罗西-汉斯伯格等利用新经济地理学模型的进展，为传统的以规模经济为基础的城市化模型建立了微观基础。

相对新经济地理模型的主流地位而言，杨和赖斯建立了非主流分析模型，即第一个新古典城市化一般均衡模型。该模型揭示了城市起源、城乡分离都是分工演进的结果，分析了交易效率、交易地理分割和分工水平之间的相互作用。

（二）城市化与经济增长的实证研究

随着理论框架的完善和成熟，城市化与经济增长的关系研究渐入佳境，不少学者利用成熟的理论和高级计量工具进行了实证研究。周一星对157个国家和地区1977年的数据分析发现，城市化与经济增长之间存在明显的对数关系，相关系数为0.9079。成德宁对世界银行公布的2002年76个国家人均GNP和城市化率进行对数曲线模型拟合，认为城市化水平与人均GNP之间存在对数曲线关系，相关系数为0.82。亨德森计算出世界各国城市化与人均GDP对数变量之间的相关系数高达0.85。还有一些学者如惠顿等的研究都认为城市化和经济发展之间存在倒U形曲线关系，即随着经济发展水平的提高，城市化水平随之提高，到达峰值后开始下降。部分学者认为城市化和经济增长之间并非单一线性关系，城市化是产业部门结构调整的过程，未必一定推动经济增长。一个经典案例就是撒哈拉以南的非洲，其快速的城市化与负经济增长同时发生。城市化与人口增长一样遵循S曲线，可以具体化为人口与人均GDP的关系。当经济发展水平较低时，人口增长也较低，经历一个同时加速增长的过程后，在较高的经济发展水平上开始缓慢增长。

二、城市化与产业的关系

城市化自产生起就与产业密不可分，学者在几个世纪前已经总结出二者的一般逻辑关系，新经济地理学家也就二者关系进行了理论解释。除此之外，本部分还补充了全球历史实践中的城市化与产业关系。

（一）城市化与产业的一般逻辑关系

史料显示，城市化始于18世纪英国的产业革命，显著标志就是世界城市人口的明显增长。有明显的外力推动特征，不同于自然发展的城市化。但布伦特的研究证明，18世纪初农业税大幅提高，导致农民被迫离开农业而进入城市，从而英国城市化速度得以加速。城市化则使知识和经验能在集中的城市获得交换并引导创新。因此，城市化是第一次工业革命的起因而非结果。城市化与产业部门之间的一般关系是，城市化的动力在初期来自工业化，在中后期主要来自城市服务业的发展与新兴产业的创新。产业结构变化是实现城市化的基本条件。钱纳里在研究各个国家经济结构转变的趋势时，曾概括了工业化与城市化关系的一般变动模式：随着人均收入水平的上升，工业化的演进导致产业结构的转变，带动了城市化程度的提高。

城市化与产业关系的完整论述可以详见库兹涅茨的《现代经济增长》。该书提出，经济增长伴随着人口结构变化、工业化和城市化。而历史事实也证明工业化与城市化高度相关。而且，城市化与工业化的联系太紧密了，其任何变化都与产业进步、产业革命紧密相关，以至于有些经济学家认为工业化和城市化没有差异。诚然，城市化是工业化的必然结果，城市化同时也为工业化提供了必要的条件（劳动力、基础设施、生产要素流通、产业分工协作等）。城市化与不同产业的关系不同：城市化与第一产业负相关，与第二、第三产业正相关。其中的逻辑包括：产业革命产生规模经济效应和集聚效应，要求集中、大规模生产，将人口从农村转移并集聚在制造业中心城市，推动了城市化进程。而人口之所以愿意进入城市，在于农业生产效率得到了提高，有了剩余劳动力。当城市成为经济增长的发展极时，第三产业开始围绕城市服务需求发展，产业结构彻底改变了三大产业的内部结构。

（二）新经济地理学对城市化和产业关系的微观解释

现代主流的新经济地理学模型对城市化和产业的关系给予微观基础和解释。新经济地理学模型都源起于规模经济，而规模经济与产业结构变迁紧密相关。费伊和奥珀尔等人认为，城市化在初期和中期的进程，主要取决于一国经济部门构成（即产业结构）和政府政策。如果不存在产业部门之间的扭曲，人口从农村向城市迁移主要取决于工资政策和移民限制（如中国的户口限制）。亨德森提出了最初的城市体系模型。克鲁格曼的新经济地理模型围绕空间聚集，认为决定经济活动在空间上是聚集状态还是分散状态，取决于促使产业地理集中的向心力和削弱产业地理集中的离心力中哪个占据主导地位。促进产业地理聚集的向心因素包括市场规模效应、充裕的劳动力市场和纯外部经济性。促使产业分散化的离心因素包括要素的不可流动性、地租和纯外部非经济性。

（三）全球的历史实践

从产业角度来看，按照城市化与产业发展即工业化的速度对比不同，城市化道路也不同。全球城市化进程表明，城市化可以领先于、同步于或者滞后于工业化。（1）与工业化同步的城市化，代表是美国、加拿大、第二次世界大战之后部分发展中国家。（2）滞后于工业化的城市化，代表是第二次世界大战之后部分重工业化国家、中国。（3）领先于工业化的城市化。工业化不足、产业空心化的城市化，典型代表是拉美部分国家，其属于贫困型城市化。（4）去城市化、逆城市化即城市人口向郊区、卫星城市转移。典型代表是20世纪50~70年代的发达国家如美国。美国在1950~1975年、英国在1961~1971年，城市人口都在不断减少。原因在于大城市居住拥挤、生活质量下降、产业转移、交通和通讯发达等。

❒三、中国的城市化与产业结构转换

中国的城市化与产业化基本关系怎样？国内学者利用不同的方法给予了长期关注和研究。

（一）中国的城市化是否落后于工业化

老一代经济学家如张卓元认为，中国由于农村剩余劳动力多，城乡分割体制根深蒂固，导致工业快速发展过程中城市化水平相对滞后。郭克莎等通过对中国城市化与工业化的关系进行的实证比较研究指出，工业化的结构偏差是造成我国城市化与工业化不同步的主要原因。这种不同步的类型是什么，城市化滞后于工业化吗？与大多数学者所持的肯定观点不同，工业化与城市化协调发展研究课题组研究认为，中国的城市化并没有严重滞后于工业化。在工业化不同阶段，工业化与城市化关系不同；工业化进程中的城市化演进速度与产出结构和就业结构转变趋势有很大关系；工业化对城市化的带动效应主要取决于工业化对非农化的拉动效应；中国的城市化并没有严重滞后于工业化，问题在于工业化的偏差。主要表现在：工业产值比重片面上升，超过了人均收入水平上升所引致的需求结构变动的要求；工业化过程中服务业发展滞后，影响了非农产业就业的增长。这些偏差导致工业化进程不能有效地带动就业结构和消费结构的转变，从而带动城市化的进程。

（二）中国的城市化与产业结构转换、经济增长关系

中国经济增长与宏观稳定课题组认为，经济发展阶段和城市化模式决定城市化水平。在中国低价工业化时期即将结束、高成本城市化已启动的背景下，城市化的集聚效应对工业和服务业竞争力产生正向效应，工资成本对工业和服务业竞争力产生负向效应，住房成本对服务竞争力产生负向效应。应减少城市化成本过快上升，转变城市化模式，促进工业化和城市化协调发展。进一步挖掘，产业结构转变中的哪些核心因素对城市化进程

起推动作用。工业化与城市化协调发展研究课题组认为，一般性的实证研究结果表明，在1965～1997年期间，不同收入国家的工业化与城市化关系表现出不同的变动趋势：低收入国家的城市化程度随着工业化水平的上升而上升的趋势明显；中等收入国家的城市化前期与工业化同步变动，后期主要由服务业带动；高收入国家的城市化与工业化已经脱离关系。城市化率上升主要与就业结构变动相联系，而且与非农产业就业比重上升联系更为密切。

有学者认为，应该动态、分阶段看到中国的城市化和产业化关系。洪银兴认为，反哺农业和农村的初期阶段是工业起主导作用，在进入全面“反哺农业和农村”阶段，则需要城市起主导作用。中国当前的城市化已经不是过去意义上的农村人口进城，而是先进的生产要素特别是高科技与高科技人才进城，是服务业进城。这一城市化不仅包含生产要素向城市聚集的过程，也包括城市要素向城镇和农村扩散的过程。自20世纪90年代以来，中国经济增长的轴心发生了转移，即出现了城市化推动型经济增长。在这个阶段，城市化群落驱动经济增长主要是通过工业化途径来实现的，因为长三角的经济特别是制造业经济最有活力的组织方式是通过企业集群的形式来实现的。蔡昉、都阳对不同地区的城市化影响因素进行了实证研究，并据此对不同地区的城市化增长机制进行了比较。战明华、许月丽将城市化作为内生变量嵌入内生增长模型，认为产业结构变迁与经济规模变迁对中国的城市化水平具有重要影响，城市化对经济增长也有重要影响，但从长期来看，后者要小得多。

（三）经济赶超过程中的城市化发展

城市化一旦成为经济赶超过程中人为拉动增长的方式，容易出现城市病等负面影响，反而会降低效率，适得其反。在中国经济继续处于后发、赶超阶段时，如何协调二者发展，降低城市病发生的概率，使城市化成为工业化的新动力？张文武、梁琦基于新经济地理学模型，采用中国1990年、2000年、2007年的经济普查数据分析，认为人力资本存量差异是地区收入差距拉大的重要原因，促进劳动力充分流动、加快推进城市化建设是有效应对策略。陈其林认为，缓和中国的人口规模与自然资源、环境之间的矛盾与冲突，矫正中国当前产业结构严重偏差的主要出路推进城市化，发展大城市。他的观点从另一个角度论证了城市化矫正产业结构偏差的功能。而周叔莲认为，城市化不能自动解决“三农”问题，加快城市化进程的同时不能放松新农村建设。城市化不是要消灭“三农”，而是要为建设新农村创造条件。人口结构变化是城市化的客观基础之一。蔡昉通过研究近年中国劳动力市场，肯定了刘易斯拐点的到来，提出中国二元经济已经终结，农业不再是剩余劳动力的蓄水池，恰当的政策选择应该是按照农民工市民化的思路推进城市化进程。

总之，城市化的核心是人口就业结构变迁、产业结构转换和城乡空间结构变迁。借助产业结构变化，城市化与经济增长有了一般的逻辑关系：市场原则下的要素自由流动、产业结构转换——经济效率提高——经济增长。但是，讨论中国城市化问题必须关注一个大背景——中国是后发国家，处于经济赶超过程。当前中国的城市化进程一般特征是，工业化带动城市化，城市化相对滞后。要推动良性循环即市场自发的城市化——通过要素流通、产业发展和经济增长带动城市化。同时，规避产业化和城市化之间的反向关系，即转换过程中的“城市化病”。城市化模式或者道路设计不同，结果也不同。城市化在提高产业竞争力的同时，也产生了“城市化病”等负面问题，最终的评价取决于二者的对比。

原载《经济学家》2013 年第 4 期

基础设施投资还能拉动经济增长吗？

——基于1995～2011年全国30个省市地区分行业面板数据分析

孙彬　段媛媛　万荃

一、引言

基础设施投资是城镇化建设中不可缺少的重要内容，党的十八大和中央经济工作会议都将推进新型城镇化建设作为我国经济发展的重要动力之一。基础设施既是重要的生产和生活资料，也是需求的重要组成部分，基础设施建设投资可以通过乘数效应对经济发展起到巨大的带动作用，特别是在经济下滑时期，加大基础设施投资力度，可以在防止总需求过快下滑的同时，增加未来基础设施供给，为经济长期发展提供坚实的物质基础。随着城镇化进程的加快加深，基础设施建设也必将加强，如何进行基础设施投资成为宏观决策层面和微观投资层面都关心的一个问题。

2008年年底，中央政府为了应对国际金融危机冲击，出台4万亿元经济刺激方案，近一半的资金投入到了铁路、公路和机场等重大交通基础设施建设。随着基础设施投资力度的加大，某些地区出现了基础设施投资过多或过于超前发展的现象，使得对于基础设施投资过剩的担忧逐渐增加。特别是2012年“稳增长”政策出台后，投资增长和经济增长都低于初始对政策作用的预期，因此也使不少人产生了基础设施投资是否还能拉动经济增长的疑问。

因此，如何看待我国基础设施的发展水平和投资效率，特别是在城镇化加快的背景下如何进行基础设施投资，是现阶段我国经济发展中需要研究的一个重要问题。在关于基础设施是否还能拉动经济增长的问题上，还有很多关键问题需要回答，包括我国基础设施投资是否投资过度，如何衡量基础设施投资是否过度。有些人用中国人均（或每名劳动力平均对应的）基础设施拥有量远低于主要发达经济体，来证明中国需要更多的基础投资，但差距只说明有空间发展，是否有能力发展，以及是否在经济合理时才是最重要的问题，况且在人类面临的资源约束越来越强的情况下，我国的消费模式是否应与美国等发达国家一样还是需要研究的问题，因此如何确定我国基础设施投资的最佳规模这些问题，说明基础设施投资是否还能拉动经济增长不是一个能简单回答的问题。

二、文献综述

世界银行（1995）将基础设施分为经济性基础设施和社会性基础设施，前者包括交通运输、邮电通讯、能源供给、公共工程等，直接参与生产过程，有利于提高社会生产能力进而加快经济增长速度；后者包括科教文卫、环境保护等，有利于形成人力资本、文化资本等，是调整和优化经济结构、改善投资环境、推动经济发展的基础，这一概念被各国政府和学者所广泛接受。

自1981年起，国内学者将基础设施概念引入经济理论界，钱家俊、毛立本、杨治、樊纲、魏礼群等诸多学者分别从不同角度对基础设施进行了界定和研究，大致与世界银行的分类相似，将基础设施分为生产性（经济性）和非生产性（社会性）两大类，这种分类的优点是将生产性基础设施的效能和价值创造相联系，为进行实证分析提供了方便，本文的研究也主要集中于这些生产性基础设施投资。

产业经济理论从基础设施投资的产业关联效应入手，分析了基础设施投资通过前向、后向和环向关联效应对其他产业发展的作用，认为基础设施投资可以起到增加对相关投入品需求、削减相关产业投入成本、缓解因某些瓶颈问题造成的产业结构失衡、带动其他产业发展、促进相关区域经济发展等作用。更多的研究将基础设施视为影响经济增长的重要因素，这些研究认为基础设施对私人部门的产出、生产率以及资本形成都有正效应，可能会提高私人部门生产性投资的回报率，因此，基础设施投资对私人投资具有“挤入效应”。阿肖尔（Aschauer，1989）研究了美国基础设施投资和私人投资的产出弹性，还发现公共基础设施投资的边际生产率高出私人投资边际生产率3～4倍。世界银行（1995）提出，“基础设施即便不能称为牵动经济活动的火车头，也是促进其发展的车轮”，绝大多数发展中国家基础设施投资的产出弹性为1。斯特姆（1998），佩雷拉（1999，2003，2005，2011）等研究均证明，基础设施投资对经济增长具有显著的正向影响，是实现经济快速持续增长的重要推动力。

近些年来，随着基础设施在经济中重要性的增强，我国不少学者也研究了基础设施投资对经济增长的作用。娄洪（2004）、范九利等（2004）和彭清辉等（2009）分别对我国不同时期基础设施资本对经济增长的产出弹性进行了估计，我国学者普遍认为基础设施投资对经济增长具有显著正向影响，但由于采用的模型假定、计量方法、样本空间与时间范围选取不同，因此不同研究者得出的基础设施投资的产出弹性差异较大。

刘生龙等（2010）基于1988～2007年省际面板数据研究交通、能源和信息三大网络型基础设施对我国经济增长的溢出效应，研究结果表明，交通和信息基础设施对我国经济增长具有显著溢出效应，而能源基础设施的溢出效应并不显著。张光南等（2010）基于1998～2006年省际工业企业面板数据证明，基础设施投资的产出效应短期和长期均只在东部具有显著正效应；基础设施总量较低的西部地区其产出弹性反而相对较高，且长期效应高于短期效应，表明西部地区基础设施投资长期不足。整体而言，我国在基础设施投资领域，还有巨大的空间来带动经济增长（诸建芳，2012），合理的基础设施投资仍将是经济增长重要的动力源（新华网评论，2012）。

根据世界银行的研究，不同经济发展阶段国家的各项基础设施投资倾向存在显著差异：中高收入国家的电信和能源投资比例较高，但低收入国家则是水供应和医疗卫生支出倾向较高，表明基础设施投资次序与国家生产结构转变紧密结合（世界银行，1994；莫雷诺，2006）。因此，研究政府基础设施的最优投资具有较强的理论和政策意义。

由于基础设施投资具有规模报酬递减特征，当基础设施规模扩大到一定程度后，其对经济增长的促进作用会降低。特别是，如果经济增长本身乏力，加大基础设施投资也未见能对经济增长产生促进作用。鲍伊斯等

(2000)指出基础设施投资与经济增长之间并不是简单的单调关系，而是一种倒U形关系。巴罗（Barro，1990）则指出具有生产性的公共支出对经济增长有着持久和显著的作用，其作用方向取决于公共支出规模的大小，若公共支出尚未达到最佳规模，则增加公共支出对经济增长产生正的影响，若超过最佳规模，就会产生负的影响。

自20世纪80~90年代开始，一些国外学者研究了基础设施最优投资规模的理论模型，这些研究大多基于巴罗模型、拉姆齐最优政府支出、代际均衡模型以及包含区域内贸易和人员流动的两区域经济模型（李，1992；夏伯特，2008；费尔滕斯坦，1999；高桥，1998等），通过最优增长模型推导出简化的最优投资条件，即私人资本和公共资本边际产出相等，以判断基础设施投资规模是否达到最优。关于政府基础设施的最优投资标准，多数文献采用“经济增长最大化”的标准研究基础设施投资的最优规模。如卡拉斯（1997）通过分析公共服务的产出效应研究欧洲各国的最优政府规模，马雷罗（2008）通过公共投资占产出的最优比例分析最优公共投资，而高桥（1998）则分析了基础设施供给的最优水平和最优地区分配。而根据最新研究结果，政府支出目标除了经济增长，还包括保障民生和社会福利等包容性目标，因此应分析使“社会福利最大化”的基础设施最优规模。阿吉诺（2009）在测算“经济增长最大化”的最优基础设施投资的基础上进一步讨论了最优和次优的“福利最大化”方案。戴维斯(2009)则基于“人类发展指数”分析了有利于社会福利的最优政府规模。此外，也有文献从基础设施项目管理角度分析最优投资，如米莎莱尼和龚（Mishalani and Gong，2009）通过基础设施的检查、维护和复原等“最小化生命期总成本”的管理过程分析最优投资。

近几年来，我国学者也开始运用模型测算我国基础设施投资的最优规模，丁建勋（2007）通过内生增长模型论证了基础设施投资规模与经济增长率之间存在倒U形关系，保持适度规模的投资有利于经济的较快增长，投资规模过高会挤占其他生产性投资，影响经济增长，因而政府应在调整和优化基础设施投资结构的前提下，逐步退出应由市场配置资源的竞争性领域，发挥基础设施投资的“经济增长催化剂”作用。张光南等（2011）利用1996~2008年中国省际面板数据对基础设施边际产出与最优规模进行了实证检验，认为当前中国基础设施投资仍不足，应根据各项基础设施投资缺口和紧迫程度进行排序，使各项投资向最优规模靠拢。李强等

(2012）把基础设施和教育支出放入同一模型中分析对经济增长的作用，发现基础设施投资已对人力资本积累产生挤出效应，目前整体基础设施投资对产出的贡献小于人力资本投资的贡献，应加大人力资本投资；东部在基础设施投资上已经出现逆向影响，中西部虽未出现逆向影响，但在加快基础设施投资的同时应注意教育的投资。

总体来看，关于我国基础设施投资最优规模的研究尚处于起步阶段，不同学者对基础设施的定义、数据的处理，以及研究方法不同，得出的结论也不一样。基于以上情况，本文拟在尽可能利用翔实的数据、可靠的方法和深入的分析的基础上，我国对基础设施投资的效率进行研究，说明我国是否还能通过基础设施投资拉动经济增长，以及提高基础设施投资的效率和发展的可持续性，以便为我国更好地处理基础设施投资与经济增长的关系提供依据。

三、中国基础设施投资的最优规模与次序研究

目前我国统计部门对基础设施投资和基础设施资本存量没有直接的统计数据，特别是涉及各省市地区分行业基础设施投资和资本存量方面的研究目前仍然较少，为了研究全国各地区经济发展和地区差距，本文对 1995～2011 年全国分省市地区的 3 大基础设施行业投资和资本存量通过永续盘存法进行估算。另外，由于从 2003 年起，基础设施 3 大行业——“电力、燃气和水的生产与供应业”，“交通运输、仓储和邮电通信业”和“水利、环境和公共设施管理业”投资数据的统计口径发生变化①，本章将针对口径变化，进行重新增补调整 3 大基础设施行业实际投资数据的统计工作。

① 关于数据统计口径变化的调整，由于《中国统计年鉴》在 2003 年调整了固定资产投资行业名称和分类，因此需要比较行业代码的具体分解项并作调整：“电力、煤气和水的生产与供应业”在 2003 年之后改为“电力、燃气和水的生产与供应业”，并增加了“污水处理及其再生利用”，但年鉴未单独列出该项数据，不作调整；“交通运输、仓储及邮电通信业”在 2003 年之后改为“交通运输、仓储和邮政业”，被删除的“通信业”转移至信息传输、计算机服务和软件业中的“电信和其他信息传输服务业”，并增加了“城市公共交通”，本文为统一口径，将 2003 年之后的“交通运输、仓储和邮政业”及“电信和其他信息传输服务业”加总为“交通运输、仓储及邮电通信业”，而 2003 年之前的“公共服务业”数据并入“城市公共交通”；2003 年后的“水利、环境和公共设施管理业”包括了之前的“地质勘查业”、“水利管理业”和社会服务业中的“公共服务业”（除市内交通外），故考虑到统计口径进行加总。此外，对部分固定资产分行业投资缺失的省份和年份数据采用比例估算及移动平均方法计算求得。

（一）数据选取与处理

本文研究采用年度数据，主要来源于《中国国内生产总值核算历史资料（1952～1995年、1996～2002年）》、全国和分省市统计年鉴以及《中国固定资产投资统计数典（1950～2000年）》。本章的全部样本数据为1995～2011年全国及30个省、市、自治区（重庆市的数据并入四川省），基础设施3个行业，前后17年的数据。全国及每个省份地区生产总值和投资以1995年不变价格计算。

基础设施资本存量和总资本存量按照永续盘存法（戈德史密斯，1951）进行估算，这里以不变价格运用公式（1）对全国和省际的总体资本存量以及基础设施资本存量进行估计：

$$K_t = K_{t-1}(1-\delta) + I_t \tag{1}$$

其中，K_t 代表第 t 期资本存量，K_{t-1}代表第 $t-1$ 期资本存量，δ 代表资本折旧率，I_t 代表第 t 期相应的投资。

永续盘存法计算的关键为投资价格指数的确定，投资 I 的选取，资本折旧率 δ 的确定以及基准年资本存量 K_0 的估算。由于《中国统计年鉴》所公布的各省市地区分行业基础设施相关数据最早为1995年，因此，本文数据的起始时间为1995年，可以直接采用《中国统计年鉴》公布的固定资产投资价格指数①。

（1）投资 I：对于总体资本存量，大部分的研究选取资本形成总额或者固定资本形成总额作为衡量当年投资的指标。在中国国内生产总值核算历史上，发生过两次历史数据的重大补充和一次历史数据的重大调整，1993年以后统计年鉴上公布的“固定资本形成总额”可以被视作未扣除折旧的投资指标。在国内生产总值支出法的核算中，资本形成总额又包括固定资本形成总额和存货增加，所以固定资本形成总额是不包括存货的投资流量，它与经济学研究中通常所指的当年投资具有一致的含义。因此本文选取固定资本形成总额作为衡量全国资本存量估算中投资的合理指标，并通过固定资产投资价格指数平减至基准年的实际值。

根据以往研究中的分析，本文对基础设施投资的采取分项加总的方法

① 直到1993年，《中国统计年鉴》开始每年公布中国固定资产投资价格指数，并且只有1991年之后的数据。

进行估算。根据《中国统计年鉴》中的统计口径，本文在1995～2002年之间选取“电力、煤气及水的生产和供应业”，“交通运输仓储和邮电通信业”、“地质勘查业，水利管理业”和“公共设施服务业”四项投资之和作为当年的基础设施投资。在2003～2011年之间，本文选取国民经济行业中的“电力、燃气及水的生产和供应业”、“交通运输、仓储和邮政业”、“电信和其他信息传输服务业”和“水利、环境和公共设施管理业”四项投资之和作为当年的基础设施投资。所有名义值均通过固定资产投资价格指数水平减至基准年的实际值。

（2）资本折旧率δ：大部分文献中一般将各省份资本折旧率取为同一数值来计算资本存量。张军等（2004）对全社会固定资产投资分项的折旧率进行加权计算，得到各省份固定资本形成总额的折旧率为9.6%。针对我国的区域性差异的时间的影响，张建华和王鹏（2012）将1952～2010年分为3个时期，分别估算3个时期各个省份的资本折旧率。本文采取张建华和王鹏（2012）估算得到的省际分期的折旧率数据。

（3）基准年资本存量K_0：在很多国际研究中，估计初始资本存量有一种通用的方法，比如霍尔和琼斯（1999）估算各国1960年年初始资本存量的公式为：$I/(\delta+g)$，其中I是初始年份（1960年）的投资额（固定资本形成总额），δ为折旧率，g为1960～1970年投资增长的几何平均数。张军等（2004）用类似的方法估计了1952年中国的资本存量。本文利用同样的计算公式估计了1995年的资本存量。

（二）理论模型：基础设施边际产出与最优规模分析框架

将最优政府支出模型（卡拉斯，1993；1996）的政府总投资G分为“第I项基础设施具体投资”G_I和“政府其余投资”G_O引入生产函数①，得到各项基础设施投资的边际产出与最优规模理论模型，使各回归方程既包含所有政府投资又避免了各项基础设施同时回归导致的多重共线性问题。生产函数定义为：

---

① 与张光南（2011）的数据口径不同，由于各省市地区政府的基础设施投资数据无法获取，本文采用广义的“准政府”概念下的宽口径统计政府投资，即将带有政府背景的基础设施投资视为广义的“政府基础设施投资”，将基础设施分行业数据作为G_I，而将能够统计的非生产性投资作为G_O，而将G_I和G_O之和作为“准政府”投资。

$$Y = AF(K, N, G_I/N, G_O/N) \tag{2}$$

其中，Y 为实际产出，A 为技术水平，K 为资本存量，N 为就业数量。这里用 G_I 和 G_O 的劳均拥有量衡量，避免了以往文献主观设定或采用产出人均拥有量和资本人均拥有量来衡量的问题（巴罗，1995；娄洪，2004；马树才等，2001）。假设方程连续两阶可导，且 $F'>0$ 和 $F''<0$（张光南等，2011），对式（2）求对数导得：

$$\ln Y = \ln A + \ln F(K, N, G_I/N, G_O/N)$$

$$\frac{dY}{Y} = \frac{dA}{A} + \alpha\left(\frac{dN}{N}\right) + MPK\left(\frac{dK}{Y}\right) + MPG_I\left(\frac{dg_I}{Y}\cdot N\right) + MPG_O\left(\frac{dg_O}{Y}\cdot N\right) \tag{3}$$

其中，$g_I = \frac{G_I}{N}$，$g_O = \frac{G_O}{N}$，待估系数包括：就业产出弹性 $\alpha = \frac{\partial F}{\partial N}\frac{N}{Y}$，资本边际产出 $MPK = \frac{\partial F}{\partial K}$，基础设施边际产出 $MPG_I = \frac{\partial F}{\partial G_I}$，以及政府其他支出的边际产出 $MPG_O = \frac{\partial F}{\partial G_O}$。

由式（3）可检验“基础设施是否存在产出贡献”的假设：$MPG_I = 0$ 表示基础设施无产出贡献，$MPG_I > 0$ 则表示基础设施存在产出贡献。

根据巴罗（1990）最优政府规模法则可进一步验证基础设施投资是否达到最优规模：$MPG_I = 1$，基础设施投资规模最优。

令第 I 项基础设施的产出弹性为 $\gamma_I = \frac{\partial F}{\partial G_I}\frac{G_I}{Y}$，基础设施占产出的比例为 $\xi_I = \frac{G_I}{Y}$，则 $MPG_I = \frac{\gamma_I}{\xi_I}$，结合基础设施投资最优规模条件 $MPG_I = 1$，解得基础设施占总产出的最优比例等于基础设施的产出弹性，即 $\xi_I^* = \gamma_I$。因此可通过估计 γ_I 求得各项基础设施的最优投资比例，将式（3）变为：

$$\frac{dY}{Y} = \frac{dA}{A} + \alpha\left(\frac{dN}{N}\right) + MPK\left(\frac{dK}{Y}\right) + \gamma_I\left(\frac{dg_I}{g_I}\right) + \gamma_O\left(\frac{dg_O}{g_O}\right) \tag{4}$$

将式（3）和式（4）的理论分析框架可设定第 I 项基础设施的边际产出和最优规模面板数据实证模型为：

$$\frac{dY_{it}}{Y_{it}} = C + \eta_i + \alpha\left(\frac{dN_{it}}{N_{it}}\right) + MPK\left(\frac{dK_{it}}{Y_{it}}\right) + MPG_I\left(\frac{dg_{I_{it}}}{Y_{it}}\cdot N\right) + MPG_O\left(\frac{dg_{O_{it}}}{Y_{it}}\cdot N\right) + \mu_{it} \tag{5}$$

$$\frac{dY_{it}}{Y_{it}} = C + \eta_i + \alpha\left(\frac{dN_{it}}{N_{it}}\right) + MPK\left(\frac{dK_{it}}{Y_{it}}\right) + \gamma_I\left(\frac{dg_{I_{it}}}{g_{I_{it}}}\right) + \gamma_O\left(\frac{dg_{O_{it}}}{g_{O_{it}}}\right) + \mu_{it} \tag{6}$$

其中，被解释变量$\frac{dY_{it}}{Y_{it}}$表示i省市第t年的GDP增长率；解释变量$\frac{dN_{it}}{N_{it}}$为i省市第t年的从业人口增长率；$\frac{dK_{it}}{Y_{it}}$为新增资本占GDP的比重；$\frac{dg_{I_{it}}}{g_{I_{it}}}$为第$I$项基础设施的劳均投资增长率；$\frac{dg_{O_{it}}}{g_{O_{it}}}$为政府其他投资的劳均增长率。通过待估系数$MPG_I$的实证结果可检验“基础设施是否有产出贡献”和“基础设施规模是否最优”的假设；待估系数γ_I值即为所求第I项基础设施的最优投资规模，理论上$\gamma_I \in [0, 1]$。由于中国各省市面板数据存在地区间差异，故初步考虑以η_i表示地区固定效应的面板数据模型，但具体形式由F检验决定，若拒绝原假设则通过豪斯曼进一步检验截距项是固定效应还是随机效应。

（三）实证1：我国基础设施行业投资的边际产出有所降低

本节在式（5）的基础上构建5组面板数据模型：模型（1）~模型（3）分别研究“电力、燃气和水的生产与供应业”、“交通运输、仓储和邮电通信业”以及“水利、环境和公共设施管理业”3个基础设施行业各自的边际产出和除本行业外政府投资的边际产出水平；模型（4）将3个行业同时纳入研究框架，研究3个基础设施行业的边际产出和政府其他投资的边际产出；模型（5）研究基础设施行业和其他投资的边际产出。

同时，在根据式（5）对分行业数据采用面板数据估计过程中，考虑到各地区存在自身的影响因素和遗漏变量等效应，分别通过固定效应和随机效应模型的实证结果进行对比，如表1所示，固定效应和随机效应两种模型的回归结果相近，但固定效应模型的拟合度较高，故本节采用固定效应模型。

表1　　分行业基础设施政府总投资的边际产出

待估参数	模型1		模型2		模型3		参数均值
	电力、燃气和水的生产与供应业（$I=1$）		交通运输、仓储和邮电通信业（$I=2$）		水利、环境和公共设施管理业（$I=3$）		
	固定效应	随机效应	固定效应	随机效应	固定效应	随机效应	
C	8.767***	8.935***	8.716***	8.890***	8.680***	8.864***	8.809
α	0.085***	0.088***	0.081***	0.083***	0.097***	0.069***	0.084

续表

待估参数	模型1 电力、燃气和水的生产与供应业（$I=1$）		模型2 交通运输、仓储和邮电通信业（$I=2$）		模型3 水利、环境和公共设施管理业（$I=3$）		参数均值
	固定效应	随机效应	固定效应	随机效应	固定效应	随机效应	
MPK	0.074***	0.070***	0.077***	0.073***	0.073***	0.071***	0.073
MPG_I	0.072*	0.073*	-0.041*	-0.052*	0.230***	0.233***	0.086
MPG_{IO}	0.072*	0.044	0.073*	0.045	0.072*	0.045	0.059
$Adj.\ R^2$	0.655	0.150	0.654	0.143	0.661	0.164	—

注：*、**、*** 分别表示10%、5%、1%的显著性水平，估计工具：Eviews 6.0。

针对地区差异可能导致的异方差，采用横截面权重的GLS方法。g_{Iit}表示i省市第t年基础设施行业I的劳均支出，而g_{0it}表示i省市第t年该地区政府支出中除去对行业I支出的剩余部分劳均值（$i=1, 2, \cdots, 30$，$t=1996, 1997, \cdots, 2011$），其中

$$I=\begin{cases}1\text{，电力、燃气和水的生产与供应业}\\2\text{，交通运输、仓储和邮电通信业}\\3\text{，水利、环境和公共设施管理业}\end{cases}$$

以“交通运输、仓储和邮电通信业”为例（$I=2$），此时g_2表示i省市第t年的劳均“交通运输、仓储和邮电通信业”支出，而g_{20}表示i省市第t年该地政府支出中其他支出的劳均值。

对基础设施分行业进行固定效应面板数据建模，实证结果如表1所示。

模型（1）~模型（3）中在常数项C、就业弹性α和实际资本存量边际产出*MPK*方面较为稳定：从常数项来看，GDP增长率均值为8.81%；从就业增长产出弹性来看，3个基础设施行业的α均值为0.08，即就业增速每增加1%，平均带动GDP增速增加0.08%；从实际资本存量的边际产出来看，*MPK*均值为0.07，即新增实际资本存量占GDP的比重每增加1%，带动GDP增速增加0.07%。

针对政府基础设施投资，分行业来看，“电力、燃气和水的生产与供应业”、“交通运输、仓储和邮电通信业”以及“水利、环境和公共设施管理业”各自都具有正的边际产出。从边际产出从大到小排序依次为$MPG_3(0.230) > MPG_1(0.072) > 0 > MPG_2(-0.041)$，即在3个基础设施

行业中“交通运输、仓储和邮电通信业”的边际产出是负的。这意味着，在基础设施行业的投资选择中，应该重点投资水利行业，其次是电力行业，最后是交通运输行业。

另外，由表1可知，从3个基础设施行业单独投资和政府其他投资边际产出对比来看，3个行业的$\frac{MPG_I}{MPG_{IO}}$（$I=1，2，3$）分别为1.01、-0.56和3.19，即电力行业和水利行业基础设施投资边际产出均高于其他投资边际产出，仍然应该加强基础设施行业的投资，交通行业则应适当减少投资。

此外，为对文献结果进行比较研究，这里分别考虑将3个行业同时纳入研究框架，以及将3个行业合并为“政府基础设施投资”进行实证研究，如表2所示。

表2　　基础设施与其他领域政府投资的边际产出

待估参数		模型4		待估参数	模型5	
		政府投资			政府投资	
		固定效应	随机效应		固定效应	随机效应
C		8.698***	8.878***	C	8.747***	8.919***
α		0.096***	0.098***	α	0.089***	0.090***
MPK		0.074[3]**	0.069***	MPK	0.073***	0.070***
MPG_1	电力、燃气和水的生产与供应业	0.056*	0.057	MPG_I	0.039*	0.035
MPG_2	交通运输、仓储和邮电通信业	-0.065*	-0.073*			
MPG_3	水利、环境和公共设施管理业	0.236***	0.242***			
MPG_O	其他领域	0.069*	0.042	MPG_O	0.074**	0.048
$Adj.\ R^2$		0.662	0.167	$Adj.\ R^2$	0.655	0.150

根据模型（4）可知，同时考虑3个基础设施行业时，“水利、环境和公共设施管理业”的边际产出最高（$MPG_3=0.236$），其次是“电力、燃气和水的生产与供应业”（$MPG_1=0.056$），这两个行业的边际产出大于零，最后是“交通运输、仓储和邮电通信业”（$MPG_1=-0.065$），在边际

产出排序上与模型（1）~模型（3）的结论相同；但是值得注意的是，“交通运输、仓储和邮电通信业”的基础设施建设边际产出为负且对产出的向下拉动效应增大。

根据模型（5），从基础设施行业整体来看，基础设施投资的边际产出 $MPG_I=0.039$ 低于其他投资的边际产出 $MPG_O=0.074$，可能的解释是，在融资规模受到约束的条件下，同时进行3个基础设施行业投资，“交通运输、仓储和邮电通信业”存在投资过剩的情况，对该行业继续追加投资将削弱其他行业的投资，从而给经济增长带来负贡献。

以上实证结果表明，现阶段通过政府基础设施行业投资拉动经济增长仍然具有一定的空间，但同时需要重视，通过基础设施行业投资对经济增长的拉动效应正在逐步降低，因此，应该及时转变通过投资，尤其是以政府为主导的基础设施行业投资来拉动经济增长的方式，具体来讲：

从投资规模来看，通过渐进逐步的方式引导民间资本进入基础设施行业，充分发挥基础设施行业投资对经济增长的拉动效应；从投资结构来看，政府需要将手中有限的资金投资逐步从交通基础设施领域向水利和电力基础设施领域倾斜，改善政府投资效率和结构，在保证生产性基础设施投资相对稳定的基础上，适度提高非生产性基础设施投资的规模和比重，以更好地发挥基础设施的经济效益和社会效益。

（四）实证2：我国基础设施分行业投资最优规模呈现差别化特点

上一节研究了基础设施投资的边际产出，并进行了分行业的比较，得出了基础设施投资的先后次序依次是：“水利、环境和公共设施管理业”、“电力、燃气和水的生产与供应业”和“交通运输、仓储和邮电通信业”。本节将在此基础上，进一步研究3个行业的最优投资规模。

1. 基础设施行业投资的主成分分析

与基础设施投资的边际产出回归类似，根据式（6）可实证分析各项基础设施投资的最优规模，但结果发现模型各解释变量存在严重的共线性，因此本节采用主成分分析方法针对3个基础设施行业投资变量提取主成分，将其作为新的解释变量放进面板模型进行实证分析。

根据数据结构特点，对 3 个基础设施行业投资分别提取 3 个主成分变量，模型如下：

针对分行业主成分提取模型：

$$\begin{pmatrix} PC_{I1} \\ PC_{I2} \\ PC_{I3} \end{pmatrix} = \Gamma_I \cdot \left(\frac{\mathrm{d}N_{it}}{N_{it}} \cdot \frac{\mathrm{d}K_{it}}{Y_{it}} \cdot \frac{\mathrm{d}g_{I_{it}}}{g_{I_{it}}} \cdot \frac{\mathrm{d}g_{O_{it}}}{g_{O_{it}}} \right)^{-1} \quad (7)$$

其中，Γ_I 为 3×4 的系数矩阵、PC_{I1}、PC_{I2}和 PC_{I3}分别代表第 I 项基础设施行业投资最优规模$\left(\text{模型初始 4 个}\frac{dN_{it}}{N_{it}}、\frac{dK_{it}}{Y_{it}}、\frac{dg_{I_{it}}}{g_{I_{it}}}、\frac{dg_{O_{it}}}{g_{O_{it}}}\right)$的 3 个主成分变量，主成分变量与初始变量关系，如表 3 和表 4 所示。

表 3　　分行业基础设施主成分变量与初始变量系数矩阵

参数 \ 行业		Γ_I^T								
		$I=1$			$I=2$			$I=3$		
		PC_{11}	PC_{12}	PC_{13}	PC_{I1}	PC_{I2}	PC_{I3}	PC_{I1}	PC_{I2}	PC_{I3}
$\mathrm{d}N_{it}/N_{it}$		0.73	0.06	−0.14	0.75	0.12	−0.02	−0.70	−0.01	0.10
$\mathrm{d}K_{it}/Y_{it}$		0.25	0.78	−0.38	0.25	0.59	0.68	−0.24	0.73	0.56
$\mathrm{d}g_{it}/g_{it}$	$\mathrm{d}g_{Iit}/g_{Iit}$	0.09	0.43	0.90	−0.17	−0.58	0.73	0.49	−0.24	0.74
	$\mathrm{d}g_{O_{it}}/g_{O_{it}}$	−0.63	0.44	−0.19	−0.59	0.56	0.05	0.45	0.64	−0.35
累计占比（%）		0.33	0.60	0.85	0.33	0.61	0.86	0.36	0.64	0.86

表 4　　基础设施行业投资主成分变量与初始变量系数矩阵

参数 \ 行业		Γ_I^T		
		基础设施		
		PC_{11}	PC_{12}	PC_{13}
$\mathrm{d}N_{it}/N_{it}$		0.74	0.12	0.00
$\mathrm{d}K_{it}/Y_{it}$		0.21	0.82	0.38
$\mathrm{d}g_{it}/g_{it}$	$\mathrm{d}g_{I_{it}}/g_{I_{it}}$	−0.28	−0.18	0.88
	$\mathrm{d}g_{O_{it}}/g_{O_{it}}$	−0.57	0.53	−0.29
累计占比（%）		0.34	0.60	0.86

通过主成分分析获得相应的主成分变量以后，在式（7）的基础上建

立与 GDP 增长率 dY_{it}/Y_{it} 的面板数据模型，模型如下：

$$\frac{dY_{it}}{Y_{it}} = C + \prod_I \cdot \begin{pmatrix} PC_{I1} \\ PC_{I2} \\ PC_{I3} \end{pmatrix} = \prod{}_I \cdot \Gamma_I \cdot \left(\frac{dN_{it}}{N_{it}} \cdot \frac{dK_{it}}{Y_{it}} \cdot \frac{dg_{I_{it}}}{g_{I_{it}}} \cdot \frac{dg_{O_{it}}}{g_{O_{it}}}\right)^{-1} \quad (8)$$

其中，$\prod_I$ 为 1×3 的系数矩阵；本节采用固定效应面板数据模型，横截面权重 GLS 方法，如表 5 所示。

表 5　以主成分变量为解释变量的面板数据模型实证结果

	$I=1$	$I=2$	$I=3$	基础设施
C	11.57***	11.57***	11.57***	11.57***
主成分变量	$\prod_I^T$			
PC_{I1}	0.13**	0.77***	−0.12***	0.11*
PC_{I2}	0.89***	1.09***	0.59***	0.60***
PC_{I3}	0.59***	1.11***	0.43***	0.34***
$Adj.\ R^2$	0.642	0.526	0.658	0.103

根据式（8）计算得到式（6）的各个参数，3 个基础设施行业的产出弹性 $\gamma_I(I=1，2，3)$ 和基础设施投资的产出弹性 γ，如表 6 所示。

表 6　基础设施与政府投资的最优规模

待估参数	$I=1$	$I=2$	$I=3$	基础设施
α	0.49	0.67	0.12	0.10
MPK	0.96	1.59	0.69	0.58
γ_I	0.27	0.06	0.11	0.17
γ_O	0.11	0.20	0.17	0.16

根据理论分析，基础设施行业占总产出的最优比例等于基础设施的产出弹性，即 $\xi_I^* = \gamma_I$，因此“电力、燃气和水的生产与供应业”、“交通运输、仓储和邮电通信业”以及“水利、环境和公共设施管理业”3 个行业占 GDP 的最优规模分别为 27%、6% 和 11%，基础设施投资占 GDP 的最

优规模为17%。

2. 基础设施投资的实际规模与最优规模

结合以上推出的基础设施分行业以及整体投资的最优规模，进一步计算出三个基础设施行业以及整体投资占GDP的实际比例，如图1所示。

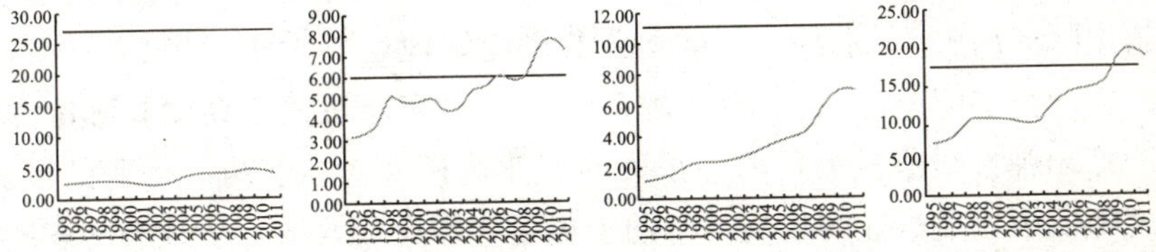

电力行业　　交通运输业　　水利行业　　基础设施行业

图1　基础设施行业投资的实际规模与最优规模

注：曲线（实际规模）；直线（最优规模）。

从基础设施行业整体来看，基础设施行业的最优规模为17%，我国基础设施行业投资实际规模1995年为6.76%，到2005年翻了一番达到13.38%；从2009年开始，基础设施投资的实际规模超过了最优规模17%。与此相对应，一方面各地方出现了基础设施建设的重复投资，尤其是交通行业；另一方面部分行业出现产能过剩的现象。因此，我国“十二五”时期应重点加强调整经济结构，优化政府基础设施投资结构，同时解决好政府债务规模控制和融资能力加强的关系。

从三大基础设施行业来看，电力和水利行业均未达到各自的最优规模，2011年电力行业投资实际规模（占GDP）为4.21%，仅达到最优规模的15.6%，水利行业投资实际规模（占GDP）为6.87%，达到最优规模的62.5%。但是交通行业投资存在过度投资的现象，2006年一度超过最优规模，2009年以来实际规模开始超过最优规模，2011年实际规模（占GDP）为7.24%，超过了最优规模6%，达到最优规模的1.21倍，研究结果与本文实证1交通行业边际产出为负相一致。

四、研究结论与政策建议

通过对1996~2011年我国分地区、分行业的基础设施投资面板数据进行实证分析，可得以下几点结论：

从投资的总量看，基础设施投资对我国经济增长仍具有显著的拉动作用，其产出弹性高于劳动投入和其他投入的产出弹性，基础设施投资仍是城镇化建设中不可或缺的内容。从投资的最优规模看，电力和水利行业均未达到各自的最优规模，但是交通运输行业投资实际规模已经超过最优规模，其边际产出已经为负值。从投资的产业优先顺序看，鉴于三大类基础设施边际产出中，“水利、环境和公共设施管理业”大于“电力、燃气和水的生产与供应业”，且二者均为正值，而“交通运输、仓储和邮电通信业”产出弹性最小且为负值，投资的产业选择为增加前两类行业的投资，适度降低第三类行业的投资，有助于提高整体投资效率。从政府的职能转换看，基础设施投资具有显著的外部性，从理论上说应以政府投资为主导，但无论是在国内还是国外，基础设施领域都有民间资本介入，目前我国基础设施投资中政府投资占绝大部分，民间投资的比重很小，政府对非生产性基础设施投资仍缺乏内在动力，对生产性基础设施直接投资干预过多，尚未形成政府引导为主、市场多方参与的投资格局，导致投资效率低下和投资结构失衡。

当前和今后一段时期内，在确保基础设施投资规模稳定增长的前提下，应更加注重提高其投资的质量和效率。综合考虑各基础设施行业投资的最优规模、投资缺口和紧迫程度，确定合理的投资次序，在调整优化生产性基础设施投资的同时，还需要关注与人民生活密切相关的科教文卫、环境保护等非生产性基础设施投资，为经济社会均衡协调发展创造条件。理顺政府职能，政府在确保非生产性基础设施投资的同时，适当降低对生产性基础设施直接投资的比重，引导社会资本更多地参与其中，实现投资主体的多元化。

金融市场篇

金融监管体系的变迁历史及对中国的启示

张　鹏

金融监管体系主要包括金融监管法律法规与金融监管组织架构两方面的内容，二者之间是内涵与外延、内容与形式之间的关系。一个国家金融监管体系的形成与发展跟该国银行业及金融市场的发展密切相关，并随着其国内金融结构的变化而不断更新变化。金融结构变化的主要推动力是层出不穷的金融创新，由于金融创新使得金融结构不断变化，而作为上层建筑的金融监管体系也通过不断变化，力图适应金融结构的变迁。

从世界各国金融结构变迁的历史来看，主要经历了早期自然混业经营的时期，到严格分业经营的时期，再到不断创新进而混业经营的时期。而从金融监管体系的变迁历史来看，也经历了建立、发展、完善和再完善时期，从时间上来看，主要可以分为以下四个阶段。

一、20 世纪 30 年代以前世界各国金融监管体系的变迁历程

政府金融监管的广泛开展，是与中央银行制度的产生和发展直接相联系的，中央银行制度的普遍确立是现代金融监管的起点，有关的金融监管理论也由此发端。世界上最早的中央银行发源于 17 世纪的英国和瑞典，但中央银行制度在各国的普遍建立始于 19 世纪。

整个 19 世纪和 20 世纪初期是经济自由主义盛行并占据统治地位的时代，美国和西欧的实际经济运行也是最接近“看不见的手”所需要的完全竞争条件的自由资本主义时代。这一时期，由于各国金融业处于初创时

期，其经营还较为混乱。金融领域内，滥发纸币较为普遍，通货膨胀比较严重，部分银行由于过分贷款纷纷破产，进而引起连锁反应，导致大批银行破产。这个时期资本主义国家经济波动频繁，金融监管薄弱，金融秩序混乱，金融危机频繁发生。

在这一背景之下，法国、荷兰、比利时、美国、德国、日本等发达国家率先通过相关法案，建立起了以中央银行为主的金融监管机构，其主要职能是控制货币发行，通过行使最后贷款人的职能以及建立存款保险制度来防止银行挤提的发生，进而保持和发展信用制度，以此稳定经济。在1920年比利时首都布鲁塞尔召开的国际金融会议上提出：凡未设立中央银行的国家应尽快建立中央银行，中央银行应摆脱各国政府政治上的控制，实行稳定的金融政策。布鲁塞尔会议大大推进了各国中央银行的普遍建立。

事实证明，中央银行体系的建立和完善，特别是中央银行独揽货币发行权之后，已基本具备监管职能，这也直接推动了资本主义经济持续、稳定发展。中央银行作为发行货币的银行、银行的银行、国家的银行和外汇管理的银行，在保证金融体系稳定和高效运行方面发挥了不可替代的作用。但这一时期毕竟属于各国金融监管体系的初创时期，无论监管组织架构还是监管法律法规都很不成熟，且建立金融监管机构的国家寥寥无几。

根据罗伯特（2010）的原始资料进行统计，1929年之前全世界共有27个国家建立了32个金融监管机构，其中有17个国家为西方发达国家，约占总体国家数量的2/3，且其他国家之所以建立金融监管机构，大多数是受到了发达国家的影响。这一时期金融监管的方法和理念都很不成熟，属于金融监管制度的建立时期。毋庸置疑，金融监管机构从无到有的建立，使得各国金融业开始纳入政府监管的视野，政府开始注意到金融业的风险问题，是一个巨大的进步，但监管理念和方法都还很不成熟，金融监管还跟不上金融结构的变化。到了1929年，终于爆发了资本主义危机。

二、20世纪30～60年代世界各国金融监管体系的变迁历程

虽然一些西方发达国家率先建立起中央银行来控制货币发行并对金融

业进行监管，但由于20世纪初期股票市场的发展以及金融机构逐利的本性，使得银行业开始混业经营，从而引发金融风险的跨行业传染，最终导致了1929年的资本主义经济危机。1929～1933年资本主义经济危机的爆发对整个发达国家的经济乃至全球经济的影响都非常巨大，各国经济普遍下滑，金融系统开始萎缩，金融机构大量破产。在凯恩斯主义思想的影响下，以美国为首的资本主义国家开始了全面的经济干预措施，并出台了相关金融监管措施，其中较为重要的就是美国于1933年出台的《格拉斯—斯蒂格尔法案》，该法案严格限定商业银行的经营范围，奠定了全球金融业分业经营的格局。随着第二次世界大战后各国经济的恢复和发展，金融业也在不断发展。由于金融机构的逐利性和新技术的广泛运用，20世纪60年代之后，金融机构为了规避金融监管，进行了一系列的金融创新活动，在金融创新的引领下，各国金融业蓬勃发展，金融机构资产规模不断扩大，金融工具种类不断增多。

伴随着规模的增长，各国金融结构也开始发生变化，其中股票市场和保险机构不断发展。在这种情况下，各国的金融监管组织架构的建立呈现以下两个特点：一是一些欠发达国家和战后民族独立国家纷纷建立相关金融监管机构来适应本国金融业的发展，1930～1969年，世界共有49个国家（地区）建立了56个金融监管机构，其中欠发达国家和（地区）战后民族独立国家有44个，占比为90%；二是少数国家建立起了股票和保险监管机构来适应本国股票和保险行业的发展，1930～1969年，世界共有49个国家（地区）建立了56个金融监管机构，其中共有9个国家建立了股票和保险监管机构，占比为18%。

这一时期属于金融监管制度的初步发展时期，各国建立了一些新的金融监管机构来应对金融业发展所带来的新的风险，且各国基本遵循“安全优先”监管原则，管制较多，但金融业风险较小，并未发生大的影响世界的金融危机。

三、20世纪70～90年代中期世界各国金融监管体系的变迁历程

进入20世纪70年代以后，在金融自由化浪潮和金融创新的双重推动

下，各国金融市场逐渐开放，利率限制被取消，金融控股公司或者全能银行蓬勃发展，进而使得各国的金融系统规模不断扩大，银行、股票和保险行业全面发展，其中股票市场发展较快。金融结构的变化引起世界各国的重视，为了适应股票市场和保险市场蓬勃发展的趋势，确保股票市场与保险市场的稳定健康发展，同时也为了适应金融市场混业经营的趋势，各国纷纷调整或者新建金融监管机构，以期在确保金融行业稳定的同时促进本国金融业的发展。

这一时期各国金融监管机构的建立有两个特点：一是随着股票市场的发展，越来越多的国家开始建立股票监管机构，监管股票市场的发展，1970~1996 年共有 118 个国家（地区）建立了 129 个监管机构，其中有 51 个监管机构是单独监管股票市场的，占比为 40%。相比之下，单独设立保险监管机构的较少，共有 9 个监管机构是单独监管保险机构的，占比为 7%；二是随着金融业混业经营的趋势在不断增强，部分国家开始建立起自己统一的金融监管机构，或者将金融监管机构进行部分统一，这类国家（地区）共有 12 个，占所有国家的比例为 10%。虽然比例不大，但显示出更多国家开始试图通过统一监管组织架构来适应金融结构混业化的趋势。这一时期属于金融监管体系的完善时期。

四、20 世纪 90 年代末期至今世界各国金融监管体系的变迁历程

20 年代 90 年代中后期，金融自由化浪潮愈加高涨，一些发展中国家盲目地开放本国金融业，过快地启动金融自由化的进程，导致本国经济受到外国游资的冲击，进而引起了东南亚金融危机。虽然这场危机延缓了金融自由化的进程，一些国家加强了对金融行业的监管，但 1998 年，以美国花旗银行和旅行者集团合并为标志，《格拉斯—斯蒂格尔法案》名存实亡。1999 年，由克林顿政府提交由 1991 年布什政府推出的监管改革绿皮书，并经国会通过，形成了《金融服务现代化法案》，废除了 1933 年制定的《格拉斯—斯蒂格尔法案》有关条款，从法律上消除了银行、股票、保险机构在业务范围上的边界，结束了美国长达 66 年之久的金融分业经营的历史。其结果是商业银行开始同时大规模从事投资银行的活动，如花旗

集团和摩根大通。2000 年后，以金融衍生品为代表的金融创新层出不穷，金融产品日益复杂多样，金融机构业务互相交叉，从而导致金融业混业经营体制的确立，金融行业逐步融合。混业经营体制在全球发展起来后，各国纷纷效仿美国，进而使各国混业经营程度逐步提高。2007 年发源于美国的次贷危机影响全球，进而各国开始反思金融业发展策略，并加强监管，限制金融业的混业经营，致使金融业混业经营程度有所下降。

金融结构的变化引起了各国监管的变化。各国为了应对金融结构的变化，纷纷通过建立相关的监管机构来适应这种变化。1997～2010 年共有 75 个国家（地区）建立了 79 个监管机构，各国建立的这些监管机构有以下三个特点：

（1）统一监管逐渐成为各国金融监管变革的潮流。随着 1997 年英国金融服务局的建立，各个国家开始模仿英国，走向统一监管，如德国、韩国、日本，有些国家开始走向部分统一，如澳大利亚、加拿大，在 1997～2010 年变革自己金融监管组织架构的 75 个国家中，有 30 个国家（地区）是选择实行统一或者部分统一的监管组织架构，占所有国家总数的 40%，可见统一监管组织架构已经成为各国金融监管组织架构变迁的潮流，也是各国为应对金融结构变化的一个反映。

（2）2007 年金融危机所暴露出的一些问题，使未走向统一监管组织架构的国家开始建立金融监管协调机制，促进金融稳定。2010 年 10 月 1 日，美国根据《多德—弗兰克法案》成立了美国金融稳定监管委员会，负责发现、分析、化解金融体系中的系统性风险，可以看做是一个里程碑式的进展，这表明各国逐渐意识到分业监管组织架构的缺陷，开始重视建立金融监管协调机制，防范系统性风险。而从国际上来看，联合论坛和金融稳定理事会的建立也是通过变化国际金融的监管组织架构来适应混业经营的一个尝试。而金融稳定理事会功能和机构的加强，也促使世界各国意识到混业经营下预防金融风险传递的重要性。

（3）随着股票和保险市场的发展，各国通过建立单独的金融监管机构或者通过统一监管组织架构来应对这种金融结构的变化。在 1997～2010 年建立的 79 个监管机构中，有 33 个通过单独设立股票、保险等监管机构来监管股票市场或者保险机构，占所有监管机构的比例为 42%，有 30 个通过建立统一监管机构来应对股票市场和保险机构的发展，占所有监管机构的比例为 38%。

总体来说，这一时期属于金融监管体系的再完善时期。

❐五、世界各国金融监管体系变迁历程的规律总结及对中国的启示

2007年席卷全球的美国次贷危机过后，金融监管改革的呼声日益高涨，一些发达国家也对自己的金融监管体系做出了一些变革。但由于金融监管目标的多重性，以及各国国情的差异性，目前还不存在放之四海而皆准的金融监管体系。上文系统考察和梳理了世界各国金融监管体系变迁的大致历程，从各国金融监管体系的变迁过程来看，可以总结出以下几点规律：

（1）金融结构的变迁决定着一国金融监管体系的变迁方向。从金融结构的变迁来看，基本经历了从简单到复杂的一个过程，从金融业经营体制来看，基本经历了初期的混业经营到分业经营再到混业经营的过程，而金融监管机构也伴随着金融结构的变迁而不断发展，从初期的中央银行，再到后来的股票监管机构、保险监管机构，到最后的金融监管协调机构、部分统一监管组织架构、统一监管组织架构，无不显示出金融监管体系顺应金融结构变迁而进行变迁的历史。总结起来，金融结构变迁决定着一国金融监管体系的变迁，各国金融业发展历程基本相同，这使得金融金融监管体系变迁具有阶段性的特征，但各国金融业结构与发展水平存在差异，进而导致各国采用的金融监管体系具有差异性。

（2）金融监管体系影响一国的金融结构的变迁。由于监管目标存在着双重性，则金融监管重点存在着效率和稳健的替换问题。每一时期根据不同的监管重点，提出不同的监管目标，基本呈现监管过度和监管不足相交替的局面。当以效率性为主时，就会出台自由化法案，放松管制，此时金融业会获得发展，金融业的效率性提高，稳健性降低；当以稳健性为主时，就会严格管制，甚至对金融机构进行国有化，此时金融业的发展会受到影响，金融业的效率性降低，稳健性提高。

（3）金融结构与金融监管体系的相互作用通过金融创新进行推动，正是创新与监管的不断博弈共同决定了金融结构与金融监管体系的演化。金融创新改变了一国的金融结构，进而导致金融结构与金融监管的匹配程度

下降，由此造成监管的调整，将创新后的金融机构行为重新纳入新的监管框架，并在此基础上产生新一轮的创新。金融结构与金融监管之间的作用以金融创新为起点，以严格监管为终点，呈现螺旋式变迁的轨迹。

（4）由于金融监管与金融创新的不断博弈，使得金融监管法律法规的变迁呈现宽严交替的局面。从监管法律法规发展的历程来看，基本经历了监管宽松——严格监管——放松监管——加强监管的过程。2007 年次贷危机之后，金融监管法律法规未来发展的趋势是进一步加强监管，限制金融机构的混业经营，对金融交易和金融产品进行更进一步的限制。

（5）统一监管是未来金融监管发展的方向。从金融结构变迁的历史来看，各国金融结构呈现出由简单到逐步复杂的一个变迁过程，同时金融业经营体制经历了早期自然混业经营的时期，到严格分业经营的时期，再到逐渐融合混业经营的时期。在混业经营的体制下，统一监管组织架构能够取得较好的效果，因此统一监管是未来金融监管发展的方向。

近年来，随着中国金融业混业经营趋势的逐渐加深，中国分业监管组织架构面临着内部和外部的双重挑战，从内部来讲，随着金融业混业化的加剧，监管盲区、监管交叉也大量存在，这从客观上对金融监管改革提出了要求，从外部来看，国际金融业混业经营已经成为一种趋势，且随着国际化的不断深入，中国金融业客观上也需要自由化改革，否则将会丧失竞争力，因此中国金融监管该如何应对各种挑战，也是一大难题。以史为鉴，可知兴衰，通过对世界各国金融监管体系变迁历程的考察，得到对中国的启示有以下几点：

（1）中国金融监管体系变迁的趋势是走向统一监管。从金融监管体系变迁的规律来看，金融结构决定金融监管组织架构变迁的方向。1978 年中国实行改革开放以后，金融业由完全国有逐渐向股份制转变，同时金融业规模开始增大，金融机构种类和数量开始增多。由于金融业国有化程度依然较高，且金融业混业程度不高，因此，2003 年以后中国建立的分业监管组织架构是比较符合国情的。但随着金融业的发展，特别是股票市场和非银行金融机构的发展，中国的金融创新逐步活跃，混业化经营的趋势逐渐显现。从金融产品来看，以投资联结保险、银行集合理财产品、信托产品为代表的一批金融产品已经具备跨行业的特征，从金融机构来看，以平安集团、中信集团、光大集团、银河金控和四大资产管理公司为代表的一批企业已经基本具备金融控股公司的特征，且四大国有商业银行也在朝着综合化经营的方向发展。日趋活跃的金融创新进一步改变了中国的金融结构，随着金融业规模的不断增大，中国金融业的效率性有所提高，稳健性有所降低。在这一背景下，为了应对混业经营所导致的金融结构的变化，目前中国金融监管组织架构有向统一架构转变的内在动力。

（2）虽然中国金融监管组织架构变迁的趋势是逐步走向统一，但由于金融监管组织架构的变迁还受到其他因素的影响，所以中国不能盲目进行金融监管组织架构的变革，而是应该切合中国的体制因素、金融因素、治理因素走循序渐进的改革道路，逐步走向统一监管。原因主要有三点：一是由于监管集中度受中央银行的地位和作用影响较大，虽然中国人民银行并不行使金融监管的权力，但其地位较高，影响力较大，所以目前转向统一的金融监管组织架构还存在较大阻力；二是由于金融监管组织架构的变迁还受到金融因素和治理因素的影响，目前中国虽然出现了金融混业化趋势，但混业化程度并不高，且统一监管需要较高的治理水平，但中国目前由于监管经验的缺乏、信息披露的缺失等原因，治理水平还较为低下；三是由于政治上的影响，目前中国行政体制“官本位”思想还较为严重，部门利益分割较为严重，假如转向统一监管意味着监管权力的集中和监管机构的撤销合并，在行政组织上将会遇到较大阻力。鉴于以上原因，本文认为，中国金融监管组织架构改革应该走循序渐进的道路。从短期来看，面对金融业逐渐混业经营的趋势，中国应该逐渐加强金融监管机构联席会议机制，增强三个监管机构的沟通协调，避免信息沟通不畅进而影响监管效果，防范监管套利。从中长期来看，随着中国金融业的发展和治理水平的提高，中国应该采取渐进的模式走向统一监管组织架构，先像加拿大或澳大利亚一样建成部分统一的金融监管组织架构，待条件成熟后，再将其转变为统一监管组织架构。

（3）随着金融混业化的不断发展，中国在监管过程中要重视宏观经济的稳定，防范金融系统性风险。目前中国的金融稳定主要由中国人民银行负责，但由于目前实行分业监管组织架构，所以金融监管机构之间还存在信息沟通不畅的现象。可以考虑逐步提升中国人民银行在防范金融系统性风险中的作用，在条件成熟时单独成立一个类似于美国金融稳定监督委员会的金融稳定监管机构，加强对金融系统性风险的防范。

（4）在中国金融监管发展的过程中，要注重金融稳健性和效率性的平衡，不能顾此失彼，而应该尽量做到协调、均衡、稳定地增长。由于金融稳健性和效率性存在替代关系，因此在制定监管政策过程中，应该对宏观经济金融形势进行全面考虑，注意稳健性与效率性的平衡，并适时进行调整，同时要维持监管政策的连续性和稳定性，防止金融业的发展出现大起大落的局面，以此来促进中国经济的全面和可持续增长。虽然中国金融业的效率性有所提高，但与发达国家如美国相比，金融业效率水平依然不高。今后中国应该注意提高金融业的效率性，在确保金融业稳健性的前提下努力促进金融资源的合理配置。

原载《南方金融》2013 年第 4 期

利率市场化背景下利率衍生产品发展策略

张　鹏　彭万林　马司鼎

一、利率市场化与利率衍生产品关系的探讨

（一）利率市场化刺激了对利率衍生产品的需求

利率市场化是相对于利率管制而言，是指政府部分或完全放弃对利率的管制，使利率由市场的资金供求关系决定，按价值规律自发调节，包括利率决定、利率传导、利率结构和利率管理的市场化，核心内容是利率形成机制的市场化。

从国际经验来看，利率市场化过程中往往会伴随着利率的剧烈波动，从而给各类市场参与者带来巨大的风险。因为在利率管制时期，大多数国家的利率水平都受到一定程度的抑制，利率市场化后利率水平都会出现一定的波动。据国际货币基金组织的统计，在实行利率市场化的20个国家（地区）中，15个国家（地区）的名义利率上升，17个国家（地区）的实际利率上升，而且第二次世界大战以来很多利率市场化国家和地区因此发生种种金融危机。我国虽然选择了渐进式的改革道路，有效地避免了市场化进程中剧烈的金融动荡和危机，但是，市场化的利率体系本身带来的利率风险并不会因此减少，而且还会随着利率市场化的深入而增加。

金融机构持有大量利率敏感性资产，在我国金融体系中处于主导地位的商业银行尤其如此，在利率市场化改革逐渐深入，利率波动日益剧烈的

形势下，这些机构面临的基差风险、收益率曲线风险、重新定价风险、选择权风险等利率风险将越来越大，它们的安全和稳定也会受到威胁。

然而，目前金融机构的风险管理方法和工具发展比较滞后，不能完全满足利率风险管理的需要。以商业银行为例，其利率风险管理方法还是以传统的缺口管理为主，这种方法在利率受到管制，波动较小的时候有较好的效果，一旦利率实现自由波动，这种管理方法就会暴露其固有的缺陷。首先，缺口管理要求商业银行针对利率的变化不断地调整其资产负债结构，这种频繁的操作带来的成本和风险是不可小视的；其次，商业银行调整头寸需要经常在市场上进行交易，在市场环境不稳定的时候难以保证调整工作的顺利进行。与传统的利率风险管理工具相比，利率衍生产品具有低成本、灵活性、准确性等众多优势，能更好地满足市场主体的风险管理需求。

除了金融机构，非金融企业和居民在利率市场化的过程中也会面临大量的利率风险。企业和居民会越来越多地接触到利率敏感性金融产品，如浮动利率债券、浮动利率抵押贷款等，因此，这部分市场主体对利率风险管理工具也有较大的需求。

随着我国利率市场化的深入发展，追求利益、规避风险的各类市场主体对利率衍生产品的需求将被进一步激发出来，市场交易更加活跃，客观上会推动整个金融体系运转效率的提高。事实上，国外成熟市场利率衍生产品基本上都是在利率市场化过程中为了对冲日益增加的利率风险而被创造出来的，而且此后都获得了巨大的成功，说明这种产品确实是顺应了市场的需求。

（二）利率市场化为发展利率衍生产品创造了条件

发展利率衍生产品并不需要利率完全市场化，但一定程度的利率市场化是推出利率衍生产品的必要条件。

首先，利率市场化过程中基准利率体系的构建和完善为利率衍生产品提供了定价的基础。利率市场化最基本的内容就是市场上逐渐形成能够客观反映资金供求状况的利率体系，其中，基准利率是这个体系的核心，它是在整个金融市场和利率体系中处于关键地位、起决定性作用的利率，与其他市场利率有很强的相关性。利率衍生产品最基本的功能是套期保值和套利，无论是在交易所市场还是在OTC市场上，都需要有一个与标的资产相关性很强的基准利率作为交易的参考，这样才能保证交易的效率和市场的流动性。研究表明，成熟市场的利率衍生产品大都是在基准利率体系形成过程中推出的（也有在基准利率体系成熟后再推出），并且在基准利率体系成熟后利率衍生产品都呈现出迅猛发展的趋势。

其次，利率市场化会改变商业银行的盈利模式，间接推动利率衍生品市场的发展。在利率市场化发展的后期，存贷款利率将不再受到政府的管制，最终实现自由浮动。商业银行等经营信贷业务的金融机构为了争取更多的资源势必会展开激烈的竞争，提高存款利率，压低贷款利率，存贷款利差持续收缩，直至回归到均衡的水平。在这个过程中，占商业银行业务比重很大的表内业务盈利水平会受到严重影响，因此，在竞争和生存的压力下，商业银行等金融机构会越来越多地进入以利率衍生产品为代表的表外业务领域，使利率衍生产品市场的交易和创新更加活跃。

（三）利率衍生产品有利于利率市场化的平稳发展

利率衍生产品最基本的功能是利率风险管理，为以商业银行为代表的金融机构提供了强有力的利率风险管理工具，有利于提升它们抵御风险的能力；而且利率衍生产品能使非金融企业更多地参与到金融市场中，降低融资成本，增强经营的稳定性，提高投资效率，这些变化使得银行有机会提高新增贷款的质量，消化原有不良资产，提高整体资产的质量，进一步提升资本充足率水平，增强商业银行的整体实力。这两方面都有助于增强商业银行作为独立市场微观主体的定价及风险管理能力，使它们更加适应利率市场化改革的要求，为推动利率市场化的核心领域即存贷款利率的市场化打下坚实基础。

利率衍生产品另一个重要的功能是价格发现。远期利率协议和利率期货是两种非常重要的利率衍生产品，它们都有价格发现的功能。由于期货价格是市场对该种商品未来价格的一致预期，因此利率期货或远期价格就能反映未来的均衡利率水平，而且由于期货和现货之间无套利均衡关系的存在，使得现货和期货价格不可能偏离彼此很远，从而降低了整个市场价格的波动水平，有利于市场的稳定运行。

❐二、成熟市场的实践经验

（一）美国利率衍生产品发展历史

美国的利率衍生产品是在以利率市场化和汇率自由化为标志的金融自由化背景下发展起来的，它的发展过程是典型的需求引致型。20 世纪 70 年代以来，美国开始逐渐放松利率管制。1970 年，美国放宽了对 10 万美元以上、90 天内的大额存单（Certificate of Deposite，CD）的利率管制，而且在 1973 年取消了 90 天以上 CD 的利率管制。1983 年 10 月取消了所有定期存款的利率上限①，1986 年 3 月取消可转让支付命令账户（NOWS）的利率上限。随着利率市场化的发展，利率变动更加频繁，相应地产生了规避利率风险的需求。

1975 年 10 月，美国芝加哥期货交易所（CBOT）推出了政府国民抵押贷款协会抵押凭证（Government National Mortgage Association Certificates）期货合约。但是该合约流动性不强。芝加哥商品交易所（CME）于 1976 年 1 月推出短期国库券（U. S. T－Bills）期货合约。1979 年，美联储开始通过调节货币总量以及银行储备来抑制通货膨胀，并逐渐放弃了以利率为指导的货币政策目标。利率变化频率的加快和幅度的加大，进一步推动交易者的避险需求，同时也促成了短期国库券期货市场的繁荣。但是由于受到基础资产——短期国库券自身特点的影响，以及短期国库券期货合约交易机制的限制，该产品的繁荣仅是昙花一现。随着国际货币市场于 1981 年推出欧洲美元期货合约，短期国库券期货合约的交易量开始下滑。其中主要的原因在于交易者找到了在交易机制设计上更便于套期保值的品种。1977 年 8 月，芝加哥期货交易所推出了长期国债（U. S. T－Bonds）期货合约，相比于其 1975 年推出的政府国民抵押贷款协会抵押凭证期货合约，该合约的利率敏感性更强，交割也更加方便，市场需求也更加旺盛。1982 年，芝加哥期货交易所又推出了中期国债（T－notes）期货，进一步完善

① 景学成、沈炳熙等：《中国利率市场化进程》，中国财政经济出版社 1999 年版。

了利率期货的期限结构。进入20世纪80年代以后，当美国宣布要在6年内实现利率自由化时，浮动利率已被广泛应用于借贷领域，市场需要能有效控制利率风险的金融工具，再加上当时金融定价理论和信息技术的发展，利率互换和利率期权应运而生，并呈爆炸式发展，尤其是利率互换，迄今仍是利率衍生产品中交易最为活跃的金融工具。

美国的利率市场化伴随着接连不断的金融创新过程，两者相互推动。这是美国利率市场化实施过程中最显著的特点。尤其是在美国利率市场化的前期，利率衍生产品的产生和发展同美国的利率市场化进程表现出密切的联系。在利率市场化的前期阶段，美国主要发展利率期货，如债券期货和国债期货等。利率期货本身所具有的套期保值和价格发现功能使得利率期货作为利率市场化的配套机制发挥了风险防范作用，由此推动了利率市场化的进一步发展。在美国宣布在6年时间内取消所有存款利率上限后，利率衍生产品逐渐发展到了更高级的阶段，出现了利率互换和利率期权以及远期利率协议，使得利率衍生工具的形式更为丰富，市场参与者有了更多的选择。在利率完全市场化后，基础金融市场的完善为利率衍生产品向更为复杂形式的发展创造了条件，利率衍生产品出现了内部品种之间以及和其他金融衍生产品之间的多种组合，信息技术和定价理论的发展使得金融机构可以为客户量身定制更为个性化的产品，反映在利率衍生产品交易场所的变化上，表现出交易量由交易所场内交易向场外交易的转移。

（二）日本利率衍生产品发展历史

日本是亚太地区重要的利率期货中心。日本的利率衍生产品是日本国债市场和利率市场化发展到一定阶段的产物。1975年以后日本政府通过大量发行国债筹集资金，以增加公共开支刺激国内需求，截至1985年的10年，日本国债余额急剧增加到134万亿日元，是最初发行时的10倍，场外交易额也由1975年的55万亿日元增长到1985年的2 514万亿日元。另外，日本政府在1977年放开了国债利率管制，从而开启了渐进的利率市场化改革。利率的频繁波动，使得广大债券持有者纷纷要求开放国债期货交易，对其大量持有的国债进行套期保值。1985年6月，日本大藏省批准东京证券交易所推出第一个利率期货合约——10年期国债期货。得益于当时日本经济的发展，10 年期国债期货在推出的两年后成为世界上交易量最大的利率期货，但是随着日本经济的衰退，其成交额也开始逐渐下降。在 1988 年和 1989 年日本根据国债市场发展情况，推出了 20 年和 30 年长期国债期货。1989 年，在银行同业和短期利率放开后，日本推出了 3 个月日元和美元的期货合约，并在 OTC 市场上推出了债券期权交易。1990 年开始出现了债券期货期权交易，并逐步引入更为高级的利率衍生产品。总地来看，日本的利率衍生产品品种较少，而且近年来交易量明显下滑，一方面是由于日本近十年来的经济下滑和缺乏统一的期货清算公司；另一方面，日本政府对金融衍生产品交易的管制非常严格。

（三）国外经验总结

1. 成熟的现货市场是利率衍生产品发展的微观条件

发达的基础金融市场是金融衍生工具创新的首要条件和必要环境。以利率期货为例，现货市场的规模和流动性都会对利率期货合约的发展壮大产生重要影响。美国 20 世纪 70 年代后期短期国库券期货的繁荣正是建立在当时国库券市场规模快速扩张的基础之上。1970～1975 年美国国库券市场规模（以可流通的未偿付余额衡量）迅速扩张，1975 年的增长率达到了 33.18%，未偿付余额达到 1 574.83 亿美元。这一阶段也正是短期国库券期货合约推出和快速发展的时期，而到 70 年代末期的时候，短期国库券的市场逐渐被中长期国债尤其是中期票据所取代，80 年代之后短期国库券期货的交易市场逐渐萎缩。1988 年，英国政府减少国债的发行，并从市场上购回已发行的国债。现货市场规模的缩小以及流动性降低，使得原本盛极一时的长期国债期货合约的交易趋于沉寂。1993 年法国国际期货市场推出的长期政府债券，也因基础产品市场缺乏流动性而未能取得成功。

2. 利率频繁剧烈波动是利率衍生产品出现的宏观环境

成熟市场都是在利率市场化改革的背景下推出利率衍生产品的。在利率市场化的过程中，货币当局逐渐放松利率管制，利率变动的不确定性日益增加，不同的市场主体面临的利率风险也与日俱增，市场需要有效的利率风险管理工具，因此，各种利率衍生产品被开发出来并得到蓬勃发展。分析各国利率衍生产品产生前后的市场利率走势，可以明显看到利率衍生产品发展与利率波动的联系。以美国为例，20 世纪 60 年代至今，美国短期利率的高点出现在 70 年代末到 80 年代初。1967 年以后，短期利率水平呈现出波浪式上升。联邦基金利率从 1967 年 5 月的 4.49% 上升到 1970 年 1 月的 8.91%，之后又下跌至 1972 年 2 月的 3.61%。两年半之后的 1974 年 8 月，短期利率上升至 12.23%，并与 1977 年 4 月再次下跌至 4.8%。3 年半之后的 1980 年 12 月，短期利率上升至 60 年代至今的最高点——18.65%。另外，在 1978 ~ 1985 年，短期利率的波动水平也处于 60 年代至今的最高点。也正是在这一时期，美国出现了短期国库券期货并取得了繁荣发展（见图 1）。

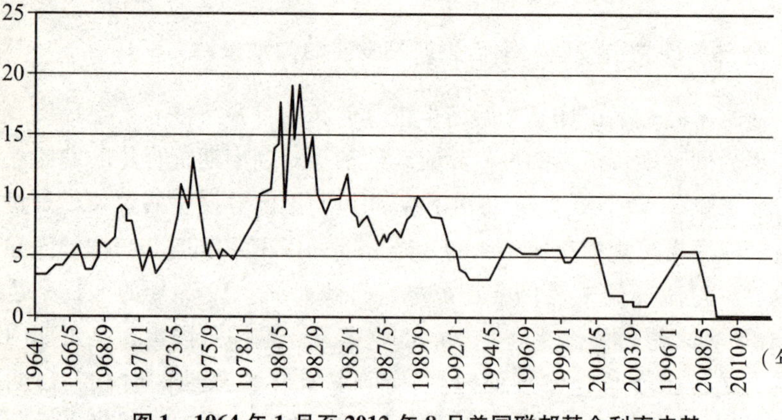

图 1　1964 年 1 月至 2012 年 8 月美国联邦基金利率走势

资料来源：美联储官方网站。

同样，日本在 1985 年推出第一个利率衍生产品（10 年期国债期货）后，市场上利率衍生产品的交易和创新一直处于非常活跃的状态，从同一时期开始，日本金融市场上的利率水平也出现了大幅的波动，与 1999 年以后的走势形成鲜明的对比（见图 2）。

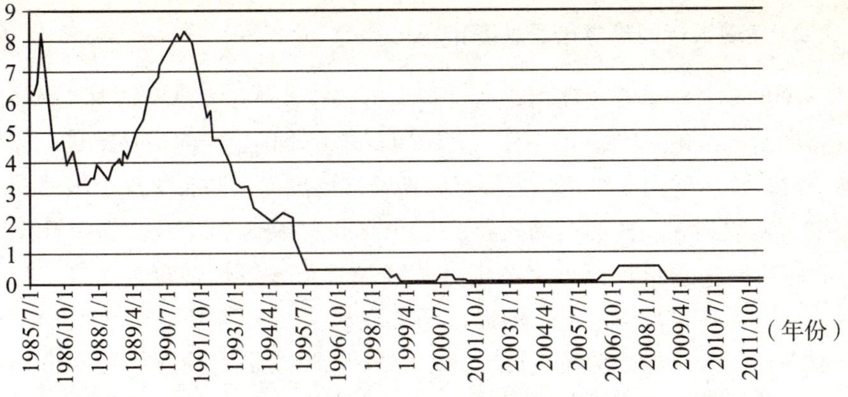

图 2　1985 年 7 月至 2012 年 8 月日本银行间隔夜拆借利率走势

资料来源：日本银行官方网站。

三、我国利率市场化及利率衍生产品的现状

（一）利率市场化的现状

20 世纪 90 年代中期以来，依据“先放开货币市场利率和债券市场利率，再逐步推进存贷款利率市场化”的渐进改革思路，我国利率市场化迈出了四个重要改革步伐。

1. 放开银行间同业拆借利率

1996 年 1 月 1 日，建立全国统一的银行间同业拆借市场，形成了银行间同业拆借市场利率（Chibor）。在 Chibor 成功运行半年的基础上，1996 年 6 月 1 日，中国人民银行放开对其上限管制，实现利率水平完全由拆借双方根据资金供求自主决定。银行间同业拆借市场的建立和利率的成功放开，是我国利率市场化改革的重要突破口，也为后续改革奠定了基础。

2. 实现银行间债券市场利率市场化

1996年，证券交易所市场通过利率招标等多种方式率先实现了国债发行利率的市场化。1997年6月，人民银行建立全国银行间债券市场，存款类金融机构所持国债统一转入银行间债券市场流通，同时实现了国债交易利率（回购利率、现券交易价格）的市场化。1998年9月，国家开发银行在银行间债券市场以利率招标方式成功发行政策性银行金融债。1999年，财政部在银行间债券市场以市场化方式重新启动国债发行（1997年已暂停在证券交易所市场发行国债）。目前，非金融企业在银行间市场发行债券的利率不受指导价格的限制，完全由企业和承销商协商确定。至此，我国银行间债券市场全面实现国债、金融债和非金融企业债的利率市场化。

3. 缩小存、贷款利率的管制范围

根据“先外币后本币、先贷款后存款、先长期大额后短期小额”的改革思路，从2000年起人民银行先后放开了除个别期限币种外的外币利率，逐步放开了人民币存款利率下限和贷款利率上限，试点放开了人民币协议存款利率，实现了金融同业存款的利率市场化。截至2008年，放开的本外币管制利率累计达123个品种，管制利率减少到24个品种①，金融机构自主定价权明显增加，依据风险原则科学定价的能力和意识显著提高。

4. 构建培育货币市场基准利率

基准利率体系建设是一国推进利率市场化改革的关键，我国已步入这一深层次机制建设的推进阶段。借鉴国际基准利率体系的形成经验，2007年1月，银行市场在Chibor基础上形成了上海银行间同业拆放利率（Shibor）并正式运营。经过近5年的全面培育，Shibor已能较好地反映货币市场资金供求和货币政策预期，开始在浮动利率债券、衍生品等产品定价方面发挥基准作用，货币市场基准利率地位基本确立。

① 易纲：《中国改革开放三十年的利率市场化进程》，载《金融研究》2009年第1期。

（二）利率衍生产品的现状

我国分别于2005年、2006年和2007年在银行间市场推出债券远期、利率互换和远期利率协议三种利率衍生产品，推出后，市场总规模持续快速增长，2005年交易量为178亿元，到2011年年底交易量为28 033亿元，年均增长132.4%，但各类产品的表现差别很大（见图3）。

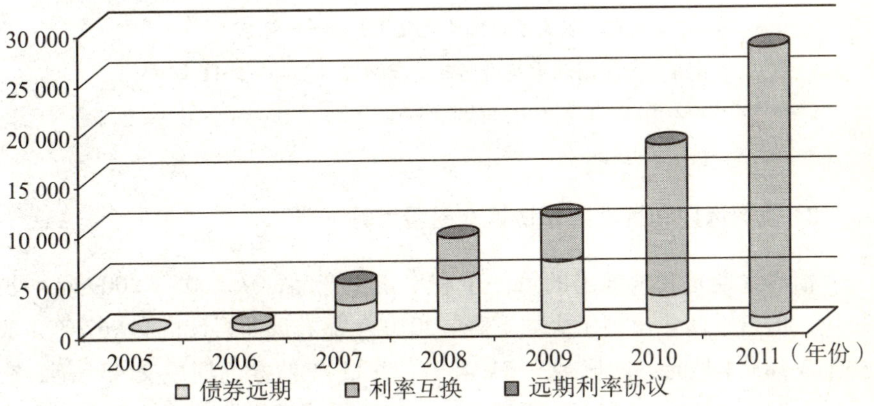

图3 人民币利率衍生产品历年交易量（2005～2011年）

注：债券远期为交易量数据，利率互换和远期利率协议为名义本金额数据。
资料来源：中国人民银行年度货币政策执行报告。

1. 利率互换交易持续活跃

近两年来，利率互换发展势头迅猛，2010年和2011年交易量先后突破1万亿元和2万亿元，同比增幅分别达到225%和78.4%。2011年利率互换成交量占到利率衍生产品市场总成交量的96.3%。全年交易非常活跃，每月成交量均在千亿元以上，有7个月份成交超过两千亿元。利率互换市场的参与主体继续增加，截至2011年年末，利率互换交易的备案机构达到83家（见图4）。

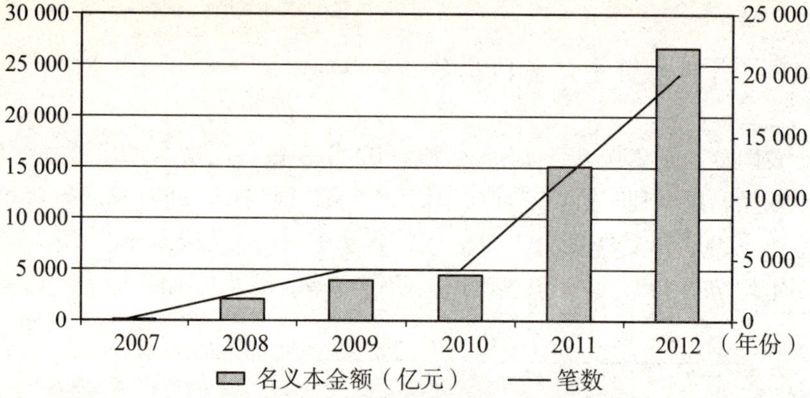

图4　人民币利率互换历年交易情况（2006~2011年）

资料来源：中国人民银行年度货币政策执行报告。

2. 债券远期和远期利率协议交易量大幅下降

债券远期是我国推出的第一个利率衍生产品，从2005~2009年增长较快，但最近两年出现了大幅下降。2010年债券远期累计成交967笔，成交量3 183.4亿元，同比减少51.45%，2011年债券远期成交436笔，交易量1 030.1亿元，同比下降67.6%。现阶段债券远期主要功能在于与现券交易构造一个类似买断式回购的交易，随着越来越多地机构选择直接做买断式回购交易，债券远期的需求会越来越少（见图5）。

远期利率协议自2007年推出以来，仅在第二年有较大幅度的增长，名义本金额达到113.6亿元，但在后续几年成交持续清淡，2011年全年仅有3笔成交，名义本金额仅为3亿元，远期利率协议市场尚未真正发展起来。由于人民币利率互换功能类似于远期利率协议而且在其之前推出，市场参与者更熟悉利率互换，利率互换的快速增长对远期利率协议产生了一定的替代作用。此外，传统上远期利率协议主要为了满足企业客户的套期保值需求，受我国利率市场化现状的制约，企业对利率衍生产品的需求尚未充分开发，这是造成远期利率协议市场不活跃的重要原因（见图6）。

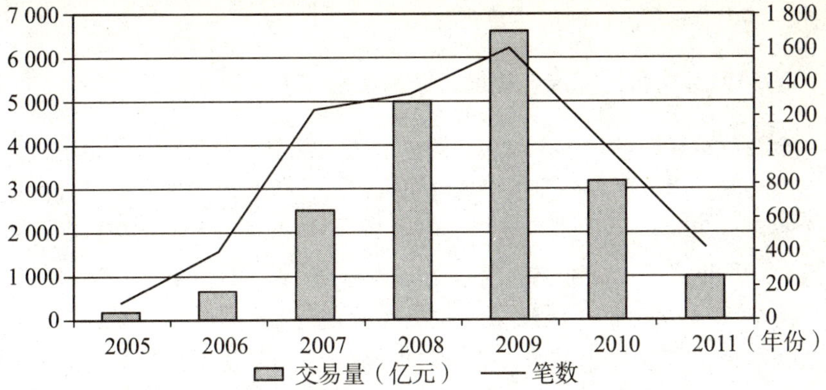

图 5　人民币债券远期历年交易情况（2005 ~ 2011 年）

资料来源：中国人民银行年度货币政策执行报告。

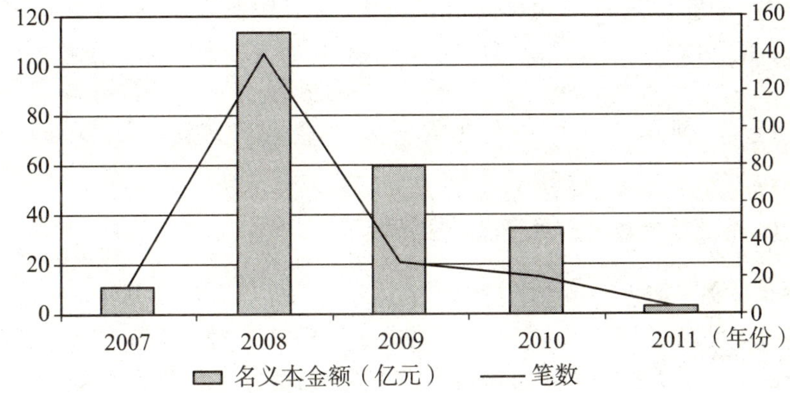

图 6　远期利率协议历年交易情况（2007 ~ 2011 年）

资料来源：中国人民银行年度货币政策执行报告。

3. 期限结构短期化

人民币利率互换交易的期限结构呈现明显的短期化特征，2011 年，1 年及 1 年期以下交易的名义本金额达到 2 万亿元，占总成交量的 72. 75%，较上年上升了近 25 个百分点。1 ~ 5 年和 5 ~ 10 年期限的交易量分别占同期利率互换交易总量的 16. 9% 和 8. 4%，较上年分别下降了 12. 4 个和 5. 2 个百分点。债券远期交易同样呈现短期化特征，全部交易均为 90 天以下品种，其中2~7天品种交易量占比达62%[①]。

4. 利率互换合约标准化程度、交易便利性大幅提高

金融危机后，场外衍生品交易的标准化、电子平台交易以及集中清算成为业内共识。为了更好地促进市场健康发展，银行间市场采取了引导衍生品操作流程与合约标准化、推行交易压缩以及大力推进电子平台交易等一系列举措：一是正式推出标准化的利率互换确认书模版、提供电子化交易确认服务。截至2011年年底已有42家金融机构承诺使用电子化确认设施，目前超过80%的利率互换采用电子方式进行交易确认，有效降低了人工成本和操作风险。二是着眼于有效降低市场风险，完成了利率互换冲销（交易压缩）业务方案以及相关测试工作，多次开展了利率互换冲销试验并获得成功。三是进一步提升利率互换合约标准化程度，提高报价和交易的便利性。通过上述措施，显著提高了市场参与机构的交易效率，增强了本币交易系统的吸引力。目前在电子交易系统进行的利率互换交易约占市场95%的份额。

（三）利率衍生产品市场存在的问题

1. 市场规模较小，且产品结构不合理

我国利率衍生产品市场规模与成熟市场相比仍有相当大的差距，而且与基础产品市场和整体经济规模不相匹配。平均来看，国际上场外利率衍生产品交易量大约为债券市场规模的15%，而2011年我国利率衍生产品成交量为2.8万亿元，银行间债券市场全年成交量为63.6万亿元[②]，粗略估算利率衍生产品市场市值不到债券市场交易量的5%。产品结构方面，目前市场上仅存在三种利率衍生产品，其中利率互换占绝对主导地位，2011年的成交量占整个市场成交量的95%以上，另外两种产品成交非常清淡。利率衍生产品市场规模和结构的缺陷严重制约了自身功能的发挥，难以满足投资者多样化的避险需求和投资需求。

2. 基准利率体系不完善，定价能力不强

完善的基准利率体系是利率衍生产品发展最重要的市场基础，目前我

① 资料来源：中国外汇交易中心。

② 资料来源：外汇交易中心：《2011年银行间市场运行报告》。

国尚未形成完整有效的基准利率曲线，仍然在建设和完善过程中，国际上通常以国债到期收益率为定价基础，我国国债市场虽然近年有很大的发展，但在发行连续性和交易效率方面尚存在不足，还不能为市场提供准确的定价参考。从期限结构上看，现阶段银行间同业拆借利率、回购利率等短期利率的市场化程度较高，因此利率衍生产品短期化特征较明显。2011年全部的利率互换交易中，以7天回购定盘利率和Shibor为参考利率的交易量占到97%，一年期以上的交易很少，而在成熟市场，一年期以上的利率衍生品交易占总交易量的一半左右。因此，长期基准利率的缺失限制了利率衍生产品市场的发展。

3. 参与者类型单一，需求同质化严重

从市场主体结构来看，目前国内利率衍生产品交易的参与主体包括商业银行、外资银行、政策性银行、证券公司、农村信用社和保险公司，但实际达成的交易主要集中于银行之间，保险、证券、基金由于受到不同程度的监管约束，实际参与的很少，非金融企业尚未直接参与利率衍生品交易。债券远期交易的主要参与机构是股份制商业银行和城市商业银行，2010年二者交易量占比分别为65.56%和28.11%，其他机构交易量很小；利率互换市场以外资银行和股份制商业银行为主，其2010年的市场份额为46.4%，其他依次是股份制商业银行（26.6%）、国有控股商业银行（15.3%），政策性银行（3.8%）；远期利率协议市场也是如此，2010年股份制商业银行的份额是62.69%，外资银行的份额是32.84%。单一的参与者类型，限制了利率衍生产品对实体经济风险管理功能的发挥，同时也导致市场需求同质化现象比较严重，不利于市场流动性的提高。

四、进一步推动利率衍生产品发展的对策

（一）推进国债市场发展，完善基准利率体系

在成熟市场，国债收益率是基准利率体系的重要组成部分。我国自1981年恢复发行国债以来，国债市场发展取得了很大的成就，但现阶段存

在的一些问题使国债收益率还不能充分发挥基准利率的功能。

首先，国债发行的规模和结构还有较大的提升空间。2011 年年末，我国国债存量为 73 839 亿元（包含 6 000 亿元地方政府债）人民币，同年我国 GDP 为 471 564 亿元人民币，国债存量与 GDP 的比值约为 15.7%，美国同期的比值达到 101%，而 2009 年第三季度这一比值的世界平均水平为 66.8%①，可见，我国国债规模还较小，要充分发挥国债对经济发展的调节和促进作用，需要适当地扩大国债市场的体量。从期限结构上来看，截至 2012 年 8 月底，我国国债市场上短期（1 年以下）、中期（1～10 年）、长期（10 年以上）债券的比重分别为 9.5%、61%、29.4%，同期美国的数据分别为 31.9%、58.8%、9.3%，说明我国短期国债的比例还有待提升，这种不合理的结构不仅影响了国债市场交易的活跃度，而且还会给相应国债期货的推出和运行带来不利影响。

其次，促进国债市场的统一，提升二级市场的流动性。目前我国可以进行国债交易的市场有三个，分别是银行间市场、交易所市场和柜台市场，这三个市场中的交易品种、参与主体和交易机制都各有特点，形成了国债市场独立分割的格局，市场的流动性也由此受到制约。据 2011 年年底的数据计算，我国 2011 年国债市场总体换手率为 1.28 倍，其中银行间市场的换手率最高，达到 1.36，而 2005 年美国国债换手率达到 33 倍，交易非常活跃。另外，割裂的市场导致不合理的价差存在，不利于培育准确、有效的国债收益率。同一种债券在不同的市场上会出现不同的价格，甚至差别会较大，但由于市场壁垒的存在使得跨市场套利的成本较高，因此这种不合理的价差就会持续存在，严重削弱了国债收益率的权威性和准确性，使国债收益率的参考价值大打折扣。鉴于以上情况，建议加快国债市场的互联进度，减少制度障碍，促进银行间市场、交易所市场和柜台市场的统一、协调、可持续发展；另外还需要改革国债转托管制度，提高转托管效率，在降低交易成本的同时也有利于防范市场风险。

（二）完善场外市场清算机制，严格控制风险

金融危机后，国外场外衍生品市场出于防范风险的需要，有走向场内

① 《中国债券市场：发展与创新》。

清算的趋势，希望能享受场内集中清算带来的便利，又不失场外个性化交易的灵活性。其中最主要的措施就是推进中央对手方（CCP）清算机制的建设。这种清算机制原理如下：交易所或者清算组织提供一个独立的法律实体即 CCP，在两个交易对手达成交易之后，CCP 与这两个交易对手分别订立一份新合约，以两份新合约取代这两个初始对手方之间的单一合约，这样，CCP 清算机制就将市场参与者双方之间的信用风险替换为 CCP 与市场参与者之间的标准化信用风险，然后再通过一系列制度安排，使这种替换后的风险降到最小。中央对手方清算机制不仅能有效地降低交易对手的信用风险，而且还有低廉的交易成本和充分的灵活性等优点，因此得到迅速推广。我国已有的利率衍生产品都是场外产品，整体风险还处在可控的范围内，但是随着产品种类的不断丰富以交易主体的增加，市场风险也会不断累积，所以，为了推动我国利率衍生产品市场快速、健康地发展，有必要未雨绸缪，尽早准备中央对手方清算机制的研究和建设。

（三）加强市场参与者的培育，促进投资主体的多元化

目前，商业银行在利率衍生品市场上占主导地位，其他金融机构以及非金融机构投资者的参与度不高，市场不够活跃，影响了利率衍生产品功能的发挥，因此，加强市场参与者的培育，提高参与者的整体素质，是进一步推动市场发展的必要条件。

第一，大力改善金融机构投资者的公司治理结构，完善金融衍生产品交易的各项风险管理制度。当前，我国金融机构开展的利率衍生产品交易业务主要以代理和交易账户自营交易为主，而出于自身资产负债管理和风险管理需求进行的衍生产品交易较少。以中资商业银行为主的国内金融机构是我国利率衍生品市场最大的交易商甚至是做市商，其自身风险管理需求的释放将为市场提供大量的真实交易需求，衍生产品市场的交易量和流动性将大幅提高。因此，市场管理者应引导金融机构通过衍生产品进行资产负债管理，对冲自身的利率风险，指导建立风险管理文化，健全风险管理技术，并不断完善衍生产品交易的各项风险管理制度和业务考核机制，最终推动利率衍生产品市场的健康发展。

第二，加强推广宣传力度，鼓励非金融机构参与利率衍生产品交易。作为后发的金融市场，我国应逐步培育一批非金融机构的参与者，让他们

充分认识理解利率衍生产品的重要作用，共享该市场发展的成果。目前利率衍生产品局限在银行业机构中，如果缺乏大量的最终用户，这个市场无法做大做强，因此，应进一步放松管制，引入多元化的投资者，拓展市场的宽度。

第三，引导非金融机构参与者建立健全内部控制机制和风险管理制度。就利率衍生产品业务而言，非金融机构的风险管理制度大多不健全，内部控制制度多流于形式。要防止企业参与风险过高和自己不能充分理解的衍生产品，通过建立风险管理制度，包括风险政策和职工分工、风险监控和止损限额、情景分析、风险预警和应急预案处理，实现对交易当事人的约束。内控制度要涵盖企业衍生产品投资的事前、事中、事后的全过程，包括衍生产品投资决策与授权审批制度、业务交易指导原则操作流程、操作系统、独立监控和定期监督评审，实现对管理层风险的控制，最终实现对股东利益的保护。

原载《银行家》2013 年第 2 期

重启资产证券化：国际经验与我国实践

张　鹏　李松梁

❐一、前车之鉴：资产证券化的前世今生

20世纪80年代后期，资产证券化顺应银行流动性需求而兴起于欧美，并在其后20年内迅速扩容，交易活跃且跨市场发展，并迅速在全球蔓延，其市场功能逐步扩大到其他领域。然而，其运作模式复杂化，业务链条分割，而配套监管体系鞭长莫及，最终触发次贷危机。

（一）市场概况

在取消利率管制后，美国商业银行面临“金融脱媒”的考验，流动性风险限制了其竞争力，住房抵押贷款证券化应运而生。而分区和分业经营的限制要求银行通过诸如资产证券化等监管套利来盘活资产流动性、降低融资成本、改善银行资产负债结构。《巴塞尔资本协议》的实施进一步刺激了银行进行资产证券化的需求，美国资产支持票据余额从1997年的5 160亿美元增至2007年29 520亿美元，十年内增幅近6倍。而欧洲银行资产证券化的动机主要来源于拓宽资金来源，满足资本充足率，其资产证券化市场也实现了飞速增长。

事实上，通过资产证券化，发起人释放资本约束，提高对其他金融机构的竞争力，主动进行资产负债管理，优化资产负债结构，拓宽融资渠道，增加收入来源，转移风险；中介机构通过业务咨询、发行承销、打包

托管、信用评级、财务法律等获得收入；投资者可以进行更加多元化的组合投资，在满足审慎性需求的前提下实现更高收益；监管者则建立了一套完善的风险分担机制，降低了系统性风险。

然而，监管机构失职、评级机构失误、内控机制失败直接导致资产证券化链条的崩溃。危机后，资产证券化被推到风口浪尖，在政府加强监管、机构去杠杆化和投资者风险偏好逆转的驱动下，欧美资产支持证券的发行量与托管量顺势下挫（见图1、图2和图3）。

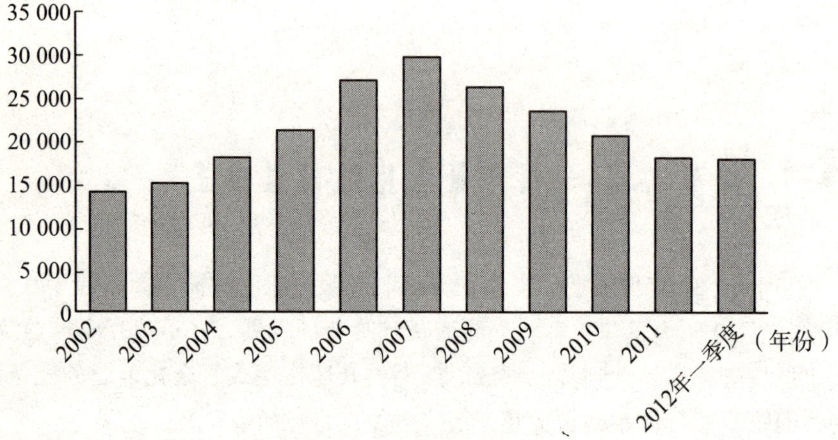

图1　美国资产支持证券存量变化（单位：亿美元）

资料来源：美国证券行业和金融市场协会（SIFMA）网站。

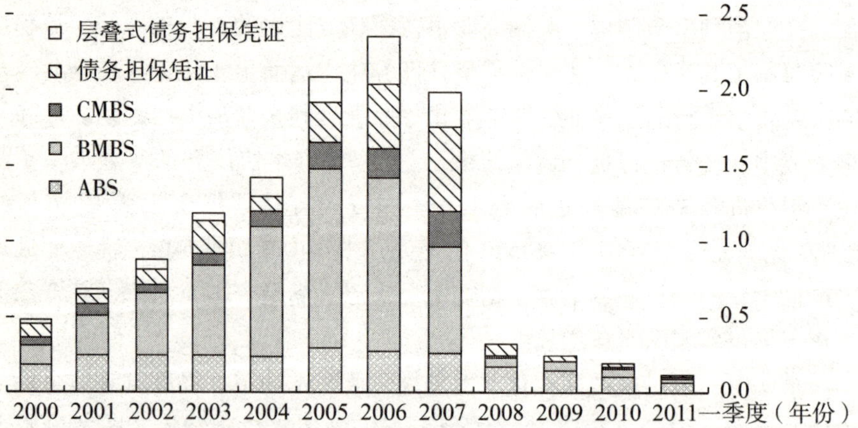

图2　美国资产证券化市场概况（单位：万亿美元）

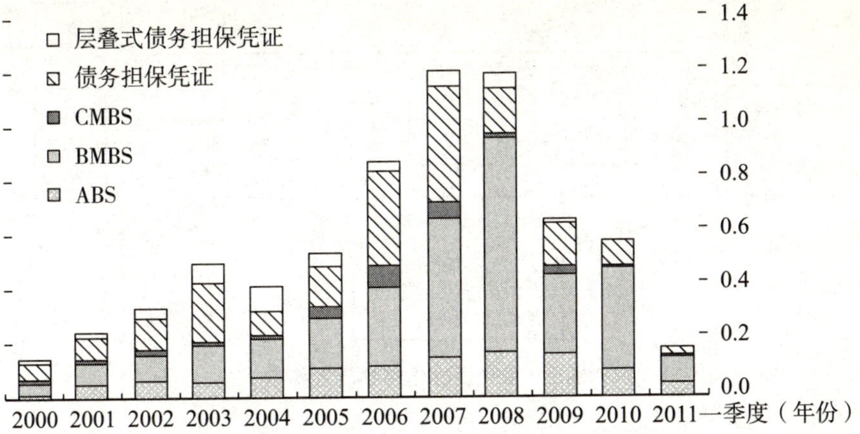

图3　欧洲资产证券化市场概况（单位：万亿美元）

资料来源：《全球金融稳定报告》，2012年4月，IMF。

（二）运作模式

资产证券化将银行“发起—持有（originate and hold）”的传统业务模式转变为“发起—分销（originate to distribute）”的新模式。资产证券化链条设计精细，既可以满足个性化需求，又兼具包容性，然而，其运作模式最终偏离了金融市场高效配置资源效率的轨道，集复杂、分割和隐蔽于一身，并最终步入业务链条崩溃的深渊（见图4和图5）。

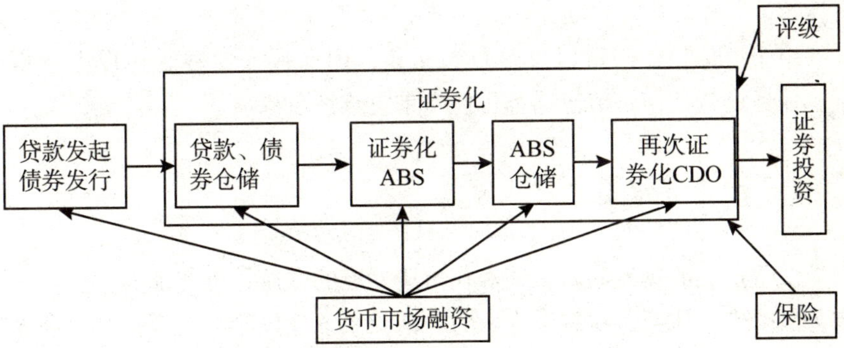

图4　资产证券化运作模式

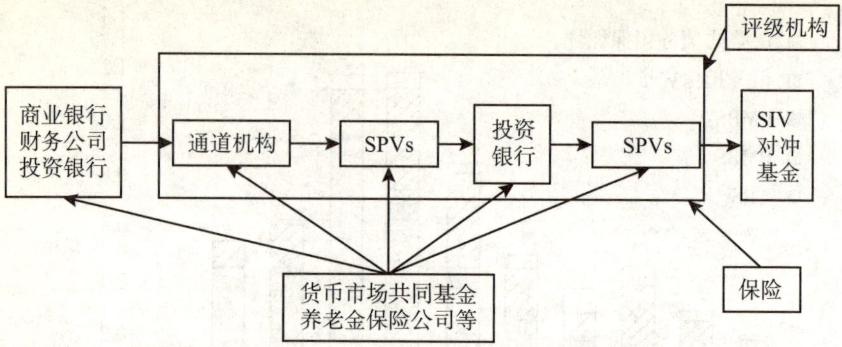

图5　资产证券化的参与者结构

如图4和图5所示，发起人是资产证券化过程中的起点，主要包括商业银行、财务公司和投资银行，它们将贷款等流动性资产以打包出售的方式“移出表外”，以满足流动性需求；SPVs则是证券化过程的核心，主要包括投资银行、信托机构等，它们发行债券融资，并投资于流动性较弱的资产，发挥市场做市商功能；评级机构作为债券发行中的中介机构发挥了关键作用，对产品估值定价和风险揭示有重要意义，是风险管理的第一道防线；保险机构则通过发行CDS等信用缓释工具给投资者提供了风险管理的第二道防线；投资者是资产证券化过程中的主体，包括SIVs和对冲基金等，它们进入该市场或是被动持有，或是追求绝对收益率，或是分散化投资的需要。另外还有其他机构参与其中，如货币市场共同基金、养老金和保险公司提供短期融资，会计师事务所和律师事务所提出财务和法律咨询等。

由于证券化资产可以反复打包出售，因此操作实践远比以上分析复杂，业务链的任何环节出错都可能带来灾难性后果。

（三）内在缺陷

次贷危机的爆发暴露了证券化市场发展的尴尬，资产证券化已经背离完善风险管理体系、缓解资本压力和消除系统性风险的初衷，其自我循环与自我膨胀恰恰让系统性风险在金融体系内越积越深，只等待着最后一根稻草的落下。

首先，道德风险、逆向选择，发起机构野马脱缰。

发起人与投资者之间的信息不对称给发起人降低信贷标准带来了动力，而“发起—分销”模式的兴起强化了这一动力。在这一模式下，发起人的约束机制大大下降，以卖出为目的的审贷必然是低效的，逆向选择使得投资者要求更高的收益率，而这刺激发起人道德风险，将低信用质量的资产出售，如此反复，资产证券化市场陷入逆向选择和道德风险的恶性循环。

其次，期限错配、高杠杆率、投资机构危若累卵。

机构投资者主要以 SIVs 和对冲基金为主，SIVs 是由商业银行设立的，它通过发行低成本的短期限 ABCP 进行融资，持有长期限高收益的 ABS 和 CDO 获益。对冲基金利用货币市场的回购工具获得短期资金并进行滚动操作，来为持有证券化产品融资，而且其杠杆率通常能达到 10 倍以上。当市场转为下行，投资者必将损失惨重。

再次，利益冲突、约束缺失，评级机构煽风点火。

“发行人付费”模式下，评级机构面临声誉约束机制和评级收入之间的利益冲突，发行人以融资成本最低为目的，而评级机构从属于发行人的利益，因此评级结果趋于被高估，投资者利益得不到保障。此外，结构性金融产品涉及复杂的金融工程技术，信息不全或模型纰漏都会带来评级结果的失真。

最后，链条复杂、信息隐蔽，监管机构鞭长莫及。

当资产证券化市场深度发展后，发起人与投资者之间的界限模糊，不同发起人之间相互持有证券化资产非常普遍，多头监管体系与金融市场融合相矛盾。例如，金融持股集团公司通过设立 SIVs 持有信贷资产证券化产品，规避了监管部门对商业银行的资本要求，而实际上这部分资产并未出表。

二、初试啼声：我国资产证券化的发展

2011 年，“十二五”规划把“稳步推进资产证券化”列为我国加快建设多层次金融市场体系的重要内容。2013 年以来，为落实中央“稳增长，调结构，控风险”的重要战略部署，2013 年 5 月中旬，央行、银监会、财政部下发《关于进一步扩大信贷资产证券化试点有关事项的通知》（以

下简称《通知》)，我国资产证券化进入实操层面。

(一) 试行之殇

我国资产证券化试点始于2005年，两批试点额度共750亿元，实际发行667亿元。试点过程中，监管机构适时推动制度建设，并且从产品结构、发行人结构、投资者结构多元化方面进行了一些探索（见表1)。但从市场反映看，一级市场需求疲弱，二级市场交易不活跃，产品只能在银行间互相持有，缓释风险的作用有限。

表1　　我国资产证券化两次试点

	时间	试点单位	试点额度	备注
第一阶段试点	2005年12月	国家开发银行	150亿元	监管机构推出《信贷资产证券化试点管理办法》、《全国银行间债券市场金融债券发行管理办法》
		中国建设银行		
	2006年4月	国家开发银行		
第二阶段试点	2007年9月~2008年12月	浦发银行	600亿元	证券化的资产由简单的信贷资产和住房抵押贷款扩大到不良贷款、汽车贷款等。投资者范围由银行间市场的参与者扩大到证券公司，而且拟扩大到保险公司和保险资产管理公司。发行机构由金融机构扩充到非金融机构
		中国工商银行		
		兴业银行		
		浙商银行		
		上海通用		
		招商银行		
		中信银行		
		信达资产管理公司		
	2008年12月	国际金融危机下，资产证券化被叫停		

资料来源：Wind数据库和相关机构网站。

我国资产证券化试点不够成功并且半路夭折有其客观原因。

首先，在制度不完善、法律不健全和债券市场不活跃的背景下，资产证券化没有存在和发展的基础。发行需经严格审批，评级公信力没有建立，定价估值机制不完善，交易基础设施薄弱，二级市场成熟机构投资者较少，这些是我国2005~2007年债券市场存在的普遍性问题。而资产债券化还面临特殊难题——法律障碍。如资产证券化需要建立SPVs以使证券化资产和原始权益人的其他资产隔离，但我国《公司法》对公司成立有最低注册资本要求，而同样的税收政策会大大增加SPVs的证券化成本。又如《破产法》没有明晰当证券化资产是否能与原始权益人破产清算的风险相隔离，《民法通则》要求债权合同转让需要通知债务人，而这会增加交易成本。

其次，国际金融危机下，资产证券化的风险被夸大。如果资产证券化以提高资产流动性、增加发行主体融资渠道、缓解银行资本压力为目的，这需要大力推动，因噎废食只会延误改革和创新时机。

（二）现实意义

在当前稳增长的大背景下，资产证券化的推出有更加现实的意义。

首先，减轻当前商业银行面临的压力。地方财政捉襟见肘，经济下行趋势难缓，过剩产能难以消化，存贷比红线近在咫尺，资本补充迫在眉睫，直接融资市场发展如火如荼，利率市场化方兴未艾，这些对我国银行业盈利能力和风险控制能力都是极大挑战。资产证券化可以给银行提供主动管理风险的市场化工具，缓解资本压力，使之与非银行类金融机构公平竞争。另外，资产证券化过程中，商业银行除了作为发起人，还可以提供现金流回收服务和资金托管服务，多元化其收入来源。

其次，丰富债券市场发行主体结构和产品结构。2010年我国企业债券的发行规模中，有80%以上评级集中于AAA和AA+，低信用评级发行主体被排除在债券市场之外。资产证券化可以使发行主体的债券融资资格独立于主体信用评级而存在，证券化基础资产的质量成为评级的核心标准。低评级的中小企业也进入债券市场，这在缓解中小企业融资难的同时，也有利于债券市场的收益率曲线和定价机制的完善。此外，ABS适应了我国机构投资者分散风险、提高收益的需求。

最后，促进经济增长和结构调整。当前经济形势不容乐观，2013年7月人民币贷款大幅下降，金融对实体经济的支持需要从直接债务融资市场上找到突破口。例如，国家开发银行是我国最大金融债券发行主体，是我国资产证券化领域的先行者，累计发行资产支持债券超过220亿元，在当前融资渠道不畅的条件下为引导资金流入实体经济发挥了积极作用。

（三）历史机遇

首先，我国债券市场规模扩大，结构优化。2007年以来，我国债券市场飞速发展，截至2012年7月，余额规模为24.5万亿元（见图6），2012年前7个月发行量为3.4万亿元，交易量达到了142.8万亿元，二级市场流动性大大增强。此外，产品结构、发行人结构、期限结构、投资者结构更多元，形成了以银行间市场为主、交易所为补充的分层市场结构，机构投资者活跃，风险识别能力和承受能力较强，有利于理性投资主体的培育（见图6）。

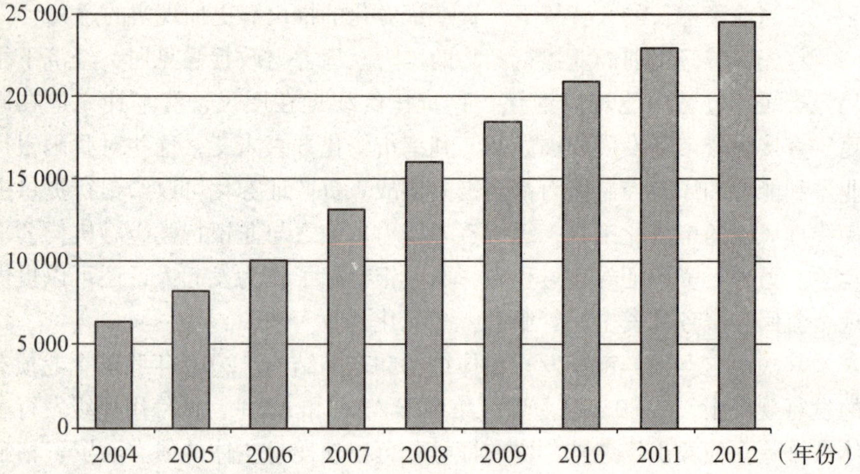

图6　我国债券市场规模概况（单位：十亿美元）

其次，债券市场基础设施更加健全。资产证券化的发展需要在一级市场和二级市场协调进行，信用债注册发行经受住了市场检验，交易方式在现券交易基础上增加了回购交易、远期交易、互换交易等，信用增进机制和“双评级”模式的实施促进了风险管理和风险分担机制的完善。此外，信息披露机制、托管与清算机制、监管体系等都有创新。

此外，其他机遇包括，金融危机给我国资产证券化带来了宝贵经验①，

① 例如，《多德—弗兰克法案》中关于影子银行体系监管的措施对我国有重要借鉴意义。

投资者、银行和监管者都有推动资产证券化的动力等。

三、高屋建瓴：以机制建设促市场完善

重启资产证券化是我国金融市场的大事，意味着我国银行体系经营模式和企业融资模式的重大转变，但是，我国既要借鉴国际经验，又要着眼本国实际，以制度创新推动产品创新，以监管优化促进结构优化，让资产证券化能真正落实“稳增长、调结构、控风险、惠民生”。

（一）以制度创新推动产品创新

与发达经济体不同，我国债券市场当前面临的仍是创新不足而不是创新过度的问题，适度的创新有助于提高金融市场配置资源的效率。但是，产品的创新需要多重制度创新提供强有力的支持。

第一，法律法规与时俱进。前文提到，法律障碍已成为我国债券市场创新的死穴，《公司法》、《破产法》和《民法通则》都置资产证券化于灰色地带。法律制度的变革应该为资产证券化产品创新铺平道路，墨守成规只会延误资产证券化推进的又一次良机。国际经验表明，资产证券化发展的方向是金融机构的融合，一个产品的发行要涉及发起人、SPVs、托管机构、律师事务所、保险机构、会计师事务所、评级机构、机构投资者、监管者等各相关主体，因此，资产证券化需要融合法律的整体配套体制创新，协调《证券法》、《公司法》、《物权法》、《信托法》，结合次贷危机的教训和国际改革经验，建立适应于“发起—分销”业务模式下对市场参与主体的正向激励。

第二，信息披露机制创新。资产支持证券与一般债券不同，它不是以经营实体的信用为支持，而是以基础资产池的信用为支持，因而在“真实出售”和“破产隔离”后，基础资产池的信息披露是投资者识别风险，做出理性投资决策的重要依据。特别是当证券化链条拉长后，初始资产池的信用质量很容易被掩盖在债券反复打包出售的迷雾下，我国要加强信贷资产证券化基础资产池的信息披露工作，全面、真实、客观反映基础资产池的风险和收益状况。具体来说，可以尝试建立诸如“孔雀开屏系统”之

类的标准化注册体系，监管机构或自律组织要加强后续管理，不仅让参与者能看到资产证券化发行过程、估值定价方法、交易数量等，还要让投资者了解基础资产质量的实时信息。

第三，投资者保护机制创新。信息不对称是资产证券化市场面临的难题，完善信息披露制度只能部分解决这一难题。参与者需要在证券化的设计中进一步创新，以防范道德风险，保护投资者利益。例如，在债券分层时，保留一部分（例如10%）权益为发起人自己持有，这部分权益用来吸收发生的前10%的损失，余下的损失由投资者自己承担，这就解决了发起人逆向激励的问题。

第四，信用评级制度的创新。我国债券市场评级普遍偏高，这主要是发行人付费模式下的利益冲突所致，评级的失真是导致资产支持证券一级市场需求萎缩和二级市场流动性差的重要症结。我国应该鼓励“投资人付费”、“双评级”、“再评级”、“主动评级”新模式①，降低对外部评级的依赖，让资产证券化市场定价机制准确、透明。

第五，我国还应该促进信用增进制度的完善，提高信用缓释工具的流动性，让不同信用层次的投资者进入资产证券化市场。

（二）以监管优化促进结构优化

历史表明，由于监管套利的存在，不能仅靠政府监管解决所有的风险防范问题。例如，20世纪80年代末出台的《巴塞尔协议》，为商业银行的经营活动带上了“紧箍咒”，但好景不长，商业银行的金融创新规避了这些限制，并通过滥用资产证券化导致了本轮危机的爆发。可以看到，金融创新的动力无穷无尽，而监管却跟不上创新的步伐。危机后，监管部门对已出现的风险作了全面审视并加强了监管要求，但是，对于日后金融创新带来的未知风险，监管部门并没有先天的前瞻性，因此，依靠市场自身机制来监督防范风险是必不可少的。我国资产证券化市场应该优化监管层次，建立一个由监管部门强制性管理、行业自律组织指导性管理有机结合的管理体系。

首先，政府需制定强制性的法律制度，方向性地把握市场原则，完成

① 2010年，银行间交易商协会代表全体会员出资建立中债资信评估有限公司，中债资信在上述这些方面都做了尝试，并取得了较好效果。

资产证券化的顶层设计。我国债券市场的发展是自上而下的政策推动型，资产支持证券市场的发展初期，需要政府信用的支持打开局面。一方面，政府应该出台措施，引导资产证券化融资流向节能环保、战略性新兴产业、新能源、高科技创新产业等行业；另一方面，政府应该从防范风险出发，允许财政赤字较高又有优质资产的地方政府进行资产证券化，化解地方政府融资平台风险。此次我国资产支持证券的重启后，基础资产不再仅限于已有的住房抵押贷款和汽车信贷，根据《通知》，此次重启后的基础资产种类包括地方政府融资平台信贷、中小企业信贷、战略新兴产业贷款、文化创意产业贷款等。此外，各部门建立统一监管协调机制也至关重要，例如，银监会在制定《商业银行资本管理办法》时，要考虑加入资产证券化可以释放资本或降低风险权重的内容，这对于资产证券化市场的良性发展是大有裨益的。

其次，行业自律组织制定指引性的条文，包括估值定价机制、注册发行机制、后续管理制度、违约后处理制度、强制信息披露内容等。从试点阶段到常态化阶段过渡后，市场自律组织将发挥更关键的作用，自律组织有最鲜活的数据，与市场成员有最广泛的接触，对市场把握更加准确，可以在资产证券化普及过程中更好地引导市场发展和监督违法行为。

资产证券化市场的良性运转，既离不开政府的强制性监管，也离不开自律组织的指导性管理，两者相互配合，才能从配置资源和风险管理两个维度实现资产证券化市场深度发展。

原载《金融理论与实践》2013 年第 4 期

人民币跨境直接投资与人民币“走出去”

王旭祥

货币国际化的本质是一国经济的国际化，它需要以其强大的经济实力、巨大的外向型经济规模、开放的金融市场与稳定的货币币值作为重要支撑。对外贸易与对外投资是一个国家外向型经济的“双翼”，既受到本国货币国际化程度的影响，又反过来对本币国际化的进程产生制约。从英国、美国的成功经验看，英镑和美元的国际化都经历过工业强国、出口大国和投资强国三个阶段。

❐一、人民币跨境直接投资：人民币“走出去”的一项重要内容

人民币“走出去”与我国跨境直接投资具有内在互动机制：一方面，人民币“走出去”有利于促进我国跨境直接投资的深入发展，为企业“走出去”开拓了更广阔的发展空间；另一方面，跨境投资快速发展又能够加快人民币“走出去”的步伐。

随着贸易结算试点工作的扩大，境外形成的人民币存量规模快速上升，除满足贸易结算需求外，境外人民币持有人对人民币的投资需求正逐步上升。随着境外人民币存量的快速增长，人民币境外持有人对人民币投资功能的需求日益增长，形成推动人民币作为投资载体职能进一步完善的客观要求，而中国经济快速增长也为人民币成为外商直接投资（FDI）计价货币提供了有利的条件。同时，从中国经济和企业发展阶段来看，产业结构调整和企业规模扩张将有力地推动我国资本输出规模的增长，这也为

人民币在对外投资中承担更多职能创造了有利条件。

人民币投资载体职能可伴随中国企业对外投资增长得到进一步完善。伴随中国经济成长和多年贸易顺差的积累，在经济全球化背景和中国产业结构性升级的大背景下，中国企业对外投资需求日益上升，今后中国将逐步成为重要的资本输出大国。在国际投资中，出资国在投资币种的选择权上往往占据有利地位，随着资本输出，推进人民币成为投资货币更容易为外国接受。另外，由于使用本币进行海外投资可以有效规避汇率风险，也更乐于被本国企业所接受，双赢的局面使人民币成为我国对外投资载体的进程具有更为顺畅的微观基础。

首先，是促进投资便利化。一是简化手续。外商以人民币进行直接投资，可以减少外汇账户核准和开户以及结汇等手续，而境内以人民币对外直接投资，可以减少购汇环节。二是加快结算速度。通过跨境贸易人民币结算业务的开展，境内外银行之间已经建立了畅通、安全、高效的人民币跨境结算渠道，该渠道可以为跨境直接投资提供安全、高效的结算服务，提高资金使用效率。三是规避汇率风险。人民币跨境直接投资可以节省境内企业汇兑成本，丰富跨境资金调配选择，降低资金错配风险以及不同币种报表合并产生的汇率风险。

其次，可以形成跨境人民币资金循环。随着跨境贸易人民币结算试点地区扩大和中国香港地区人民币业务清算协议重新修订，跨境人民币业务规模不断扩大，境外人民币存量迅速增加。开展人民币跨境直接投资，事实上在资本项目下形成一个完整的循环渠道，有利于境外沉淀的人民币存量资金回流，同时也有利于向境外补充供给人民币资金，进一步促进跨境贸易人民币结算业务发展。

最后，人民币要实现国际化，必须从经常项目下的开放逐步发展完成资本项目下的开放。直接投资是国际收支资本项目下的重要组成部分，因此，在实现了人民币跨境贸易结算之后，推出人民币跨境直接投资，符合人民币“走出去”的步骤，与人民币“走出去”的目标完全衔接。

目前，人民币已经实现了经常项目全部自由兑换。在资本项下，人民币资本项目可兑换战略早在十余年前已经确立，目前已经实现部分项目可兑换。我国开展境外直接投资人民币结算试点，为人民币资本项目可兑换创造了条件，将加速人民币资本项目可兑换进程。实行境外直接投资人民币结算之后，境外投资企业可不发生资金汇兑，直接以人民币汇出投资资本金，这就为人民币资本项目可兑换创造了条件。随着境外人民币来源的不断充裕，外国投资者以人民币对我国进行投资的需求也将不断增强，届时外国投资者以人民币投资的政策也将进一步放宽，这将为外商投资企业资本金意愿结汇创造条件，从而进一步推动直接投资项下的人民币资本项目可兑换进程。另外，外商投资企业向境外举借外债等跨境融资人民币结算需求也会应运而生，为满足企业的现实需求，跨境融资人民币结算也将会放开，从而推动外债项下的人民币资本项目可兑换进程。

因此，以人民币跨境直接投资为契机，推动资本项目跨境人民币业务发展，必将对人民币资本项目可兑换进程起到加速的作用。

❐二、系统性的金融政策：支持人民币对外直接投资

随着跨境人民币业务的持续快速发展，要鼓励和引导有条件的企业对外投资，通过企业和金融机构在对外投资的过程中，强化人民币的计价、结算和储备功能，推动和加快人民币“走出去”的进程。在这一过程中，对相关金融支持的要求也越来越高。

一是对宏观经济管理能力的要求更高。人民币跨境资金流动的变化与国内货币政策、金融稳定等相互影响和作用，要求提高宏观经济管理和政策有效性、灵活性和协调性。人民币跨境业务的拓展必须以稳健的经济增长和综合国力为根本基础。经济实力是该国货币成长为国际货币的基本条件。为此，必须保持宏观经济的健康成长，避免大起大落，努力保持国内财政的稳健性，完善金融调控机制，不断增强货币政策公信力，增强对人民币的信心。

二是对金融服务水平、金融基础设施建设等的要求更高。以贸易和投资为基础形成的货币计价、结算、交易和支付等都离不开银行服务，银行要能提高竞争意识和国际竞争能力，要能提供高效和便利的服务。因此，需要加快完善金融体系，加强公司治理，改善金融服务，为人民币跨境业务提供强有力的金融支持。

三是对我国金融市场深度、广度和开放度的要求更高。人民币要“走出去”、被广泛接受，就要有多样化的金融产品和发达的二级市场来为市场参与者提供丰富的投资选择和投资场所，以更好地满足境外人民币持有所产生的多样化资产配置需要。产品要更加丰富，市场运行的效率要更

高，市场制度建设要更加完善，市场的监管也要更加有效。因此，要逐步有序开放国内金融市场，加快建立相对发达成熟的市场体系，有一套较为规范完善的监管体制提供制度保障，包括分工明确的金融监管机制、较完善的金融监管法规体系等。

四是对防范和管理风险的要求更高。人民币跨境流动整体上能够降低货币错配风险，由于减少了汇兑环节的限制，资金流动也就相应便利。这就要求我们在发挥其积极正向作用的同时，加强对资金流动的监测和交易合法性的约束与监管。要认真总结汲取国际金融危机的教训，参与全球金融监管改革。在加强常规金融监管的同时，建立健全宏观审慎管理框架，及时识别、防范和化解系统性风险等。

三、人民币跨境直接投资：八项政策建议

（一）加大人民币对外输出力度

一是利用我国独特的贸易结构，实现区域性的人民币输出。我国对东亚等国家和地区是贸易逆差，对美、欧等国家和地区则存在大量贸易顺差，整体表现为贸易顺差。这使得人民币既具有升值的前景，同时又在东亚等贸易逆差地区具有输出的条件。只要保持人民币的相对稳定，同时有效运用好积存的大量外汇储备，仍能引导企业在东亚等地区使用人民币结算。二是我国正处于资本输出阶段，企业开始走出国门开拓国际市场。可借助企业走出去之际，尽可能鼓励企业使用人民币，特别是在东南亚周边国家和对中国进口需求较旺的国家。在已开放的资本账户下，鼓励使用人民币开展对外直接投资和并购活动。结合对周边和非洲等国家（地区）的外汇援助、外汇投资与贷款，提供人民币发展基金、人民币贷款和以人民币形式的对外援助。当然，企业在“走出去”的过程中，既需要人民币，也需要外币。在鼓励企业对外投资过程中使用人民币的同时，可借助我国拥有的美元资源，对其美元需求给予有力支持，在美元输出的同时带动人民币输出。特别是，由于海外金融机构对我国企业信用度不了解，往往需要支付相对较高的风险溢价。而国内金融机构对国外市场与企业不了解，

对中国企业较了解，便于其与国内企业加强合作，给企业提供资金支持。三是建立以人民币为币种的海外投资基金。在人民币境外直接投资的过程中，可以通过市场和行政资源的结合，建立人民币海外投资基金，服务“走出去”企业，分散企业境外直接投资的风险，实现长期的社会和经济效益。建立以人民币为币种的海外投资基金，可以减少中国企业以人民币境外直接投资过程中面临的摩擦和困难，降低交易成本，为企业提供前期、过程和善后方面的服务和指导，保障它们的合法权益。

（二）推进人民币跨境融资

一是借鉴日本协力银行的组织模式，设立专营海外人民币贷款的机构，通过债券市场募集人民币长期资金，以市场化利率向对我国有需求的国家或地区提供人民币贷款，支持其对我国的出口采用人民币结算，用获取的人民币收益偿还贷款。二是开放境外企业境内发行人民币证券，允许境外有需求的企业在我国境内募集人民币资金，用于其生产经营所需。人民币资本输出可能会对我国金融运行造成一定的影响，但这是当前推动人民币“走出去”、占领国际市场必须付出的代价，从整体风险评估来看，我国也可以采取一定的措施来减少其不利影响。

（三）适度推进境外人民币融资利率市场化

目前，境内人民币存贷款利率尚未实现市场化。跨境人民币融资的项目期限一般较长，如果对跨境融资利率视同境内贷款利率管理，境外借款方面临较大的利率风险，很可能对使用人民币融资产生疑虑。为此，可以考虑在确保不对境内货币政策造成冲击的前提下，适时推进人民币融资利率市场化。具体而言，可将 SHIBOR 作为跨境人民币项目融资的基准利率，每个项目的具体利率由商业银行在考虑贷款相关成本及风险后，与借款方协商在 SHIBOR 的基础上加以确定。在跨境人民币融资中推进利率市场化，一方面可以在不对境内市场造成较大冲击的前提下，为境内人民币利率市场化积累经验；另一方面可以推动上海成为人民币资产定价中心，有利于上海国际金融中心建设。

(四) 加快完善人民币汇率形成机制

一是保持汇率形成机制的灵活性。固定汇率制下，本币国际地位受到其他货币的制约，固定汇率也不能成为反映国内外资源配置变动以及外汇市场供求变动的变量，较容易出现汇率偏离经济基本面的失衡现象，也会影响货币在国际上的接受程度。当前人民币离岸市场已经开始形成，境外人民币汇率的市场化形成机制有利于引导人民币汇率走向上下波动的合意区间。应进一步完善境内的人民币汇率形成机制，适度扩大汇率双向浮动区间；适当扩大境内代理银行的人民币购售额度，改进境内银行涉外敞口头寸管理模式；开发人民币对多币种的直接报价交易机制，形成人民币兑多币种的国际外汇交易市场。二是保持汇率相对稳定。从国际经验看，日元汇率不稳定，严重阻碍了日元国际化进程。从近年全球外汇储备及全球外汇交易的币种结构来看，日元占比均呈下滑趋势。相反，在马克国际化过程中，马克汇率水平相对稳定，从而为其顺利走向国际化奠定了坚实基础。保持人民币汇率相对稳定是提升人民币国际接受度的一项关键性安排。三是增加汇率避险渠道。逐步向境外主体提供境内人民币外汇市场产品的进入通道，逐步向境外开放境内人民币外汇市场，尤其是人民币远期外汇交易等具有套期保值和风险对冲管理功能的产品，使境外主体能够借助这些产品管理其外汇风险。适时推出人民币远期购售业务。远期购售的政策设计应强调真实交易背景，额度以账面实有敞口为限，期限以实际商务合同为限。

(五) 加快金融市场开放

美国之所以能以美元借债，主要是美国拥有比欧洲、日本更为发达的、具有广度和深度的金融市场。实证研究表明，金融市场的发展程度相对较高是外国资本流入美国的主要驱动力。为此，要从以下方面着手加快境内金融市场的开放与建设。一是完善金融市场体系。高度发达的本国国债市场是货币国际化的坚实基础。目前，我国市场化的利率形成机制还在雏形阶段，利率政策对收益率曲线的影响力有限。建议加快国债发行市场化，形成完整的国债收益率曲线，尽快建立人民币国债远期市场，推出相关国债远期交易产品。同时，要完善金融债、地方债、公司债（企业债）的市场建设，打通目前相互割裂的两大债券市场，从而形成有效的、分层次的债券市场收益率曲线，为不同市场主体提供定价基准。二是及时启动境内金融市场面向本币开放的步伐。顺应人民币跨境使用的需要，我国已经开放了境外三类机构进银行间债券市场以及境外合格机构投资者（RQFⅡ）进境内资本市场，但还远远不够。境内金融市场是人民币市场，率先向境外人民币开放符合法理，开放只是意味着允许境外持有的人民币存款转换为境内金融市场上的有价证券而已，有利于降低境外人民币的变现性，稳定境外人民币持有量，同时扩大境内金融市场的参与者，提高市场需求的多元化程度。避免出现日元国际化过程中本国金融市场空心化的结局。三是防范市场风险。人民币跨境流动总量受我国货币当局控制，境外机构通过人民币冲击我国金融市场的潜在风险总体可控。但要防范跨境人民币流动在某一时点、对某一金融产品、对某种交易量较少且流动性不大的市场造成冲击。要在建立健全对境外人民币资金流动实时监测的基础上，防范其对我国单一产品和市场的冲击。必要时，人民银行应当进入相关的金融市场进行调控性操作，及时将境外流动性吸附出金融体系，或是根据国际货币基金组织的规则采取直接的管制措施，彻底避免其对我国金融市场的冲击。

（六）侧重资本项目交易层面管理，逐步放开汇兑环节限制

审慎监管是与企业激励相容的管理方法，是对交易主体的管理。既在控制系统性风险的前提下，又不过分干预企业的微观行为。这是对经济扭曲最少的管理方法，应该是我国未来的发展方向。但这种方法要能达到控制系统风险的目的，需要具备的条件较为苛刻，我国在相当长的时间内还无法实现。交易层面的管理属于实质管理，是从具体市场、交易逐项管理的方法。我国在房地产、证券市场等领域的监管要求，都属于这方面的要求。汇兑环节的管理与交易管理，往往是一个问题的两个方面，但由于我国对于汇兑后的资金走向缺乏必要的监管，仅仅是汇兑环节的管制，成本较高，且较难全面管制，仅仅只是增加交易成本，在实质监管方面功效不大。再加上我国汇兑环节的管理与交易环节的管理分属不同部门，在管理过程中存在大量的协调问题。事实上，为控制资本流出流入的风险，需要管理的只是限制资金进行某些具体交易和进入某些市场。因此，交易环节管理能力的提高，将缓解汇兑环节管理的要求，甚至可以完全放开汇兑环节的管理。当然，也只有交易环节的管理能力达到一定程度之后，才可以

放开汇兑环节的管理要求。

（七）加快金融业海外战略布局，提高对境外投资的金融服务能力

从亚洲其他国家对外投资的经验看，金融服务业属于对外投资中的“先行产业”，对于其他行业海外投资和国际化的健康发展具有重要意义。对外投资的迅速发展，已经“走出去”的企业对金融服务的需求日益旺盛。在海外资产规模不大、信用记录不完备的情况下，中国企业要想在海外获得金融支持是非常困难的。尤其是一些中小企业，几乎无法在海外获得金融支持。在这种情况下，国内金融机构可以通过“授信”、“内保外贷”等方式提供金融支持，这就需要中国国内的金融机构能够在海外有分支机构来完成相应的操作。要通过业务创新，结合“走出去”企业的特点，充分利用包括商业银行、投资银行、直接投资、保险、基金、租赁等多个领域在内的多元化业务平台，为客户量身定做综合金融服务方案，满足企业在境外的多元化金融需求。结合企业“走出去”的情况合理机构布局，有效扩大服务范围。培养和储备国际化的金融人才，要懂得国际惯例，懂得市场运作，懂得各国的法律、税务，还要精通外语，这样才能实现为“走出去”企业的同步服务，同时管理好各种风险。

（八）加强人民币跨境直接投资资金流动监测

一是加强外商投资企业人民币资金流动监测。商业银行对境外投入的人民币资本金专用账户建立收付业务信息台账，详细记录每笔资金来源、去向和用途。同时，商业银行在资金汇入专用账户后，将一定时期内发生的支付业务详细信息报送人民银行备案。人民银行建立对该类账户开立及其使用的监测制度，加强监测分析。对于资金使用真实性可疑的交易，由人民银行进行查处。二是加强人民币对外直接投资监测。及时了解人民币投资款的来源和境外用途，监控人民币可疑资金交易。全面了解对外直接企业经营情况，掌握境外投资项目进展情况。

原载《银行家》2012 年第 12 期

约翰·泰勒对货币理论和货币政策的贡献

周莉萍

约翰·泰勒出生于1946年12月8日，现为美国斯坦福大学教授、胡佛研究所高级研究员。泰勒主要的研究领域为宏观经济、货币经济学和国际经济学。他在1993年提出货币政策操作的"泰勒规则"并不断致力于参数选取研究予以完善，这一研究对现代货币理论和政策的研究为中央银行和世界各地的金融市场分析奠定了基础，已为包括美联储在内的各国中央银行所重点参考。除此之外，泰勒也是新凯恩斯主义经济学理论的奠基者之一，主要贡献体现在将理性预期理论引入黏性价格/工资模型，提出交错合约理论为原凯恩斯主义理论寻找微观基础。泰勒的主要学术著作包括经典的《泰勒规则》、《理性预期黏性价格模型》等论文，泰勒本人主编的美国国民经济研究局的"泰勒卷"，以及与伍德福德（Woodford）合编的、备受学术界推崇的《宏观经济手册（Handbook of Macroeconomics)》。这两本书系统整理了宏观经济学领域在过去十年最有影响的学术研究论文，成为诸多学者研究宏观经济问题的起点。

作为宏观经济学大师之一，泰勒的研究极具务实性，穿梭于理论和现实政策决策中，这与他的个人丰富的经历紧密相关。泰勒曾在哥伦比亚大学任教，后多次担任美国政府的经济顾问，为实际经济决策提供理论支持，如今重返斯坦福大学执教。1976～1977年，泰勒曾担任老布什总统的经济顾问委员会高级经济师，并从1989～1991年成为总统经济顾问委员会成员。他在1996～1998年任职于加利福尼亚州经济顾问委员会。1995～2001年，他同时担任美国国会预算办公室的经济顾问小组成员。2001～2005年，泰勒担任美国财政部国际事务大臣。

泰勒成长的年代正是美国大批经济学家走向决策机构如美联储，这反过来使经济政策研究更加重要。从而有更多的一流经济学家投身研究经济政策，并将纯熟的研究技术与政策的需要紧密结合。泰勒师从控制理论和时间序列建模的顶级经济学家安德森（T. W. Anderson），深厚的经济建模功底加上其实务经验，泰勒本人更是见长于货币政策建模。他善于将深邃的货币理论和货币分析思想用简洁的数学模型表达，对于货币政策从一门随即抉择的艺术走向专业化、成为一门科学做出了自己的贡献。

一、泰勒规则之前的货币政策规则

货币政策为什么需要规则？规则相对于相机抉择而言，而两种形式的货币政策都服务于宏观经济稳定目标。宏观经济稳定往往存在于短期。在长期，宏观经济稳定意味着经济停滞，经济增长则是大多数国家在长期内追求的目标。即便如此，本文对货币政策和宏观经济稳定关系的追溯也不限于短期，下文的分析旨在展示经济思想发展中，关于货币政策规则的争鸣过程。

货币政策与宏观经济稳定的基本关系是，前者作为人为制定的政策，直接影响经济活动周期，成为宏观经济稳定或波动的内在因素。因此，在没有现代宏观经济学的时代，宏观经济稳定靠制度、不成体系的政策或者经验而实现。宏观经济稳定的核心是实体经济稳定和金融稳定。凯恩斯认为不稳定性是资本主义市场经济内在固有的，低于充分就业的状态可能持续相当长的时间。即实体经济的不稳定性是总需求波动的结果，或者说，实体经济有独立的经济周期。由此，相机抉择的总需求管理政策调节有利于缓和经济冲击，纠正宏观经济的不稳定性。

与凯恩斯主义相反，货币主义认为资本主义经济的稳定性是固有的，而且当其受到某种干扰时，会很快恢复至自然失业率水平决定的长期均衡点附近。由此，他们质疑凯恩斯主义提出的总需求管理政策，认为积极的财政、货币稳定政策在短期内能够影响产量和就业，长期则只需要能够保证价格稳定的货币规则。总体而言，货币主义者认为逆周期调节经济的财政政策、货币政策，在稳定宏观经济方面的作用是有限的。而真实经济周期理论更是认为，宏观经济政策起不到稳定经济的作用。

后来出现的各种关于宏观经济稳定争论的观点，都是建立在凯恩斯主义和货币主义关于宏观经济是否具有自我调节和稳定的争论基础上，是某种观点形式上的变种。这些观点的理论分水岭可以归结为时间一致性问题。在时间一致性问题提出之前，货币政策的执行方式长期存在相机抉择与规则之争，但也存在简单的货币政策目标规则，即货币发行规则。在此之后，货币政策执行规则进入新的研究阶段，即货币政策执行方式规则，这一讨论也彻底模糊了凯恩斯主义和货币主义之间的争论边界。

（一）古典经济学时期的宏观经济稳定政策

采取哪种方式调控经济不重要，重要的是这种调控方式在一个较长的时期内的有效性，这是决策者保持声誉的重要因素之一。因此，相机抉择与规则之争历来与决策者声誉、执政地位紧密相关。相机抉择与规则之争的历史可以追溯至罗马帝国和中世纪。而宏观经济政策尤其是货币政策按规则行事可以追溯到亚当·斯密，他提出商品货币的价格规则，认为商品市场的变化必然导致金融货币价格的不稳定，完美监管的纸币可以代替金属铸币。后随着现代宏观经济学理论的形成和发展，以及经济体系自身的发展经历了多次演变。在不同的货币制度下，存在不同的货币政策目标规则，这些规则的核心是货币按什么规则发行。

1. 历史经验与事实：商品货币制度曾直接主导宏观经济稳定

商品货币制度安排是市场经济无形之手的重要体现。门格尔的货币理论清晰地显示，商品货币产生于市场间接交换，其本质是交换媒介，交换媒介意味着货币是市场主体初始禀赋商品的对应物，没有交换就没有货币需求。从而，市场主体对商品货币的需求和占有受禀赋商品供给的最基本限制。在货币保持中性的状态下，宏观经济免受外部冲击，保持稳定。但是，这一规律仅适用于铸币出现之前。

铸币是统一的、标准化的商品货币，意味着广泛的流通和更广范围的适用性。铸币将商品货币兼具商品和货币的性质发挥到了极致。商品的供给和需求有自身规律，货币的供给和需求也具有自身规律，但长期以来，铸币的货币性都强于商品性。因此，铸币的供求服从于商品货币的供求规律。但是，最初的稳定越来越脆弱。原因是，随着世界经济发展的需要，黄金的供给开始受到金矿挖掘量的自然限制，供给不再能无限满足货币需求。因此，要保持实体经济稳定，商品货币制度开始被突破，由实实在在的商品货币制度演化为铸币与纸币混合使用的准信用货币制度，如金块本位制、金汇兑本位制。

2. 金本位时期的货币发行规则：银行学派和通货学派的不同主张

一旦货币供给从客观条件上变得很容易突破实际货币需求时，货币发行规模就需要人为规则来约束，才能保持货币稳定。在中央银行统一银行券发行之前的金本位时期，这种货币发行规则限制的客体是商业银行。商业银行不是自然垄断行业，需要行业自律约束的货币发行规则，如苏格兰自由银行时期的货币发行制度安排。

是否需要约束、如何约束商业银行发行银行券，不同主张形成了不同的学派。基于金本位盛行时期金块价格一度与流通银行券价格偏离的事实，引起了一场关于偏离原因及货币制度选择的历史性争论，并形成了对立的银行学派和通货学派。

通货学派认为，银行券发行数量取决于商业银行，随意性大，容易导致滥发，使其价值低于金属铸币的价值。由此导致金块外流，打破二者价格之间的平衡。基于此，通货学派认为，只有纯粹的金属铸币流通，才能实现通货自动调节，永远保持适度的价格水平。通货学派否定了信用货币制度，主张回到商品货币制度。

银行学派则认为，通货是按实体经济需要发行的。无论是在纯粹金属铸币流通、银行券及其他信用形态与金币混合流通还是不兑现的纸币流通时期，银行既不能任意增加通货也不能任意减少通货。

通货学派稳定货币、稳定宏观经济的观点没有错，只是他们没有意识到商品货币制度已经走到尽头，其供给量无法跟上快速扩张的货币需求。银行学派突破了纯粹的商品货币制度，是一种历史进步，但并没有给出能切实有效约束商业银行银行券发行的制度安排。

3. 早期中央银行家的货币管理思想

亨利·桑顿在其著作《大不列颠票据信用的性质和作用探讨》中最早提出了中央银行货币供给的基本策略和法则。其货币管理思想可以简单归结为：（1）在特定的经济活动增长水平下，社会有能力吸收更多的货币。但无论如何都要减少流通中的货币，仅在有限的确定范围内让其波动；

(2) 缓慢而小心地按照国家贸易需求扩张货币供给；(3) 面对突发事件时，允许暂时增发货币；(4) 减少黄金外流，减少国际贸易中的长期逆差(桑顿，1802)。

(二) 实际经济周期之前的货币政策规则

进入信用货币时代，经历了多次经济危机之后，发达国家经济学界提出过多种稳定经济的货币政策规则。其中，最热烈的讨论产生于实体经济出现重大变化时期，包括20世纪30年代的大萧条时期和20世纪70年代的滞胀时期。在理性预期革命之前，规则与相机抉择的争论并没有结果，大多数经济学家认为二者是一个连续统一体，而政府的政策抉择也基本是游离于二者之间，没有固定清晰的框架。两次激烈的争论也为货币经济学留下了珍贵的遗产，为后期出现的泰勒规则等更加动态、适用的货币政策规则打下基础。

1. 费雪和西蒙的芝加哥计划 (Chicago Plan)：100%的存款准备金规则

“大萧条”之后，有一批学者致力于解释大萧条的货币起因和应对措施，试图重构货币金融体系。第一代货币主义者代表欧文·费雪曾提出著名的费雪效应和费雪方程，构建了现代货币理论。在此基础上，以费雪为代表的若干美国顶尖宏观经济学家（费雪，1935，1936；西蒙斯，1933，1946）提出了应对“大萧条”的货币改革思路，简称“芝加哥计划”，也即100%的存款准备金规则。这一计划对货币主义和货币数量规则有深远的影响。

“芝加哥计划”的核心是重构货币发行规则。主要内容或途径是，分离银行体系的货币和信贷功能，保证新的银行贷款融资只能通过政府发行货币，或者从非银行机构手中借入政府已经发行的货币获得，不能让银行无中生有地自行创造新存款。费雪认为，100%的存款准备金制度有四个方面的优势：(1) 防止银行在信贷繁荣时期创造资金、在信贷紧缩时期收缩资金，保持对信贷周期更好地控制。(2) 100%的存款准备金将彻底消除银行挤兑，无须存款保险制度。(3) 假如不可兑现的政府货币代表财富而非债务，应允许政府以零利率直接发行货币而不是从银行拆借货币，从而减少政府的融资负担，削减政府债务。(4) 100%存款准备金下的货币创造，不再要求银行资产负债表中同等私人债务的创造，经济体系中的政府债务和私人债务水平都将剧烈下降。即 100% 的存款准备金制度将没有私人信用创造，没有信贷周期，没有冗长的债务链条，货币发行如同穿上了“瘦身衣”，信用创造受到了严格的约束。

2. 货币主义的货币政策规则

进入 20 世纪中期，学者们对货币政策的工具规则研究开始盛行。也就是说，不再强调中央银行目标规则，而是强调央行在实现操作目标时应该采用的工具以及操作这些工具要遵守的反应规则，弗里德曼规则是其中的典型。

第二代货币主义的代表米尔顿·弗里德曼，在价格稳定的目标框架下，提出了货币政策工具规则核心内容是：货币当局遵守固定货币存量增长率的规则，M1 或 M2 按每年 4% 的速度增长；禁止对政府支出或税收计划进行周期性调整。货币政策单一目标规则是弗里德曼的货币稳定计划的中心，也是他关于“经济稳定的财政和货币计划”的重要组成部分（弗里德曼，1948，1959）。弗里德曼规则的本质是芝加哥价格派的基本思想糅合货币数量理论，基本逻辑是通过固定货币供给增长率实现价格稳定。

在弗里德曼规则的基础上，货币主义学派继承人之一——麦卡勒姆主张以基础货币为调控工具目标，并根据名义收入和货币流通速度调整该指标的增长率。其政策含义是，当货币流通速度是联邦基金利率的稳定方程时，基础货币—名义 GDP 目标规则即麦卡勒姆规则可以作为联邦基金利率的参数，充当货币政策工具（麦卡勒姆，1988）。

（三）实际经济周期理论之后的货币政策规则

理性预期理论和实际经济周期理论模型中根本没有给予货币政策任何角色，这将短期视角下货币政策规则的研究带入了“黑暗时代”（泰勒，2005）。同时，也推动了货币政策规则研究者的反思和重生。简而言之，基德兰德和普雷斯科特（1977），巴罗和戈顿（1983），布兰查德和菲舍尔（1989）等关于实际经济周期理论、时间不一致性问题的研究彻底改变了货币政策规则争论，否定了传统最优控制思路及其功效，使货币政策相机抉择和规则的争论上升到一个新的平台。他们的研究表明，从短期来看，相机抉择政策具有时间不一致性的劣势，政策效果不及规则政策的作用。理性预期使公众可以根据货币当局的相机抉择行为对工资、价格合同调整决策，最终使得通胀偏差进入囚徒困境，成为纳什均衡结果。因此，从长期来看，中央银行的最优选择是遵守某一种提前承诺的、保持时间一致性的货币政策规则，以减少货币政策工具和最终目标之间的诸多不确定性。

泰勒规则与实际经济周期理论、理性预期理论等产生于同一时代，并汲取了这些理论，不断完善。泰勒完全接受了基德兰德和普雷斯科特（1977）关于时间不一致性问题的研究结论，将其深化为中央银行的可信性，并作为货币政策规则研究的前提条件之一。他认为如果现代宏观经济学还有什么研究结论是明确的话，那就是，规则性政策要比相机抉择政策更有优势提高宏观经济绩效（泰勒，1993），这是泰勒规则最坚实的理论支撑。

二、泰勒规则的魅力：改变美联储的货币政策操作

泰勒本人对货币政策规则的研究集中在20世纪70~90年代。这一时期，美联储的货币政策经历了中介目标和操作方式的转型，宏观经济学界则转向重点研究和关注真实经济周期和内生增长理论。深刻的经济政策实践转型和学术研究转型，为泰勒规则的诞生提供了双重历史机遇。

泰勒最初一直关注的学术问题是货币政策传导机制，并不为学界所认识。直到1993年，泰勒在卡内基·罗切斯特学术研讨会上的论文《实践中的相机抉择与规则》被公开发表，他关于货币政策规则的研究才得到学术界和美联储的广泛重视。泰勒的研究带动了一批学者投入货币政策研究，直接效应是带来美联储内部学术研究的繁荣，货币政策决策开始与学术研究紧密结合。

（一）泰勒对货币政策规则的思考历程与提出

关于宏观经济政策的规则和相机抉择之争，泰勒（1986）认为，宏观经济政策应该被估算为一种规则，而不是政策工具的某一次变化。相机抉

择和积极主义政策有很大的区别。积极主义者和固定增长率政策规则非常相似，超过与相机抉择政策的相似性。但泰勒从不支持货币政策按弗里德曼的固定规则执行，源于他对货币政策的不同定位。他认为，货币政策无论采取何种目标和规则，货币政策的角色始终是稳定经济的角色而不是适应经济的被动角色。

他对于货币政策规则的思考经历了若干阶段，将其最初复杂的货币政策规则最后总结为简单明了的泰勒规则。20 世纪 70 年代时，他认为货币政策应该实行积极主义者的规则，保持某种形式的最优控制规则。80 年代时，他的研究进一步细化，认为应该按更为简单的规则执行货币政策。直至 80 年代后期、90 年代初期，他开始赞同按利率规则执行。他认为一个好的货币政策规则，应该能根据收入和产出变化实时调整联邦基金利率水平，并提出了最为简洁的泰勒规则。

综上所述，泰勒对政策规则的理解从最初的目标规则转向工具（反应）规则，这一思考演变的过程与美联储的货币政策执行框架转变有紧密关系。早在 20 世纪 70 年代，美联储的货币政策中介目标依然是货币总量指标。在没有明确的抛弃相机抉择时，美国政府对于政策的期待是“一个可靠的、系统性的货币政策体系，有助于保持经济增长最大化并控制削减通货膨胀”（Economic Report of the President，1990）。学者们对于系统性政策的理解就是有计划的、有一定方法路径的，而非随意性的。在货币政策中介目标没有完全从货币总量转变为利率之际，一批学者当时仍致力于研究基于货币总量增长的目标规则，包括泰勒。他在 1979 年提出，应该考虑产出缺口和通货膨胀缺口并赋予权重，建立货币政策反馈规则以最小化损失方程：

$$\lambda(y_t - y_t^*)^2 + (1-\lambda)(\pi_t - \pi^*)^2,\ \lambda \in [0,\ 1], \tag{1}$$

其中，$y_t - y_t^*$ 是产出缺口，π_t 是通货膨胀率，π^* 是目标通胀率。

在完善货币政策规则研究时，泰勒（Taylor）也从真实经济周期等学派汲取有益启示。泰勒（1979，1987）提出，潜在产出水平也许比社会最优产出值低，但货币当局不应试图将产出水平推高至自然率水平之上。并且，货币政策分析不应该关注潜在产出水平是否有效，而是要把潜在产出看做应该稳定的水平。

1981 年，他吸收了各方对泰勒规则的反对意见，并在 1985 年之后，结合货币政策实际需求，转而从利率规则角度重新完善泰勒规则。在 1992

年卡内基·罗切斯特公共政策学术会议上，泰勒建议采用以下方程式调整联邦基金利率，这一规则成为经典和流行的泰勒规则为后人所知：

$$i_t^* = \pi_t + \delta(\pi_t - \pi_t^*) + \gamma y_t + r^*$$

$$r = p + 0.5y + 0.5(p - 2) + 2 \tag{2}$$

其中，y = 实际 GDP 偏离潜在 GDP 的百分比缺口；p = 前面四个季度的通货膨胀率。泰勒（1993）提出，$\delta = \gamma = 0.5$ and $r^* = \pi^* = 2\%(1 + \delta) > 1$。几个月之后，联邦公开市场委员会（FOMC）开始采用此方程式用于执行货币政策。其操作原理非常简单：当冲击导致通货膨胀率波动时，中央银行应该多次调整名义利率，从而使实际利率保持在有利于价格稳定的方向。此式可以让美联储依据两个缺口，大致评估联邦基金利率是否处在一个合理的水平上（FOMC，January31，1995）。泰勒规则为中央银行盯住长期通货膨胀预期提供了基本指导，有助于保持稳定的经济增长和较低的通货膨胀等宏观经济目标。因此，泰勒规则是泰勒对货币政策实践最直接、最重要的贡献。

（二）泰勒规则的政策适用性

泰勒规则是一种工具规则而非目标规则，兼具学术复杂性和政策简洁性特征。该规则旨在为货币当局执行货币政策提供一种良好的路径，而不是为央行如何制定货币政策提供建议（泰勒，2000）。通货膨胀目标制和泰勒规则的基本关系是：前者是航行的目标，后者是达到目标的航行工具。

泰勒广泛吸收凯恩斯、弗里德曼以及新货币主义者的思想精华，试图打破不同思想的界限约束，使货币政策规则克服偏执性，更具适用性和开放性。在麦卡勒姆规则基础上，泰勒规则改变了货币政策工具和目标。以短期利率为调控工具，以真实产出和通货膨胀为目标。泰勒规则能判断货币政策制定得合适与否、松紧程度如何等，在一定条件下适用于指导货币政策制定。在美国货币政策实践中的应用效果观察。美国 1987 ~ 1992 年的名义利率、GDP 潜在缺口和通货膨胀缺口数据与泰勒规则完全吻合，印证了美联储货币政策操作与泰勒规则的高度一致。

泰勒规则之所以具有适用性，重要原因在于其综合考虑了历史和实践条件等因素。泰勒规则形成的历史数据基础之一是，美联储在宏观经济稳定的 1987 ~ 1992 年实际联邦基金利率，历史基础使其具有后顾性特征。同时，泰勒规则吸纳了能够克服未来不确定性因素的理性预期模型，使中央银行始终保持一种规则性的货币政策操作方式，这又使其具有前瞻性特征。

在货币政策实践方面，一方面，泰勒并不主张货币当局机械套用泰勒规则，而应该同时兼顾新出现的特殊因素（如系统性风险）；另一方面，泰勒致力于不断改进泰勒规则中的技术性因素，推进其更加具有实用性。他把货币政策规则的设计、过渡转型和每日执行严格区分，认为每一项工作都需要精心设计才能推进。他认为，泰勒规则不是纯粹的固定规则，在执行过程中也需要相机抉择的环节配合，如估计商品价格、就业、工业产值和其他变量的月度数据。事实上，这表明泰勒摈弃了自己在 1979 年关于货币政策规则研究的前提，即通货膨胀率固定。转而认为名义通货膨胀率和实际通货膨胀率之间存在偏差。泰勒后续的研究表明，他还把这种宏观经济变量偏差的观念扩展至其他变量，如利率、产出等。

（三）泰勒规则的比较优势

只有那些政策制定者没有动力舍弃的规则才具有可信性和连续性，泰勒规则便是其中之一，简单且适用是货币当局保持这项规则的最大动力。考虑到市场主体具有理性预期，简单适用的货币政策规则比相机抉择越来越受到现代中央银行家的青睐。而在实用性较强的简单规则中，泰勒规则和弗里德曼规则最为典型。弗里德曼规则相对极端、不实用；而泰勒规则可操作性强、非常实用。

1. 泰勒规则的基本特征

前美联储主席科恩（Kohn，2007）对泰勒规则的突出贡献给出了中肯的评价。总体而言，泰勒规则为货币政策决策者提供了合理的操作基准，为金融市场投资者和普通公众提供了合理的预期基准，为货币政策的顺畅传导提供了基本途径。

(1) 为决策者提供有用的基准。简单规则比最优控制方法更适合美国经济。泰勒规则使美联储通过关注两个缺口——GDP 缺口和通货膨胀缺口，达到稳定价格和充分就业的目标，操作性强且逻辑合理。并且，泰勒规则第一次将 GDP 缺口纳入宏观经济学模型，代替了以往对经济增长率的过分关注，对宏观经济整体发展更有价值。

（2）为金融市场投资者和公众提供对货币政策的合理预期，使货币政策传导机制更加顺畅。货币政策预期一直是金融市场投资定价机制的关键因素之一。无论是相机抉择还是按规则行事，明确的货币政策操作理念和方式是投资者形成理性预期的关键。泰勒规则在过去几十年已经成为美联储潜在的操作方式和理论依据，金融市场投资者也依此形成了被证明正确的政策预期和投资决策。反过来，投资者的理性预期也推进了货币政策的顺利传导。在决策者和投资者相互对对方预期稳定情况下，政策决策能在一定时期内形成良性自我预期并实现。

2. 泰勒规则的相对优势

美联储在 1993 年抛弃盯住 M1、M2 的弗里德曼规则，转而盯住联邦基金利率目标的泰勒规则。其中的原因是什么？

（1）与弗里德曼规则相比较。与弗里德曼规则相比较，泰勒规则的相对优势比较明显。简而言之，泰勒规则的可操作性强、透明度高、有校准功能、目标和路径富有弹性、可信性强等。

弗里德曼认为，货币数量是控制通货膨胀的充分条件；泰勒则认为，货币数量是稳定价格的必要条件而非充分条件。在不同的思想指导下，货币数量指标在两个规则中所处的位置截然不同。

弗里德曼规则的政策目标缺乏弹性，而且没有给出实现目标的基本路径。仅靠控制中央银行基础货币和商业银行的信用创造，已经远远不能固定其货币增长率。相比之下，泰勒规则既能提供有弹性的政策执行目标，也能提供基本的实现目标的路径。因此，泰勒规则能保持货币政策的透明度（目标及其实现路径），稳定市场主体对货币政策的未来预期，克服时间不一致性矛盾。弗里德曼规则能保持目标的透明度，但因没有明确的实现路径，只能在“黑匣子”中摸索，货币当局实现政策的路径无法明晰并提前告示。

基于历史经验数据拟合而成，泰勒规则能使决策者校准联邦基金利率是否在合适的水平，而弗里德曼规则没有提供政策基准。因此，弗里德曼规则在执行过程中没有短期校准信号，容易产生政策偏差。

弗里德曼规则虽然为保证价格稳定提供了基本的货币约束，却显得非常机械。原因在于，自20世纪70年代混业经营、影子银行体系盛行后，欧美国家的货币供给内生性就越来越强。坚持弗里德曼规则，会把货币当局绑在一个无法实现的操作目标上。实现对货币供给总量的控制不仅越来越困难，也越来越没有意义，是“吃力不讨好的事情”。弗里德曼当初提出该规则的基本经济环境已经发生变化，但没有及时得到完善。因此，其时效性越来越弱。

（2）与维克赛尔利率思想的关系。泰勒规则属于工具规则，而维克赛尔主义属于目标规则。二者共同点是，都擅长用利率控制价格，即以利率为中介目标调节实体经济和货币之间的关系，保持货币政策中性。所不同的是，泰勒规则中的利率为市场利率，维克赛尔理论中的利率为自然利率。

维克赛尔（1936）认为，当中央银行调控的市场利率与自然利率保持一致时，物价才能保持稳定。如果价格上升，就调高利率；如果价格下降，就调低利率。利率水平此时将停留在新水平上，直到价格再次发生更大的变化。

（四）泰勒对泰勒规则的完善

泰勒规则吸引了一批学者，不少学者也从多个视角提出完善泰勒规则的设想，包括重新确定通货膨胀缺口和产出缺口的权重（泰勒，1999；克拉里拉，加利，格特勒，2000）、引入滞后性变量指标（鲁迪布什和斯文森，1999；欧菲尼德斯，2001）、引入利率平衡和前瞻性变量（欧菲尼德斯，2001；莱文，韦兰德，威廉姆斯，1999）、修正产出缺口以降低潜在产出测量误差等（欧菲尼德斯，2003）、引入产出和通胀率之外的其他变量（克拉里达、加利，格特勒，1998；希克洛什，沃纳，博尔，2004）。

同时，泰勒本人也结合自己的思考，以及他人对泰勒规则的补充，重新完善泰勒规则。考虑到汇率因素，泰勒（1993）提出了多国泰勒模型（Taylor Multicountry Model）。作为一种既具有前瞻性又具有后顾性的货币政策操作模式，泰勒规则从模型到实际应用的关键环节还包括，对各种参数的充分模拟和合理估计，泰勒在提出泰勒规则之后，其主要的完善工作即在于此。例如，关于利率对通货膨胀的反映系数 g_π，泰勒（1999）研究表明，美国的 g_π 在1980～1990年比1960～1970年大，前期约为1.5，后期约为0.8。与此对应，后期的通货膨胀率远高于前期。

泰勒（1999）综合学者对泰勒规则的完善形式，将其归结为一个统一的泰勒型规则模型：

$$i_t = \rho i_{t-1} + g_\pi \pi_t + g_y y_t + g_0 \tag{3}$$

按各政策参数值的赋值范围，泰勒型规则可以分为规则Ⅰ，规则Ⅱ，规则Ⅲ，规则Ⅳ，规则Ⅴ。泰勒本人提出的泰勒规则经验证，属于规则Ⅲ。

	g_π	g_y	ρ
Rule Ⅰ	3.0	0.8	1.0
Rule Ⅱ	1.2	1.0	1.0
Rule Ⅲ	1.5	0.5	0.0
Rule Ⅳ	1.5	1.0	0.0
Rule Ⅴ	1.2	0.06	1.3

泰勒认为，决策者的明智之举是在简单泰勒规则基础上，根据不同的宏观经济状况，配合以上不同类型的泰勒规则，形成一种政策组合规则。

三、泰勒对新凯恩斯主义的奠基性贡献

除了泰勒规则对货币政策的历史性贡献，泰勒还专长于宏观经济政策建模，并在主流经济学框架下构建考虑货币政策因素的模型，成为新凯恩斯主义货币分析的奠基人之一。

泰勒曾提出，新古典的真实经济周期模型中没有货币政策因素，没有很好地解释价格和产出波动之间的内在联系。基于此，泰勒关于“用理性预期估计和控制一个宏观经济模型”的论文，修正对理性预期模型的估算方法，并构建了融合名义刚性和货币政策的真实经济周期模型（泰勒，1979）。

20世纪70年代，西方发达国家滞胀的产生使得凯恩斯主义理论备受指责，大有摈弃凯恩斯转向货币主义之势。在此历史背景下，泰勒和其他经济学家长期以来一直在做两件事：一是为凯恩斯主义理论寻找微观经济理论基础；二是以开放的态度吸收新货币主义理性预期理论精髓，改造原

凯恩斯主义理论模型。这两个方面的工作直接推动了凯恩斯主义理论的重生和新凯恩斯主义理论的繁荣。

具体而言，泰勒对新凯恩斯理论的贡献主要体现在三个方面：(1) 提出“长期合同论”，解释了价格/工资名义刚性的形成过程，为新凯恩斯主义提供微观理论支持。(2) 将理性预期模型纳入新凯恩斯主义理论框架，为现代货币政策寻找存在的依据，提出新凯恩斯主义的新研究范式。(3) 在名义刚性研究基础上，提出“泰勒曲线”即“新凯恩斯主义菲利普斯曲线”，成为美联储等中央银行指定货币政策的重要理论参考，使得新凯恩斯理论模型更加具有实践性。

(一) 构建新凯恩斯主义理论的微观基础——解释名义工资/价格刚性的形成

不完全竞争条件下的相对名义工资/价格黏性是凯恩斯主义理论的根基之一，但凯恩斯主义者大多把工资/价格黏性套入瓦尔拉斯体系，理论解释框架存在基本的逻辑矛盾。解释名义工资/价格黏性，是补救和夯实凯恩斯核心理论的重要任务。泰勒（1979，1980）从长期合同角度研究了名义工资黏性问题。他为货币稳定政策动态模型构建了泰勒式的交错名义工资和价格合约，后人称为“泰勒合约”。泰勒认为，如果工人关心自己的名义工资甚于他人，那么交错合同制度将使货币政策对实际经济变量的影响的持续时间超过合同的期限长度，由此导致名义工资刚性。在此理论基础上，结合泰勒模型，他将理性预期和名义价格刚性结合起来，提出了一个完整的宏观经济计量估计模型。

泰勒给出了名义工资黏性的一种解释，即交错合约形成的“长期合同论”。该理论与“菜单成本”论并列，为凯恩斯主义名义工资/价格黏性提供了微观基础。从技术角度来看，泰勒引领了凯恩斯主义学者用现代计量模型的手段而非纯经验的理论分析手段，来完善凯恩斯主义名义工资/价格黏性微观基础的潮流。

(二) 泰勒将理性预期模型嵌入新凯恩斯理论

理性预期理论革命性地否定了凯恩斯主义的理论基础，而泰勒则革命性地将理性预期理论应用于黏性工资/价格模型中，使原凯恩斯主义理论的基础更加完善，从而推动了新凯恩斯主义理论的产生。这些研究论文包括与菲尔普斯合作的《理性预期条件下的货币政策稳定力量》，以及他独立发表的《静态理性预期宏观经济模型的唯一解条件》、《理性预期宏观经济模型的估计和控制》、《总量动态和交错合约》、《动态非线性理性预期模型的解和最大值》等。

泰勒（1979）首次在理性预期模型中，以纯结构方程式分析了货币政策问题，为政策规则比较奠定基础。他提出，在通货膨胀和产出的加权平均值偏离潜在目标值的时候，中央银行的货币政策将会失灵。在 1982 ~ 1992 年，泰勒一直致力于真实经济周期理论以及理性预期和名义刚性的建模研究。

20 世纪 80 年代末，泰勒开始研究开放条件下的新凯恩斯主义理论。他构建了一个多国理性预期宏观经济模型，综合考虑理性预期，居民、企业的前瞻性行为，黏性价格，黏性工资，显示出新凯恩斯理论宏观经济模型用于全球政策分析的可行性。他的研究证明，工资对供给和需求条件的反映在日本要比在美国和加拿大以及欧洲主要国家更为强烈，从而说明了 20 世纪 70 年代和 80 年代的日本宏观经济表现为何更为稳定（泰勒，1992）。在此理论研究和实践验证的基础上，泰勒和费希尔、菲尔普斯共同提出了黏性价格理性预期模型，较为完善地展示了封闭和开放经济状态下货币政策所发挥的作用。

尽管有学者认为引入理性预期违背了凯恩斯革命的核心原则，是凯恩斯主义对其他经济学派的“让步”表现。但是，现实经济发展的快速和复杂性，期待原本分割的宏观经济学流派出现融合，目的只有一个——服务于现实经济决策。泰勒等人带来的研究范式的转变无疑推动了凯恩斯主义理论对自身的“超越”以及和其他经济学派的融合，使其更加具有适用性。从这个角度而言，泰勒的研究坚持了凯恩斯主义理论和现代宏观经济学的精髓。

（三）“泰勒曲线”及其对新凯恩斯理论的弘扬

泰勒对名义价格/工资刚性的研究，不仅奠定了新凯恩斯主义理论的研究基础，而且具有实践意义。即如果价格和工资是刚性的，系统性货币政策就具有实际作用，可以用于稳定实际产出的波动。由此，中央银行就必须在通货膨胀和产出波动之间进行权衡，而不同的选择结果最终会形成“泰勒曲线”。也可以说，面对货币政策传导的黑匣子，中央银行可以克服诸多不确定性。其政策抉择可以简化为，如何在泰勒曲线上选择点决策的问题。在长期经验性的泰勒曲线支持下，中央银行获得了货币政策操作的目标基准和可控的传导过程，不必对某些产出波动过度反应。因此，泰勒对于名义刚性的研究，奠定了现代中央银行货币政策操作模型的基础，兼具理论和实践推广意义。

四、结语

泰勒对货币理论、货币政策研究的最大贡献是，为中央银行货币政策操作提供了简单、适用的规则——泰勒规则。泰勒规则及由其衍生出的泰勒原理、泰勒曲线是过去几十年美联储制定货币政策最重要的参考依据。美联储在混乱的20世纪90年代，依靠这一工具规则完成货币政策从数量向价格的转型，保证货币政策的连续有效性。其次，在寻找货币政策传导机制的微观理论研究中，泰勒革命性的研究推动了新凯恩斯主义理论的发展。他的贡献体现在通过研究名义工资和价格的形成过程，为凯恩斯主义理论提供微观基础；充分吸收理性预期假设，将其纳入凯恩斯主义黏性工资/价格模型中，使新凯恩斯主义理论更具生命力。综上所述，泰勒对于货币理论和货币政策研究的贡献之大，不言而喻。

当然，无论是泰勒规则还是新凯恩斯主义理论，都不是尽善尽美的。2008年次贷危机的爆发及其引发的系统性经济危机，摧毁了几乎所有我们曾经奉为圭臬的宏观经济学理论。现代宏观经济学与货币理论、货币政策需要融合，泰勒规则及新凯恩斯主义理论的研究也需要继续推动。泰勒对货币政策和货币理论的研究引发了一批学者关注货币政策规则、货币政策传导机制及其微观理论基础、新凯恩斯主义理论模型中的货币政策研究等，产生了许多围绕泰勒规则、泰勒曲线的新的研究领域。这些理论问题或已有定论和实际贡献，或依旧是未解的“泰勒难题”，但始终在昭示，泰勒的思想和理论的生命力和魅力。

除了以上两方面的具体研究贡献之外，泰勒对于货币理论、货币政策的研究还有更深层次的贡献。一方面，他对货币政策规则的研究从未脱离宏观经济学框架，他一直在做的研究就是完善凯恩斯主义经济学理论并将货币政策融入其中。两分法无论在过去和现在，已经被实践证明是脱离现代经济政策决策框架的，必然无法将理论的完美用于实践。另一方面，以往所有的货币政策规则在解释历史方面都各有优势，泰勒在构建泰勒规则时，则不仅致力于解释历史，而且想更多地用于指导现实决策，并尽可能地预测未来。在后危机时代、在经济学家备受质疑的时代，这两种思想有助于宏观经济学研究回到“经世济民”的本源，对后来者的研究更具有导向意义。

原载《经济学动态》2013 年第 6 期

制度环境结构质量对利率市场化改革的影响

——基于影子货币与国际货币国家面板数据研究

孙彬 万荃

一、引言

20 世纪 90 年代以来，国际上大量文献研究了金融发展与宏观经济增长之间的联系，莱文（Levine，2005）对该类研究结论进行了综述：（1）较发达金融体系对一国经济增长具有正向推动效应；（2）不同制度结构在可能适合处于不同发展阶段的不同类型国家；（3）制度机制建设可以通过缓解外部融资约束公司从而提高资本配置。

郑志刚（2007）和万荃等（2012）从新制度经济学的发展角度，综述了制度因素对于经济增长和金融发展研究进展，研究表明从制度环境、制度质量以及制度稳定性等角度对利率市场化以及金融发展进行研究逐渐成为该领域的热点。孔特和莱文（2002）指出产权与金融发展存在正向相关性，产权保护不强会干扰金融发展，其研究发现发展中国家的产权值显著低于发达国家。贝克、孔特、莱文（2002），麦克莱什、施莱弗（2005）进一步研究表明，对于亚洲发展中国家和拉美国家产权值高的国家，配置给私人部门的信贷规模和股票市场规模大。洛佩兹和施莱弗（1998）首次将法律制度因素引入金融发展并进行量化分析二者的关系，发现法律起源不同可以解释各国金融发展的差异。帕加诺和沃尔平（2001）认为政治因素相比于法律制度能更好地解释各国历史上金融发展的差异；政府的力量、政局的稳定与否等相关政治因素会直接或间接影响金融发展。巴恩、卡普里奥和莱文（2000）指出金融监管能够降低金融交易费用，监管水平的高低直接与金融发展的绩效相关；确保金融运行安全，促进金融发展以提高金融效率。津加莱斯（2004）认为，社会资本对经济产出、经济绩效具有重要的推动作用，并且对金融发展的影响显著。

近年来，众多学者纷纷针对制度环境开展定性的规范研究。季米特里亚季斯（2005，2006）、安德里亚诺娃、肖特兰德（2008）和劳伦斯（2009）系统地研究了金融发展与经济增长的关系，研究结论显示金融体系发展对于宏观经济增长起到正向作用的前提条件是具有健全完善的制度环境框架，包括产权保护程度、透明的信息披露机制、规范高效的法律体系、对于金融消费权益的维护、鼓励创新和良性竞争的审慎监管框架等，制度质量水平能够显著影响金融发展对经济增长的促进作用。除了从一国法律体系和渊源角度研究制度环境对金融发展的重要性以外，瑞占和津加莱斯（2003）的研究还表明金融管制程度，特别是资本流动管制的制度环境与金融发展具有正相关的关系。

目前我国学者从制度角度研究利率市场化主要是从定性的理论分析和经验比较方面开展。杨德勇（2001）从垄断的角度研究我国利率市场化进程取决于经济主体市场化程度。江春等（1999，2003）从产权制度角度指出利率契约具有不完全性、信息不对称性及机会主义行为等特点，我国推进利率市场化改革的关键制度性条件是规范交易成本约束机制和完善产权保护制度。江春和许立成（2006）从产权制度、法律制度、监管制度、政治制度和社会文化 5 个方面研究了金融发展中制度因素的理论框架，根据跨国截面数据检验表明，产权结构、法律制度和金融利益集团力量对金融发展具有显著影响。

进一步地，不同国家利率市场化改革进程的绩效与对应阶段经济发展水平之间相互关系的跨国实证研究正在逐步深入。江春和刘春华（2006）通过对经济转轨国家利率市场化分析指出产权制度变革是经济转轨国家利率市场化的根本制度前提，利率市场化效果直接影响其银行效率。江春和王鸾凤（2009）进一步分析了许多国家进行金融自由化改革，其效果不理想的原因在于存在着一定程度上的制度缺陷，并提出发展中国家金融改革的方向是提高制度质量。

在以上研究基础上，江春和吴小平（2010）首次引入制度质量量化指标（合约密集型货币比率，CIM），通过定量实证分析研究其在利率市场化中的重要作用，为研究利率市场化开辟了新的研究领域。但是，该文献仍然有以下几点值得深入研究：（1）仅研究了制度质量的整体影响作用，并未考虑制度质量指标在利率市场化进程的推进过程中的变化；（2）仅研究了单一的制度质量指标，并未考虑其他重要制度质量指标。根据熊锋和黄汉民（2009）的研究，关于制度质量分析框架应包括制度有效性和制度稳定性两个层面。根据江春等（2010）的研究，产权制度质量水平对利率市场化改革的绩效具有重要影响；万荃等（2012）在此基础上指出制度环境质量水平对于推进利率市场化改革的必要性，并且强调维护制度环境质量的稳定性对于维护改革成果至关重要。

❐二、利率市场化改革进程中制度环境结构质量的有效性与稳定性

万荃等（2012）的研究为制度环境质量对利率市场化改革贡献的定量研究奠定了基础，在此研究基础上，本文认为，制度环境结构是指构建一国金融系统的法律体系与制度实践，制度环境结构质量的水平将决定金融系统实现资源配置的有效性，国际上各国利率市场化改革推进的过程与其制度环境内在结构更具紧密性，制度环境结构设计与搭建是利率市场化改革的重要配套。只有各项制度环境结构共同协调完善，才能从制度的基础层面为推动利率市场化改革奠定基石。制度环境整体质量水平的提升在利率市场化改革中起到重要作用，但是在不同类型国家的不同改革阶段，发挥的关键作用的制度环境结构有所差异，对改革的推动作用也会随着改革进程发展呈现趋势性变动，因此，研究制度环境结构有效性，特别是关于制度环境结构质量稳定性，对推动利率市场化改革和维护改革成果十分关键，研究制度环境结构也有利于在利率市场化改革不同阶段合理安排配套制度建设。

一国金融系统的法律体系与制度的改革与变迁会对整个国家的经济金融稳定都产生重要影响。特别是在构建起基本的金融系统框架之后，金融体系内部的制度结构相互关联与衔接十分密切，推动金融自由化制度改革的关键往往不是形式上简单的取消管制和开放市场竞争，其本质上是推动完善金融制度环境和金融基础设施，制定好适合市场竞争的配套制度与适合现有制度的市场运行规则，并维护制度的渐进性与稳定性。

制度变迁过程中，单一制度结构剧烈变迁，往往难以达到改革的初

衷，而且还会对其他相关制度建设带来负面影响，从而最终带来一国经济金融的不稳定。利率市场化改革是金融自由化中最为关键的一环，通常情况下，利率市场化改革应该完善金融安全网制度的建设、畅通中央银行货币政策传导机制、发展基准利率市场、鼓励金融创新、完善产权保护制度等配套制度，否则仅从形式上放开对存贷款利率的管制，中央银行利率传到机制不畅将会造成中央银行货币政策效果减弱无法反映中央银行政策意图；监管制度和金融机构退出机制的不完善将会导致商业银行的道德风险，从而扰乱金融市场资金供需平衡，利率水平在短时间内剧烈波动，在外部与内部经济形势不稳定的时期甚至导致商业银行大规模倒闭，严重影响金融系统稳定，进而加剧经济周期的波动。

另外，必须指出的是，利率市场化改革推进过程中政府应该尽可能通过各种方式维持制度改革成果，给予整个金融市场对于改革推进稳定的预期，尽量避免制度改革的反复对国内金融市场发展带来的破坏。从实践意义上讲，制度环境结构的建设需要持续积累和平稳推进过程有利于保持利率市场化制度改革始终处于阶梯形上升演进通道，同时利率市场化改革也促进了一国金融市场对于制度环境结构质量更高的需求以进一步提高制度框架的合理性和金融市场运行的有效性。从理论意义上讲，针对制度环境各子结构制度质量的有效性和稳定性的定量研究，已经成为利率市场化改革研究领域的前沿与热点。

本文认为，从制度环境结构的有效性和制度稳定性角度重新审视利率市场化改革，研究制度环境结构在改革推进不同时期所具有的影响与变换，对我国稳步推进和完善相关配套制度建设，进而有序深化利率市场化改革具有重要的借鉴意义。综上所述，本文考虑产权制度和制度环境结构两类制度质量指标，从制度有效性和制度稳定性两个层面研究制度质量在利率市场化进程中的作用，为我国十二五期间推进金融市场化改革提供政策支持。

三、研究样本、研究假设及变量定义

（一）研究样本

万荃等（2012）首次从制度经济学角度，将制度环境质量定量指标引入利率市场化改革的绩效研究，通过金融自由化比率综合衡量一国整体制度环境质量水平，研究结果显示，制度环境质量的持续改善是利率市场化改革顺利推进的重要条件，保证制度的有效性和稳定性能够显著提高改革绩效水平和整体金融系统的稳定。在江春等（2010），万荃等（2012）研究的基础上，本文进一步制度环境的结构视角入手，重点研究制度环境的结构质量对利率市场化改革的影响。

为了与已有文献的研究结果进行对比，本文与万荃等（2012）所选取样本范围和时间区间保持一致，使得保证样本区间基本覆盖各国进行利率市场化改革的主要阶段，其中样本范围为影子货币国家（加拿大、瑞士、澳大利亚）和主流国际货币国家（美国、法国、日本）总计2类6个国家，时间区间为1978~1997年总计20年①。数据来源于世界银行数据库，研究工具为Eviews 6.0。

（二）研究假设

针对制度环境结构质量在利率市场化进程中发挥的作用，本文提出以下假设：

假设1：完善产权保护制度建设，从法律和制度建设入手规范对私人产权的保护，有利于降低金融抑制，增加金融市场活跃程度，减轻金融抑制程度，提高利率对资源配置的效率。

假设2：在存在金融压抑的情况下，信贷规模管制的放松有利于提高资金配置效率，从整体上提高利率水平至有效均衡区间。

假设3：信贷规模管制（包括贷存比指标）以及利率波动区间管制的放松有利于实现资金供需的均衡，并推动利率水平整体提升，其中利率管制制度放松中对利率水平影响呈现先正向推高后负向拉低。

假设4：放松银行部门准入限制以及银行部门私有化程度的加深将拓展金融市场广度从而降低利率水平，其中银行部门私有化程度的加深对利率水平的影响先正向推高后负向拉低。

假设5：银行业监管制度与实践的完善将降低利率水平，并且完善银行业监管水平和放松银行业准入限制对利率影响呈现同方向变动。

假设6：国际资本流动管制的放松使得资金在国内国外达到供需平衡，

① G3集团国家推行利率市场化主要阶段集中于20世纪80~90年代。

从而推高利率水平。

假设7：对于本国货币尚未成为国际货币的国家，推动利率市场化改革的制度关键不在于形式上放开利率管制，而在于降低银行业准入壁垒、允许私人部分进入银行业从而通过鼓励竞争增加活力来开拓金融市场广度；对于国际货币国家，推动利率市场化改革的关键在于利率浮动和国际资本流动管制的放松。

（三）制度质量变量定义

为检验以上提出的假设，本文共设计两类制度质量指标，分别为产权制度质量和制度环境结构质量指标。

1. 产权制度质量指标

本文采用万荃等（2012）定义的广义合约密集型货币比率（CIM）来衡量一国合约执行状况与产权保护程度，该指标等于非准现金货币在与总货币供给中所占的比例，即 $(M_2 - M_1)/M_2$，其中 M_2 为广义货币供给，M_1 为狭义货币供给。从资产跨期交易角度来看，广义CIM代表了社会上的未来资产所占社会总资产的比重。因此，CIM反映社会中产权和合约执行的情况，其值越大代表产权制度质量越好。

2. 制度环境结构质量指标

本文在万荃等（2012）研究的基础上，重点研究制度环境的结构质量在利率市场化改革中所起到的作用。同样的，本文根据世界银行Abiad等（2008）的研究结果①，采用7类刻画制度环境结构的指标体系：（1）信贷管制指标；（2）利率管制指标；（3）银行行业进入壁垒指标；（4）银行业监管指标；（5）银行部门私有化指标；（6）国际资本流动指标；（7）证券市场指标。其中，以上7类制度结构指标分别针对一国制度环境结构进行评分，分值加总后均进行标准化，标准化后的取值范围为［0，3］，代表金融压抑的程度从深到浅。

（1）信贷管制指标（Credit Control）。信贷规模管制指标分为两个子类，

① Abiad等（2008）提供的数据库包括91个经济体1973～2005年总计33年的金融制度环境结构数据。

分别为信贷配额指导/存款准备金率管制以及贷存比管制，评分规则如下：

①信贷配额指导/存款准备金率管制指标（Credit Controls and Reserve Requirements）分别从存款准备金率、信贷投放窗口指导和差别利率政策3维进行评分：

$$R_{Reserve\ Requirement\ Ratio}=\begin{cases}0, & Reserve\ Requiremen\ Ratio\in(20\%,\ 100\%)\\1, & Reserve\ Requiremen\ Ratio\in(10\%,\ 20\%]\\2, & Reserve\ Requiremen\ Ratio\in(0\%,\ 10\%]\end{cases}$$

$$R_{Min-Amounts\ of\ Credit}=\begin{cases}0, & \text{中央银行针对特定行业实施最低信贷配额}\\1, & \text{中央银行未实行最低信贷配额指导}\end{cases}$$

$$R_{Credits\ at\ Subsidized\ Rates}=\begin{cases}0, & \text{中央银行针对特定行业实施差别利率}\\1, & \text{中央银行未施行差别利率政策}\end{cases}$$

一国信贷规模管制指标（$Z_{DirectedCredit}$）等于以上3维指标打分加总，即：

$$Z_{DirectedCredit}=R_{Reserve\ Requirement\ Ratio}+R_{Min-Amounts\ of\ Credit}+R_{Credits\ at\ Subsidized\ Rates}$$

若加总评分 $Z_{DirectedCredit}=4$（即低于10%的存款准备金率，无信贷配额指导和差别利率政策），则代表该子类项下该国实现了完全自由化水平，标准化至［0，3］区间后为该子类的评分为3，其他情形以此类推。

②贷存比管制指标（Aggregate Credit Ceilings）。贷存比管制将影响到银行部门创造货币的能力，因此是否设置贷存比对金融体系流动性充足程度产生重要影响，对贷存比管制指标打分规则如下：

$$Z_{Credit\ Ceilings}=\begin{cases}0, & \text{中央银行设置贷存比限制}\\1, & \text{中央银行未设置贷存比限制}\end{cases}$$

根据以上两个子类的评分，定义信贷规模管制指标 $Z_{CreditControl}$ 为两个子类的加权平均为 $Z_{CreditControl}=0.75\times Z_{DirectedCredit}+0.75\times Z_{CreditCeiling}$；根据 $Z_{DirectedCredit}$ 和 $Z_{CreditCeiling}$ 的取值范围，$Z_{CreditControl}\in[0,\ 3]$。

（2）利率管制指标（Interest Rate Control）。

对于利率波动指标（$W_{Interest\ Rate\ fluctuation}$），中央银行对利率波动范围的管制通常分为3类，包括利率波动上下限、波动区间限制以及波动不进行限制，打分规则如下：

$$R_{Interest\ Rate\ fluctuation}=\begin{cases}0, & \text{利率波动具有上下限}\\1, & \text{利率波动具有区间限制}\\2, & \text{利率波动无限制}\end{cases}$$

对于利率管制指标（$Z_{Interest\ Rate\ Control}$）从存款利率管制和贷款利率管制

两维进行打分，打分规则如下：

$$Z_{Interest\ Rate\ Control}=\begin{cases}4\ [2,\ 2], & \text{存、贷款利率均由市场决定}\\ 3\ [2,\ 1], & \text{存、贷款利率中一种由市场决定，另一种部分自由化}\\ 2\ [2,\ 0]\ [1,\ 1], & \text{存、贷款利率中一种由市场决定，另一种受管制；或存、贷款利率均部分自由化}\\ 1\ [1,\ 0], & \text{存、贷款利率中一种部分自由化，另一种受管制}\\ 0\ [0,\ 0], & \text{存、贷款利率均受管制}\end{cases}$$

（3）银行行业进入壁垒指标（Banking Sector Entry）。

银行行业进入壁垒指标分为四个子类，分别为外资银行进入本国限制程度、国内银行准入限制、外资银行开设分支机构限制以及银行混业经营限制，打分规则如下：

①外资银行进入本国限制程度（Foreign Banks Entry Barriers），分别从是否允许外资银行进入本国市场、外资银行开设分支机构限制程度和外国居民持股国内银行3维进行评分：

$$R_{Foreign\ Banks\ Entry\ Barriers}=\begin{cases}0, & \text{严格限制外资银行进入或开设新的分支机构}\\ 1, & \text{允许外资银行进入但非本国居民持股不得超过50\%}\\ 2, & \text{允许非本国居民控股本国银行；外资银行具有国民待遇；外资银行开设分支机构数量不受限制}\end{cases}$$

②国内银行进入限制（Domestic Banks Entry Barriers）。

$$R_{Domestic\ Banks\ Entry\ Barriers}=\begin{cases}0, & \text{严格限制设立新的国内银行}\\ 1, & \text{允许设立新的国内银行或允许其他金融机构持有银行牌照}\end{cases}$$

③外资银行开设分支机构（Restrictions On Branching）。

$$R_{Restrictions\ On\ Branching}=\begin{cases}0, & \text{严格限制设立分支机构} \\ 1, & \text{允许设立分支机构或允许其他金融机构持有银行牌照}\end{cases}$$

一国银行行业进入壁垒指标（$Z_{Banking\ Sector\ Entry}$）等于以上 3 维指标打分加总，即：

$$Z_{Directed\ Credit}=R_{Foreign\ Banks\ Entry\ Barriers}+R_{Domestic\ Banks\ Entry\ Barriers}+R_{Restrictions\ On\ Branching}$$

并对该指标进行标准化：$Z_{Directed\ Credit}$：[0，4]→[0，3]。

（4）银行业监管指标（Banking Sector Supervision）。

银行业监管指标分为四个子类，分别为资本充足率监管、监管部门的独立性、现场与非现场检查有效性以及监管能否覆盖金融全行业，评分规则如下：

①基于《巴塞尔协议》的资本充足率监管（Capital Adequacy Ratio Based on The Basle Standard）。

基于《巴塞尔协议》的风险加权资本充足率监管要求，对一国银行业稳健运营十分重要，因此针对银行业实施资本充足率进行打分，规则如下：

$$R_{Capital\ Adequacy\ Ratio}=\begin{cases}0, & \text{未通过立法实施基于《巴塞尔协议》要求的8\%资本充足率} \\ 1, & \text{已实施基于《巴塞尔协议》要求的8\%资本充足率}^{*}\end{cases}$$

注：如果一国大部分银行已实施审慎且基于风险加权的资本充足率（8%），但与《巴塞尔协议》有所出入，仍可归于打分为1。

另外，在1993年《巴塞尔协议》尚未全球施行以前，该子类打分为0。

②银行业监管部门的独立性（Independence of Banking Supervisory Agency）。

银行业监管部门的独立性主要体现在银行业危机中可以不受政治因素的影响，与金融安全网络成员共同及时有效地应对与处置问题银行（包括撤销、停业、清算和更换管理层）。通常情况下，当银行业监管部门对问题银行撤销或停业整顿需要获得来自其他政府部门（如财政部）的授权，或者最终决策权不属于监管部门，则通常情况下会出现处置问题银行的迟滞。

$$R_{Supervisory\ Agency\ Independence}=\begin{cases}0, & \text{银行业监管部门缺乏法律依据及时干预银行部门经营；银行业监管部门人事任免权和最终决策权；管理层缺乏稳定性}\\1, & \text{银行业监管部门依法具有处置问题银行职能，但监管部门管理层欠缺独立性；银行业监管部门在法律上具有明确的监管目标和独立性，但欠缺法律手段}\\2 & \text{银行业监管部门独立于行政部门且实际上未受到行政部门干预；银行业监管部门在法律上有明确的监管目标和处置问题银行职能}\end{cases}$$

③现场与非现场检查有效性（Effective Supervisions through On－Site and Off－Site Examinations）。

进行现场和非现场检查是针对银行资产负债表的重要监测方式，打分规则如下：

$$R_{On-Site\ and\ Off-Site\ Examinations}=\begin{cases}0, & \text{未立法授予监管部门检查权，或监管部门没有进行检查实践}\\1, & \text{立法授予监管部门检查权，监管部门履职不充分或欠缺有效性}\\2 & \text{监管部门能够实施有效和细致的检查}\end{cases}$$

④监管覆盖行业范围（Banking Supervisory Agency Coverage）。银行业监管部门能否覆盖涉及全部存款类金融行业对监管有效性十分重要。如果存在部分存款类金融机构或离岸金融机构遗漏，将会严重影响监管有效性。

$$R_{Supervisory\ Agency\ Coverage}=\begin{cases}0, & \text{存在某类银行未纳入监管范围}\\1, & \text{所有银行均纳入监管范围}\end{cases}$$

一国银行行业进入壁垒指标（$Z_{Banking\ Sector\ Supervision}$）等于以上4维指标打分加总，即：

$$Z_{Banking\ Sector\ Supervision}=R_{Capital\ Adequacy\ Ratio}+R_{Supervisory\ Agency\ Independence}+R_{On-Site\ and\ Off-Site\ Examinations}+R_{Supervisory\ Agency\ Coverage}$$

并对该指标进行标准化：$Z_{Banking\ Sector\ Supervision}$：[0，6]→[0，3]。

(5) 银行部门私有化程度（Bank Sector Privatization）。

是否允许私有资本进入银行部门代表了一国银行业的开放程度。

$$Z_{Bank\ Sector\ Privatization}=\begin{cases}0, & \text{大型银行均为国有，公共银行资产占比} \in (50\%, 100\%] \\ 1, & \text{允许私有银行但大型银行仍为国有，公共银行资产占比} \in (25\%, 50\%] \\ 2, & \text{银行部门大部分为私有银行，公共银行资产占比} \in (10\%, 25\%] \\ 3, & \text{没有国有银行，公共银行资产占比} \in [0, 10\%]\end{cases}$$

(6) 国际资本流动（International Capital Flow）。

国际资本流动指标分为三个子类，分别为汇率机制、资本流入限制以及资本流出限制，评分规则如下：

①汇率机制（Exchange Rate Regime）。

$$R_{Exchange\ Rate\ Regime}=\begin{cases}0, & \text{资本账户或者经常账户存在特别汇率机制} \\ 1, & \text{资本账户和经常账户的汇率机制一致}\end{cases}$$

②资本流入限制（Restrictions on Capital Inflow）。

$$R_{Capital\ Inflow\ Restrictions}=\begin{cases}0, & \text{明确限制资本流入} \\ 1, & \text{银行部门允许自由从国外借款；没有严格限制其他资本流入}\end{cases}$$

③资本流出限制（Restrictions on Capital Outflow）。

$$R_{Capital\ Outflow\ Restrictions}=\begin{cases}0, & \text{明确限制资本流出} \\ 1, & \text{允许资本自由流出或仅有最低程度的审批限制}\end{cases}$$

一国国际资本流动指标（$Z_{International\ Capital\ Flow}$）等于以上3维指标打分加总，即：

$$Z_{International\ Capital\ Flow}=R_{Exchange\ Rate\ Regime}+R_{Capital\ Inflow\ Restrictions}+R_{Capital\ Outflow\ Restrictions}\in[0, 3]$$

(7) 证券市场(Securities Markets)

证券市场指标分为两个子类，分别为证券市场发展程度以及权益市场对外开放程度，评分规则如下：

①证券市场发展程度(Securities Markets Development)。

$$Z_{Securities\ Markets\ Development}=\begin{cases}0, & \text{证券市场缺失}\\ 1, & \begin{array}{l}\text{证券市场引入短期国库券拍卖机制或}\\ \text{建立保障委员会}\end{array}\\ 2, & \begin{array}{l}\text{证券市场实施税收减免；出台鼓励}\\ \text{发展公司债券和权益市场的政策；}\\ \text{引入中长期政府债券完善收益曲线标准；}\\ \text{引入一级交易商制度发展政府债券市场}\end{array}\\ 3, & \begin{array}{l}\text{出台鼓励发展衍生品市场的政策；取消对}\\ \text{股票交易所的监管；}\\ \text{对组合投资和退休金基金减少监管限制从}\\ \text{而扩展机构投资者}\end{array}\end{cases}$$

②权益市场对外开放程度(Equity Market Open to Foreign Investors)。

$$R_{Equity\ Market\ Openness}=\begin{cases}0, & \text{禁止外资持有股权}\\ 1, & \text{允许外资持股但持股比例要求低于 50\%}\\ 2 & \text{允许外资持股且不限制持股比例}\end{cases}$$

一国证券市场指标($Z_{Securities\ Markets}$)等于以上 2 维指标打分加总，即：

$$Z_{Securities\ Markets}=R_{Securities\ Markets\ Development}+R_{Equity\ Market\ Openness}$$

并对该指标进行标准化：$Z_{Securities\ Markets}$：[0，5]→[0，3]。

本文将以上 7 个制度环境结构单元质量指标引入面板数据模型，通过控制变量的方法，研究制度环境结构的质量有效性及稳定性在利率市场化改革进程中的作用。

❐四、研究设计、实证结果及分析

本文选取影子货币国家和主流国际货币国家两类样本进行分类研究，

主要基于以下两点考虑：(1) 影子货币国家的本币国际化程度未达到国际货币，而中国正处于人民币区域化改革的重要阶段，影子货币国家在利率市场化改革中制度环境建设的经验值得借鉴；(2) 中国作为世界第二大经济体，同美国、欧洲等发达经济体一样，是影子货币国家（澳大利亚）的盯住国，且经济总量水平与经济结构较为相似，主流货币国家的利率市场化改革过程中制度环境建设以及与影子货币国家的异同，对于处于经济金融全球化的中国来说尤为重要。

(一) 模型选取与变量定义

根据国际经验表明，各国在推进利率市场化改革进程中，存款利率（特别是能够反映一国基准利率水平的一年期存款利率）是衡量一国金融体系以内资金使用成本的基准指标，基准存款利率管制的放开是改革的攻坚阶段，因此本文通过面板数据模型重点研究在利率市场化改革中，存款利率水平与制度环境结构质量之间的内在联系。

通过面板数据模型研究两类样本国家的利率市场化改革与制度环境结构质量的关系，既能反映出不同样本类别在改革进程中制度环境结构的差异，又能反映制度环境结构质量对于不同阶段改革的重要程度差异。

本文在分析影子货币国家和主流国际货币国家的制度环境结构质量组间差别时，采用普通面板数据模型研究在两种类型国家进行改革时均起到重要作用的制度环境变量，以及不同类型国家单独起到作用的制度环境变量；在分析面板横截面数据的国别差异的规律性时，采用固定效应模型；在研究不同制度质量变量的国别差异以及制度变量指标在改革中的影响效应变化时，则采用变截距、变系数模型来反映出横截面个体对截距的影响，又能够体现不同个体结构参数的影响。

综上所述，本文将采用变截距、变系数面板数据模型研究制度环境结构质量的有效性和稳定性在利率市场化改革中的作用。

令 $x_{it}=(x_{1it}, x_{2it}, \cdots, x_{kit})$ 为 $1\times k$ 的解释变量，$\alpha_i=(\alpha_1, \alpha_2, \cdots, \alpha_N)^T$ 为 $1\times k$ 的截距变量，$\beta_i=(\beta_{1i}, \beta_{2i}, \cdots, \beta_{ki})^T$ 为 $k\times 1$ 系数向量，u_{it} 为随机误差项，满足相互独立、零均值、同方差为 σ_u^2 的假设，则面板数据模型记为：

$$y_{it}=\alpha_i+x_{it}\beta_i+u_{it}(i=1, \cdots, N; t=1, \cdots, T)$$

其中，N 为个体截面成员数量，T 为每个截面成员的观测时期总数，k 为解释变量数量。

模型变量选取如表 1 所示，选取存款利率（*dpst*）作为因变量，自变量类型包括两类，分别是经济指标和制度指标。

表 1　模型变量及含义

变量类型	模型指标	变量简称	含义（变量实际值以 2000 年不变价美元为基准）
经济指标	存款利率	*dpst*	存款利率
	实际 GDP 增长率	*gdp*	衡量实际经济增长速度
	实际资本形成增长率	*capl*	衡量实际投资增长速度
	储蓄率	*save*	衡量储蓄所占比例
	通货膨胀率	*cpi*	衡量实际通货膨胀水平（按消费者价格指数）
制度指标	合约密集型货币比率	*cim*	衡量合约执行状况及产权保护情况
	信贷管制	*creditctrl*	衡量信贷规模管制程度
	利率管制	*intratectrl*	衡量利率波动管制程度
	银行行业进入壁垒	*entrybarrier*	衡量银行行业准入管制程度
	银行行业监管	*banksuperv*	衡量银行行业监管制度完善程度
	银行部门私有化	*privatization*	衡量银行部门私有化管制程度
	国际资本流动管制	*intlcapital*	衡量国际资本流动管制水平
	证券市场发展	*securitymarket*	衡量证券市场制度完善程度

（1）经济指标共 4 项，选取实际变量（以 2000 年不变价美元为基准），分别为实际 GDP 增长率（*gdp*），实际资本形成增长率（*capl*），储蓄率（*save*）和通货膨胀率（*cpi*）；

（2）制度指标分为两个子类共 8 项：①产权保护制度质量指标 1 项：合约密集型货币比率 *cim*；②制度环境结构指标 7 项：信贷管制指标（*creditctrl*），利率管制指标（*intratectrl*），银行行业进入壁垒（*entrybarrier*），银行行业监管（*banksuperv*），银行部门私有化（*privatization*），国际资本流动管制（*intlcapital*）和证券市场发展（*securitymarket*）。

本文在满足模型假设及经济含义的基础上，构建面板数据模型表示如下：

$$
\begin{aligned}
dpst_{it} = {} & \alpha_{it} + \beta_{1it}cim_{it} + \beta_{2it}gdp_{it} + \beta_{3it}capl_{it} + \beta_{4it}save_{it} + \beta_{5it}cpi_{it} \\
& + \beta_{6it}creditctrl_{it} + \beta_{7it}intratectrl_{it} + \beta_{8it}entrybarrier_{it} \\
& + \beta_{9it}banksuperv_{it} + \beta_{10it}privatization_{it} + \beta_{11it}intlcapital_{it} \\
& + \beta_{12it}securitymarket_{it}
\end{aligned}
\tag{1}
$$

其中，($i=1$，…，3；$t=1$，…，20；$k=1$，…，12)。

本文将重点针对制度环境结构质量在两类国家利率市场化进程中的作用以及变化进行分析和比较。

（二）制度环境结构质量在利率市场化改革中绩效研究

本节重点研究制度环境结构质量在影子货币国家和主流国际货币国家利率市场化进程中是否发挥作用以及影响力度进行研究，并就两类国家制度环境结构质量异同的原因进行分析，在逐步剔除不显著的变量后，模型(1)的回归结果如表2所示。

表2　制度环境结构指标显著性研究（国际货币国家和影子货币国家）

解释变量	国际货币国家	影子货币国家
CIM	0.0361** (2.082)	0.0678*** (2.082)
GDP	0.2310*** (3.012)	0.4949** (2.586)
CAPL		-0.1031** (-2.291)
SAVE	-0.2630*** (-8.885)	0.2097*** (3.346)
CPI	0.7693*** (19.484)	
CREDITCTRL	0.3077*** (2.720)	0.0207*** (4.845)
INTRATECTRL	0.1333* (2.002)	
ENTRYBARRIER		-0.0124*** (-3.110)
BANKSUPERV	-0.0110*** (-3.959)	-0.0155*** (-5.601)

续表

解释变量	国际货币国家	影子货币国家
PRIVATIZATION	−0.0033 * (2.082)	−0.0128 *** (−6.419)
INTLCAPITAL	0.0189 *** (2.082)	
调整的 R^2	0.919	0.737

注：①下方括号中的数字代表 t 检验值；②＊代表在 10% 显著性水平下显著；＊＊代表在 5% 显著性水平下显著；＊＊＊代表在 1% 显著性水平下显著。

1. 产权保护制度质量的显著性研究

本部分针对影子货币国家和国际货币国家在进行利率市场化改革期间产权保护制度因素所发挥的作用进行研究。

根据表 2 所示，面板数据模型对国际货币国家和影子货币国家的拟合程度都较高（R-squared 分别为 0.92 和 0.74）。回归结果显示：（1）国际货币国家和影子货币国家的产权制度质量 CIM 与利率（存款利率）dpst 均呈正相关关系；（2）影子货币国家 CIM 系数为 0.067，整体水平高于国际货币国家 CIM 系数 0.036。

以上结论与万荃等（2012）的研究结果一致，这一研究结论一方面说明，在利率市场化过程中，完善产权保护制度建设，从法律和制度建设入手规范对私人产权的保护，有利于降低金融抑制，增加金融市场活跃程度，减轻金融抑制程度，提高利率对资源配置的效率；另一方面说明，对于非国际货币国家，产权制度质量的绩效水平较高，因此，在推进利率市场化改革过程中应该重点建设与完善产权保护制度。

2. 制度环境结构质量的显著性影响及差异对比研究

（1）两类国家推进改革中共同发挥作用的制度环境结构因素。

第一，研究在国际货币国家和影子货币国家进行利率市场化改革进程中，共同发挥重要影响作用的制度环境结构变量。通过对比表 2 的实证结果，我们发现以下结论：

①从制度显著性来看，信贷管制制度、银行监管制度以及私有化制度 3 项制度环境结构指标在两类国家改革过程中系数均显著，这意味着深化利率市场化改革需要配套完善以上 3 项基本制度环境建设。

②从制度结构来看，根据信贷管制指标的构建，我们知道，信贷管制指标包括信贷配额指导/存款准备金率管制以及贷存比管制，因此，配套的制度环境建设应该逐步放松信贷配额指导，完善市场激励机制使得通过市场的力量实现资金资源的合理优化配置，特别是逐步放宽贷存比的限制，拓展银行部门运用资金的空间，给予市场较为宽松的资金运用环境，使得利率体系能够更好地发挥资金引导作用。

根据银行监管制度指标的构建，银行监管指标分为四个子类，分别为资本充足率监管、监管部门的独立性、现场与非现场检查有效性以及监管能否覆盖金融全行业，其中资本充足率监管、现场与非现场检查主要涉及监管的审慎程度，而监管部门独立性以及监管范围则涉及制度安排的合理程度。鉴于危机以来国际上各个国家最新的监管实践显示，涉及事前审慎监管与即时纠正措施、事后即时处置这两项职能可以由多个监管部门共同实施，但是要点在于各部门直接的监管协调与信息共享机制完善。

根据私有化制度指标的构建，我们知道，对私人资本开放银行业，将丰富银行业广度，使得真正意义上出现服务于不同资产规模金融消费主体的银行类型，进而扩展不同发展战略银行类型的市场占有份额，深化金融市场深度。

③从制度结构的效应来看，在两类国家推进利率市场化过程中，第一，信贷管制指标（*creditctrl*）的系数均为正，这说明在这两类国家推进利率市场化改革中都存在一定程度的金融抑制，因此信贷管制的放松会推动整体利率水平的上升。对比两类国家信贷管制指标的系数大小，我们发现影子货币国家的信贷管制放松对利率水平的影响（0.021）大于国际货币国家（0.007）。

第二，银行监管指标（*banksuperv*）的系数均为负，这说明在推进利率市场化改革过程中，完善监管制度有利于使得金融市场银行部门经营合规，减少信息获取成本，从而降低资金使用成本，使得利率水平在健康竞争环境下趋于降低。对比两类国家银行监管指标的系数大小，我们发现两类国家的银行监管制度所起到的作用比较相近，这说明完善监管制度是推行利率市场化改革的基本配套制度。

第三，银行部门私有化程度指标（*privatization*）的系数均为负，这说明打破银行业国有资本垄断，逐步引入私人部门资本进入该行业，有利于引入竞争从而提高银行业运行效率，进而降低金融市场利率水平；对比两类国家银行部门私有化程度指标的系数大小，我们发现影子货币国家加强银行部门私有化程度在改革过程中所起到的作用（-0.013）要大于在国际货币国家改革过程中所起的作用（-0.003），这说明在本币未国际化前推行利率市场化改革应先加强对于银行部门私有化程度。

（2）两类国家推进改革中各自发挥作用的制度环境结构因素。

对比两类国家推行利率市场化改革进程中，我们发现这两类国家推行改革过程中发挥作用的制度环境子结构同样存在不同。

①对于国际货币国家，利率管制（*intratectrl*）和国际资本流动管制（*intlcapital*）制度建设在推进利率市场化改革中发挥了重要作用，而在影子货币国家这两类制度环境指标并不显著；这说明，对于本币实现国际化的国家而言，应重视逐步放松国际资本流动管制，以实现金融市场外部资金供需的平衡；而另外一个重要的制度环境建设，就是利率市场化形式上的放松——放开存贷款利率的波动限制。

另外，国际资本流动管制和利率管制这两种指标的系数均为正，其中前者系数为0.019，后者系数为0.004。这说明国际资本流动管制和利率管制的放松，均会改善一国金融抑制情况，从而提高利率整体水平，同时国际资本流动管制的放松在改革进程中所起作用与其他制度因素相比要重要。

②对于影子货币国家，银行部门进入壁垒制度管制（*entrybarrier*）在推进利率市场化改革中发挥了重要作用，而在国际货币国家这类制度环境指标并不显著；这说明，对于本币未实现国际化的国家而言，应重视放松银行部门准入限制，增加金融市场的广度，以实现金融市场内部资金供需的平衡。另外，银行部门准入限制指标的系数为-0.012，这说明放松银行部门准入限制，会降低利率整体水平。

对于影子货币国家，我们发现利率管制（*intratectrl*）指标系数并不显著，这意味着在尚未完善配套制度建设，形式上的利率管制放开，并不是利率市场化改革的关键，真正的重点在于提高本国制度环境结构质量。这说明现阶段我国推进利率市场化改革的重中之重，并非关注简单的放开存款上限和贷款下限，而应该重点完善本文提到的制度环境建设。

3. 不同国家制度质量与利率市场化

（1）产权保护制度质量的国别差异。进一步地，我们考察两种类型国家的产权保护制度质量水平的国别差异，并考察在这种情况下，制度环境结构质量的稳定性。在逐步剔除不显著的变量后，模型（1）的回归结果如表3所示。

表 3　　制度质量国别差异研究（国际货币国家和影子货币国家）

解释变量	国际货币国家	解释变量	影子货币国家
C	−0.0898** (−2.538)	C	−0.1433*** (−5.909)
GDP	−0.1795* (−1.816)	GDP	
SAVE	0.1751* (1.704)	SAVE	0.3628*** (16.261)
CPI	0.4588*** (4.079)	CPI	0.1470* (1.481)
CREDITCTRL	0.0105* (1.935)	CREDITCTRL	0.0143*** (4.698)
BANKSUPERV	−0.0126*** (−3.333)	BANKSUPERV	−0.0138*** (−5.610)
PRIVATIZATION		PRIVATIZATION	−0.0037*** (−4.416)
INTLCAPITAL	0.0139*** (3.098)	INTLCAPITAL	
SECURITYMARKET	−0.0204*** (−2.904)	SECURITYMARKET	−0.0068* (−1.909)
CIM_FRA	0.2191*** (4.629)	CIM_AUS	0.2357*** (10.207)
CIM_JPN	0.0728** (2.015)	CIM_CAN	0.1964*** (8.285)
CIM_USA	0.1789*** (5.186)	CIM_SWI	0.1532*** (9.816)
调整的 R^2	0.908	调整的 R^2	0.805
F 统计量	59.524	F 统计量	26.701

注：①下方括号中的数字代表 t 检验值；②＊代表在 10% 显著性水平下显著；＊＊代表在 5% 显著性水平下显著；＊＊＊代表在 1% 显著性水平下显著。

根据表 3 所示，产权保护制度质量在两类国家中均显著发挥作用，对利率水平均为正推动作用，对比两类国家产权保护制度质量的影响因子，我们发现，澳大利亚、加拿大和瑞士三国产权保护制度质量的影响因子分别为 0.236、0.196 和 0.153，平均水平高于法国（0.219）、日本（0.073）和美国（0.179），这一点可以解释影子货币国家改革进程快于国际货币国家。

（2）证券市场成熟度——制度环境结构质量的显著性研究。进一步地，上一节不考虑产权制度质量国别差异研究结果中，证券市场成熟度制度环境指标的系数并不显著；但是在考虑产权制度质量国别差异后，我们发现在两类国家模型中，该指标表现出显著性，并且影响因子的符号方向保持一致，即降低利率整体水平；从影响因子的大小来看，影子货币国家的证券市场成熟度的影响力度（-0.007）小于国际货币国家（-0.020），说明在经济规模较大的国际货币国家，证券市场发展与完善对于利率市场化改革的影响较大。

整体来看，根据表3所示，在逐步剔除不显著的控制变量构建2组模型，制度环境结构质量影响因子的符号和大小与上一节研究结果保持一致，这进一步显示本文构建模型与结论的稳健性。

（三）制度环境质量稳定性研究

根据万荃等（2012）研究结果，在利率市场化改革进程中，影子货币国家的制度环境整体指标水平（均值）高于国际货币国家，并且影子货币国家的制度环境质量整体提高的速度快于国际货币国家。本节将在此基础上进一步研究制度环境结构质量水平在利率市场化进程中发挥的作用。

根据第二节的研究结论，在利率市场化改革中，国际货币国家制度结构指标显著起作用的共有6个（分别是信贷管制、利率管制、银行业监管、银行部门私有化程度、国际资本流动管制和证券市场成熟度），影子货币国家制度结构指标起显著作用的共有5个（分别是信贷管制、银行行业进入壁垒、银行业监管、银行部门私有化程度和证券市场成熟度）。因此，本节分别针对两类国家建立的金融制度环境指标建立变系数时间项面板数据模型，在逐步剔除不显著的控制变量后，模型拟合度均较高。

从两类国家的各制度环境结构指标影响因子变化趋势所体现的共同特征看（见图1和图2），各制度环境结构质量的改善在改革进程中起到的推动作用均十分明显，随着制度环境结构质量的持续改善并逐步稳定，其影响作用也趋于稳定。

从制度环境质量的结构特征看，对于国际货币国家而言（见图1）：（1）利率管制制度的放松会先推高利率水平，这主要是因为存在金融压抑的情况下放松管制必然导致利率向市场均衡水平靠拢，随后随着各项制度环境的改善和良性竞争，从长期看会逐渐拉低利率水平；（2）银行部门私有化程度的提高同样会先推高利率水平，这主要是因为允许私人资本进入

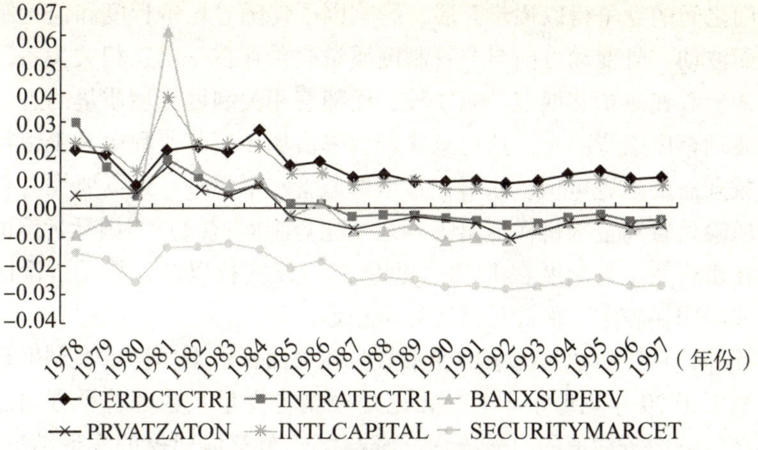

图1　国际货币国家制度环境影响因子变化趋势

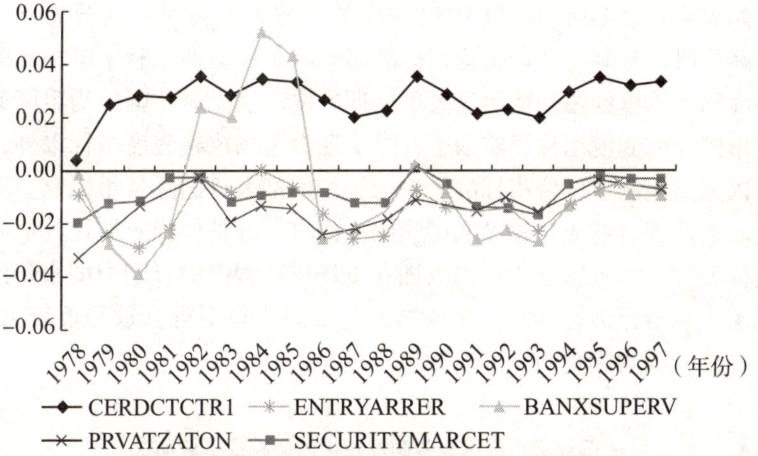

图2　影子货币国家制度环境影响因子变化趋势

银行部门，将会推动银行业的深度与广度，并提高银行部门提供金融服务的整体质量，从而改善供给解决资金结构不匹配现象进而提高利率水平，随着银行部门私有化程度的进一步提高，银行业竞争充分使得长期来看利率水平会逐步降低；（3）银行业监管制度质量的提高会先推高利率水平，这部分是因为在初期随着审慎监管要求（特别是资本充足率）的提高，将会增加对银行部门的风险拨备要求从而使得其资金安全运用受到一定限制，从而会提高利率水平，而随着银行业整体风险监管水平的不断提升，使得银行理性进行资金配置从长期来看利率水平会逐步降低。

对于影子货币国家而言（见图2）：（1）准入壁垒的降低将会使得银

行部门之间的竞争得以逐步开展，影响因子伴随着竞争程度和监管制度的改善而波动，且变动方向与监管制度质量改善存在一定正相关关系，并且从整体上看在改革初期波动幅度较大而随着相关制度环境质量的进一步改善其波动幅度逐步减小，这也意味着利率市场化改革过程中对于银行业准入的放开需要渐进审慎，除了完善审慎监管水平以外，还需要完善存款保险、风险处置和金融机构退出等一系列配套制度；（2）与国际货币国家相同，在银行业监管制度在1988年巴塞尔协议实行以前，影子货币国家的影响波动明显较大，而随后波动逐步稳定。

此外，从针对两类国家的变系数时间项面板数据模型以及制度环境指标影响因子20年均值水平看，无论是模型各变量系数的符号方向还是制度环境影响因子均值的符号方向，都与第二节整体建模的实证结论一致，从而也证明了本文构建模型的稳健性。

如表4和表5所示，以1988年实施《巴塞尔协议》为分界点，对样本时间分段考量制度环境结构指标的影响因子波动性，利率市场化前期制度环境结构质量的波动性明显大于后期的波动性。对比国际货币国家和影子货币国家的制度结构影响因子，除了证券市场成熟程度指标以外，影子货币国家其他制度环境指标的影响因子均值都大于国际货币国家。对于两类国家的证券市场成熟程度的影响因子而言，其整体稳定性比其他制度环境指标要好，并且影子货币国家证券市场成熟程度的影响力度小于国际货币国家，可能原因是证券市场成熟度与金融市场对外开放程度较为相关，显然在这方面国际货币国家较为具有优势。

表4　　国际货币国家显著制度结构的影响因子波动性

	CREDITCTRL	INTRATECTRL	BANKSUPERV	PRIVATIZATION	INTLCAPITAL	SECURITYMARKET
均值	0.0128	0.0016	-0.0012	-0.0019	0.0131	-0.0227
标准差	0.00874	0.00953	0.01620	0.00696	0.00536	0.00570

表5　　影子货币国家显著制度结构的影响因子波动性

	CREDITCTRL	ENTRYBARRIER	BANKSUPERV	PRIVATIZATION	SECURITYMARKET
均值	0.0269	-0.0144	-0.0074	-0.0148	-0.0091
标准差	0.00769	0.00928	0.02432	0.00802	0.00595

对比制度环境质量影响因子的波动性，从 20 年整体标准差看，影子货币国家与国际货币国家波动性相差不大；分阶段看，我们发现影子货币国家前十年的波动水平与国际货币国家较接近，后十年的波动水平整体要高于国际货币国家。以银行业监管制度质量为例，影子货币国家的影响力度（－0.0074）是国际货币国家（－0.0012）的6.4 倍，但整体波动性仅为后者的1.5 倍，可能解释是由于影子货币国家制度环境质量水平提高速度较快有关，市场对于制度环境改变需要时间适应和动态调整，但是显然整体制度质量改善的正向作用是显著的。

五、结论和政策建议

本文重点研究制度环境结构质量对利率市场化改革的影响，通过七类金融制度环境子结构指标刻画一国制度环境开放程度，进一步研究国际货币国家和影子货币国家制度环境结构质量对利率市场化改革的影响差异，研究结果显示：

（1）制度环境结构质量的有效性在两类国家的利率市场化进程中都是重要的前提条件。

（2）从制度环境显著性来看，信贷管制制度、银行监管制度以及私有化制度三项制度环境结构指标在两类国家改革过程中系数均显著，因此在深化利率市场化改革需要配套完善以上三项基本制度环境建设。

（3）从制度环境结构来看，配套的制度环境建设应该逐步放松信贷配额指导，完善市场激励机制使得通过市场的力量实现资金资源的合理优化配置，特别是逐步放宽贷存比的限制，拓展银行部门运用资金的空间，给予市场较为宽松的资金运用环境，使得利率体系能够更好地发挥资金引导作用。

推进利率市场化改革内在要求完善一国审慎监管制度框架，特别是强化监管部门独立性，以及完善监管范围所涉及多个部门之间的监管协调与信息共享机制；推进利率市场化必须拓展金融市场的广度和深度，特别是对私人资本开放银行业，打破银行业国有资本垄断，有利于拓展银行业广度，通过逐步引入私人部门资本，发展服务不同资产规模金融消费主体的银行类型，强化竞争从而提高银行业运行效率，进而扩展不同发展战略银行类型的市场占有份额，深化金融市场深度。

（4）对比两类国家中发挥作用的制度因素差异，对于本币实现国际化的国家而言，国际资本流动管制的放松在改革进程中所起作用与其他制度因素相比要重要，因此应重视逐步放松国际资本流动管制，以实现金融市场外部资金供需的平衡；对于本币未实现国际化的国家而言，在尚未完善配套制度建设，形式上的利率管制放开并不是利率市场化改革的关键，真正的重点在于提高本国制度环境结构质量，特别是壁垒制度管制的放松。

（5）在分类国家模型中，证券市场成熟度指标的系数并不显著；但是在对样本国别差异的模型中，证券市场成熟度指标的系数表现显著，这表明从国别来看，推进证券市场制度建设对于利率市场化改革的影响不可忽视；另一方面，在经济规模较大的国际货币国家，证券市场发展与完善对于利率市场化改革的影响较大。

（6）从制度环境结构的影响因子变化趋势看，随着制度环境结构质量的持续改善并逐步稳定，其影响作用也趋于稳定。

综上所述，根据国际经验和实证分析结果，现阶段我国推进利率市场化改革的重中之重，并非关注简单的放开存款上限和贷款下限，而应该重点完善本文研究所涉及的制度环境各个子结构的法律体系与制度实践。具体来讲，我国目前在放松利率管制和信贷管制之前，必须完善金融安全网，包括加强审慎监管水平，完善中央银行最后贷款人制度，特别是建立功能完善的存款保险制度和市场化风险处置机制，只有建立起激励相容的风险约束机制和金融机构退出制度，才能有条件逐步开放民间资本进入银行业和降低银行业准入门槛。利率市场化改革是一系列配套制度环境的完善，关键在于在制度环境改革方面进行积极推进提高我国制度环境质量水平，同时注意维护制度环境的稳定性，保证改革稳健有序推进。

存款保险制度的必要性与制度设计

孙彬

存款保险制度作为金融安全网的重要组成部分，有利于防范银行挤兑，有利于保护中小存款人利益，有利于促进中小金融机构发展，有利于保障利率市场化改革的顺利推进。通过合理的制度设计能够建立激励相容的市场化机制，从而有效地解决存款保险制度潜在的道德风险和逆向选择问题。在建立存款保险制度时，存款保险机构独立设置并享有监管权是一种发展趋势，同时需要注意理顺存款保险机构与金融安全网其他支柱的关系，完善信息共享机制，加强日常监管协调，以及确立危机应对机制。

一、存款保险制度的必要性与紧迫性

目前全世界已有111个国家建立了存款保险制度，尤其是那些曾经实行计划经济的原社会主义国家，也都纷纷建立了显性存款保险制度。在金融稳定理事会（FSB）24个理事会成员中，除中国、南非和沙特阿拉伯3个国家以外，其余21个成员都建立显性存款保险制度。而研究证明，存款保险制度的最初发明者，其实正是我们中国人自己。

从存款保险必要性看，首先，存款保险制度有利于防范银行挤兑。由于银行本身具有天生的脆弱性，并且银行挤提具有很强的传染性和很大的负外部性，因此，建立存款保险制度通过对银行债权人、主要是普通的中小存款人进行适当的保护，可以有效地降低存款人挤兑银行的风险，通过切断传染路径，防止个别银行倒闭的风险传染至整个银行体系引发系统性危机。

其次，存款保险制度有利于保护存款人利益，特别是中小存款人利益。存款保险制度通过明确存款类金融机构经营失败时的风险补偿和分担机制，改变以往银行破产成本由公共资金兜底处置机制，以避免广大纳税人和持币人为金融机构的破产被动埋单。

再次，存款保险制度有利于促进中小金融机构发展。目前中小企业融资难有多种原因，但中小金融机构数量不足、缺乏有效竞争是主要原因。因此，改革的方向是放开市场准入，鼓励民间资本进入。建立存款保险制度后，为中小金融机构创造了与国有大型金融机构公平的竞争环境，有助于形成有效竞争、可持续发展的中小金融机构体系。

最后，存款保险制度有利于保障利率市场化的顺利进行。在推进利率市场化改革过程中，由于竞争的加剧必然会有经营不善的金融机构面临破产境地，如果没有有效的存款保险制度，金融机构的破产处置就难以顺利进行，甚至有可能引发金融动荡，所以，存款保险制度是推进利率市场化改革的重要配套措施。

二、合理的制度设计能够解决存款保险职能不完善所带来的潜在风险

目前对于存款保险制度的质疑，主要来自两个方面，逆向选择和道德风险。然而根据 2009 年巴塞尔银行监管委员会和国际存款保险协会联合发布《有效存款保险制度核心原则》，通过合理的制度设计是可以解决以上潜在问题的。

在批评者看来，设计不当的存款保险制度主要存在以下问题：

第一，潜在逆向选择问题。自愿型、统一费率的存款保险体系下，有可能出现所有保险制度都会出现的逆向选择问题，即经营良好的存款类金融机构为避免承担额外保费而不愿意加入存款保险体系，而经营不善或脆弱的存款类金融机构反而更愿意积极加入存款保险体系，从而导致整个存款保险体系的系统性风险。对此，理论研究的成果和各国的实践经验是，通过实行强制保险和差别费率来克服逆向选择问题。

第二，潜在道德风险问题。在全额保护的存款保险体系下，有可能弱化来自市场对于存款类金融机构的约束，反而使存款类金融机构的经营者产生更大的道德风险，鼓励他们冒险经营。对此，根据理论研究的成果和

各国的实践经验，一是采取限额保险制度，只对中小存款人提供必要的有限保护，以鼓励大额存款人对存款类金融机构的监督和约束；二是赋予存款保险机构以市场化的风险处置手段，通过破产清算机制和责任追究手段对银行经营者形成倒逼机制，强化外部约束；三是实行风险差别费率按银行风险等级征收差额保费以示对高风险投资的惩罚，实现体系内部的激励相容机制；四是赋予存款保险机构以风险监测、早期纠正和辅助监管等手段，防范金融风险的积聚。

三、中国需要由隐性存款担保向显性存款保险转变的制度现实

长期以来，我国实际上所实行的隐性存款担保制度存在诸多问题。一是缺乏明确的法律依据，存款人并不能确信其存款一定能够得到可靠保障，因此时刻潜藏着挤提的风险；二是由于事实上政府每每在出手兜底，又导致存款类金融机构的经营者存在很大的道德风险，敢于冒险经营，出了问题就交给政府处置；三是存款类金融机构破产处置很不规范，缺乏正常的退出机制，处置成本很高；四是存款类金融机构高额的破产损失通常都要由所有纳税人或所有货币持有者负担，造成严重的社会不公。而目前这种一事一议的风险处置方式，不仅难以防止银行挤兑和金融风险的传染，而且随着我国金融业资产规模的不断膨胀，完全依靠国家财政和央行再贷款被动埋单的方式，其弊端日益凸显，所以有必要尽快建立显性存款保险制度。

而显性存款保险制度主要是通过事前设立的明确的制度安排，以便在存款类金融机构经营失败时，能够使存款人主要是中小存款人得到及时的适度保护，从保护金融机构转变为保护存款人，真正解决目前隐性存款担保制度的种种弊端。

实际上，我国自20世纪90年代初期开始就不断提出要建立存款保险制度的设想，但时至今日一直未能建立起来。究其根源，主要是一方面，国有大型银行认为有国家信用做担保兜底，无须额外支付一笔保险费且会加大负担；另一方面，监管部门则主要担心如果新设立的存款保险机构拥有监管权的话，会造成重复监管的问题。

但是，一方面，随着国有银行股份制改革的不断推进，应当说国家对国有银行全面兜底的义务已经不复存在，并且合理的差别费率设计完全可以实现银行业内部的激励相容和风险分担机制；另一方面，通过深入研究和对监管权的分解，可以发现，金融安全网三大支柱之间的检查重点是不同的，不存在严重冲突，反而是从不同角度帮助补充监管和实现监管制衡。

至于说从隐性存款保险制度转变为显性存款保险制度有可能使目前相对稳定的金融体系反而变得不稳定，会不会出现存款搬家？对于这种担心，一方面取决于对当前金融形势的准确判断，我国目前这种隐性的存款全额担保制度实际上蕴藏着更大的问题，既拥有存款保险制度缺失的弱点，也具有全额存款保险的缺陷，是一种最差的制度安排，这种看似稳定的金融体系难以长久维持；另一方面必须明确政府所追求的真正目标，毫无疑问应该是整个国家的长治久安，是维护整个金融系统的长期稳定，而并非本届政府任期内的歌舞升平。此外，根据各国之经验，在转轨时期，做好充分的准备工作当然是必要的；但是从事后来看，迄今为止还没有哪一个国家在从隐性保险转为显性保险的过程中发生大的金融动荡。

四、关键是要做好存款保险制度的设计工作

第一，从职能设计来看，本次国际金融危机表明，纯粹的“单一付款箱”模式下由于存款保险机构仅承担受保存款的偿付职能，在金融风险爆发时只能被动埋单，无法及时获取风险信息，缺乏有效的风险约束功能和灵活的处置手段，因此不足以应对大的金融风险。英国北岩银行发生的挤兑事件，实际上是对英国“单一付款箱”模式的挤兑，而不是对整个存款保险制度的不信任。危机以后，越来越多的国家开始放弃“单一付款箱模式”。

第二，从机构设置来看，主要有三种观点：第一种观点主张建立存款保险机构应当放在银监会下面，从而可以最大限度地实现信息共享、降低监管成本等；第二种观点主张放在央行下面，因为存款保险机构在很大程度上仍然需要与中央银行的最后贷款人机制相互配合维护金融稳定等；第三种观点主张独立设置存款保险机构，并与中央银行、监管部门之间明确

分工、互相制衡；但要通过加强信息共享、完善监管协调和制订风险处置流程和确立危机应对机制来加强三方之间的协调配合，以避免相互扯皮。从世界各国的存款保险制度建设经验和改革历程表明，存款保险机构的独立设置已成为一种发展趋势，根据 IADI 2011 年的统计结果，独立设置的存款保险机构的国家（地区）大幅增加，其占比大幅增加到了 64.56%。此外，FSB 的 21 个已建立显性存款保险制度的理事会成员中，19 个成员的存款保险机构是独立设置的。

第三，从监管权设置来看，存款保险机构享有监管权，有助于全面、及时和准确地掌握投保金融机构的经营状况和风险水平，是存款保险制度发挥功效和存款保险机构有效运行的前提。世界各国存款保险和银行监管的实践也表明，存款保险机构与银行业监管机构的监管目的和侧重点是存在一定差异的，存款保险机构通过对金融机构的存款额度、存款结构、财务状况和风险水平，以便合理制定和调整各个金融机构的保费费率；更重要的是检查金融机构的存款人相关数据备份情况，以便在出现问题时，存款保险机构能够及时进行赔付。在发现潜在风险时，存款保险机构则可依通过调整费率、早期纠正、强制退保、信息披露等特有方式对违规金融机构进行处罚，以尽量减少存款保险基金的损失。而且，存款保险机构享有监管权不仅不会影响银行业监管机构的监管，还可以避免监管机构在问题金融机构的退出上可能出现"监管宽容"，有助于促进监管的规范化和透明性，强化银行业金融机构的自我约束，缓解银行业监管资源不足等问题，特别是在危机时期，有助于更加有效地处置问题金融机构，稳定银行体系的运行。

总地来说，建立存款保险制度有可能面临一定的风险，但是这个坎儿我们迟早都要迈，而且晚迈不如早迈，越晚风险越大。对于在建立存款保险制度过程中可能面临的短期风险，只要我们能够积极借鉴国际经验，科学进行制度设计，正确引导公众舆论，我们就有可能通过建立显性的存款保险制度，完善金融安全网，实现我国金融的长期稳定。

原载《金融时报》2013 年 7 月 1 日

中美股市联动的经济基础和传染现象

费兆奇

一、引言

近些年，随着全球经济一体化的发展、新兴市场的金融开放以及电子信息技术的进步，信息和风险在全球范围内的传导渠道增多，传导速度加快，各资本市场之间的相互联系和影响显著增强。例如，2008 年 9 月底美国 7 000 亿救市案被否导致道琼斯工业指数当日下跌 777.68 点，进而引发全球（包括亚洲）股市的大幅下挫，在随后 1 个月的时间内，中国上证综指下跌了 24.6%，中国香港恒生指数跌 22.5%，韩国 KOSPI 指数跌 23.1%，新加坡海峡时报指数跌 22.2%，中国台湾地区加权指数跌 14.8%。于是，一系列问题由此产生：上述引导关系是否具有显著性，即各国股市的下跌是否能够归因于美国股市？这种引导关系是否只在危机时期才会发生？股市联动的引导关系是否可以被经济基础所解释？国际股市的各个行业之间是否存在特有的引导关系？本文将以这些问题作为研究的主线。

股市联动在近些年显著增强的事实已被业界普遍接受。洛金（1995）运用分段检验法估计了包括美国在内的全球 7 个主要股票市场的相关性，他们发现在 1960 ~ 1990 年的检验期间内，市场之间的相关性呈现出波动攀升的趋势。兰格韦德（2001）运用动态协整的检验方法考察了英国、法国和德国股市从 1960 ~ 1999 年的季度数据，发现 3 个市场的协整关系在 1980 年以后变得显著，意味着股市之间的联动程度在 1980 年开始逐步增强。巴埃莱（2005）将机制转换和波动溢出模型相结合，研究了美国和欧盟主要股市的联动性，验证了兰格韦德（2001）的结论。对于中国股市的研究，骆振心（2008）发现股权分置改革以后，中国与外界股市的协整关系开始变得显著，意味着联动性增强。李红权等（2011）通过 Hong 方法发现次贷危机以后，美国对中国股市具有较强的信息溢出效应。费兆奇（2011）通过构造时变冲击溢出模型，发现世界因素和亚洲区域因素在 2008 年以后对中国股票市场的影响程度显著增强。

目前，股市联动的相关研究主要集中在三个方面：一是影响股市联动的因素；二是危机时期的传染现象；三是国际股市不同行业之间的联动关系。

从影响因素来看，哈维（1997）在模型中用贸易依存度模拟股市联动的参数，发现新兴市场的贸易依存度能够决定股市联动的波动水平。布拉克（1999）评估了全球 9 个主要股市的相关性，之后检验众多宏观经济变量对股市联动的解释程度，他们发现，贸易依存度、市场之间的地理距离和市场规模的差异对股市联动性具有较好的解释能力。弗莱泽尔（2001）运用类似方法发现，欧洲各国经济周期的相关性能够解释股市之间的联动水平。

对于传染问题的研究起源于近 30 年来的世界性或区域性金融危机，例如 1987 年的美国股灾、1997 年的亚洲金融危机和 2007 年开始的美国次贷危机。当这些危机爆发于一个特定的市场之后，迅速蔓延到其他国家，无论传播源和被传播的市场是否具有直接的经济或金融联系。伊辰格林（1996）对传染提出了相对合理的定义，即在金融危机期间，市场之间不能被经济基础所解释的额外的相关性。在这一框架之下，贝卡尔德（2005）发现亚洲股市在 1997 年亚洲金融危机期间发生了传染。巴埃（2010）发现欧洲股市在 1987 年美国股灾期间发生了传染现象。

从行业视角研究跨国股市之间的相关性和市场波动也是备受关注的一个焦点问题。巴卡（2000）发现在国际股市联动的进程中，行业因素的影响越来越大，其影响程度甚至超过了国别因素。然而，杨森（2005）通过研究全球 6 个发达股票市场的一体化程度，发现国别因素仍然占据主导地位。费兆奇（2012）研究了中国股市的一体化进程，发现 A 股市场中各个行业的差异较大，对于原材料、工业和金融行业，行业因素的影响发挥主导作用；而对于其他行业而言，行业因素的影响偏小。

与以往研究相比，本文有以下特点：（1）从因果关系的角度系统分析了中美股市之间的引导关系及动态特征；（2）首次从因果关系的角度考察两个市场的经济基础是否能够解释中美股市之间的引导关系；(3) 首次从因果关系的角度检验次贷危机期间，中美股市是否发生了传染现象；(4) 对中美股市的各行业进行市场风险调整（剔除市场指数的影响），之后检验两个市场中各行业的引导关系，旨在描述行业之间特有的因果关系。

二、研究框架和方法

（一）市场风险调整

本文并未采用各行业的原始数据，而是对数据的市场风险进行调整。各个行业的风险由两个部分组成：一是市场整体的系统性风险；二是行业自身的风险。我们通过市场模型对各行业的市场风险进行调整：

$$R_{i,t} = a_i + b_i R_{m,t} + e_{i,t} \tag{1}$$

其中，$R_{i,t}$和$R_{m,t}$分别表示行业i和市场指数的收益率。a_i和b_i表示模型的参数。$e_{i,t}$代表行业i的异常收益，即，行业i特有的收益（或风险）；在模型（1）中，对残差项$e_{i,t}$做了同方差假定，即，$e_{i,t}$的方差是恒定的。然而，大量研究证实，金融模型的残差方差程序如果随时间呈现出系统性变化，同方差的假定将使估计结果出现偏误。另一方面，相关研究发现，股票的风险溢价水平通常并不是一个恒定的常数，而是具有较强的时变特征（哈维，1991）。为了解决上述问题，本节构建了如下动态模型：

$$R_{i,t} = a_i + b_{i,t} R_{m,t} + e_{i,t} \tag{2}$$

$$b_{i,t} = b_{i,t-1} + \eta_{i,t} \tag{3}$$

$$h_{i,t} = \mathrm{var}\ (e_{i,t} \mid \Omega_{t-1}) = \alpha_{i0} + \alpha_{i1}\eta_{i,t-1}^2 + \alpha_{i2}h_{i,t-1} + \alpha_{i3}\xi_{i,t-1}^2 \tag{4}$$

模型（2）~（4）是在 Kalman filter 体系的基础上释放了模型的同方差假定，它的动态特征主要体现在两个方面：一是状态模型（3）允许参数$b_{i,t}$符合随机游走程序，这意味着$b_{i,t}$的波动来源于状态模型中的误差项$\eta_{i,t}$。其中，量测模型（2）和状态模型（3）的残差项符合正态分布且彼此互不相关。二是允许量测模型的残差方差随时间呈系统性变化，并用 TGARCH（1，1）模型描述残差方差的动态特征。其中，$\xi_{i,t}$是虚拟变量，

当残差项 $e_{i,t}$ 的数值小于0时，$\xi_{i,t}$ 等于相应的残差项；否则，$\xi_{i,t}=0$。

（二）动态格兰杰检验

本文通过格兰杰因果关系检验考察中美股市的引导关系。根据格兰杰检验的定义，如果中国股市收益率的滞后值能够帮助预测美国股市收益率的当期值，那么中国股市收益率的变动就构成了美国股市收益率变动的格兰杰原因，即，中国股市对美国股市具有引导作用。格兰杰因果关系的公式可以表达如下：

$$\begin{bmatrix} e_{i,ch,t} \\ e_{i,us,t} \end{bmatrix} = \begin{bmatrix} a_{10} \\ a_{20} \end{bmatrix} + \begin{bmatrix} a_{11}^{1} & a_{12}^{1} \\ a_{21}^{1} & a_{22}^{1} \end{bmatrix} \begin{bmatrix} e_{i,ch,t-1} \\ e_{i,us,t-1} \end{bmatrix} + \cdots\cdots + \begin{bmatrix} a_{11}^{p} & a_{12}^{p} \\ a_{21}^{p} & a_{22}^{p} \end{bmatrix} \begin{bmatrix} e_{i,ch,t-p} \\ e_{i,us,t-p} \end{bmatrix} + \begin{bmatrix} \varepsilon_{1t} \\ \varepsilon_{2t} \end{bmatrix} \tag{5}$$

其中，$e_{i,ch,t}$ 和 $e_{i,us,t}$ 分别代表中、美股市中行业 i 的异常收益。格兰杰检验的原假设 H_0 为：a_{12}^{p} 全部为0，即 $e_{i,us,t}$ 不是 $e_{i,ch,t}$ 的格兰杰原因。如果原假设被拒绝，可以认为 $e_{i,us,t}$ 是 $e_{i,ch,t}$ 的格兰杰原因。

为了描述格兰杰因果关系的时变特征，本文采用动态递归的研究方法，即首先确定样本区间的起点，选择一个合适的子区间进行格兰杰检验，然后随着新观测值的增加，重新对扩大的样本区间进行格兰杰检验，直至样本区间的末端。为了便于不同时期检验结果的比较，本文构造了 GF 统计量，其表达式为，$\frac{S_t}{\text{F}_{\text{临界值},t}}$；其中，$S_t=\frac{(RSS_{0,t}-RSS_{1,t})/p}{RSS_1/(t_T-2p-1)}$ 服从 F 分布。$RSS_{1,t}$ 是（5）式中 $e_{i,ch,t}$ 方程的残差平方和；$RSS_{0,t}$ 是 $e_{i,ch,t}$ 方程中不含 $e_{i,us,t}$ 滞后变量的残差平方和；P 是滞后期间；t_T 是检验区间的时间终值。$F_{\text{临界值},t}$ 是 F 分布在时刻 t 的临界值（5% 显著性水平）。因此，如果 $S_t>F_{\text{临界值},t}$（$\text{GF}\geqslant 1$），则说明 $e_{i,us,t}$ 是 $e_{i,ch,t}$ 的格兰杰原因；反之，$e_{i,us,t}$ 不是 $e_{i,ch,t}$ 的格兰杰原因。

在动态格兰杰检验的基础上，本文考察了中美股市引导关系的经济基础。第一步，考察中美两国经济增长的相互引导关系，由于 GDP 仅有季度数据，因此选用工业生产增长率代表经济增长。并用 $GF_{GDP,t}$ 代表两国经济增长的相互引导关系。第二步，通过设计“格兰杰 - F”检验考察 $GF_{GDP,t}$ 是否构成了 $GF_{stock,t}$ 的格兰杰原因，$GF_{stock,t}$ 代表中美股票市场指数之间的引导关系。如果 $GF_{GDP,t}$ 是 $GF_{stock,t}$ 的格兰杰原因，则说明中美股市之间的引导关系可以被经济基础所解释；相反，则可能发生了传染现象。

三、实证检验和分析

（一）数据描述

本文选取中国和美国两个股票市场的市场指数，并同时研究市场总指数及其构成的10个行业指数，包括：石油化工、原材料、工业、消费品、医药行业、大众服务业、电信服务、公用事业、金融业和信息技术行业。样本数据的检验期间是2007年1月初至2012年6月底的日度数据；由于两个市场的节假日略有不同，因此删除两个市场交易日不重合的数据。所有数据均为交易日的收盘价，以本币计价，来源于datastream数据库。

表1描述了中美股市的市场指数及各行业收益率的统计量。从收益率的均值水平来看，中国股市中的医药行业最高，美国股市中信息技术行业最高；而金融行业在两个市场中的收益率均为最低。就风险水平而言，中国股市的市场指数和大部分行业（除金融行业）收益率的标准差均大于美国股市，这体现了新兴市场具有较高风险的特征。从ARCH检验来看，两个市场的所有行业和指数在较长滞后区间内的ARCH效应都非常显著。

表1　　中美股市收益率统计量描述

行业	ARCH（5）检验		均值（%）		标准差（%）	
	中国	美国	中国	美国	中国	美国
市场指数	-0.008	-0.010	1.977	1.583	12.788	83.419
石油化工	-0.024	0.002	2.283	2.107	28.347	115.160
原材料	0.012	-0.001	2.509	2.337	7.990	96.619
工业	0.000	-0.009	2.152	1.727	13.375	61.507
消费品	0.052	0.004	2.118	1.179	15.098	94.191
医药行业	0.061	0.004	2.039	1.225	13.831	91.512
大众服务业	0.006	0.003	2.286	1.508	13.025	59.140

续表

行业	ARCH（5）检验		均值（%）		标准差（%）	
	中国	美国	中国	美国	中国	美国
电信服务	-0.017	-0.003	2.657	1.573	14.112	89.632
公用事业	0.012	-0.011	2.132	1.403	35.295	95.505
金融业	-0.028	-0.056	2.111	2.521	19.212	47.523
信息技术	0.008	0.009	2.310	1.653	15.164	51.193

（二）中美股市相关行业的引导关系

GF统计量的走势图反映了中美股票市场指数及相关行业引导关系的时变特征（见图1）。其中，黑色实线代表美国股指（或行业）对中国股指（或行业）的引导关系，即美国股市的变动是否是中国股市变动的格兰杰原因；黑色虚线则代表反向的引导关系，检验中国股市的波动是否导致了美国股市的波动。图中的常数“1”代表格兰杰检验在5%显著性水平上的辨别标准，本文以GF统计量持续大于5%显著性水平的临界值作为存在稳健的格兰杰引导关系的标准。

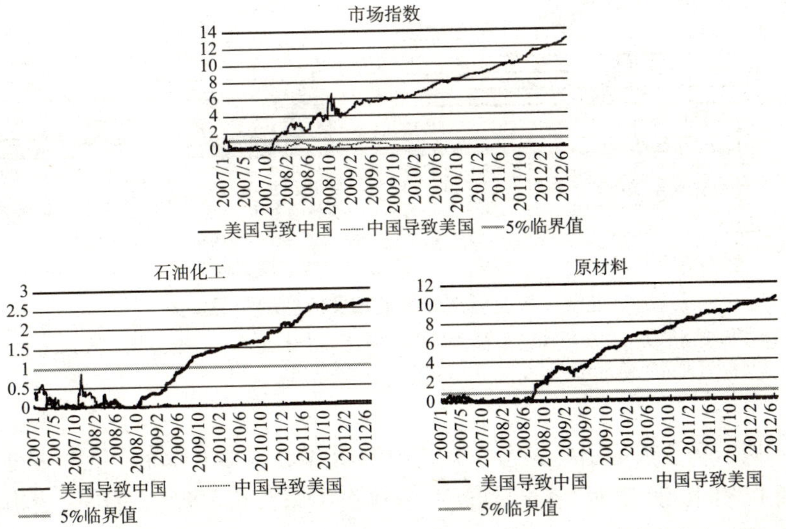

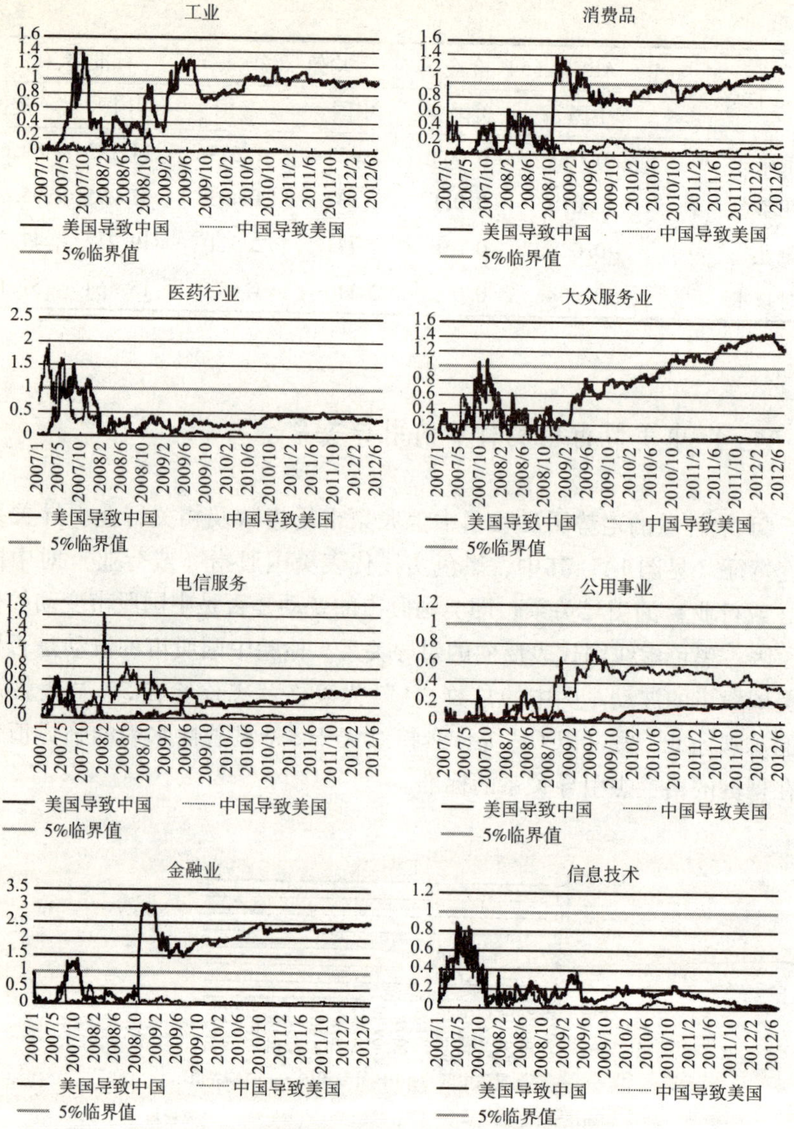

图1　中美股市股指及相关行业的引导关系

注：根据 AIC 及 SC 准则确定最佳滞后期，通常情况下为滞后 1 期最优，为此，在检验时，统一选择滞后期为 1 阶。

从市场指数的引导关系来看，中国引导美国的 GF 统计量一直徘徊在 0 和 1 之间，这说明在检验期间，不存在中国股市收盘价对美国股市次日收盘价的引导关系。但从 2007 年 11 月中旬开始，美国股市对中国股市的引导关系开始变得显著，即可以通过美国股市价格的波动对中国股市次日的变化进行预测。其中的一个显著性特征是，反映美中引导关系的GF统计量在2007年11月以后不断攀升，说明美国股市引导中国股市的稳定性越来越强。其中的原因在于：一方面，中国在2005年以后进行了股权分置改革，进一步推动了利率市场化，实行了有管理的汇率浮动制度等，这一系列金融市场化和金融开放的改革，推动了我国股市的国际化进程。特别是在2006年年底引进的QDII制度使得国内市场更加关注外界的投资信息和风险，全球特别是美国的经济政策和市场走势对国内资产价格的影响越来越显著。另一方面，2007年以后，美国经济受次贷危机的影响不断恶化，我国经济增长也因外需的下降而受到牵连，这种经济波动的传导顺序最终体现在资本市场上，致使美国股市对中国股市引导关系的稳定性越来越强。

从相关行业的引导关系来看，由于本文对各行业的样本数据进行了市场风险调节，行业间的GF统计量反映的是行业内部特有的引导关系，排除了市场系统性风险的影响。美国对中国具有显著引导关系的行业有金融业，与大宗商品相关的石油化工行业和原材料行业，或者说这些行业之间具有额外的引导关系；而其他行业的引导关系均不显著。就石油化工和原材料行业而言，由于我国尚未掌握相关的国际大宗商品的定价权，因此美国对我国相关行业的影响具有独立于市场指数之外的引导关系。2008年9月底美国7 000亿的救市案被否导致美国股指大跌，进而引发全球股市的大幅下挫。作为次贷危机的始作俑者，金融行业在本轮下跌中的引导关系最为显著，美国引导中国的GF统计量从2008年9月底的0.282飙升到10月初的1.421，此后一直在高位波动直至样本末期。

（三）中美股市联动的影响因素：经济基础

为了检验中美股市的联动性是否能够被经济基础所解释，本节首先考察中美两个经济体经济周期的引导关系。由于GDP仅有季度数据，因此选用工业生产增长率代表经济增长。在图2中，黑色实线代表美国经济对中国的引导关系；黑色虚线代表中国对美国的引导关系。从图中可以发现，代表两个引导方向的GF统计量均在临界值“1”值的上方波动，说明中美之间经济周期的引导关系在双方向上均是显著的。在2008年9月以前，美国对中国的引导关系更为稳定；而在2008年10月以后，中国对美国的引导关系更为稳定。

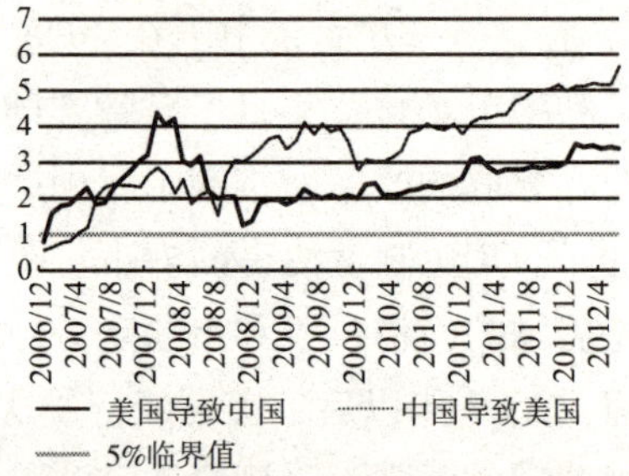

图2　中美经济周期的引导关系

注：根据AIC及SC准则确定最佳滞后期，通常情况下为滞后6期最优，为此，在检验时，统一选择滞后期为6阶。

表2对美、中经济联动是否构成美、中股市联动的格兰杰原因进行了检验，结果发现，经济联动在1%的显著性水平上构成了股市联动的格兰杰原因，即可以通过美、中经济的引导关系对美、中股市的引导关系进行预测。这说明从因果关系的角度来看，美、中股市的引导关系可以被两个市场的经济基础所解释。经济联动导致股市联动的原因在于：随着全球经济一体化的发展，一个国家宏观经济状况的变化会同时对本国和其他国家上市公司的未来现金流和折现率产生影响，最终造成股票价格变动的趋同性（麦奎因和罗力，1993）。另一种解释是，即使一个国家的宏观经济发生变化所产生的影响仅局限于本国范围之内，跨国套利投资者将依据这一国家宏观经济的变化改变他们在全球范围内的资产组合，因此，其他国家股市仍可能间接地受到上述信息变化的影响（艾德勒和杜马，1983）。

表2　“格兰杰－F”检验：股市联动与经济联动的因果关系检验

原假设	F统计量	P值	结论
美、中股市联动不是美、中经济联动的格兰杰原因	1.513	0.224	接受原假设
美、中经济联动不是美、中股市联动的格兰杰原因	9.612	0.003	拒绝原假设

注：根据AIC及SC准则确定最佳滞后期为1阶。

虽然中国经济对美国经济具有显著的引导关系，但由于中国股市对美国股市的引导关系并不显著，因此表2并没有描述其检验结果。造成上述差异的原因主要有二：一方面，由于中国的金融体制仍处于改革阶段，处于调整阶段的中国股市尚不能准确地反映中国经济的发展水平；另一方面，中国股市对美国股市的溢出效应并不显著。

（四）中美股市联动的影响因素：传染现象

根据伊辰格林（1996）对传染的定义，在金融危机期间，市场之间不能被经济基础所解释的相关性。为此，本文对美中经济联动和股市联动进行了动态格兰杰因果关系检验。在图3中，用黑色实线标记的GF统计量代表美中经济联动是否构成美中股市联动的格兰杰原因，从走势图可以发现，在样本中的大部分时期，GF统计量均大于5%显著性水平的临界值，说明美中两国的经济基础在大多数情况下能够对美中股市的引导关系进行解释。但在2008年10月以后GF统计量快速下跌到临界值的下方，并在较低水平波动，直到2009年2月才又回到临界值的上方；而在同期，美中股市的引导关系不仅是显著的，而且引导关系的稳定性出现了不断加强的态势。这说明在2008年10月至2009年1月这段时期内，美中股市的引导关系不能被经济的引导关系所解释，即发生了美国股市向中国股市传染的现象。

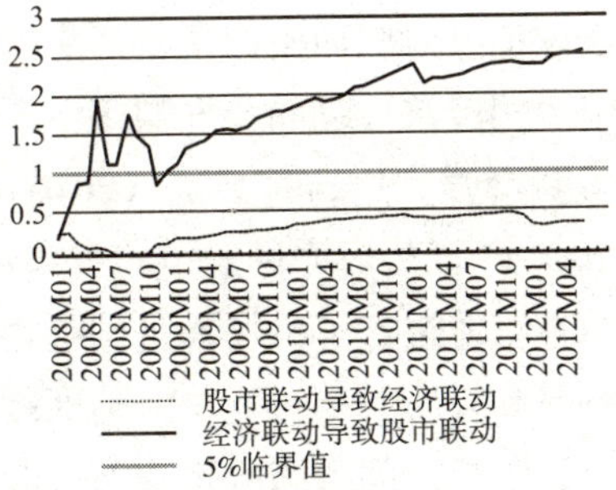

图3 “格兰杰－F”检验：美中经济联动与股市联动的引导关系

信息不对称是诱发传染现象的主要原因。在危机时期，国际投资者在不完全信息的基础上，通常会做出非理性的投资决策，容易产生趋同效应、羊群效应等行为特征，进而影响到其他国家市场的预期，无论危机发源国与其他国家是否具有直接的经济或金融联系。由于我国股市目前仍然处于相对封闭的状态，而且市场的价格发现机制尚不健全；因此，外界因素的冲击在中国市场较难得到完全的释放，导致市场参与主体通常对外界风险反映过渡或估计不足，最终造成股市之间的非理性联动。

需要说明的是，虽然美、中股市在2008年10月至2009年1月期间的联动是因为发生了传染现象，与两个市场的经济基础无关；但我们不能判定在样本的其他时期内是否发生了传染现象，因为股市的联动可能是经济基础和传染现象共同作用的结果。

四、结论、启示和进一步的研究方向

本文从行业视角研究了中美股市之间的引导关系和动态特征，在检验过程中，我们对各行业的原始数据进行了市场风险调整，旨在考察行业内部特有的引导关系。此外，本文从因果关系的角度研究了中美股市联动的经济基础和相互之间的传染现象。主要结论和相应启示如下：

第一，从股票市场的整体水平来看，美国股市收盘价的变化对中国股市次日收盘价的变动具有显著的引导关系，即可以通过美国股市对中国股市次日的变化进行预测。而且，这种引导关系的稳定性不断趋强，其中的原因在于，一方面，中国近些年金融市场化和金融开放的改革推动了股票市场的国际化进程，全球信息对国内资产价格的影响越来越显著；另一方面，在危机期间，美中两国经济波动的传导顺序体现在资本市场上，使得股市之间的引导关系不断增强。这与张兵等（2010）的观点保持了一致，他们发现美国股市在2007年以后对中国股市的引导作用尤为明显。

第二，在对股市中各行业进行了市场风险调整之后，本文发现在A股市场的石油化工、原材料和金融三个行业中，美国股市相关行业对其具有额外的引导关系。在次贷危机期间各国股市普遍大幅下跌的背景之下，我们需要特别关注外界风险通过上述行业对国内市场造成冲击。这从因果关系的角度支持了费兆奇（2012）的结论，他考察了外界因素对中国A股市场各个行业的影响程度，并发现特定行业因素对原材料、工业和金融行业的冲击超过了外界因素对A股市场整体的影响。

第三，在样本中的大部分时期，美、中经济的引导关系构成了美、中股市引导关系的格兰杰原因，即美国股市对中国股市的引导作用可以被经济基础所解释。但在2008年10月至2009年1月期间，经济联动与股市联动的格兰杰因果关系并不显著，但美、中股市引导关系的稳定性却大幅度提高，为此，我们判定在这段时期内，美、中股市之间发生了传染现象。

由于缺乏相关行业实际产出的高频数据，本文没有对中美股市各行业联动的经济基础和传染现象进行检验。对于相关行业传染现象的研究能够为我国防范外界金融风险、维护金融稳定提供更为充实的理论依据和经验论证，值得未来进一步的思考和研究。

原载《金融评论》2012年第5期

新形势下中国金融条件的测度与衡量研究

费兆奇　殷剑峰　刘　康

一、引言

为了综合反映未来的通货膨胀压力，度量货币政策条件的松紧状况，加拿大银行在20世纪90年代初开始致力于货币条件指数（Monetary Conditions Index，MCI）的构建，把短期实际利率和实际汇率作为衡量货币政策的指标，并由它们的加权平均值构成这一指数。之后，MCI逐渐受到各国央行（新西兰、瑞典、挪威）、国际组织（IMF、OECD）和大型商业机构（如高盛）的广泛关注，也为我国的货币政策操作拓展了新的思路。然而，我国货币政策的内、外部环境在近些年出现了新的变化，这主要表现在以下三个方面：

首先，从世界范围来看，以股票、房地产为代表的非货币性资产价格大幅波动所引起的经济、金融体系的不稳定问题日渐突出。从20世纪日本的房地产泡沫，到1997年的亚洲金融危机，再到始于2008年的美国次贷危机，均对全球的实体经济造成了深远的影响。为此，“资产价格波动对通货膨胀和实体经济的影响”成为了理论界和业界关注的焦点问题；更有研究认为货币政策应对资产价格的异常波动做出相应调整。在此背景下，涵盖非货币性资产（如股票和房地产）的金融条件指数（Financial Conditions Index，FCI）在2000年首次被提出（哈特和霍夫曼，2000），旨在更全面地反映未来通货膨胀的压力。近十年来，我国的非货币性资产市场发展迅速，例如，2007年我国股票市场市值曾一度超过当年GDP总量，与之相对应的是居民储蓄大幅向股市转移的现象。而房地产行业增加值在近些年已占据 GDP 总量 5% 以上的水平，按现值计算这一数据在 2011 年年底已达到 5.65%。因此，应该特别重视非货币性资产（主要指股票和房地产）对我国通货膨胀和货币政策实施效果的影响。

其次，在我国资本账户逐步开放的趋势之下，国际因素对我国资产价格波动和央行货币政策的影响越来越大。例如，美联储量化宽松政策背景下的美元贬值极易造成各国同时面临输入型通胀和本国汇率升值引起的出口竞争力下降的问题。为此，如何在 FCI 中充分考虑国际因素的影响显得至关重要。

最后，我国的信贷规模在 2008 年以后极度膨胀，对我国的经济和金融发展造成了深远的影响。信贷在我国宏观调控中具有举足轻重的作用。虽然早在 1998 年我国就改革了货币调控机制，但事实上，信贷在宏观调控中的地位和作用并没有因此而削弱，信贷总量仍是央行进行货币调控的重要中介目标。信贷总量的变化也在一定程度上为中央银行的货币政策操作提供了反馈信息，货币政策操作的方向和力度不仅取决于通胀、GDP 增长之类的真实变量，也还取决于商业银行的信贷行为与总量的变化。为此，在构建中国 FCI 指数时，需要充分考虑信贷规模的变化。

鉴于此，本文在构建新形势下中国货币条件指数（MCI）时，除了考虑利率和汇率两个变量之外，还将股价、房价、信贷和国际油价纳入 MCI 指数之中，形成了金融条件指数（FCI）。并通过联立结构模型明确设定了各变量对通货膨胀（CPI）的影响途径。最后，我们从实证上检验了 FCI 能否替代 CPI 作为我国货币政策的指示器，旨在进一步提高我国货币政策的有效性。

二、文献综述

货币条件指数（MCI）由弗里德曼（1994）提出，他认为如果货币政策当局同时根据利率和汇率来衡量其货币政策状态能比单独使用其中一种提供更大的信息量。杜高依（1994）认为由于开放经济中国内外资产具有较强的替代性，国内外利差导致利率与汇率的联系增大，因此货币政策当局应通过影响短期利率和汇率的行为，从而最终影响到总需求和通货膨胀率。在此基础上，特恩布尔（2002）通过构建英国的货币条件指数（MCI），发现MCI与产出、通胀确实具有较强的相关关系，可以作为预测货币政策效果的一个先导指数。

然而，随着现代金融与宏观经济联系的日渐紧密，资产价格的剧烈波动正在成为新的宏观经济波动的主要原因。尽管学术界对于货币政策是否应该对资产价格波动做出相应调整尚存争议，但资产价格与经济增长和通货膨胀之间的关系已被多数研究所证实。在这样的背景下，哈特和霍夫曼（2000）提出了金融条件指数（Financial Conditions Indexes，FCI）。FCI考虑到非货币性资产价格对产出和通胀的影响，在利率和汇率构成的MCI的基础上，加入了资产价格变量（如房地产价格和股票价格等）。随后，哈特和霍夫曼（2001）利用由短期实际利率、实际汇率、房地产和股票价格构成的FCI，对G7国家进行了实证研究，发现房地产和股票价格在FCI中占据了较大的权重，并且FCI能够更好地预测未来通货膨胀的压力。

在FCI的构建过程中，变量的选择及其权重的评估一直是相关文献研究的核心问题。由于FCI从MCI扩展而来，FCI通常包含短期利率和汇率两个变量。在哈特和霍夫曼（2000）提出FCI之后，国内外研究中最常用的变量包括利率、汇率、股票市场价格和房地产市场价格。在近几年的研究中，越来越多的变量被纳入FCI，包括各类期货价格、信贷市场的调查数据等。霍尔兹（2005）在编制欧元区FCI时将信贷增速纳入其中，并发现其对通胀具有显著的预测能力。王（2007）使用政府会计标准委员会的多种年度指标编制了美国的FCI，这些指标包括现金比率、速动比率、营业比率、人均盈余（赤字）、净资产比率、长期负债比率、人均纳税、人均收入和人均支出。斯文顿（2008）和特纳（2008）在构建美国FCI时，都将高收益债券利差纳入FCI中，并发现这一变量能够提升FCI对通货膨胀的预测能力。

金融条件指数编制的一般形式是给各个金融变量赋予不同的权重：$FCI_t = \prod_{i=1}^{K} w_{it}F_{it}$。其中，w为权重系数，F为金融变量，K为金融变量的个数，t为时间。有的研究也使用了一些变量滞后若干期的值。目前确定金融变量权重的方法可大致分为三类：第一类是大型宏观经济计量模型的模拟，如比顿（2009）基于宏观经济模型构建了美国的FCI。但由于各国的经济和金融制度并不相同，各金融变量（特别是资产价格）对实体经济的影响渠道尚未达成统一的定论，因此这一方法在实际中的应用较少。例如拉克（2003）基于瑞士央行宏观经济模型的脉冲响应分析编制了瑞士的FCI，发现股票价格对实体经济的影响并不显著。第二类方法是基于总需求方程的缩减式，它通常包括反映产出缺口与资产价格关系的总需求曲线以及反映通货膨胀与产出缺口关系的菲利普斯曲线。梅斯和维伦（2001）根据IS曲线的总需求方程缩减式构建了欧洲11个国家的FCI，发现对于样本中的大多数国家，短期实际利率、实际有效汇率、实际房屋销售价格和实际股票价格在需求方程中具有显著的预测能力。特纳（2008）使用需求方程缩减式和VAR的脉冲响应分析两种方法研究了美国的FCI，发现短期实际利率、长期实际利率、实际有效汇率和高收益债券利差具有显著的预测能力。然而，该方法假定模型中的各个金融变量都具有外生性，否则会引起估计的误差。第三类方法是基于VAR模型的脉冲响应方程。哈特和霍夫曼（2001）将VAR模型的脉冲响应方法用于总需求缩减式，之后计算各资产价格变量的1个单位冲击对通货膨胀的影响。斯文顿（2008）基于VAR脉冲响应分析构建了美国的FCI，并证明其领先于GDP约6~9个月。虽然VAR模型能够避免变量之间的相互影响所引起的估计偏误，但模型变量之间的识别问题一直是VAR的瓶颈。

国内对FCI指数的研究在近些年逐渐丰富，构造指数的指标基本集中于利率、汇率、股价和房价四个变量上。卞志村（2004）分别定义了实际MCI指数（权重由利率和汇率对总需求的相对影响决定）和名义MCI指数（权重由利率和汇率对总供给的相对影响决定），研究发现中国的实际MCI与产出增长率的相关性很低，但名义MCI能对我国的通货膨胀走势提供准确的信息反馈。戴国强和张建华（2009）利用VECM模型构建了中国的FCI指数，通过检验发现FCI能够对通货膨胀做出及时和有效的预测；但当利用FCI对货币政策的资产传递渠道进行分析时，却发现货币政策传导过程中资产价格对产出的影响不大。陆军和梁静瑜（2007）通过总需求和超额需求两种简化式模型构建了中国的FCI，通过比较发现样本内FCI与GDP增速走势较为一致，且对通胀有较好的预测性；但FCI对通货膨胀的样本外预测能力较弱。封北麟和王贵民（2006）在上述四个金融变量的基础上，加入货币供应量M2构建了中国的FCI，发现包含真实货币供应量的FCI指数对通货膨胀率具有更好的预测力。郭晔和杨娇（2012）以次贷危机为基准将样本划分为两个子样本，基于VAR模型构建了不同时期的中国FCI，通过比较发现中国的房地产价格和股票价格对通货膨胀的影响已大大增强，其中房价在次贷危机前对通胀的影响更大，而股价在次贷危机后的影响更大。

❒三、研究方法、联立结构模型与数据说明

从相关的研究文献可以看出，确定金融条件指数各变量的方法或者是使用单方程计量经济模型描述某一经济变量与诸多影响因素之间的数理关系；或者是不以经济理论为基础，仅依靠数据生成过程建模的 VAR 模型中的正交脉冲响应来完成。本项研究通过联立结构模型明确设定了经济变量的传导路径，因而能够提供一个关于经济运行机制的清晰认识，并有助于提出明确的政策建议。

现实中编制 FCI 或 MCI 的国家及相关文献，大部分是采取以总需求为基础的研究方法。这类方法认为影响通货膨胀变动的最主要因素是产出缺口及通货膨胀预期。然而也有不同的观点，徐千婷（2001）认为各金融变量对国内通货膨胀的冲击，除了通过总需求的间接影响外，也可能对通货膨胀产生直接的影响，因此应该利用各变量对总需求或通胀的相对影响力为基础来构建 FCI。为此，我们在联立结构模型中设定了两种对通货膨胀产生影响的传导路径：一方面各金融变量通过影响总需求进而影响通货膨胀；另一方面，允许金融变量中的国际油价除了对产出缺口产生影响外，还会对通货膨胀产生直接影响。

（一）数据的选择和说明

本文选取 2000 年第 1 季度至 2012 年第 3 季度的季度数据作为样本。指标选择及样本数据处理如下：

（1）通货膨胀。本文选用 CPI 作为描述通货膨胀的指标。

（2）真实产出。用经季节调整后的名义 GDP 除以定基 CPI 作为真实产出的代理变量，记为 GDP。

（3）实际利率。选定一年期基准贷款利率为基础，减去当期 CPI 作为实际利率，记为 IR。

（4）真实有效汇率。采用 IMF 公布的人民币实际有效汇率作为衡量

汇率的指标，记为 REER。

（5）资产价格。用全国商品房销售价格的累计平均值描述房地产价格，之后除以定基 CPI 作为真实房地产价格，记为 House；用上证综指的价格指数描述股票价格，之后除以定基 CPI 作为真实股票价格，记为 Stock。

（6）信贷。用本币计量的金融机构各项贷款余额描述信贷的变化水平，信贷水平除以定基 CPI 表示信贷的真实水平，记为 Loan。

（7）由于西德克萨斯中质原油（WIT）的现货交易价被普遍作为基准原油的参照价格，本文选用 WIT 作为国际原油价格的代理变量，记为 OIL。

对上述数据进一步处理，之后进行季节性调整并计算各变量的缺口值。用 GDP_t^{gap}、IR_t^{gap}、$REER_t^{gap}$、$House_t^{gap}$、$Stock_t^{gap}$、$Loan_t^{gap}$、Oil_t^{gap} 分别表示产出缺口、实际利率缺口、实际汇率缺口、实际房价缺口、实际股价缺口、实际信贷缺口和油价缺口。除了实际利率之外，首先求得上述数据的同比数据，之后用 X11 方法对各变量进行季节性调整，最后用 HP 方法求得各变量的缺口值，HP 的平滑参数为 1 600。经检验，所有数据的缺口值均是平稳的时间序列，因此可以根据这些数据建立联立结构模型（见表 1）。

表 1　　时间序列的平稳性检验（2000q1 至 2012q3）

变量	检验形式（c，t，k）	ADF 统计量	5%临界值	P 值	结论
CPI	（c，t，3）	-4.587	-3.509	0.003	平稳
GDP^{gap}	（0，0，1）	-3.287	-1.948	0.002	平稳
IR^{gap}	（0，0，3）	-5.481	-1.948	0.003	平稳
$REER^{gap}$	（0，0，1）	-4.004	-1.948	0	平稳
$House^{gap}$	（0，0，4）	-2.894	-1.948	0.005	平稳
$Stock^{gap}$	（0，0，4）	-3.179	-1.948	0.002	平稳
$Loan^{gap}$	（0，0，1）	-3.863	-1.948	0.002	平稳
Oil^{gap}	（0，0，4）	-3.160	-1.948	0.002	平稳

说明：（1）检验形式中的 c 和 t 表示带有常数项和趋势项，k 表示滞后阶数；（2）滞后期 k 的选择标准是以 AIC 和 SC 值最小为准则。

（二）联立结构模型

本文的联立结构模型包括短期总供给方程（菲利普斯曲线）和反映总需求变化的商品市场均衡方程（IS 曲线）①。

1. 菲利浦斯曲线

$$CPI_t = c_{11} + c_{12}(L)CPI_{t-1} + c_{13}(L)GDP_t^{gap} + e_{as,t} \quad (1.1)$$

$$CPI_t = c_{11} + c_{12}(L)CPI_{t-1} + c_{13}(L)GDP_t^{gap} + c_{14}(L)Oil_t^{gap} + e_{as,t} \quad (1.2)$$

2. IS 曲线

$$GDP_t^{gap} = c_{21} + c_{22}(L)GDP_{t-1}^{gap} + c_{23}(L)IR_t^{gap} + c_{24}(L)REER_t^{gap} + c_{25}(L)House_t^{gap} + c_{26}(L)Stock_t^{gap} + c_{27}(L)Loan_t^{gap} + c_{28}(L)Oil_t^{gap} + e_{is,t} \quad (2)$$

在上述方程中，除了实际利率缺口外，其他数据均为同比形式。C(L)是方程组中的参数，L 代表滞后阶数。以上联立结构模型具有以下显著特点：第一，将构建 FCI 指数的经济或金融变量明确地包含在总需求 IS 曲线方程中，允许这些变量通过影响总需求的途径（产出缺口）对通货膨胀产生影响（联立结构模型 1.1 和模型 2）。采取以总需求为基础的研究认为，影响通货膨胀变动的最主要因素为产出缺口及通胀预期，而总需求的改变是产出缺口变动的主要决定因素。第二，在上述模型的基础上，我们允许国际油价除了通过产出缺口间接影响通货膨胀之外，还会对通货膨胀产生直接影响（联立结构模型 1.2 和模型 2）。

（三）FCI 各变量权重的确定

根据选取的金融或经济变量，本文构建的 FCI 表达式如下：

$$FCI_t = \sum_i \theta_i Finance_{i,t} \quad (3)$$

其中，$Finance_{i,t}$代表经济或金融变量 i 在 t 时刻的缺口值。θi_i 表示相应变量在 FCI 中的权重。权重的确定方法是：通过构建的联立结构模型对外生变量的不同假定进行情景分析，然后考察各变量的变化对通货膨胀所

① 相关文献可参阅殷剑峰（2010）。

产生的影响，进而确定权重指标 θ_i，$\theta_i = |w_i| / \sum_i |w_i|$。其中，$w_i$ 表示第 i 个外生变量发生变化时通货膨胀的相对变化量。

❒四、实证构建新形势下我国的 FCI 指数

（一）联立结构模型的估计结果

本节采用三阶段最小二乘法对联立结构模型进行估计，以防止各个方程随机扰动项之间可能存在的交叉关系。回归结果如下（中括号中的数据是描述系数显著性的 P 值）：

联立结构模型一：

1.1　菲利普斯总供给曲线方程：

$$CPI_t = -0.015 + 0.687CPI_{t-1} + 0.389GDP_t^{gap} + e_{as,t}$$

[0.926]　[0.000]　[0.001]

调整的 R2 = 0.641；DW = 1.874。

1.2　IS 总需求曲线方程：

$$GDP_t^{gap} = -0.014 - 0.272IR_{t-1}^{gap} + 0.039REER_{t-4}^{gap} + 0.067House_t^{gap} + 0.018Stock_t^{gap}$$

[0.913]　[0.008]　[0.170]　[0.018]　[0.000]

$$+ 0.101Loan_{t-1}^{gap} + 0.028Oil_{t-1}^{gap} + 0.459GDP_{t-1}^{gap} + e_{is,t}$$

[0.004]　[0.000]　[0.000]

调整的 R2 = 0.679；DW = 2.153。

联立结构模型二：

2.1　菲利普斯总供给曲线方程：

$$CPI_t = 0.0038 + 0.679CPI_{t-1} + 0.217GDP_t^{gap} + 0.014Oil_t^{gap} + e_{as,t}$$

[0.979]　[0.000]　[0.051]　[0.022]

调整的 R2 = 0.695；DW = 1.728。

2.2　IS 总需求曲线方程：

$$GDP_t^{gap} = -0.016 - 0.272IR_{t-1}^{gap} + 0.045REER_{t-4}^{gap} + 0.075House_t^{gap} + 0.017Stock_t^{gap}$$

[0.896]　[0.010]　[0.130]　[0.011]　[0.000]

$$+ 0.094Loan_{t-1}^{gap} + 0.028Oil_{t-1}^{gap} + 0.483GDP_{t-1}^{gap} + e_{is,t}$$

[0.004]　　　[0.000]　　　[0.000]

调整的 R2 =0.686；DW =2.214。

上述两个联立结构模型中各系数的显著性、方程的判定系数和 DW 统计量都比较理想。从各系数的显著性来看，除真实有效汇率外，其他变量均显著（5%的显著性水平）。首先，利率上升会对总需求产生负面影响；资产价格（房价和股价）上涨和信贷膨胀会刺激总需求。而汇率会从多种渠道对产出缺口产生影响，如贸易渠道、投资渠道、资产负债表渠道以及预期和信心渠道，这些渠道使得汇率变化对产出的影响呈现出复杂的趋势，从本项研究的实证检验来看，汇率提高对产出有正向的推动作用，但在统计上并不显著。

其次，从总需求方程来看，国际油价的上涨在两组模型中均会扩大超额需求，从而引起需求拉动的通货膨胀。在第二组模型中，国际油价除了影响超额需求之外，还会给通货膨胀一个直接的正向影响，引起程度不高的成本推动型通货膨胀。

（二）联立结构方程的情景模拟和 FCI 各变量权重的确定

当得到模型估计结果后，在政策冲击的不同假设下模拟内生变量通货膨胀率是如何反映，再通过 θ_i 的权重公式得到各变量的权重。

从表 2 可以看出，在联立结构模型一中，实际利率的标准化权重最高，达到了 -0.347，其他的变量依次为信贷（0.242）、房地产价格（0.155）、汇率（0.115）、股票价格（0.082）和国际油价（0.059）。在联立结构模型二中，实际利率的标准化权重是 -0.315，其他的变量依次为信贷（0.203）、房地产价格（0.158）、汇率（0.120）、国际油价（0.134）和股票价格（0.069）。两个模型结果的显著区别是国际油价的权重大幅上升（联立结构模型二）。

表 2　　由联立结构模型得到的 FCI 指数中各变量的权重

模型	利率	汇率	房地产价格	股票价格	信贷	国际油价
联立结构模型一	-0.347	0.115	0.155	0.082	0.242	0.059
联立结构模型二	-0.315	0.120	0.158	0.069	0.203	0.134

注：以上权重是标准化结果，它们的绝对值之和等于 1。

根据各变量的权重，图 1 描述了金融条件指数（FCI）的变动趋势，同时将其与 CPI 的走势图进行了对比。其中，黑色实线是根据联立结构模型一绘制的 FCI1；黑色虚线是根据联立结构模型二绘制的 FCI2；浅色虚线代表 CPI 的同比增长率。图 1 的一个趋势性特征是：FCI 的走势明显领先于 CPI，这说明 FCI 可能对 CPI 具有预测作用。

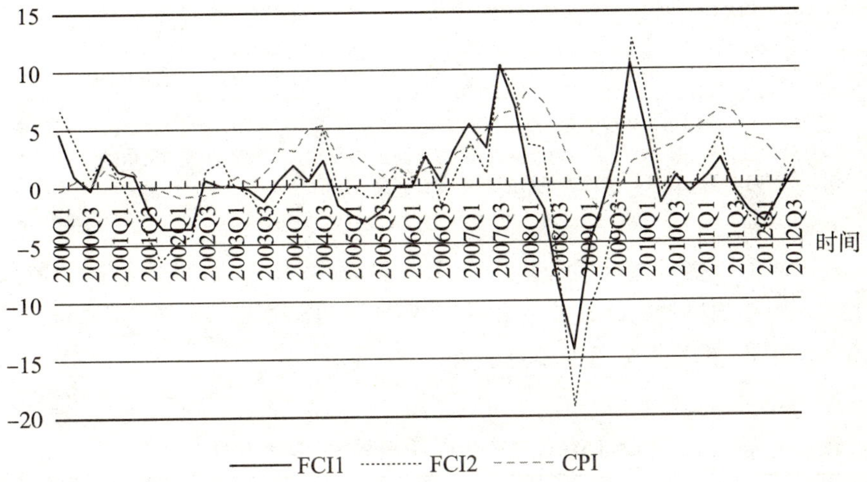

图 1　中国 FCI 与 CPI 变动趋势

五、FCI 预测效果分析

本节分别从因果关系和数量关系两个方面比较和分析 FCI 对通货膨胀和经济波动的预测效果。

（一）　因果关系分析

在考察格兰杰因果关系之前，首先要检验序列的平稳性，本节采用 ADF 方法进行检验，对于 FCI1、FCI2、CPI 和 GDP 这四个时间序列，依据 AIC 准则确定滞后阶数。从表 3 的检验结果来看，FCI1、FCI2 和 CPI 均为平稳的时间序列，而 GDP 含有一个单位根，经差分处理后，GDP 变得平稳。因此，可用 FCI1、FCI2、CPI 和 GDPd 进行格兰杰因果关系检验。

表 3　　时间序列的平稳性检验（2000q1 至 2012q3）

变量	检验形式（c，t，k）	ADF 统计量	5%临界值	P 值	结论
FCI1	（0，0，4）	-3.244	-1.948	0.002	平稳
FCI2	（0，0，4）	-3.142	-1.948	0.002	平稳
CPI	（c，t，3）	-4.587	-3.509	0.003	平稳
M1	（c，0，3）	-3.841	-2.925	0.005	平稳
GDP	（c，0，1）	-2.144	-2.921	0.229	不平稳
GDPd	（0，0，1）	-7.859	-1.948	0.000	平稳

说明：（1）检验形式中的 c 和 t 表示带有常数项和趋势项，k 表示滞后阶数；（2）滞后期 k 的选择标准是以 AIC 和 SC 值最小为准则；（3）CPI 和 M1 分别代表物价水平和货币供给的同比增长率；（4）GDP 和 GDPd 分别代表经济的同比增长率及其一阶差分。

表 4 通过格兰杰检验分析了 FCI1、FCI2 和 M1 对经济变量的预测效果。从表 4 的格兰杰因果关系来看，FCI1、FCI2 和 M1 对 CPI 以及经济波动（GDPd）都具有显著的预测能力。

表 4　　FCI（M1）对 CPI 和 GDP 的因果关系分析

CPI			GDPd		
	F 统计量	P 值		F 统计量	P 值
FCI1 导致 CPI	5.984	0.005	FCI1 导致 GDPd	5.894	0.002
CPI 导致 FCI1	4.226	0.021	GDPd 导致 FCI1	1.144	0.343
FCI2 导致 CPI	10.537	0.002	FCI2 导致 GDPd	6.130	0.002
CPI 导致 FCI2	2.326	0.134	GDPd 导致 FCI2	1.757	0.171
M1 导致 CPI	2.627	0.050	M1 导致 GDPd	6.690	0.003
CPI 导致 M1	6.538	0.000	GDPd 导致 M1	0.800	0.456

说明：滞后期 k 的选择标准是以 AIC 和 SC 值最小为准则。

（二）数量关系分析

本节通过以下方程对 FCI 的预测能力进行评价，此外将 FCI1、FCI2 和 M1 的预测效果进行了比较。

$$CPI_t = \alpha + \beta FCI_{t-k} + \varepsilon_t$$
$$GDP_t = \alpha + \beta FCI_{t-k} + \varepsilon_t$$

在上述方程中，CPI 和 GDP 分别代表物价水平和经济波动的同比增长率，FCI_{t-k}表示提前 k 期的金融条件指数，依次取值为 1，2，3，…，N。在表 5 和表 6 的结果中，beta 值代表相应变量的系数值，*** 和 ** 分别代表在 1% 和 5% 的显著性水平上显著。

MSE 代表模型误差平方的均值，表示为以下式子：

$$MSE = \frac{1}{T}\sum_{t=1}^{T}\varepsilon_t^2$$

由 MSE 的表达式可知，MSE 的值越小，相应变量（FCI 或 M1）对 CPI 或 GDP 的预测效果越好。

从表 5 的结果可以看出，FCI2 的当期值和滞后 1 期值对 CPI 的解释能力较好（系数显著，并且 MSE 最小）；FCI 滞后 3 期、4 期对 CPI 的解释较好；而 M1 滞后 4 期、5 期的解释力相对较好。从表 6 的结果来看，FCI2 的当期值对 GDP 的解释能力较好（系数显著，并且 MSE 最小）；FCI1 滞后 1 期、2 期对 GDP 的解释能力较好。

表 5　　FCI 和 M1 对 CPI 的数量关系预测分析

CPI 方程	FCI1 系数		FCI2 系数		M1 系数	
	beta 值	MSE	beta 值	MSE	beta 值	MSE
当期	0.136*	5.567	0.178**	4.819	-0.038	5.991
滞后 1 期	0.283***	4.391	0.245***	3.928	0.087	5.620
滞后 2 期	0.366***	3.367	0.254***	3.856	0.191**	4.684
滞后 3 期	0.320***	4.079	0.179**	4.997	0.230***	4.358
滞后 4 期	0.208**	5.217	0.086	5.766	0.214***	4.666
滞后 5 期	0.104	5.725	0.024	5.895	0.157**	5.215

表 6　　FCI 和 M1 对 GDP 的数量关系预测分析

GDP 方程	FCI1 系数		FCI2 系数		M1 系数	
	beta 值	MSE	beta 值	MSE	beta 值	MSE
当期	0.274***	2.362	0.217***	2.292	0.104**	3.434
滞后 1 期	0.263***	2.588	0.168***	2.952	0.105**	3.412
滞后 2 期	0.154**	3.437	0.053	3.789	0.054	3.770

以上的数据结果说明：FCI 对于 CPI 和 GDP 的预测能力优于 M1。其中，FCI2 对于描述当前金融状态以及宏观经济形势的能力较优；FCI1 对于预测未来 1 个季度至 3 个季度的形势较优；而 M1 只在预测未来第 4 季度和次年第 1 季度的 CPI 方面具有微弱优势。

六、结论与进一步的研究方向

国内对金融条件指数的研究在近些年刚刚起步，选取的指标基本集中在国外研究的利率、汇率、股价和房价四个变量上。但考虑到信贷在我国宏观调控中具有举足轻重的作用，以及国际因素在近些年对我国资产价格波动和央行货币政策的影响越来越大。本文采用利率、汇率、股价、房价、信贷、国际油价等变量构建新形势下中国的 FCI 指数。在确定各变量权重时，我们采用了联立结构模型：一方面明确设定所有金融变量通过影响总需求进而影响通货膨胀；另一方面，在上述的基础之上，允许国际油价直接对通货膨胀产生影响。

通过运用我国经验数据进行实证研究发现，本文构建的 FCI1 和 FCI2 指数与通货膨胀 CPI、经济波动 GDP 之间具有良好的相关性。我国的 FCI1（FCI2）分别与 CPI、GDP 存在显著的格兰杰因果关系。从数量关系来看，FCI 对于描述当前金融形势以及预测未来形势的能力均优于 M1。其中，FCI2（允许油价直接对通胀产生影响）对于描述当前金融形势的能力较优；而 FCI1（所有金融变量通过影响总需求进而影响通胀）对于预测未来 1 个季度至 3 个季度形势的能力较优。这些结果说明，在某种程度上，我国的 FCI 可以作为货币政策的“指示器”，也满足了充当货币政策目标“相关性”的性质。

考虑到我国经济的发展和变化，组建 FCI 的各变量对于通货膨胀的边际影响力是具有动态特征的，FCI 采用固定系数可能造成各变量的解释力度不足。因此，如何运用时变系数建模将是以后研究的一个重要方向。

原载《金融评论》2013 年第 2 期

利率市场化加速对我国商业银行的影响分析

周颖辉　单　武

利率市场化是指金融交易主体享有自主决定利率的权利，利率的数量结构、期限结构和风险结构等方面均由市场自发决定。利率市场化是深化金融改革和加快转变经济发展方式重要的突破口，自1996年中国利率市场化进程正式启动以来，目前除存款（利率上限管理）和贷款（利率下限管理）外，其他市场利率均已完全放开，中国的利率市场化改革实质上已经进入攻坚阶段。

现阶段，中国的存贷款利率已变相地实现了一定程度上的市场化（如银行贷款自主定价权实现一定程度浮动、活跃的民间借贷、银行发售的机构理财产品等），商业银行利率定价和利率风险管理能力也在不断提高，而内外部环境也发生了有利于推动利率市场化改革的变化。目前全球经济形势依然严峻，国际主要经济体下行趋势明显，至2012年第3季度末，中国的经济增速连续7个季度出现下滑。根据历史经验来看，复杂的经济形势往往会对利率市场化改革发挥“倒逼”力量。2012年6月7日，中国人民银行宣布三年半来首次降低利率（同时允许存款利率上浮1.1倍、贷款利率下浮0.8倍），紧跟着不到一个月又再次降息（采取非对称降息，再次下浮贷款利率至0.7倍）。这一系列事件表明，中国利率市场化进程正在加速。

一、国际主要经济体利率市场化演变路径及其启示

国际经验表明，成功的利率市场化并不是一蹴而就的，国际上利率市

场化失败的案例也有不少（主要集中在体制不完善的发展中国家），有着深刻的经验教训。国内的盛朝晖、孙军以及国外的泰翰·菲兹罗等众多学者深入研究了国际主要经济体（如美国、日本、韩国、阿根廷等国家及中国台湾地区）的利率市场化进程，提出了国际经验对中国利率市场化的启示。

（一）发达国家

美国：美国的利率市场化是以放松大额可转让存单作为突破口。1980年3月，美国政府颁布了《废止对存款机构管制与货币控制法》（简称1980年法案），正式推进利率市场化改革。在1980~1986年，按照先大额定期存款、小额定期存款、后储蓄存款的顺序，逐步解除了对存款利率的管制，实现存款利率的自由化。同时1980年法案也取消了各州政府对住宅抵押贷款的限制。美国于1986年完成利率市场化进程，前后共16年。

美国主要是采取循序渐进的改革方式，先后用10多年时间逐步解除利率管制，并不断创新金融产品如利率期权、资产证券化。美联储对市场利率有很强的引导作用，并成立了“存款机构自由委员会”这一专门的管理机构，在其政策推动下，金融市场得到了完善，利率也实现了市场化。

日本：日本利率市场化首先从货币市场开始。1978年日本银行允许银行拆借利率弹性化，其后又放开了银行间票据利率；1979年又批准商业银行发行了利率不受限制的大额可转让存单；1984年日本大藏省发表了《金融自由化与日元国际化的现状及展望》，正式开始利率市场化改革。在存款利率方面，进一步降低了大额可转让存单发行标准，并引入了与大额可转让存单市场利率联动型的存单。在贷款利率方面，由以前在规定的利率基础上加一个小幅利差，改为在筹集资金的基础利率之上加1%，基础利率是对活期存款、定期存款、可转让存款、拆借资金4种资金利率的加权平均。因后两种资金利率已经放开，意味着贷款利率已部分实现了市场化。1991年7月，日本银行停止利率窗口指导，1993年定期存款和活期存款利率先后实现市场化。日本于1994年完成了利率市场化进程，耗时17年。

日本不是简单的采用放开利率的管制来实现市场化，而是不断引进带有市场化性质的新存款和贷款品种来推进利率市场化，日本商业银行本身具有完善的内部控制体系也促使了利率市场化的稳步前进。

（二）发展中国家

从20世纪70年代起，许多发展中国家逐渐认识到了利率管制的弊端，开始进行利率市场化改革。由于各国之间具体的宏观经济状况、金融业发展情况与改革的方法步骤存在差异，各国利率市场化的进程、后果各不相同。以阿根廷和智利为代表的拉美国家基本以失败而告终，而以韩国为代表的亚洲国家则基本达到了预期目标。

阿根廷：为配合石油危机之后的发展战略调整，阿根廷于1977年开始实行利率市场化改革，采取了大幅度调低存款准备率、对商业银行进行私有化、鼓励非银行金融机构建立、为外资银行提供便利条件等措施，同时允许银行根据资金供求状况自行决定利率。之后，实际贷款利率水平快速上升，大批企业因无法偿还银行贷款而倒闭。国内商业银行和企业被迫转向利率相对较低的国际金融市场进行借贷，导致外债的过度膨胀和政府的重新干预。阿根廷中央银行被迫增发货币来试图挽救危机，又造成通货膨胀加剧并引发了金融危机。最终，政府只好放弃金融改革，重新恢复原先的一些管制政策，重新由官方来设定利率，利率市场化以失败而告终。

韩国：韩国利率改革经历了从放开到重新管制又再放开的过程。从1981年开始，韩国中央银行不再限制商业票据的贴现率，并用贷款利率的浮动幅度代替贷款利率上限，允许银行根据借款者的信用等级收取不同的利率。在存款利率方面，准许银行在规定的利率最高限内，根据期限确定存款利率。1988年起又放开大多数银行和非银行金融机构的贷款利率、长期存款利率、货币市场工具利率和信托账户利率。由于1989年韩国出现经济恶化的情况，中央银行又恢复窗口指导，对存贷款利率实行再管制。1991年韩国重新宣布实行新的利率自由化四阶段计划，基本遵循了从非银行机构到银行机构，从贷款到存款，从长期到短期，从大额到小额的顺序，逐步扩大市场化利率的比重。1997年又放松了对活期存款利率的管制，逐步实现了全部利率的市场化，历时16年以上。

发展中国家在利率放开后，长期被压抑的资金需求井喷，推动利率大幅上升。银行吸收存款的成本提高，造成银行贷款风险偏好提高，倾向于高收益、高风险项目，加剧银行道德风险。而发展中国家经济基础相对薄弱，金融体制及相关法律相对不完善，金融生态长期处于管制状态，风险意识单薄，应对风险能力较差，“激进式”的利率市场化改革可能导致大批银行等金融机构倒闭，甚至引起国内金融危机。

（三）启示

（1）市场化过快确实会引起不稳定，甚至在部分改革失败的案例中出现了改革逆转，根本问题不在改革本身，而在利率市场化改革实施进程、监管体制等关键环节出现失误。在利率市场化改革失败案例中，利率市场化改革操之过急、没有及时化解放松利率管制之后银行不断提高的风险偏好、没有充分收紧货币政策以遏制信贷扩张带来的需求繁荣和通胀压力、没有及时有效更新监管体制都是利率市场化改革失败的主要原因。

（2）成功案例的经验表明利率市场化的进程一般都比较长，利率市场化改革会对宏观经济和结构失衡提出重要挑战，消除一项约束可能会暴露经济中的其他问题，需要把握好改革时机。国际主要经济体利率市场化启动的背景，与当时经济、金融现状和市场“倒逼”是有一定关联的，这与目前中国推动利率市场化加速的背景有一定程度的相似。即使中国现在立即推出利率市场化最后一步，利率市场化改革总的时间进程也已经超过16年，需要注意的是，改革进程过长或过短都是不利的。

二、中国利率市场化演变路径分析

（一）利率市场演变背景

从中国的历史背景来看，利率管制的由来主要有三个方面：一是二元化的经济结构，传统上来看，农业部门是主要积累部门，工业部门是主要的投资部门。政府除了实行农产品和工业产品的价格差外，还对利率实施管制，实现农业部门（资金积累和储蓄部门）对工业部门（资金使用和投资部门）的补贴，这是二元经济机构的重要特征。二是维持出口导向政策，为了维持出口导向的经济发展政策，事实上压低了生产成本，获得相对于国外产品的价格竞争力。三是对国有企业的扶持，银行贷款大部分都投向了国有企业，通过存贷款利率管制，一方面压低了存款利率并保持较低的贷款利率，实现储户对国有企业的补贴；另一方面较高、较稳定的存贷款利差成为银行利润的重要保证。分析全国规模以上工业企业的行业平均利润率与银行一年期贷款利率数据（见图1），贷款利率明显高于行业平均利润率，可以认为，贷款利率管制在行业投资回报较理想形势下是可以维持的。

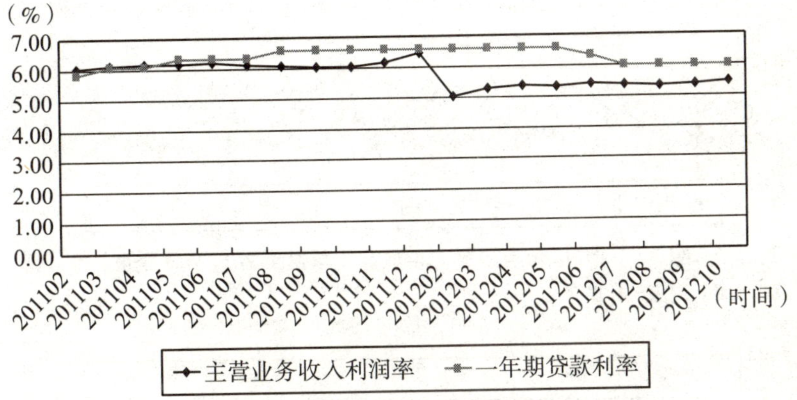

图1　全国规模以上主业营业收入利润率与一年期贷款贷款利率比较分析（2011年2月至2012年10月）

资料来源：国家统计局网站。

当前，全球经济形势不容乐观，而中国的经济形势也面临着严峻挑战，经济增速连续7个季度出现下滑（见图2和图3），相关数据和迹象都表明，中国过去的“经济增长靠投资、投资靠银行信贷、信贷靠货币超发”的增长模式的已经终结。利率管制造成的金融抑制状态、资产配置扭曲对于经济增长的负面影响更加严重，有效解决农业对工业补贴、居民对国有企业的补贴、国内对国外的补贴是利率市场化改革大背景，也是当前经济形势下，中国利率市场化加速的驱动力。

国际主要经济体利率市场化启动的背景，大多与当时经济、金融现状和市场“倒逼”力量有关，从严格意义上来讲，中国的利率市场化进程中，亚洲金融危机、中国加入WTO等重大事件均发挥了“倒逼”作用。利率市场化在中国的银行业和民间市场中实际上早就在一定意义上实现了，银行理财产品其本质就是存款利率市场化的表现，而活跃的民间借贷

（包括高利贷）则是贷款利率市场化的信号，现阶段不容乐观的经济形势则对利率市场化加速形成了“倒逼”作用。

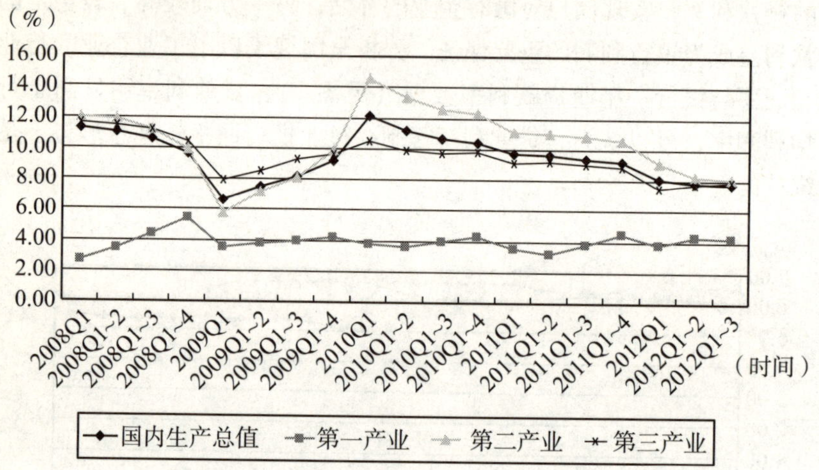

图 2　GDP 增长走势图（2008 年 1 季度至 2012 年 3 季度）

资料来源：国家统计局网站。

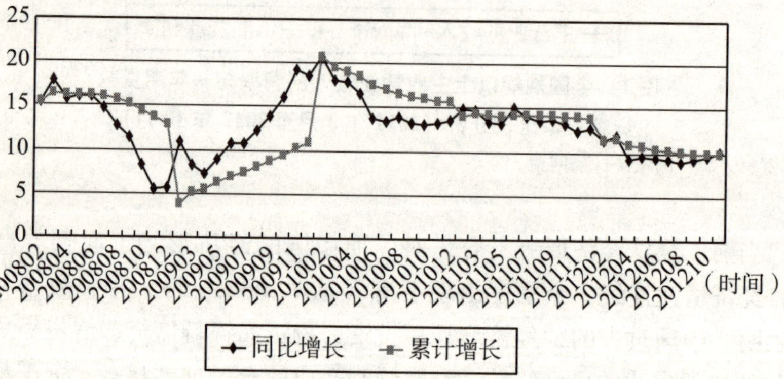

图 3　工业增加值增长走势图（2008 年 2 月至 2012 年 10 月）

资料来源：国家统计局网站。

（二）利率市场化演变路径

中国的利率市场化改革主要是由中国人民银行来逐步推动的，基本上采取了“先外币后本币、先贷款后存款、先长期大额、后短期小额”的演变路径。“先外币后本币”的原则主要是为了保持资本项目基本平衡，保证中资商业银行经营外币业务时不亏本，境内外币存款利率需要及时跟踪国际金融市场利率；“先贷款后存款”的原则主要是为了防止存款利率一旦放开引发“揽存”的恶性竞争，抬高商业银行的经营成本；“先长期大额，后短期小额”的原则主要是为了理顺利率的期限结构。这期间的主要事件有：

1. 银行间同业拆借利率

1996 年 6 月，放开银行间同业拆借市场利率（CHIBOR）；2007 年 1 月，正式推出上海银行间同业拆借市场利率（SHIBOR）。

2. 债券市场利率

1996 年，财政部通过证券交易所实现国债的市场化发行；1997 年 6 月，同业拆借市场开办银行间债券回购业务，银行间债券回购利率和现券交易价格同步放开；1998 年，国家开发银行首次以公开招标方式发行金融债券，中国进出口银行通过市场化发行金融债券；1999 年，财政部首次在银行间债券市场实现国债的利率招标发行。

3. 境内外币利率

2000 年 9 月，放开外币贷款利率，放开大额外币存款利率；2002 年 3 月，将境内外资金融机构对境内中国居民的小额外币存款统一纳入境内小额外币存款的利率管理范围；2003 年 7 月，境内英镑、瑞士法郎等外币的小额存款利率放开；2003 年 11 月，小额外币存款利率下限放开；2004 年 11 月，放开 1 年期以上小额外币存款利率。

4. 人民币贷款利率

1996 年 5 月，贷款利率的上浮幅度由 20% 缩小为 10%；1998 年 10 月，金融机构对小企业的贷款利率的最高上浮幅度由 10% 扩大到 20%，农村信用社贷款利率的最高上浮幅度由 40% 扩大到 50%；1999 年 4 月，县以下金融机构发放贷款的利率最高上浮幅度扩大到 30%；2003 年 8 月，允许试点地区农村信用社的贷款利率上浮不超过贷款基准利率的 2 倍；2004 年 1 月，商业银行、城市信用社贷款利率浮动区间的上限扩大到贷款基准利率的 1.7 倍，农村信用社贷款利率浮动区间的上限扩大到贷款基准利率的2倍；2004年10月，取消金融机构（不含城乡信用社）的人民币贷款利率上限，城乡信用社的人民币贷款利率实现上限管理，其贷款利率上限扩大到基准利率的2.3倍；2006年8月，贷款利率浮动范围扩大至基准利率的0.85倍；2008年10月，为支持四川灾后重建，进一步提升了金融机构住房抵押贷款的自主定价权，将商业性个人住房贷款利率下限扩大到基准利率的0.7倍；2012年6月8日，下调金融机构人民币贷款基准利率。并将金融机构贷款利率浮动区间的下限调整为基准利率的0.8倍，紧接着7月6日，下调金融机构人民币贷款基准利率，并将贷款利率浮动区间的下限调整为基准利率的0.7倍（个人住房贷款利率浮动区间未作调整）。

5. 人民币存款利率

1999年10月，批准中资银行对中资保险公司试办5年以上、3 000万元以上的长期大额协议存款业务；2002年2月，协议存款试点的存款人扩大到全国社会保障基金理事会和已完成养老保险个人账户基金改革试点的省级社会保险经办机构；2004年10月，决定放开金融机构人民币存款利率下限；2012年6月8日，下调金融机构人民币存款基准利率，并将存款利率浮动区间的上限调整为基准利率的1.1倍，紧接着7月6日，下调金融机构人民币存款基准利率。

三、利率市场化加速对我国商业银行的影响分析

（一）利率市场化加速对于银行业利润的影响分析

现阶段中国银行业的发展现状是以工、建、农、中四大国有商业银行为代表的大型国有商业银行（资产规模超过20 000亿元）独大，中小型商业银行、城市信用社及农村信用社并存。根据工、建、农、中四大国有商业银行2011年度报告显示（见图4），利息净收入占营业收入比例分别为73.64%、76.70%、81.33、69.50%，平均占比也高达76.20%，而国外银行业非利息收入占比大多为50%以上，中国银行业的盈利模式仍然较

为单一。存贷款利率市场化如果过快、过度放开，若处理不当则会损害银行持续、长期经营的稳健性，最后伤及利率市场化改革本身。

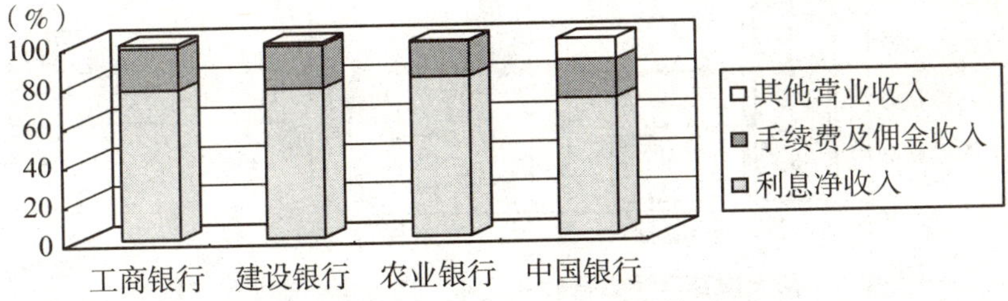

图4　四大国有商业银行营业收入比例图

资料来源：基于各银行2011年年报数据。

分析1996~2012年存、贷款利率及存贷利差走势图可以发现，中国于1996年正式启动利率市场化改革以来，存、贷款利率均呈现出明显的下降趋势，而存贷利差则一直保持着稳定（见图5、图6和图7）。这主要是因为中国人民银行调整利率时大多采用对称式的调整方式，2012年7月6日是比较少见地采用非对称式的利率调整方式。目前，金融机构存款利率浮动区间的上限调整为基准利率的1.1倍，贷款利率浮动区间的下限调整为基准利率的0.7倍。本次调整存贷款利率浮动区间加上降息，可能会使最小存贷利差从2011年的2.4%降到约0.9%（假定出现一年期贷款利率执行基准利率的0.7倍，且一年期存款利率执行基准利率的1.1倍的特殊情况）。

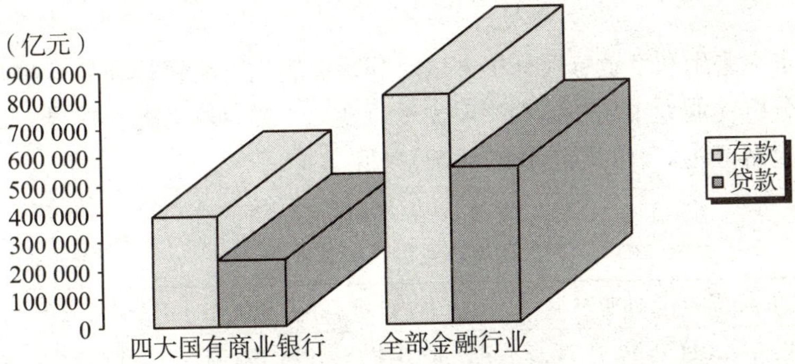

图5　四大国有商业银行存贷款占全部金融机构比重

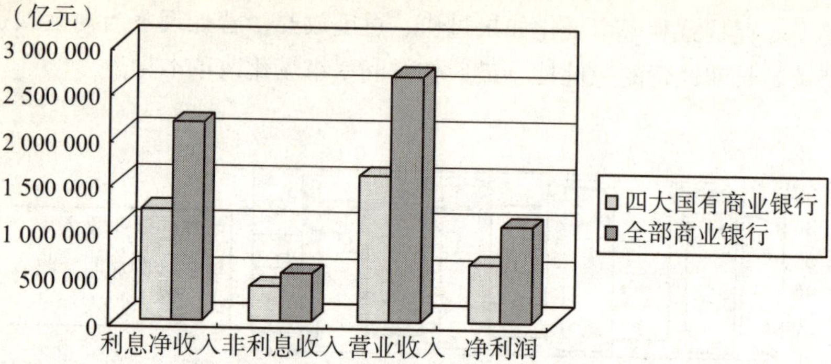

图6　四大国有商业银行收入及净利润占全部商业银行比重

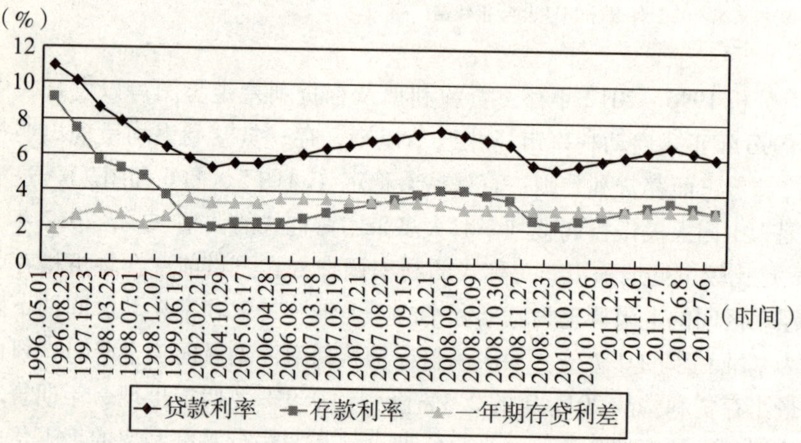

图7　一年期存、贷款率及存贷利差走势图

注：1996～2012 年，未扣减通货膨胀率影响。
资料来源：中国人民银行网站。

本文采用利率敏感性分析方法对利率市场化影响银行利息净收入进行测算分析（假设市场整体利率发生平行变化，并且不考虑管理层为降低利率风险而可能采取的风险管理活动）（见表1）。

表1　　四大国有商业银行利率风险缺口　　单位：百万元

机构	日期	3 个月内	3 个月至 1 年	1 至 5 年	5 年以上
工商银行	2011 年 12 月 31 日	－1 887 041	976 190	584 145	1 189 959
建设银行	2011 年 12 月 31 日	－1 770 699	－598 301	－233 885	622 625

续表

机构	日期	3个月内	3个月至1年	1至5年	5年以上
农业银行	2011年12月31日	−1 555 852	1 296 026	−192 349	997 038
中国银行	2011年12月31日	−1 686 160	1 703 906	73 372	458 081
合计		−6 899 752	3 377 821	231 283	3 267 703

资料来源：基于各银行2011年年报数据。

利率市场化后，存款利率的上限放开，银行为了如果存款利率上浮100个基点（即1%），则根据四大国有商业银行的利率敏感性分析结果显示（见表2），四大国有商业银行的利息净收入将减少700亿元左右，基于目前四大国有商业银行利息净收入占营业收入的比例以及利润占比情况，四大国有商业银行利润将缩水近370亿元。如果银行在业务结构调整、利率风险防控等方面不及时采取措施，可以预见利率变动将给银行业带来巨大的冲击。

表2　　四大国有商业银行利率敏感性分析结果　　单位：百万元

机构	利率基点变动	2011年12月31日
		利息净收入变动
中国工商银行	上升100个基点	−12 509
	下降100个基点	12 509
中国建设银行	上升100个基点	−37 516
	下降100个基点	37 516
中国农业银行	上升100个基点	−10 745
	下降100个基点	10 745
中国银行	上升100个基点	−9 328
	下降100个基点	9 328
合计	上升100个基点	−70 098
	下降100个基点	70 098

资料来源：基于各银行2011年年报数据。

（二）利率市场化加速对于银行业的行为影响分析

利率市场化正在加速，若实现存贷款利率完全放开，商业银行运用利率工具开展竞争势必将更加趋于激烈，商业银行存贷利差可能会缩小，从短期行为来看，银行业将会积极采取加强中长期固定利率贷款管理、合理控制中长期固定利率贷款规模、加强贷款利率定价指导、合理确定贷款利率重定价周期等措施来降低风险。但从长期行为来看，银行业利润变化直接影响银行资产负债结构，商业银行“追求股东利益最大化”的理念必将驱使银行业务逐渐转型，短期内银行业将提高贷款风险偏好。长期来看，银行将大力发展表外业务，改变以往银行业最大限度地依赖存贷利差生存的局面。

（1）传统银行业务收缩，表外业务将得到快速发展。根据利率市场化改革成功的国际主要经济体的经验来看，利率市场化后，银行业务范围不断扩大，表外业务的比重大大提升。银行加快发展不依赖利差的表外业务、不断开发新的金融产品，依靠非利差收入的增长来弥补利差收入的下降。商业银行非利息收入绝大部分来自于表外业务。在利率管制时期美国银行业的非利息收入占比长期低于20%，而在利率市场化过程中，伴随着金融创新的加深，银行不断加强表外业务的发展，非利息收入占比逐渐上升，而净利息收入占总收入的比重不断下降。商业银行都积极从融资中介向服务中介转型，通过收取庞大的手续费摆脱在传统业务领域的困境，为银行获取丰厚的利润。

（2）可能会对中小型银行经营带来一定短期困难。近年来，通过改制重组以及发起设立等多种方式，中国的中小金融机构得到了快速发展，在满足城乡居民和中小企业金融服务需求方面发挥了积极作用。但中小金融机构由于在技术网络、机构网点和产品创新等方面处于劣势，中间业务较少，业务范围较窄，存贷款利差是其主要收入来源。中小金融机构的定价能力较弱，防范利率风险的能力也较弱，存贷款利率管制实际上为中小金融机构提供保护，避免与大的金融机构开展直接的价格竞争。放开利率管制后，中小金融机构既要面对其他金融机构激烈的竞争，还面临着利率市场化后产生存贷款利率结构不匹配、逆向选择等风险，可能会产生经营成本上升，不良资产增加等问题。

❐四、利率市场化加速对于银行监管体制的影响分析

改革开放前，中国银行业实行“大一统”体制。改革开放后，监管当局先后进行过四次专业化分工：1983 年实现了中央银行与专业银行的第一次分工；1992 年实现了银行业与证券业的第二次分工；1998 年实现了银行业与保险业的第三次分工；2003 年实现了中央银行与银行业监督的第四次分工。目前，中国银监会仍沿用人民银行履行监管职责时期形成的分类方式，根据各商业银行的成立方式，分为大型国有商业银行、股份制商业银行、城市商业银行以及农村商业银行，并在此基础上实施差异化的监管政策。

利率市场化加速背景下，银行监管体制面临的挑战主要有：

（1）新的调控工具尚不成熟。目前存贷款基准利率是重要的调控工具，在利率体系中发挥着主要作用，其他市场利率作用还比较弱，中国人民银行通过调整存贷款基准利率，调节商业银行的资金成本，调节市场流动性以及信贷资金的供给与需求。如果取消存贷款基准利率，必须要确立相应的市场基准利率，并形成中央银行对市场基准利率的调控模式。但中国目前尚未确立能够发挥主导作用的市场基准利率，相应地中央银行对市场基准利率引导调节模式也处于初级阶段。

（2）对信用总量的调节提出了挑战。在目前对存贷款利率实行直接控制的情况下，中国人民银行对金融机构的信贷投放和社会信用规模还具有较强的调节作用。利率市场化后，在存贷利差缩小的情况下，金融机构可能会通过以量补价的形式增加贷款投放，再加上境外资金流入的冲击，会带来社会信用总量的扩张，也会刺激资产价格的上涨。

（3）利率市场化将改变中国银行业依赖存贷利差生存的局面，各家银行机构将结合自身的实际特点，推动业务转型。由于各家银行情况不一致，转型路径也将不同。银行监管体制面临由现有单一监管模式向多样化、分类监管模式转变所带来的挑战。银行监管机构需要通过逐步建立完善的货币政策传导机制、市场存款保险制度、金融工具体系和金融创新制度来化解利率市场化所带来的风险，引导商业银行在利率市场化背景下走上健康、可持续发展道路。

在利率市场化加速背景下，按照历史出身进行分类监管的模式，既不能有效体现监管政策的导向作用，也难以发挥监管政策对银行业风险防范功能的劣势日趋明显。转变以历史出身形成的监管分类方式，逐步过渡为以资产规模和监管评级为主要标准、能上能下的动态监管方式，促进银行业风险防范和规范发展势在必行。

2012年6月8日，中国银监会发布《商业银行资本管理办法（试行）》（简称《资本办法》），《资本办法》强调科学分类，差异监管。根据资本充足率水平将商业银行分为四类，对满足最低资本要求但未达到其他层次资本要求的商业银行进行细分，明确了对各类银行的相应监管措施，提升资本约束的有效性。同时，按照审慎性原则重新设计各类资产的风险权重。下调小微企业贷款和个人贷款的风险权重，引导商业银行扩大小微企业和个人贷款投放，更有效地服务实体经济。下调公共部门实体债权的风险权重，适度上调商业银行同业债权的风险权重。《资本办法》的实施可以视为利率市场化加速背景下为提升商业银行风险防控能力的又一项重要措施。

原载《东南学术》2013年第4期

银行机构篇

中央银行应在金融宏观审慎管理中发挥主导作用

王旭祥

国际金融危机爆发后，加强宏观审慎管理成为国际社会的共识。作为G20重要成员，中国一直高度重视国际上强化宏观审慎管理的趋势，不断探索、加强和完善宏观审慎管理。2010年10月，在党的十七届五中全会上，我国正式将构建逆周期的金融宏观审慎管理制度框架写入“十二五”规划，表明落实宏观审慎管理体系将成为下一阶段我国金融改革和宏观调控的一项重要任务。

执行宏观审慎政策也是中央银行的一项重要职责。金融危机后，国际货币基金组织和金融稳定理事会明确提出宏观审慎管理是中央银行的职责，各国都把强化中央银行的宏观审慎管理职能作为金融监管改革的核心，明确赋予中央银行集中和处理日常系统性风险管理的责任，使其在制定宏观审慎政策和监管整个金融体系等方面扮演更为重要的角色。

一、金融危机促使人们重新审视中央银行在金融管理中的地位和作用

长期以来，对于中央银行在金融管理中的地位和作用一直存在分歧和争论。认为微观审慎监管和货币政策之间存在职能冲突，使得包括中国在内的世界上许多重要经济体的金融监管职能从中央银行分离出去。但是，此次金融危机却充分暴露了缺乏中央银行参与的监管模式的缺陷。例如，英国金融服务局此前被普遍认为是优秀的监管框架，但在本次危机中因未能甄别出房地产市场出现的风险及其对金融体系的冲击而受到质疑。事实

证明，仅凭微观层面的努力难以实现金融体系稳定，有必要从整体上评估金融体系风险，并在此基础上健全金融体系的制度设计和做出政策反应，即加强宏观审慎管理。

中央银行是一国宏观调控的主要机构之一，由中央银行统筹宏观审慎管理，有利于在统一层面上加强对不同领域的金融监管，有效落实防范系统性风险，维护金融稳定的政策措施。中央银行独具的最后贷款人、支付结算等职能，保证了中央银行能够在宏观审慎管理中发挥关键作用。通过专业、全面的经济金融形势分析，中央银行能够对金融领域的系统性风险从宏观层面进行更为全面审慎地分析和判断。这也避免了由不同监管机构开展分析而出现条块分割，导致相互关联、复杂的跨市场、跨领域风险不能被准确分析出来。借助于国际合作，本国中央银行还可以从全球范围内开展宏观审慎风险的早期预警。对于货币政策与金融监管职责分离的国家来说，中央银行履行金融稳定一直缺乏有力的抓手。由中央银行负责宏观审慎管理，有利于确保金融稳定履行到位，这将大大增强货币政策和金融稳定的权威性。

从性质上看，货币政策和宏观审慎政策同属于逆周期工具，可以起到相互补充、互相强化的积极作用。宏观审慎管理是对货币政策传统工具的补充，能够发挥利率等总量手段所难以起到的功能；但从另一个方面看，仅有宏观审慎管理是不够的，货币政策在防范系统性风险中也要发挥支持作用。因此，由中央银行来统一实施宏观审慎政策和货币政策具有客观必然性。

二、全面落实金融宏观审慎管理框架，需要中央银行发挥主导作用

1. 合理界定和监管系统重要性金融机构（SIFIs）

系统重要性金融机构泛指其倒闭将对金融体系稳定性和实体经济运行造成重大负面冲击的金融机构。在对系统重要性金融机构的界定和监管方面，中央银行应当发挥主导作用。其主要原因有三：第一，在宏观审慎性的监管框架下，不仅需要对于系统重要性金融机构进行更严格的监管，更

重要的是，在界定系统重要性金融机构是否“大而不到”、需要以及如何救助等问题上，中央银行担负着更大的责任。中央银行的最后贷款人功能保证了其能够在这种关键时刻发挥重要作用，促进金融整体稳定。第二，大型银行固然是对金融体系具有系统重要性的机构，但一些大型非银行金融机构同样影响着金融系统的稳定，在关注银行体系的同时，也要特别关注这一部分对金融体系稳定性带来的影响。更何况，系统重要性取决于金融机构所处的特定经济和金融环境，并随时间而动态变化。第三，由于中央银行负责对金融控股公司和交叉性金融工具的监测，这有助于促进他们建立防范和隔离机制，减少风险跨行业传播的概率。

2. 资本要求

资本监管包括对于资本充足率的规定、核心资本及附属资本的构成等，传统上一直被视为微观审慎监管的核心工具。但是，近年来，随着巴塞尔新资本协议的推进，这一工具的宏观审慎管理意义以及中央银行在资本监管中的作用正在得到越来越多的重视，其主要原因是：其一，资本监管具有非常重要的货币政策效应。由于资本充足率监管约束了商业银行的贷款扩张行为，在实践中它就有了实施宏观调控的功能。这既体现在对信贷总量的调控上，也体现在对银行信贷资产结构的调整上。事实上，早在1988年巴塞尔协议实施之后，国外一些经济学家就开始研究风险加权资本充足性监管对货币供应等宏观经济运行方面的影响。其二，在微观审慎框架下，资本要求监管却具有顺周期性。宏观审慎则需要采取逆周期的政策措施，缓解金融体系顺周期效应。在资本监管上，就是要求在最低资本要求、资本质量的基础上，建立逆周期的最低资本要求和资本缓冲，例如，在经济繁荣期增加超额资本充足要求——动态调整资本充足率，以备在经济萧条期应对资本充足率下滑的情况，以此来增强金融体系抵御周期变化风险的能力，平滑跨周期的贷款投放和经济波动，提升金融持续支持经济发展的能力。由于事关经济周期的判断和宏观调控方向，中央银行毫无疑问将发挥重要的作用。

3. 流动性要求

流动性监管事实上涉及宏、微观两个维度。从微观层面看，它主要是通过对金融机构资产与负债期限错配的规定，来控制单个机构的流动性风险。然而，流动性风险的一个重要特点是，流动性常常和市场预期及参与者的信心挂钩，单从个别金融机构的资产比率、贷款比率等难以发现流动性风险。实践也表明，单个金融机构的流动性风险经常在金融体系不稳定时出现。微观审慎监管中流动性管理的不足，凸显了宏观审慎的流动性管理不可替代的作用。从宏观层面看，流动性管理表明金融管理当局要持续监控国内外金融市场状况，关注资本的流向和流量，避免整个资本市场的普遍流动性危机。相比较单个机构的流动性监管，它更注重促进金融机构建立稳定的长期流动性来源，加强流动性风险监管的国际协调和流动性融资的跨境监管。从这个意义上来说，宏观审慎政策框架下的流动性管理，不仅包括对银行资产负债表的管理，还包括对跨境资本流动、国内货币供应的管理等。而这些是与中央银行的职能紧密相连的。中央银行通过加强对银行体系流动性的调节、引导信贷投向等，可以有效防止系统性风险的产生，也就降低了单个机构发生流动性风险的概率。

4. 杠杆率要求

杠杆率主要用来弥补资本充足率无法反映表内外总资产扩张情况的不足。中央银行在杠杆率监管方面应发挥主要作用，这主要是由于：第一，杠杆率监管既可以作为微观审慎监管工具，又可以作为宏观审慎监管的逆周期工具。由于涉及对经济周期的判断，由中央银行来负责监管将更具比较优势。第二，杠杆率监管还涉及对一国金融发展阶段的判断。例如，危机前欧美国家杠杆率普遍过高因而要去杠杆化，而中国金融创新不足需要适度提高杠杆率。在这方面，中央银行也具备较强的比较优势。第三，金融机构的杠杆率与货币政策、系统性风险关系密切。金融机构的杠杆率涉及整个市场的货币供应；同时，有效的杠杆率监管还可以防止金融机构资产负债表的过度扩张和系统性风险的不断累积，这些都需要由中央银行从整体上加以把握。

5. 拨备规则

动态的前瞻性拨备是目前探讨的主要宏观审慎管理工具之一，也是中央银行应当发挥主要作用的工具之一。这主要是由于：其一，前瞻性拨备为中央银行实施货币政策提供了重要支持。传统的贷款损失拨备计提方法具有明显的顺周期效应。危机后提出了前瞻性逆周期的拨备计提方法，以增强金融体系抵御周期变化风险的能力，平滑跨周期的贷款投放和经济波动，提升金融持续支持经济发展的能力。这种逆周期特点与以促进整体经济稳定运行为目标的货币政策可谓不谋而合，从而保证了二者能够实现很好地相互合作。其二，中央银行实施货币政策要求建立健全前瞻性拨备机制。商业银行在盈利预期的驱使下具有信贷投放的内在冲动。同时，商业银行普遍采用“早投放、早受益”的办法，存在季末“冲时点”应付考核要求的现象，造成信贷投放的大幅波动。引入动态的前瞻性拨备不仅有利于抑制信贷的盲目扩张，而且有利于平滑信贷投放、降低经济运行的波动性。

6. 金融衍生产品的中央清算

中央对手方的交易与支付机制（CCP）有利于降低交易对手信用风险（CCR），提高市场透明度。中央银行在这方面同样发挥着不可替代的作用。第一，中央对手方的交易与支付机制本质上属于金融基础设施范畴。金融衍生品通过交易所交易和清算所清算，这一机制与通过场内设施的交易并没有本质上的不同。第二，对中央对手方的监管是中央银行支付结算监管的一项重要内容。作为集中清算的主体，中央对手方承担着整个市场的对手方信用风险，一旦出现失误，将对整个金融市场产生巨大冲击。因此，中央银行应当对中央对手方进行透明而有效的监管，并在风险管理、操作约定、透明度等方面建立严格的标准。第三，中央银行通过对中央对手方的监管，可以完整统计和监测市场信息、重点业务或机构风险信息等，为其决策提供支持。

7. 会计准则

传统的公允价值会计准则具有强烈的顺周期性，是导致资本充足率、流动性、拨备监管等具有顺周期性的重要原因。严格来说，会计准则不完全属于金融范畴。在国外，有国际会计准则委员会（IASB）、美国联邦会计准则委员会（FSAB）；在国内，会计准则一般由财政部负责制定。但是，中央银行仍然可以发挥一定作用：一是在服务于宏观审慎目标的财税工具方面，中央银行可以通过与财政部的沟通协调，在对金融业的制度安排中植入逆周期因素。二是严格监控和评估会计准则变革对金融业的影响，维护金融系统的稳定性。三是中央银行可以发挥会计监管职能，全面、系统地掌握会计信息，为宏观决策提供可靠依据。

8. 对影子银行的监管

在对影子银行的宏观审慎管理方面，中央银行应当主导作用，这主要是由于：其一，传统的银行监管对象主要是商业银行系统，但是，此次危机却表明，现行的微观审慎监管方式对影子银行难以实施有效的监管。由于不直接吸收存款，影子银行基本上不受监管，但实际上，他们经营几乎所有的银行业务。中央银行的出现，可以有效弥补由于现行监管体制不足而导致的监管空白。其二，影子银行体系创造了大量流动性，如果中央银行不能及时发现并纳入统计，以至于未能及时调整货币政策，有可能造成系统性风险。影子银行具有信用创造能力，其业务经营的外部性给金融体系和市场稳定带来了风险隐患，由此导致的系统性风险越大，需要由中央银行流动性支持来抵销的程度也就越大。由中央银行实施对影子银行的宏观审慎管理职能，一方面，可以有效阻止影子银行体系等带来的风险传染，防止系统性风险的产生；另一方面，可以将表外或证券化性质的业务纳入统计口径，充分掌握影子银行在流动性等方面的信息，以便做出合理决策。

9. 可调整的贷款价值比率（LTV）

目前，采用可调整的贷款价值比率已成为宏观审慎管理应对不断变化的环境的一个有效的可变工具。因为限制贷款价值比率有助于抑制房地产信贷的过度发放，进而避免顺周期性的扩散，在一定程度上降低系统性风险。在我国，贷款价值比率主要是由金融监管部门在掌握使用。但事实上，由于涉及对宏观环境和行业景气的判断，中央银行在此方面也发挥着一定作用。

10. 宏观审慎分析

宏观审慎分析通过建立准确和简便的统计指标，开发金融体系的早期预警指标及宏观压力测试体系，进行宏观审慎监测演练，对宏观经济周期的趋势和金融体系的整体风险状况做出判断。中央银行应在宏观审慎分析中一直发挥着主要作用，这主要是基于：第一，中央银行进行宏观审慎分析，可以更好地立足于一国经济金融的特点。如果一国金融体系受宏观经济影响显著，宏观审慎分析可以引入反映宏观经济健康发展的代表性指标；如果一国金融风险主要由金融体系的某一行业或机构引发并跨行业传播形成，宏观审慎分析可以采用关注跨行业分析的方法。第二，由中央银行负责宏观审慎分析，可以更加全面地评估金融业整体风险。中央银行可以采用全行业、整个金融市场或整个经济体系的压力情景，评估金融业的整体抗风险能力。以压力测试为例，无论是针对银行体系还是资本市场，都难以反映金融体系的整体脆弱性。从国际上来看，比较成熟、有效的压力测试系统多是由中央银行负责的，如英格兰银行的 TD 压力测试系统、奥地利央行的 SRM 测试系统。第三，宏观审慎分析要识别、监测和确定系统性风险，以及对系统重要性机构的监管，都需要充分发挥中央银行的风险预警作用，并通过适当机制转化为微观审慎监管机构的行动或反馈意见。此外，中央银行还可对可能危及金融稳定的因素进行跟踪研究，定期发布权威的金融稳定报告。

以上宏观审慎管理的 10 项内容中，对于第 1、第 3、第 4、第 5、第 6、第 8、第 10 七个方面，中央银行都发挥着比较明显的主导作用；而对于第 2、第 7、第 9 三个方面，中央银行也具有不可忽视的重要影响。除此之外，人民银行还掌握着大量服务于宏观审慎目标的宏观调控工具，如差别存款准备金动态调整、新增贷款和 M2 增速等，这些工具是中央银行所独具的。因此，我们认为，应当由中央银行来统筹实施宏观审慎管理职能。

❐三、中央银行在我国宏观审慎管理中发挥主导作用的现实基础

1. 我国国情决定了组建跨部门的超级监管机构不具有可行性。有人提议在国务院层面建立一个跨部门的超级监管机构，例如宏观审慎管理小组、金融委员会等，来对我国金融业进行宏观层面的统一监管。但是，我们认为，除非建立一个实体性机构，否则起不到真正加强宏观审慎管理的作用；但如真的建立一个这样的机构，不仅浪费资源也无必要。因为建立这样一个庞大的机构，无论是从人力还是财力上来看，都会增加财政负担。而且，我国目前对金融行业有监管职能的机构除了一行三会外，还涉及财政部、国资委、发改委等多部门，这更会增加各部门间的协调难度。

总体上来看，建立一个这样的机构不符合我国行政体制改革方向和实际情况。相反，如果能够确立以中央银行为中心、各部门配合的宏观审慎管理框架，不仅不会增加行政运行成本，而且还有利于进一步明确职能分工，促进各部门更好地履职。

2. 分业监管和综合监管各具利弊，而在短期中我国尚难实现综合监管。在分业监管的框架下，监管部门的关注视野和权限范围受到限制，不利于系统性风险的防范和维护金融业的整体稳定。有鉴于此，有人建议仿照加拿大、日本等国货币政策和金融监管职能分离的模式，成立统一的金融监管机构，然后由其承担宏观审慎管理功能。然而问题是，目前中国“一行三会”的金融监管架构已经比较成熟。由于中国的金融发展水平还比较低，金融综合经营和混业经营还处于初级阶段，分业监管能够适应目前中国金融业的发展状况，这也就意味着至少在相当长的时期内分业监管仍然是我国金融监管体制的选择，因此短期中不大可能成立一个新的统一监管机构。在这种情况下，宏观审慎管理只能由中央银行来实施。值得注意的是，在拥有多个部门监管者的国家，中央银行几乎都有宏观审慎管理权力。

四、发挥中央银行在金融宏观审慎管理制度框架发挥主导作用的政策建议

1. 明确中央银行在宏观审慎管理中的核心地位

应从制度上进一步明确中央银行在我国宏观审慎管理中的地位，赋予央行对具有系统性金融机构的监管权。中央银行要牵头研究制定我国的宏观审慎管理制度，开发新的宏观审慎管理工具。加快研究建立逆周期的动态资本缓冲和前瞻性拨备安排，加强对流动性、杠杆率的监管，完善系统重要性金融机构、市场和行业的管理制度，维护金融体系稳定，提升金融支持经济增长的可持续性。

2. 确定“一行三会”的协调制度，实现宏观审慎管理与微观审慎监管的有效协调和补充

实行金融宏观审慎管理，关键就是要建立宏观审慎管理和微观审慎监

管协调配合、互为补充的体制机制。当前，应进一步明确“一行三会”的协调制度，中央银行和监管部门依据职责分工统筹协调，密切关注宏观形势变化和各金融行业运行状况，加强对系统性金融风险的分析和研判。加大对跨行业、跨市场的金融机构和交叉性金融业务发展情况的研究分析力度，不断促进监管政策和措施协调。加强金融监管对中央银行宏观审慎管理以及金融风险化解和处置行为的配合。

3. 高度重视信息共享，加快推进金融宏观审慎管理信息系统建设

宏观审慎管理对信息的要求非常高。中央银行要充分地从市场和金融机构中获得有用信息，需要加强相关部门之间的交流与合作，实现信息共享。更重要的是，要赋予中央银行收集具有系统重要性的金融机构、市场和工具的信息，并获得监管部门有关监管信息和检查报告的权利。考虑到我国实际，可建立一个由中央银行直接管理，各金融监管机构、相关职能部门共同参与的金融宏观审慎管理信息系统，形成统一、集中、高效的金融信息来源，并实现信息资源共享。

4. 防范跨境风险冲击，加强与国际金融组织和监管机构的协调合作

境外金融风险是产生系统性风险、危害金融稳定的重要来源。中央银行履行宏观审慎监管职责时，要高度重视与国际金融机构的合作。要充分利用我国作为金融稳定理事会成员国和 IMF 第三大出资国的地位，授权中央银行加强与国外央行、国际金融监管机构的合作，防止境外金融风险对我国金融体系稳定带来冲击，并借鉴其他监管机构、国际金融组织的成功经验和指导原则，进一步完善我国宏观审慎管理体系。

原载《南方金融》2012 年第 9 期

中央银行支付清算体系中的抵押品管理

周莉萍

金融机构越来越依赖批发市场融资，而批发市场融资越来越青睐抵押融资。过去几十年，随着衍生品交易的膨胀，抵押品，和交换一样古老的经济学概念再次发挥其特殊的信用功能。英格兰银行最早在 1992 年建立了现代中央银行的抵押品管理体系，迄今，各国中央银行都建立了不同层次的现代抵押品管理体系。本文探讨的是中央银行支付清算体系中的抵押品管理问题，属于中央银行抵押品管理体系的一部分。

大部分国家已经实现电子支付，中央银行的支付清算体系已经进入实时全额清算体系（RTGS），即便支付机构的清算请求能及时得到中央银行等对手方的实时处理，支付机构依然面对结算体系中的资金错位或不足。电子支付的日间透支及产生的信用风险、流动性风险，是现代中央银行清算体系面临的主要风险。为提高支付效率并保持稳定运行，央行需要减小支付清算体系中的流动性风险，为各类支付结算活动提供流动性。其中，短期、超短期抵押贷款成为主要工具。央行抵押管理框架基本内容包括抵押品的级别、抵押机构的资质、抵押期限等。

除了分析中央银行支付清算体系抵押品管理的常规路径和危机期间的非常规路径之外，本文尝试探讨央行抵押品管理的宏观效应与未来抵押品管理的方向。

❐一、中央银行清算体系风险的解决路径

中央银行的信贷活动有多种类型：日间信贷、备用信贷、短期公开市

场操作、指向性长期公开市场操作、贴现窗口便利等。用于降低支付清算体系风险的央行信贷活动多是日间信贷，在英国还包括备用信贷。

支付清算的时间错配导致支付结算机构央行账户透支，为保证央行存款账户为零或正，结算机构会向央行拆借日间资金以维持账户平衡，同时保证最高利润和最优支付效率。支付结算机构的日间信贷如果违约，首先危及的是支付结算体系，支付结算体系出现信用风险会导致流动性不足，将危及所有参与该体系的机构。最终，支付结算体系的瘫痪危及的是最终清算机制，如在美国是 Fedwire、CHIPS，而其最终的金融损失承担者将是中央银行。因此，无论是否已经转移支付清算服务，中央银行都可能面临支付体系的诸多风险。

中央银行并不愿意无限满足支付机构的信贷需求，采取什么样的措施能使支付风险的根源——支付机构的无担保透支行为得以控制？怎样让支付机构减少透支额度和日间信贷需求？对于中央银行而言，可行的方法大致有四种：对日间信贷服务增加约束条件（上限、收费、附抵押品等）；将中央银行的支付清算服务全面推向市场，让市场自行解决；回归有限存款准备金制度，提高存款准备金水平；在现有的 RTGS 清算体系中增加流动性——储蓄机制。

第一类办法是，提供有限的日间信贷服务（设定信贷额度上限、提供收费服务、要求抵押品等），同时采取一系列政策措施提高支付机构的自有资本金，结构性的制度措施等降低风险。如果采取此类方法，中央银行此时面临的挑战是如何把握有限服务的度，既合理要求，又不影响支付清算体系的效率。此类措施的前提是中央银行还承担支付清算服务，无法回避信贷需求。如果进一步降低直接的风险，还有第二类方法，即把支付机构的信贷需求推向市场，即中央银行支付清算服务的市场化。

第二类方法是，中央银行支付清算服务的市场化。支付风险的转移是否意味着中央银行失去了支付清算的“阵地”？支付清算服务市场化之后的中央银行如何降低风险？采取此类方法时，中央银行面临两个具体目标：降低私人支付清算机构的风险、降低整个支付清算体系的系统性风险。降低私人支付清算机构的风险，需要对参与机构提出更加严格的要求，对支付清算机构提出更高的内部治理要求。同时，中央银行在整体估算日间借贷缺口的基础上，调整日间借贷参数。支付清算体系的系统性风险包含国内系统性风险和跨境支付风险。全球性的出路是，全球 23 个成员组成工作组在2001年推出的《系统重要性支付体系核心原则》，其中对中央银行提出了四项具体要求和十项基本原则。

第三类方法是，增加法定存款准备金数量。对于商业银行等存款性机构而言，存在央行账户上的存款准备金是日间信贷的第一资金来源或自有资金。但很多国家已经取消了固定的存款准备金制度，实行动态存款准备金、零准备金制度。这就需要从零准备金制度回到传统的存款准备金制度，要求存款性金融机构保持固定比例的存款准备金，从而直接减少中央银行日间信贷，以缓冲支付风险。美国的金融机构在金融危机期间保留了大量的超额存款准备金，与此同时，其向联储拆借的日间信贷也相应减少。这说明存款准备金与日间信贷有紧密关系。

第四类方法是，构建成熟的流动性-储蓄机制（LSM）。LSM是一种列队和抵消安排，能使实时全额清算体系节约出一部分流动性，从而满足部分支付机构的日间信贷需求。附加LSM的实时全额清算体系也被称为升级版的RTGS。

在四类方法中，第二、第三、第四类方法涉及通盘的制度改革，从提出到最终实现的周期会更长。因此，在短期，第一种方法比较现实、实践性比较强。

二、支付清算体系中的抵押品管理

中央银行抵押品管理的最初目的是提高支付效率、降低支付风险，满足支付机构的短期信贷需求。

（一）央行支付清算体系日常抵押品管理

引入抵押品的支付清算管理体系，管理的要素包括：谁有资格向央行进行有抵押的日间信贷；合格抵押品的范围和信用级别；抵押品估值方法；抵押信贷定价等。

为降低对手方风险，央行支付清算体系的抵押品管理基本要求是：充足、有弹性。充足的含义是对手方的资产负债表上必须有足够规模的抵押品，规模包含了公允价格和抵押品数量。有弹性的含义是，中央银行可以随时改变的抵押品需求机制，其中可变的参数包括预留扣减率（haircut），结算体系中要求的保证金比例，以及抵押品的主体、合格抵押品的范围、抵押品估值方法等。这些参数应该随着市场风险状况变化而实时改变，否则就会产生新的风险（见表1）。

表1　各国支付清算体系中的抵押品主要用途

	抵押品用途	最高额度/上限	费用/利率
加拿大	抵押（再抵押）	无	免费
欧盟	抵押（再抵押/回购）	无	免费
日本	抵押	无	免费
英国	抵押（回购）	无	免费
美国（现行政策）	仅对问题机构和有最高限额机构提出抵押要求	有	收费

资料来源：IMF（2010）。

（二）次贷危机期间的抵押品管理

美联储最初对支付机构的短期贷款是信用贷款，没有抵押品，后来开始转为抵押贷款。原因是什么？美联储面临日间信贷的信用风险、证券结算风险，因此要求存款性机构与证券结算有关的贷款必须附有抵押品。但抵押品的再抵押活动却给美联储带来了另外的成本和负担。金融危机期间，影子银行体系的负债活动——回购协议，涉及抵押品的再抵押，被认为是大量不受监测的信用产生的根源之一。因此，美联储决定从抵押品管理的微观工具入手，降低风险。

2008年，美联储同意修改其支付体系风险政策，鼓励支付结算机构日间信贷活动使用抵押品。新政策自2010年年底开始实行。允许所有运行文件的存款性金融机构，可以通过抵押品从联储获取日间信贷（intraday credit），为保证政策一致性，同时提高了美联储非抵押型日间信贷的费率。可见，美联储在危机期间的日间信贷政策是：扩大信贷支持范围但增加抵押品要求，并提高费率（见表2）。

表 2　　美联储支付清算体系中的抵押品管理政策概览

主要模式	现行政策	完善后的政策
抵押品	仅对问题机构和有最高额度限制的机构要求	通过对有抵押的日间透支定价，对抵押品再抵押予以详细规定
有抵押的日间透支费用	36 个基点	零费率
无抵押的日间透支费用	36 个基点	50 个基点
扣除量（从日间透支费用中提取）	某机构 10% 的资本	用零费率的有抵押日间透支和申请费代替
申请费	25 美元/两周	150 美元/两周
净借方上限	两周平均限额和更高的单日限额；如果超过限额，事后协商	废除两周平均限额；单日限额保留；如果全部有抵押，可以完全有弹性并在事后协商
最高上限	单个机构自我评估净借方上限之外的抵押能力	减少程序提高效率（2009 年 3 月 26 日起有效），所有机构有细微变化都需申请
不合格机构罚金	136 个基点	150 个基点

资料来源：美联储网站，美联储关于支付体系风险政策调整的公告（2008 年 12 月 24 日），IMF（2010）。

三、中央银行抵押品管理的宏观效应

中央银行的短期信贷行为与其货币发行过程部分重合。因此，中央银行的抵押品管理与基础货币发行紧密相关。因此，中央银行在支付清算体系中的抵押品管理有可能具有宏观效应。本部分尝试探讨央行日间信贷的抵押品管理行为两个维度的宏观效应问题：一是有没有货币控制效应？二是能否降低支付体系的系统性风险？

（一）有没有货币控制效应？

从货币史可以发现，货币供给行为与抵押品紧密关联。从银行学派的真实票据理论到金本位制度，抵押品一直被内在地认为是稳定货币供给的核心因素。货币的发行一直在寻求有价值的对等物，如果没有，就可能导致货币发行量超过实体经济货币需求，导致通货膨胀。有价值的抵押品是货币产生和货币消亡的重要载体。

现代中央银行在货币统计体系中，基础货币或储备货币就是央行的货币性负债，包括商业银行的存款准备金、公众持有的通货、商业银行库存现金等，未曾考虑非现金抵押品。基础货币对应的是中央银行的资产，主要是通过各种途径发放的信贷。这并不意味着日间信贷没有货币效应。

一方面，抵押品运行的周期对应着货币流通的周期。日间信贷中的抵押品在央行存续的时间非常短暂，能解决支付机构的流动性短缺。从支付机构自身来看，拆借的货币并没有得以沉淀和应用。但支付机构只是一个载体，获得支付服务的机构则及时地满足了流动性需求，并能保证其信用创造行为的连续。因此，中央银行提供的日间信贷降低了支付机构的流动性风险，但间接为被服务的机构获得创造信用的机会，具有间接的货币调控效用。

另一方面，抵押品并不是进入央行账户之后就被静态滞留，而是会被央行进行最优动态管理。中央银行在直接持有结算机构抵押品时，经常将其出售给另外的一些对手方，从而将抵押资产置换为现金储备资产。在此过程中，中央银行也有一定的空间对其资产负债表进行结构性调整，从而改变货币供给的结构。

因此，央行支付清算体系中的抵押品管理有一定的货币调控效应。

（二）是否能降低系统性风险？

系统性风险从何而来？2008 年金融危机的讨论最终将其归结为系统重要性金融机构和系统重要性基础设施。其中，支付体系首当其冲。

引入抵押品的支付清算体系是否能降低系统性风险？支持这一观点的理由非常明确：抵押品属于审慎视角下的缓冲资产，可以降低支付清算体系对手方风险；而且，中央银行也可以主动实行逆周期的抵押品管理，从而缓释系统性风险。美联储的抵押品管理政策转换的理念依据即为上述观点。但从其实践来看，危机阶段更青睐利用抵押品降低系统性风险，也就是说，抵押品在短期内降低系统性风险的效果比较明显。

一般情况下，中央银行会在账户上接收抵押品但并不直接管理抵押品，而是委托给第三方机构管理。如在美国，抵押品可以通过借款人一监护安排，委托给存托公司、Fedwire 的证券服务部门、州储备银行、外国存托公司等金融机构或者非金融实体机构进行管理。因此，也有足够的理由持对立观点，即抵押品管理并不一定会降低系统性风险。

有些市场化程度较高的抵押品在抵押过程中会产生道德风险，从而纵容支付清算体系的系统性风险。具体理由是，中央银行常通过法律程序，允许抵押品管理机构充分运用可交易的抵押品，以保值增值。运用的方式不排除再抵押，而后者会在短期之内使得债权债务链条拉长，债权关系复杂不清，反而更容易引发风险传染，制造新的系统性风险。事实也支持这一点，很少有中央银行或其委托机构仅仅长期持有抵押品而不加以运用的。

四、结语

传统金融体系中，商业银行负债被定义为“信用货币”，货币是支付体系的核心载体，而商业银行也是支付服务的主要供给者。现代金融体系发展演变的基本趋势是，支付清算业务不再是商业银行的专利，电子支付业务成为一种市场化的金融服务。与此对应，信用货币领域的深刻转变是，信用货币的创造者也并不局限于商业银行，非银行金融机构能够沉淀负债资金，并通过加速货币流通创造市场信用即流动性。因此，信用货币体系的转变是现代支付体系转变的必要条件。

支付结算服务虽然已经碎片化、分散化，但支付体系将依然依赖中央银行作为最后贷款人，中央银行也必然是整个支付清算体系的风险管理者。抵押品管理会越来越多地被中央银行运用，以降低范围越来越大的中央对手方风险、改变资产负债表结构、调控货币供给等。抵押品管理体系将成为与货币、信用体系互相镜像的庞大“后台管理体系”，这一体系运行的复杂性和吸引力不亚于传统的货币调控体系，尤其是对于某些私人控股的中央银行。因此，支付清算领域的抵押品管理已经超越微观管理事业，未来需要用货币调控、宏观审慎的宏观视野，对抵押品的微观管理问题进行深入研究。

商业银行核心功能的非银行化及其影响

周莉萍

金融稳定理事会（FSB）曾在2011年10月发布《加强监管影子银行体系：金融稳定理事会的建议》的文件，从金融功能角度界定影子银行体系的基本范畴和核心特征，提出影子银行体系是发挥商业银行核心功能——期限转换和流动性转换功能的信用中介。并以此为依据，对发达国家的影子银行体系规模首次进行统计和监测。但是，FSB没有对影子银行的类银行核心功能运行机制给出更为详细的解释，本文尝试解析此问题及其对商业银行造成的冲击。

由于一直存在商业银行特许权及相关法律，在任何一个国家，通过吸收存款发放贷款的业务模式都是商业银行的垄断特权，其他非银行金融机构被严格禁止从事银行业务。在此背景下，影子银行却从事类银行业务，发挥商业银行的两个核心功能。其中的原因是多重的，既包括金融体系之外的因素，也包括商业银行内在变化因素。商业银行的核心功能非银行化不是一个单一的问题，而是与银行本身的经营模式和货币市场微观结构的演变等背景密不可分。本文以美国的影子银行为研究对象，对期限转换和流动性转换功能的非银行化过程及其冲击进行深入剖析。

一、期限转换功能的非银行化

期限转换是商业银行的第一个核心功能。指商业银行借短贷长进行负债经营，将短期负债转换为长期资产，在存款人存款合约到期期限和贷款合约的到期期限之间实现平衡。能实现期限转换功能的不只是商业银行，还包括其他非银行金融机构，但并非所有的非银行金融机构都有此功能。这类机构可以统称为期限转换金融中介。早期的商业银行特许权法等将商业银行的短期负债——吸收存款垄断化，但是，随着现代货币市场的发展，存款这种被动负债的劣势逐渐显现，并被多种形式的货币市场负债方式所代替，商业银行逐步依赖货币市场的主动负债。

期限转换最基本的特征就是创造货币。商业银行通过期限转换创造了双重的货币要求权，即存款人对商业银行的要求权和商业银行对贷款人的要求权。双重要求权解决了信息不对称问题，降低了搜寻成本等交易成本，而这正体现了货币产生的最基本原因。

影子银行的期限转换功能发生在货币市场，具有典型的货币创造功能。影子银行机构利用 ABS 管道机制、资产支持商业票据市场、回购工具，向货币市场基金等机构进行超短期和短期融资，并将资金投资于期限长于负债的信贷和其他长期债券资产。影子银行体系的期限转换功能也创造了多重货币要求权——各类货币市场工具，如资产支持商业票据（ABCP)、货币市场基金份额。

这种货币要求权与普通存款的相同之处，都是一种与货币直接相连的债务凭证，要根据债权人需求随时兑现转换为现金。与普通存款的不同包括：第一，不能直接用于满足交换，即是一种流动性不及现金的准货币。第二，属于金融机构之间的债权债务凭证，而不是居民、企业与金融机构之间的债务凭证。第三，影子银行机构不受法定监管制度如存款准备金制度、资本充足率要求等约束，从而没有硬约束解决期限错配，只是依靠不断提高所持负债的信用等级不断展期，高度依赖货币市场新的融资，由此才避免了被迫将资产货币化的挤兑风险。可见，其具有内在的脆弱性。

从实际操作来看，期限转换功能非常容易实现，可以由银行之外的个人、企业、机构操作。但是，并非所有的债务凭证持有人都像银行存款持有人一样受到中央银行金融安全网的保护。无论主体的性质如何，期限转换功能即货币创造的安全性取决于主体的信用，而主体的信用取决于其投资的长期资产的价值，或者其拥有抵押品的价值。

由于单纯依靠资本金制度和部分存款准备金制度无法满足随时出现的流动性需求，期限转换功能包含内在的流动性风险。由此，也衍生出另一项业务，即银行通过出售资产和二次出售打包资产获得市场流动性。只要市场在一定时期内一直具有流动性、市场价格保持稳定，出售资产和二次出售打包资产最终不会改变资产的长期性特征。出售资产而不是一直持有到期，成为弱化商业银行核心功能的关键因素。

当金融市场充斥着越来越多的可以投资的盈利性长期资产，如被兜售的打包信贷资产或者长期债券时，投资需求能诱致资金的供给，各类主体都可能通过借短贷长来延续投资行为。而在过去几十年中，美国的商业银行体系和各类金融公司通过贷款出售，向金融市场释放了大量的长期资产，虽然形式并不都是长期的房地产贷款，但各种被包装后的长期资产（如MBS、ABS、CDO等）都是贷款资产的衍生品。在此之前，依靠国家信用支撑的国债和优质企业的公司债券是金融市场中长期投资的主打产品。这些长期投资资产的供给活跃了货币市场融资，而且，通过各类金融创新技术和信用增级手段，使超短期、短期的货币市场工具与普通人可以小份额持有的货币市场基金相关联，而后者的性质与普通存款非常类似。由此，在传统商业银行体系之外，通过影子银行机构的期限转换功能，也实现了全社会盈余资金主体和资金短缺主体的联通。

货币市场的批发性融资不仅促成了期限转换功能，也能衍生出新的功能，无论是商业银行还是影子银行，一旦批发性融资成为主要的负债方式，都将大大增强其杠杆作用。因为批发性融资灵活富有弹性，能释放金融中介自身的流动性，强化期限配置。反过来，只要这些机构依然依赖批发性融资，去杠杆化的过程就难以进行。如依然深陷危机的欧洲，由于其商业银行依然过分依赖批发性融资，因此，其去杠杆化的过程比美国要漫长得多。

二、流动性转换功能的非银行化

流动性转换是商业银行的第二个核心功能，其实与期限转换是同一个过程，并由期限转换功能衍生而来。流动性转换量是高是低，其衡量指标是流动性资产和负债之间的差额。与期限转换功能不同，流动性转换强调商业银行将存款人不流动的资金转换为随时可以提取的富有流动性的活期存款，同时将这些富有流动性的短期负债再次转换为流动性较差的长期资产，从而两次改变资产的流动性状态。商业银行的流动性转换功能对实体经济和金融体系都非常重要。流动性转换是一个信用创造、流动性创造的过程，为实体经济发展创造了急需的流动性，为金融市场投资者提供了流动性便利。由此，经济才能实现发展，金融体系才能高效率运行。

流动性转换是一个承担流动性风险的过程，因此伴随一定的流动性风险和升水收益。流动性风险即存款人可能随时提取存款，从而使商业银行面临不能及时兑现的风险。流动性风险的升水收益俗称"利差"，则是金融中介存在的基本理由之一，也是商业银行最初的盈利来源。

与此同理，影子银行机构将货币市场基金等机构不流动的资金转换为富有流动性的回购协议合约，同时又用这种短期资金购买并持有长期不流动的证券。与商业银行流动性转换过程的区别是，影子银行的流动性转换受到各种条件约束，并且不受最后贷款人和金融安全网保护，流动性风险很高。其约束条件体现在，货币市场基金的资金一般投向 AAA 级优质商业票据，影子银行机构的融资门槛显然高于商业银行。存款虽然是被动融资，但由于存款保险制度等金融安全网的存在，商业银行吸取存款的门槛非常低，只要短期之内没有影响其声誉的重大问题存在，都有可能吸引到存款。这种流动性转换过程对市场波动和投资者信心非常敏感，容易受到外在因素的冲击。

流动性转换对于影子银行机构而言，也是一种生存方式。依靠流动性转换，影子银行机构利用货币市场基金的优质资金，并将其用于购买各类长期贷款或信用类衍生品，从房价的长期攀升中分享收益。这种流动性转换没有直接减少商业银行的流动性转换程度，因为商业银行也在从传统的流动性转换过程（存款—贷款）转向影子银行的新型流动性转换过程。虽然很难用直接的数据来刻画新型流动性转换的程度和结构，但可以肯定，越来越多的商业银行早在"脱媒"现象开始之时，就不再被动依赖储蓄存款，而是转向货币市场融资。新型流动性转换过程与金融理财产品和货币市场基金的兴起紧密相关，与 20 世纪 60 年代以来的"脱媒"过程相伴而生。

从这个意义上讲，不是影子银行机构在复制商业银行，而是如经济学家高顿（2010）所说，影子银行体系成为真正的银行业。也就是说，影子银行体系顺应了金融体系变迁的过程，并在监管者尚未界定其具有商业银行性质并纳入监管之前，通过新型流动性转换获取收益，攫取来自金融体系的监管套利。

商业银行固守的传统流动性转换过程已经伴随美国实体经济周期性变

化过程，走过了曾经的黄金时代，步入了低利差时代。但是，这一传统流动性转换过程不会被完全替代而消失。原因包括：其一，吸收储蓄存款依然是商业银行的特权，影子银行机构会分流储蓄，但没有权利直接吸收存款。其二，存款保险制度、最后贷款人制度提供坚实的安全网，使传统商业银行的流动性转换过程具有持久的生命力；而影子银行体系的新型流动性转换过程非常脆弱，容易引发货币市场的挤兑风险。其三，实体经济需要商业银行贷款，而最廉价和安全的核心负债之一依然是存款。影子银行机构将短期资金投向住房抵押贷款，但如果商业银行拒绝出售，这一过程将被动结束。商业银行依然是流动性转换的主体，影子银行体系新型流动性转换过程依赖商业银行的贷款出售等行为，而商业银行可以利用表外实体完全将这一行为内部化，从而在保留传统流动性转换方式的同时，进军新型流动性转换过程并分享监管套利，这是传统流动性转换过程存在的根本理由。

三、核心功能非银行化对商业银行的冲击

商业银行通过期限转换和流动性转换创造了经济价值，但是，这两个核心功能自20世纪70年代以来，不断被突破、泛化。随着金融市场中的各类金融创新理财工具导致了“脱媒”现象，商业银行的低融资成本优势逐步丧失，批发性融资逐步成为几乎所有金融机构的核心负债方式之一。同时，金融创新能力的强化使非银行金融机构同步掌握信用风险估算和分解的技术，结构金融使得复制银行核心功能成为可能。最终，贷款市场的垄断被外部因素首先破除，加之其为转移信用风险而打包出售贷款的行为，商业银行由此会丧失贷款市场份额。

简而言之，商业银行核心功能非银行化的直接冲击是，商业银行存贷款利差传统利润下降。此后，商业银行要么因利润萎缩而倒闭、退出市场，要么寻求更多的中间业务收入。在激烈竞争中生存的商业银行必须寻找新的利润增长点。在发掘利润的过程中，一部分银行开始涉足高风险贷款领域如杠杆收购交易、高风险的房地产贷款，为衍生品市场提供贷款融资或直接从事衍生品交易等，以弥补传统利差收入损失；另一部分银行则在表外活动中寻找新的利润增长点——非利息收入或中间业务收入。面对

日益丧失的贷款份额，商业银行非但没有停止贷款出售，重新强化传统利润优势，还顺水推舟，大力发展金融创新，在表外市场开拓证券化业务。最终，人们的资产选择行为、金融监管制度、金融创新、商业银行自身经营行为等多重因素，反过来再次助推商业银行核心功能的弱化。与此形成镜像的另一个过程是，商业银行核心功能非银行化既是商业银行特许权价值降低的后果，反过来也再次加速了其特许权价值贬值的过程。

如果其中任何一方面的因素缺失，都会缓解或消除这一强化复制银行的过程。例如，当所有其他因素不变时，这一过程取决于人们的资产选择行为。而后者不仅取决于资产风险和收益因素，也取决于人们的风险偏好和其他文化、习俗等主观因素。在东亚高储蓄国家，即便金融市场高度发达、金融理财产品高度发展，个人储蓄行为也不容易迅速被改变。因此，基于零散资金盈余者的货币市场不够庞大，而批发性融资也必然难成气候。再例如，加拿大和美国都拥有庞大的次贷市场，但加拿大金融监管制度因素和其非银行金融机构创新能力不足等因素，促成整体依附于商业银行体系的次贷市场形成并增强了商业银行的盈利能力，而没有形成庞大的影子银行体系则弱化了商业银行核心功能。但是，美国的金融体系没有破坏两个因素中的任何一个，因此强化了复制银行的过程。

由此可见，商业银行核心功能被弱化，并不是未来银行业发展的必然趋势，而是个别国家金融制度调整的偶然产物。但是，金融创新是促成商业银行核心功能泛化的根本性因素。因此，金融创新和发展的既有路径若被复制，其他国家很有可能也会出现类似美国的情况。在2008年次贷危机之前，华尔街及其所代表的金融创新路径是全球各国效仿的榜样，代表一种金融生产力。次贷危机之后，这一趋势并没有随着五大独立投资银行的分解而消失：在美国，无论是从投资银行、ABCP（资产抵押商业票据）等影子银行的资产负债表，还是从涵盖影子银行体系的国家金融活动指标，都可以看出美国的影子银行体系没有遭到毁灭性打击。但是，美国的影子银行机构业务规模下降的速度已经减缓，商业银行虽然因表外管道机制等遭受重创，但其迅速被迫去杠杆化之后，已经富有弹性地恢复，而新的表外创新方式尚没有产生。而为所有期限转换金融中介服务的批发性融资市场——货币市场，也已经恢复至金融危机前的状况

总之，从商业银行角度来看，核心功能泛化直接导致了商业银行传统利润的下降，以及特许权价值的降低。但是，复制银行的非银行金融机构

也在创造经济价值，因此，这一现象增加了期限转换行业的竞争、提高了全社会的融资效率。因此，商业银行需要考虑的核心问题是，在金融创新的同时考虑如何尽量不泛化其核心功能，挽回“失地”。而货币当局和金融监管当局则必须纵观全局，考虑如何应对商业银行核心功能的泛化问题对金融体系、实体经济带来的宏观挑战。

原载《银行家》2012 年第 10 期

FDIC 关于本国银行境外分行存款保护的最新修订与启示

孙彬 万荃 秦馨

国际金融危机以来，存款保险制度跨境协调机制的重要性逐渐受到全球各国的重视。随着金融全球化进程的加快，跨国银行在母国境外广泛设立分支机构并开展各种跨境业务的同时，也给存款保险制度跨境协调的有效性带来了挑战，其中最为基础和核心的议题就是各国存款保险是否应该覆盖本国银行境外分行存款，即是否要对其境外分行存款人提供与本国银行存款人等同或基本等同的存款保护。

一、美国存款保险公司修订"存款覆盖范围"背景

2008 年，冰岛第二大银行国民银行 Landsbanki 破产，英国出于维护国内金融稳定的考虑，启动了针对其英国分行 Icesave 存款人的非常规赔付程序，由英国存款保险机构（FSCS）按照冰岛存款保险赔付标准代替冰岛存款保险基金（TIF）对本国存款人先行赔偿，并主张将预赔付的款项视为英国政府对 TIF 的贷款，在冰岛政府的担保下以一定的利率水平由 TIF 分期偿还。但此后，冰岛政府拒绝以财政税收为担保替代冰岛 TIF 直接对 Icesave 存款债务进行赔偿，而是通过对 Landsbanki 进行破产清算方式对其存款债务进行偿付，并于 2013 年 1 月 29 日获得欧洲自由贸易联盟（EFTA）法庭裁决的支持。

为了弥补监管漏洞，防止类似 2008 年金融危机中出现的外国银行分支机构倒闭，其母国无法及时对英国存款人赔付的情形再次发生，英国金融服务局（FSA）加强了对外国银行分支机构的监管。2012 年 9 月，英国

FSA发布《咨询文件》强调本国存款人在非欧洲经济区（EEA）成员国家银行在英分行的优先受偿机制，禁止非EEA成员国家银行（包括美国）在英国设立分行开展吸收存款业务，除非该分行的英国存款人在破产清算机制中具备和母国非受保存款人等同的优先受偿地位，其中要求包括美国银行在英分行与其英国存款人重新签署使得存款能够在美国和英国得到“双重偿付”（Dual Payability）的法律协议，使得英国分行存款人获得与美国非受保存款人等同的优先受偿地位，在母国受保存款人之后得到偿付。

英国FSA对从事吸收存款业务的境外分行的限制将在2013年实施，并在2年后正式执行。届时在英国设立分行的美国银行将被要求向其英国存款人公开关于在FDI法案下存款人有限受偿机制的运作方式，即英国存款人存款受偿将会低于美国存款人，在美国存款人受到损失之前，英国存款人将先受到损失。咨询文件明确指出目前所公示的信息程度——即在破产清偿过程中与美国非受保存款人相比，英国存款人优先级较低，是不充分的。咨询文件还明确要求在网络上公开具体细则（包括与新客户签订的存款合约，老客户存款合约的重新修订，以及对老客户解释合约修订的具体原因），这一举措将消除零售和公司客户的差别。美国银行据此向FDIC建议，愿意在信息公开前使其境外分行的存款能够在英国和美国同时得到偿付，从而使得存款人挤兑风险最小化，降低损害其客户关系的潜在可能性。

2012年年底，美国的本国银行境外分行的美元债务规模约8万亿美元，基本与其国内银行持平，并且绝大部分债务并不在美国存款保险公司（FDIC）的受保存款范围内，而是来自非受保的批发性资金（如大额存款），其中，境外分行吸收的存款接近1万亿美元（比2001年翻了一番），相当一部分存款是在英国吸收。美国银行通常通过境外分行为跨国集团提供银行业务、外汇和支付服务，在多数情况下，这些境外分行并不参与零售存款和其他零售银行业务。目前，美国银行的境外分行存款人主要是大宗交易客户，此类客户的选择主要是基于美国银行跨国分行网络使得资金能够及时通过在不同国家、时区和不同的法律制度下的其他分行进行便捷转移。

由于美国联邦存款保险法案（FDI法案）和FDIC的监管制度并未明确规定是否对美国银行境外分行能够双重偿付的存款给予存款保护，英国

FSA咨询文件对美国银行在英分行存款具备“双重偿付”的要求，将存在潜在扩大FDIC存款保险基金（DIF）风险敞口的风险。FDIC从保护存款保险基金（DIF）安全考虑，修订新规则明确存款保险覆盖范围，对国内银行境外分行存款债务以及参与FDIC存款保险的资格进行重新界定，并面向公众征求意见。

二、美国FDIC关于存款和受保存款覆盖范围的修订

从FDIC关于存款和受保存款覆盖范围认定的现有相关法律法规来看，由于在对境外分行存款和受保存款资格认定方面的缺失，使FDIC的存款保险基金（DIF）面临潜在的全球存款人债务风险。

FDIC本次关于存款和受保存款覆盖范围的界定，实际上涉及了存款保险制度跨境协调的三个核心问题：一是境外分行吸收的存款是否能够认定为“存款”，这涉及存款是否具备“双重偿付”性质；二是被认定为“存款”的存款是否属于受保存款，从而获得FDIC的存款保险，这涉及境外机构受保存款的资格认定；三是境外分行“存款”的存款人在银行破产处置机制中是否拥有美国国民存款人“优先受偿”资格。

（一）美国国民存款人“优先受偿机制”

根据1993年综合预算调整法案（No. 103 – 66），美国议会修订了FDI法案加入了国民存款人优先受偿条款（National Depositor Preference）。存款人优先受偿是指财产清算分配机制中，存款人受偿优先于一般无担保债权人。

根据美国FDI法案第11条第（f）款，FDIC通常在银行破产后一个工作日对受保存款的存款人进行及时赔付，以维持公众对存款保险体系的信心和维护金融稳定。而非受保存款的存款人通过破产银行资产清算获得赔偿，根据FDI法案第11条第（d）款第11项规定的破产清算偿付顺序，接管人的管理费用首先得到偿付，其次是存款债务（包括国内非受保存款和作为受保存款人的代位权人FDIC），接下来是普通或高级优先债，然后是次级债，最后是股东剩余资产受偿。

在议会增加存款人优先受偿条款不久后，FDIC 法律职员曾被询问存款人优先受偿条款对于只在美国银行境外分行偿付的存款产生的影响。根据 1994 年 2 月 28 日，法律总顾问 Douglas H. Jones 出具的 FDIC 顾问意见 94－1，存款人优先受偿使得一般无担保债权人受偿在任何存款债务之后。由于所有存款债务比其他债权人优先受偿，FDIC 职员被明确询问存款债务是否包括或者排除只在美国银行境外分行偿付的债务。

顾问意见明确界定了“存款债务”在美国其他法律中的范围。根据 FDI 法案第 3 款第 1 条，顾问意见明确指出 FDI 法案中定义的“存款”不包括任何仅在美国境外进行偿付的债务。顾问意见对“存款债务”的资格进行了规范，存款协议必须明确规定债务是在美国偿付。只有在以上明确的合约条款下的境外分行部分债务才属于存款优先偿付机制下的“存款”，能够在一般无担保债权人之前得到跨国银行资产清算的赔付。因此，在境外分行偿付的债务将被排除在“存款债务”之外不能获得优先偿付权。

（二）美国银行境外分行存款的“双重偿付”条款及其影响

1994 年，瑞格尔社区发展和监管改进法案（Riegle Community Development and Regulatory Improvement Act）对 FDI 法案进行进一步修订[①]，规定美国银行境外分行存款只有能够在美国和东道国分行进行双重偿付才被认定为“存款”。

目前，绝大部分在美国银行境外分行的存款都仅在美国境外偿付。这部分原因是此前美国银行境外分行存款同时在美国和东道国进行偿付，对于银行来讲成本过大。“双重偿付”一般情况下将会从两个主要方面加大美国银行的资金成本：一是增加银行存款保险评估基数，FDIC 过去在评估存款基数的时候是排除仅在美国境外进行偿付的存款债务，而双重偿付条款无疑将增加投保银行所缴纳保费的基数；二是根据美国联邦法规（CFR）第 204 条规定，具有双重偿付性质的存款将需要接受美联储监管，从而增加存款规模所需缴纳的准备金数额。

然而，危机以来美国一系列的改革措施已经一定程度上降低或消除了

① 根据 FDI 法案第 3 条第 1 款第 5（A）项规定，存入美国受保存款类机构（以下简称美国银行）境外分行的资金不被界定为“存款”，除非境外分行通过明确的合约条款使该笔资金能够在美国银行营业部门得到偿付。

境外分行存款具备双重偿付的成本：一是在《多德－弗兰克华尔街改革和消费者保护法案》（以下简称《多德－弗兰克法案》）第331条第（b）款，美国议会已经调整存款保险评估基数为所有负债规模，因此使得境外分行存款具备双重偿付性质将不再增加存款保险评估基数；二是联储开始对准备金支付利息并允许更具有弹性的准备金要求。当然，美国银行仍然可能倾向于避免其境外分行吸收存款能够双重偿付，因为根据联邦储备法案第25条第（c）款，双重偿付条款可能会使其丧失在面临主权风险时得到保护的资格。根据联邦储备法案，如果发生战争、暴动和国内动乱或由外国政府采取管制措施情况，美国银行无须对其境外分行存款进行偿付，除非签署了明确的境外分行存款偿付协议，即具备“双重偿付”性质，但与丧失存款保护资格从而流失客户资源相比，美国银行更倾向于使其存款具备优先偿付资格。

但需要指出的是，单纯在其他国家而不在本国获取资金的方式并不属于“双重偿付”条款。例如，美国银行存款人在美国境外通过ATM获得其银行账户资金无须使其账户具备双重偿付；同样，境外分行存款人在美国通过ATM获得其银行账户资金也无须使其账户具备双重偿付。在以上情况下，都属于银行向其客户提供的银行服务，这与有权进行支付清算有本质差别。

（三）美国FDIC关于存款和受保存款资格认定的沿革

1. 美国目前关于存款资格认定

美国关于“存款”资格认定是在FDI法案第3条第1款进行界定。早在1933年银行法案，议会就对国内和国外存款进行了区分，当前法定的“存款”，明确指出除了某些规定情形下，境外分行的债务均不属于“存款”或全部“存款”的一部分或“受保存款”的一部分。根据FDI法案第3条第1款第5项，存款类机构的任何记入境外分行会计账目的债务均不属于“存款”法定范围，除非同时满足：（1）境外分行的上述债务曾经记入存款类机构会计账目并且能够在美国国内进行偿付；（2）此类债务合同必须通过明确而非隐含的法律条款，规定可以在美国任何州存款类机构的营业部门得到偿付；则该类债务属于“存款”。

而美国银行境外分行在FDI法案第3条第1款规定之外的存款债务，但从历史上看，绝大多数存款协议在处理美国银行和境外分行存款人关系时，都没有明确规定其存款能够在美国营业部门得到偿付。在这种情形下，此类境外分行存款仍不能被认定为“存款”，包括不具有优先受偿权和不享受存款保险。

2. 美国目前关于受保存款资格认定上的漏洞

美国关于“受保存款”资格认定是在FDI法案第11款第a条进行界定。“受保存款”是指存款人在一家受保存款类机构的被保险存款净额。而FDI第11条第a款和第3条第m款第1项存在对“受保存款”的交叉引用，造成FDIC需要面对受保金融机构在FDI法案中规定的所有受保存款。但是由于第11条第a款仅仅将有限类别的存款排除在受保存款范围，其中未明确涉及外国存款。

3. 美国FDIC本次对于“存款保险覆盖范围”修订的新规

根据以上情况，FDIC存款保险公司委员会于2013年2月12日对美国联邦法规法典（CFR）第330条“存款保险覆盖范围”进行修改，明确规定了存款范围和受保存款范围：

一是对于存款资格的认定：美国受保存款类机构的任何仅能在美国境外营业部门偿付的存款，不属于存款范围；

二是对于受保存款资格的认定：美国受保存款类机构的任何记入境外营业部门会计账目的存款，即使其能够在美国国内的营业部门进行偿付，仍不属于受保存款范围。

FDIC关于存款和受保存款资格认定新规则强调了以下4个核心内容：一是保持公众对联邦存款保险机制的信心；二是保护存款保险基金（DIF）；三是FDIC在破产清算过程中承担接管者以保证处置的公平、及时和有效；四是增强国际协调。

FDIC本次修订存款保险监管制度规则涉及美国境外偿付的存款。新规则明确规定，记入美国受保存款类机构境外分行会计账目的债务不属于受保存款，即使债务能够在美国营业部门和国外同时进行偿付的情况，这次修订实际上是将受保存款资格进一步严格，从而能够保护DIF免于面临全球债务，特别是在美国DIF提高保险限额水平并高于许多其他国家之后。

FDIC 出台的新规则也不会影响美国银行使其吸收的境外存款具备双重偿付的性质，并且签署双重偿付条款的境外分行存款将会作为存款债务与国内存款具有相同的存款人优先受偿地位，这样能够在英国咨询文件正式实施后，维护美国银行境外分行特别是在英分行的竞争水平，避免优质客户的流失。另外，在新规则下美国位于国外的军事银行仍被视为“国内”营业部门，其吸收的存款如符合 FDI 法案第 3 条第 1 款第 5（A）项规定，则仍然属于 FDIC 的承保存款。

（四）美国 FDIC 对境外分行受保存款的监管

针对英国 FSA 的咨询文件涉及的问题，FDIC 出台可供选择的措施进行相应的回复。根据 1994 年 FDIC 发布顾问意见确定外国存款如果仅在境外进行偿付不属于存款，将不会获得 FDI 法案赋予的国民优先受偿资格。

FDIC 并不排斥运用其他方式对双重偿付的存款提供存款保险，但是所列举的情况必须以保护 DIF 和满足对存款保险的认定为前提。例如，美国银行希望通过提供 100% 得到 FDIC 认可的抵押品来获得对其境外分行存款的存款保险，以消除由于银行倒闭引起的对外国存款赔付给 FDIC 带来的潜在损失；新规则可以明确对抵押品资质的规定，例如，美国国库券，或者在美国联邦法规法典（CFR）第 347 条第 209 款第 d 项所规定的其他类型的资产和抵押品；新规则还表示可以指定作为抵押资产的资金来源是国内资产或是境外分行资产，以及加强对抵押资产是否足额有效核查的频率（如逐日或逐月）；另外，投保银行还可以提供等额的担保债券以保证外国存款能够获得存款保险。

新规则还要求在实际操作时的注意事项，如签订提供双重偿付的存款协议来明确。该类存款协议可以包含一个法律条款适用的选项，以保证在解决引发争端时需遵照美国的法律，包括此存款协议必须以英文签署并且保存在美国银行营业部门。新规则同时保留 FDIC 自由裁量权力以在需要保护 DIF 避免债务扩张的情况下，对境外银行提出额外的要求，此类额外要求将被进行记录存档。

三、经验与启示

（一）美国FDIC对境外分行“存款覆盖范围”修订的主要经验

在发生银行破产事件后及时对存款人进行赔付是维护公众对于存款保险体系信心的重要保障，该机制依赖于国内法律体系和其运转的有效性。对外国领土管辖权下的存款提供保护将会受限于以下条件从而影响及时赔付的能力：包括会计账目的及时获取性、外国法律体系衔接与实践等。任何影响带来的延迟赔付将会破坏公众信心。

关于FDIC的存款保险启动和及时赔付机制，当境外分行出现破产情形，很难保证FDIC能够进入破产境外分行的经营场所或获取存款信息。而且，FDIC的行动需要在外国司法体系和监管部门审慎判断的约束下进行。在一个极端情形下，FDIC代表甚至可能无法获得签证或者入境许可进入一些外国国家。即使FDIC能够进入破产境外分行的经营场所，获取存款信息，过程本身耗费的时间所带来的延迟赔付将影响对存款人的及时赔付，这不符合FDI法案第11条第f款第1项。实际中，当美国受保存款类机构出现倒闭情形，由于外部因素导致的操作问题将妨碍FDIC对其境外分行存款人的存款进行及时赔付。这一问题在全球性的金融危机环境中将更加明显。因此，以上不利因素都会降低对境外分行提供存款保险的效率，美国FDIC本次修订新规则同样是为了确保FDIC的有效履职。

随着境外分行资产规模的逐步扩大，有可能出现对母国金融稳定产生较大影响的情况，美国关于存款保险覆盖范围最新修订的考虑，以及对境外分行提供附条件的存款保护的经验都是值得借鉴的。

（二）美国附条件“境外存款保护”模式有助于保护存款保险基金安全

美国附条件“境外存款保护”模式通过修订规则明确界定存款与受保存款资格，一方面保证境外分行符合要求的存款债务能够在破产清算过程中和国内非受保存款人具有相同的优先受偿地位；另一方面保证通过有效抵押或担保的存款债务能够和美国受保存款人一样享有 FDIC 提供的存款保险。该模式既避免了 FDIC 的存款债务规模因存款覆盖范围扩大而增长，又通过重新签署存款协议，要求有效抵押品和强化 FDIC 监管对境外分行的存款债务提供了合理保护，维护了美国银行境外分行的利益，为存款保险制度跨境协调提供了一种可行思路。

从美国本次对“境外存款保护”规则的修订和存款保护跨境协调的未来改革方向看，进一步强调了存保机构补充监管职能的必要性与重要性。在本次改革中，FDIC 的补充监管权主要包括：一是对投保机构为境外分行债务获取“存款”资格的认定，将直接影响到境外分行存款人是否能够获得存款人优先受偿资格，是对存款人利益的保护，因此存保机构需要对境外分行所签订“双重偿付”存款协议的合规性进行检查。特别是将来可能涉及跨境风险处置协调中要求在解决引发争端时需遵照母国法律条款的检查，这一点从内在逻辑上也必然要求存保机构作为专业化的风险处置平台；同时由于对“存款”资格的认定与保费评估基数和存款准备金基数密切相关，这也看出存款保险与中央银行货币政策方面的天然联系，虽然根据《多德－弗兰克法案》对存款保险评估基数的调整后，“存款”资格的认定并不会增加投保机构的成本，但从国际实践来看，存款保险跨境协调中存保机构的重要性会进一步提升。

二是对投保机构境外分行存款参与存款保险的资格认定，这方面的改革措施是为了有效保护存款保险基金的安全，正如美国 FDIC 所主张其存款保险基金用来保护美国存款人的利益，如果不对境外分行存款参与存款保险资格进行补充要求，将会直接扩大存款保险基金的风险敞口，使其面临潜在的全球存款人债务风险。从 FDIC 对境外分行存款参与存款保险的有效抵押品资格、来源要求，以及强化对抵押资产是否合格与足额检查的改革方向来看，FDIC 非常强调通过上述补充监管权来保护存款保险基金的安全，同时为了保护存款保险基金避免债务扩张，还保留了必要时对境外分行提出额外抵押要求的自由裁量权。因此，以上经验充分说明对于金融自由化的开放经济主体需要赋予存保机构必要的补充监管权以维护存款保险基金的安全。

冰岛 Icesave 银行破产存款赔付跨境诉讼案的启示*

孙彬 万荃

本次国际金融危机中，冰岛银行业暴露出巨大风险，不仅威胁到冰岛金融体系稳定，还因广泛牵扯外国存款人利益，危及冰岛与英国的正常外交以及冰岛加入欧盟进程，引起了国际社会广泛关注。

此次国际纠纷涉及了跨境银行业务和跨境存款保险机制等问题，2011 年 12 月欧洲自由贸易联盟监管机构（ESA）正式决定将此案提交欧洲自由贸易联盟（EFTA）法庭进行冲裁，指控冰岛政府违反欧盟《存款担保机制指引》，未履行存款保险职责。EFTA 法庭于 2013 年 1 月 29 日判决驳回 ESA 对冰岛的控告，支持冰岛采取破产清算而非使用公共资金方式对外国存款人进行赔偿的方法。

一、欧盟《存款担保机制指引》关于跨国银行境外分行的存款保护安排

由于欧盟成员国家的银行可以在欧盟内部其他各成员国自由设立分行，根据 1994 年 5 月欧洲议会和委员会第 94/19/EC 号《存款担保机制指引》（以下简称《指引》），欧盟成员国家对本国银行在一定区域内（如在欧盟或欧洲经济区成员国家范围内）的境外分行存款人需提供与本国存款人等同的“存款债务”保护。具体来说，根据“Toping-up 条款”，如果东道国的保险限额高于母国，则在参加母国的存款保险的同时，还应该参加

* 本项目获得北京市博士后工作经费资助。本文仅代表个人观点，不代表所供职单位的观点，文责自负。

东道国的存款保险方案，差额部分应由东道国提供补充保险；如果母国的保险限额高于东道国，则必须将该分行的存款保护限额降低到东道国的水平。

但本次冰岛和英国双方在Icesave银行破产处置过程中各自采取的处理方式以及事后在诉讼案中的申诉主张，给存款保险制度跨境协调的有效性带来了挑战，暴露出在处理跨国银行破产问题时可能出现的母国对境外分行存款保护上的双重标准以及东道国启动“栅栏原则”的不统一标准等问题。有鉴于此，欧盟针对此前《指引》在跨境协调方面所存在的漏洞和问题进行修订，英国监管部门同时也针对性地修订了本国银行业准入限制并完善了跨境存款保险协调制度安排。

❒二、冰岛Icesave银行破产及赔付诉讼事件

（一）冰岛Icesave银行破产背景

在冰岛Landsbanki陷入经营困难初期，英国已对其进行风险提示通知。2007年美国次贷危机爆发波及全球，冰岛第二大银行冰岛国民银行Landsbanki陷入经营困难。2008年10月3日，英国监管机构（FSA）向Landsbanki发出监管通知，要求其对其在英分行Icesave采取援助措施，此举实际上冻结了Icesave的资产。

为应对严峻的国内银行业危机，冰岛议会启动了紧急法案。2008年10月6日，冰岛议会启动第125/2008号紧急法案，授权成立新银行并赋予破产银行存款人在冰岛存款保险基金（TIF）的优先受偿权。当天，Landsbanki的在英分行Icesave随即宣布不再通过互联网开展业务，造成约30万英国存款人约23亿英镑的存款无法取回。2008年10月7日，冰岛的金融监管机构（FME）接管Landsbanki并任命临时委员会执行董事会权力。

英国政府在Landsbanki破产前单方面启动“栅栏原则”，正式冻结了其英国国内全部资产。2008年10月8日英国财政部部长与冰岛财政部部长沟通后，公开宣布英国判断冰岛政府只会对冰岛存款人负责，不会对外国

存款人负责。当天，英国根据《2001 年反恐怖、反犯罪和安全法》正式冻结了 Landsbanki 在英国的资产、冰岛中央银行和冰岛政府与 Landsbanki 相关的资产，并宣布英国政府将保护 Landsbanki 英国分行 Icesave 的所有存款。

冰岛政府随后通过转移存款对本国存款人实施保护后，启动 Landsbanki 破产程序。2008 年 10 月 9 日，冰岛财政部在紧急法案授权下成立一家新银行，10 月 9 日至 22 日，FME 将 Landsbanki 的所有国内存款和贷款转移至新银行。10 月 27 日，FEM 宣布 Landsbanki 破产，正式启动对其存款人的赔付程序，TIF 对其存款人的赔付期限应从 2008 年 10 月 27 日起在 3 个月内执行。

由于冰岛国内经济动荡，冰岛曾先后 3 次延期对 Landsbanki 存款人赔付。到 2009 年 3 月，冰岛 93% 的商业银行破产，2009 年 1 月 26 日、4 月 24 日和 6 月 23 日冰岛经济部部长根据欧盟第 94/19/EC 号欧盟存款担保计划指令（以下简称第 94/19/EC 号《指引》）第 10 条第 2 款分别延长了 TIF 的赔付期限 3 个月，直到 2009 年 10 月 4 日，TIF 才正式在冰岛法律公报发布通知要求所有存款赔偿请求在两个月内进行。

出于维护国内金融稳定的考虑，英国启动了针对 Icesave 存款人非常规的赔付程序。首先按照冰岛存款保险赔付标准代替冰岛 TIF 对本国存款人给予 20 887 欧元内的赔付。同时根据英国存款保险制度的规定，由英国存款保险机构（FSCS）对于部分账户在 20 887 欧元和英国存款保险限额 5 万英镑之间的部分进行了赔付。此外，由于危机时期的形势紧张，英国财政部还对超过 5 万英镑的存款给予了赔偿，直至全额赔付。

2009 ~ 2011 年，英国政府与冰岛政府就对 Icesave 英国存款人赔偿进行数次协商未果。协商的核心在于将英国代替冰岛 TIF 在危机中预赔付的款项视为英国政府对 TIF 的贷款，在冰岛政府的担保下以一定的利率水平，由 TIF 分期偿还。但是冰岛分别于 2010 年 3 月和 2011 年 4 月就冰岛议会通过的“赔偿议案”进行了 2 次全民公投，由于冰岛绝大部分民众拒绝为 Landsbanki 经营失败承担赔偿责任，“赔偿议案”均遭到公投否决。

（二）冰岛 Icesave 银行赔付国际诉讼及最终判决

由于冰岛拒绝履行“赔偿协议”，ESA 正式将冰岛与英国关于 Icesave

赔偿案提交 EFTA 法庭仲裁，并得到欧盟委员会支持。2011 年 12 月，ESA 指控冰岛政府违反第 94/19/EC 号《指引》第 3、第 4、第 7 及第 10 款，以及欧洲经济区（EEA）协议第 4 款：一是冰岛没有在 Landsbanki 破产后向其境外分行 Icesave 存款人偿付约 2 万欧元的最低存款保险金；二是指控冰岛没有在限定时间内（即使是特殊情况也不能延期 12 个月）及时对存款人进行赔偿；三是指控冰岛歧视外国存款人，仅给予破产银行国内存款人全额存款担保。2012 年 3 月，欧盟委员会介入诉讼案，并在 4 月和 5 月通过签署欧盟委员会主席令和发表立场声明的方式支持 ESA 对冰岛政府的指控，并特别强调第 94/19/EC 号《指引》关于存款人保护的责任是针对欧盟成员国而并非成员国的存款保险机构。另外，欧盟委员会认为考虑到判例法对今后维护存款保险体系公众信心和有效性的巨大影响，冰岛关于其经济遭遇不可抗力崩溃因而无法履行存款保险责任的理由必须被拒绝，否则将为各成员国今后以该理由拒绝履行存款人保护责任开启先例。

冰岛政府的主要申诉理由包括：一是强调本国政府无须对存款担保负责。在第 94/19/EC 号《指引》中并没有任何明确要求各成员国承担存款担保责任的条款，也没有对存款保险机制没有能力赔付存款的所有情形提出应对措施，一国政府的责任仅限于合理的建立、监督和管理存款保险机制。由于国家存款担保将会在一定程度扭曲市场竞争，根据国家援助规则要求，提供国家援助需要接受欧盟委员会和 ESA 的监督，因此国家兜底的存款担保并非第 94/19/EC 号《指引》所自动产生的国家责任。二是强调危机期间本国经济遭遇不可抗力崩溃，政府无力对存款进行担保。根据欧盟委员会对第 94/19/EC 号《指引》的建议，《指引》仅仅是“金融安全网的一部分”。而当应对系统性危机时，所需要采取的应对措施远远超出了该《指引》的范围。而且 2009 年冰岛金融体系崩溃，90% 以上的商业银行破产，冰岛中央银行外汇储备只有 4 510 亿克朗，扣除外债净资产只有 1 690 亿克朗，而冰岛存款人的存款达到 6 590 亿克朗，相当于冰岛 1 年半的税收收入。三是否认存在歧视外国存款人的行为。冰岛政府强调危机期间关闭 Landsbanki 国内分行的主要目的是整顿冰岛国内金融体系和维护金融稳定，同时 ESA 也不否认相关措施无法扩展到境外。另外，第 94/19/EC 号《指引》主要是保护存款人，但并未对银行破产清算和重组进行明确规定，而且实际上也没有任何存款人从冰岛存款保险基金得到赔偿。

EFTA 法庭最终裁决冰岛胜诉，分别驳回了 ESA 的各项指控。针对第一项和第二项指控，法庭指出第 94/19/EC 号《指引》并未规定当存款保险基金失去对存款人存款进行赔付能力时的应对方案以及 EEA 成员国家对所有存款的担保义务；针对 ESA 的第三项指控，法庭认为冰岛将 Landsbanki 国内分行的所有存款和贷款转移至新的 Landsbanki 是在冰岛 FME 宣布其破产之前，该措施不能引致对存款人进行最低限额赔付的责任，也没有在第 94/19/EC 号《指引》中明确禁止，因此也不能据此对外国存款人进行赔付。

尽管冰岛在本次国际诉讼案件审理中胜诉，但实际上，Landsbanki 通过破产清算已经偿付大部分存款债务。破产的 Landsbanki 已经赔付了其分行 Icesave 1.2 万亿冰岛克朗破产索赔请求中的 5 850 亿冰岛克朗（约 36 亿欧元），相当于英国政府依照法律要求赔付的最低存款保险金额的 90% 以上。冰岛方面，Landsbanki 宣称将会继续对其剩余存款债务进行赔偿，但是会按照冰岛最高法院裁决只支付 6 个月的利息，而不是英国政府要求的全部案件期的利息。

三、国际上关于存款保险跨境协调机制的改革与发展

（一）欧盟重新修订《指引》完善存款保险跨境协调机制

欧盟针对各国存款保险机制在应对危机中的经验和教训，2009 年以来对《指引》中存在的漏洞和问题重新进行了完善和修订，确保整个欧盟地区的金融稳定。

根据第 94/19/EC 号《指引》的要求，根据存款保险优先由母国承担的原则，各成员国家对存款人的存款保险限额为 2 万欧元，对存款人的赔付期限为 3 个月（特殊情况可分别进行 2 次延长申请，每次 3 个月，赔付最长期限共为 9 个月）。因此在本次危机中，2 万欧元的保险限额水平明显偏低，并且对存款人的赔付期限过长也会导致由于赔付不及时而加深金融恐慌。针对以上问题，根据第 2009/14/EC 号《指引》（修订），欧盟首先明确了欧盟成员国家作为母国必须承担对国外分行存款提供保护的责

任。并于2009年6月和2010年12月先后将存款保险限额水平调整为5万欧元和10万欧元，同时明确了10万欧元为存款最高保护上限。为提高存款赔付效率，赔付期限从3个月缩减至20个工作日，期限延长申请从2次减为1次，每次10天。

更为关键的是，在第94/19/EC号《指引》中并未明确规定一国政府对存款保险机制所应承担的责任，也没有明确提出完备的处置框架和危机应对机制。2012年9月，欧盟委员会修订监管框架改革欧洲银行业监管框架，将银行监管置于欧洲层面，并筹划建立欧盟层面统一的存款保险制度和银行危机管理机制。2012年10月，欧洲理事会进一步提出立法建议，尽快建立银行重整和处置机制以完善跨境处置协调机制。

（二）英国FSA发布《咨询文件》禁止外国银行设立分行

2012年9月，英国FSA发布《咨询文件》强调本国存款人在非EEA成员国家银行在英分行的优先受偿机制。为了弥补监管漏洞，防止类似2008年金融危机中出现的外国银行分支机构倒闭，其母国无法及时对英国存款人赔付的情形再次发生，英国FSA发布咨询文件禁止非EEA成员国家银行在英国设立分行开展吸收存款业务，除非该分行的英国存款人在破产清算机制中具备和母国非受保存款人等同的优先受偿地位，同时明确了运用“栅栏原则”的条件。

在咨询文件中，FSA要求非EEA成员国家的银行通过三种方式（不排除其他FSA认可的方式）实现英国存款人与母国非受保存款人的平等对待。一是将英国分行转为子行。该方式会使得实施国民存款人优先受偿机制的非EEA成员国家的银行以子行形式在英国吸收存款。当英国子行出现破产情形，其所有存款人，包括英国存款人将会在英国破产处置相关法律下得到赔偿；二是通过信托协议使得在英资产得到隔离，即适用于“栅栏原则”。信托协议需明确英国分行存款人是信托的受益人，并且英国分行需提供法律意见书解释该措施如何消除英国分行存款人的从属受偿地位，并保证任何法律事件不会影响信托协议；三是签署使得存款能够在母国和英国进行双重偿付的法律协议，使得英国分行存款人获得与母国非受保存款人等同的优先受偿地位，在母国受保存款人之后得到偿付。

❐四、存款保险跨境协调案例的经验与启示

（一）有效的存款保险跨境协调机制顺利实施的必要条件是跨境协调各方拥有相似的制度环境

欧盟在存款保险跨境协调机制建设方面的经验值得借鉴。一是欧盟内部各成员国家之间具有相似的金融法律、准入审批和监管体系，明确涉及跨境银行母国和东道国监管协调机制；二是各成员国家在统一标准下建立存款保险制度框架，包括保险限额水平、保险赔付流程机制以及危机应对机制等方面的衔接；三是各成员国家之间具有可对接操作的风险处置与清算机制，明确的栅栏原则措施运用的事前安排以避免无序处置所带来的风险隐患。

（二）冰岛 Icesave 破产事件凸显存款保险跨境协调机制有待进一步完善

一是母国与东道国应明确各自在跨境存款保险机制中的责任。从国家行政管辖权看，母国或东道国均可主张对跨国银行境外分行提供存款保险。当东道国与母国管辖权主张存在冲突时，由于一般属地管辖权优先于属人管辖权，一般东道国的主张具有优先性，但并不意味着必然由东道国来提供存款保险。

从维护金融稳定来看，一方面，跨国银行境外分行经营所在地（东道国）是受影响最大的地区，首先危及东道国的金融稳定，因此东道国具有提供存款保险的激励。并且跨国银行境外分行的规模在东道国金融市场中占比的增高会增加这种激励的强度。国际上多数国家更加信任本国的监管制度和金融安全网，因而倾向于采取属地原则将跨国银行分行纳入东道国的存款保险体系。另一方面，由于跨国银行境外分行的债权债务由母行直接承担，出现破产风险时母行一般必须进行援助，分行的风险同时也会传递回母国，对母国的金融稳定产生影响，因此母国也具有对分行提供存款

保险的激励。因此，存款保险跨境协调方面可以参考欧盟第94/19/EC号《指引》中关于“Toping-up条款”的规定，母国保护其境外分行的东道国存款人的同时，同时也参照东道国存款保险制度维护金融市场良性竞争。

二是当母国的经济体系在遭遇不可抗力崩溃时，欧盟关于其成员国家确保存款保险机制及时赔付存款人存款的规定是否仍然适用，成员国家作为母国是否应该以国家信用对存款人存款，特别是对境外存款人存款提供担保。对此欧盟一方面在第2009/14/EC号《指引》（修订）中强调了欧盟成员国家作为母国必须承担对国外分行存款提供保护的责任；另一方面已经在筹划建立欧盟层面统一的存款保险制度和银行危机管理机制以完善。实际上，在危机应对中需要金融安全网络成员机构通力合作共同应对，而非仅仅依靠存款保险制度做最后兜底。

三是母国无差别对待境外分行存款人和国内存款人的规定是否客观和合理，或者说如何实质上消除对境外分行存款人的歧视对待。在各国实践中，客观上由于各国司法体系和监管制度环境等因素的差异，当境外分行出现破产情形，很难保证及时准确获取其会计账目及存款相关信息。另外，跨境协调过程所带来的延迟也将直接影响对存款人的及时赔付，并且这一问题将在全球性的金融危机环境中更加明显。而且随着跨境分行规模扩大，为其所有存款债务提供保护将扩大母国存款保险基金的潜在风险敞口。因此，无论能否达到，母国可以考虑对于境外分行存款人提供与国内存款人等同的优先受偿地位，在破产清算机制中优先于一般无担保债权人。

四是东道国运用“栅栏原则”将境内破产外国分行的资产进行隔离以确保本国债权人优先受偿的做法是否具有统一标准，如何实现与母国存款保险制度和破产清算制度的有效合理衔接。在这方面可以借鉴英国2012年9月的《咨询文件》中关于“栅栏原则”的规定，应当事先通过签署法律协议明确适用“栅栏原则”的资产范围以及启动条件，明确对外国银行分行存款人的保护来源于规定信托资产。事前的制度化“栅栏原则”有利于东道国和母国建立起公正有序、权责清晰的跨境金融机构的破产清算处置机制，从而避免事后“栅栏原则”无序实施所导致跨境处置纠纷。

原载《中国金融》2013年第14期

KDIC 关于互助储蓄银行现场检查权的改革与启示*

孙 彬 万 荃 秦 馨

由于存款保险制度在本次国际金融危机中的积极作用，国际金融组织和主要经济体在新一轮金融监管准则修订和金融改革立法中，纷纷把存款保险制度纳入系统性金融风险防范和处置体系。金融危机以来，世界上主要国家存款保险制度普遍由事后的风险处置向兼顾事前风险防范的方向发展。

2011 年，韩国国内爆发了互助储蓄银行（MSBs）挤兑事件，尽管韩国存款保险公司（KDIC）在互助储蓄银行破产处置中发挥了重要的金融稳定作用，但同时也暴露 KDIC 缺乏有效的事前风险约束和及时纠正措施决策权，因此 KDIC 开始由成本最小化向风险最小化模式转变，并且加强了与韩国监管部门分别从存保基金安全和业务经营合规两个角度共同关注事前风险，并及时向社会披露相关信息，将风险遏制在萌芽状态，防范风险传染，维护金融稳定。

一、韩国存款保险公司（KDIC）的现场检查立法工作

（一）韩国 KDIC 的现场检查权及启动条件

韩国存款保险制度从 1995 年出台《存款人保护法案》（DPA）正式确

* 本项目获得北京市博士后工作经费资助。本文仅代表个人观点，不代表所供职单位的观点，文责自负。

立韩国存款保险制度的法律基础起，就定位于风险最小化模式。根据 DPA 实施细则第 21 条第 2 款规定，根据 KDIC 存款保险委员会判断金融机构面临经营失败风险，KDIC 有权对其进行检查。在 2002 年的修正案中进一步规定，对处于及时纠正措施下的金融机构应当受到检查（及时纠正措施的标准是由金融监管委员会来规定），具体来讲，根据总统法令（Presidential Decree）规定的标准，KDIC 有权对面临经营失败风险的金融机构进行检查。

2008 年金融危机以来，为了有效解决“监管宽容”问题，KDIC 基于存保基金安全的事前金融监管职能得到进一步加强。2009～2011 年，KDIC 与金融监督院对银行、保险、证券和储蓄银行共进行联合检查 70 次，占总次数的 60%；其中针对储蓄银行的检查次数达到 59 次，与其他 3 个部门相比，占比达到 84%。这一方面由于储蓄银行数量多、规模小有关（数量占比 33%，但受保护存款占比仅为 4%）；另一方面与金融监督院基层监管力量不足有关。

韩国金融监管改革工作组（Financial Supervision Reform TF）指出，过去由于严格现场检查启动条件使得单独检查无法开展。有鉴于此，应当进一步加强 KDIC 对投保机构潜在经营风险的监测能力。2012 年 2 月《存款人保护执行法案》（Enforcement Decree of the DPA）进行修订，进一步加强了 KDIC 对于互助储蓄银行的单独检查权。

本次 DPA 修订中强化了 KDIC 对于互助储蓄银行的及时纠正机制和维护存款保险体系稳定的职能，具体来讲，主要是单独检查权的授予和现场检查启动条件的进一步放宽。本次修订前 KDIC 单独检查权条件较为严格，主要通过参与韩国金融监督院（韩国金融监管机构执行部门）的现场检查对投保机构风险进行监管，并且启动条件是基于及时纠正机制（PCA）所设定的 BIS 比率；本次修订后，根据《存款人保护执行法案》第 12 条第 2 款“经营失败风险识别标准”，KDIC 对问题储蓄银行行使单独检查的条件从资本充足率（BIS 比率）低于 5% 增加 2 个百分点，扩展至低于 7% 或连续 3 年净收入为赤字。与以往决定启动现场检查的标准是唯一的资本充足率水平相比，本次修订同时赋予 KDIC 根据 BIS 降低的趋势和速度，在会商金融监督院后，决定是否启动现场检查的权力。

KDIC 的检查权主要是指 KDIC 对于投保机构的经营业务和稳健性进行现场检查以评估经营风险，包括 KDIC 单独检查以及 KDIC 与金融监督院（FSS）的联合检查。从检查目的来看，KDIC 单独检查与联合检查的目的都是保护存款人和最小化存款保险基金（DIF）的损失；从检查对象来看，KDIC 单独检查的对象是根据总统法令规定标准下面临潜在经营失败风险的投保机构，而联合检查的对象是根据 KDIC 对投保机构的风险状况判断来确定对象；从检查实施的决策来看，KDIC 单独检查具有明确的标准无须存款保险委员会决策，而联合检查则需要存款保险委员会来决策。

（二）韩国 KDIC 的信息获取权

根据存款人保护法案（DPA）第 21 条“要求投保机构提交数据”，KDIC 有权要求投保机构及其控股公司提供有关业务和财务状况的信息。根据第 21 条第 5 款规定，当根据投保机构所提交的数据判断其面临潜在破产风险时，KDIC 有权调查投保机构及其金融控股母公司的业务和财务状况；当 KDIC 认为有必要对投保机构的或有保险赔付风险进行评估时，KDIC 有权要求金融监督院主席在一个月内针对投保机构及其金融控股母公司所提交数据的准确性进行检查。

（三）韩国 KDIC 的现场检查工作流程

KDIC 的现场检查工作流程分为 5 个阶段：第一阶段是持续事前风险监测，KDIC 自主开发了 3 类风险监测模型（见表 1），用于监测参保机构的风险以及系统性风险。其中，针对银行、保险业和储蓄银行业采用 RE、RF、RI 模型，金融投资业采用 RE 和 RF 模型。KDIC 会安排专员针对每一家投保机构的数据分析其财务状况，同时设置主要的风险临界标准。

表 1　　KDIC 开发的风险监测模型

模型名称	模型功能
风险评价模型（RE）	通过分析财务指标，评价参保机构的财务状况
风险预测模型（RF）	通过分析财务数据和市场信息，预测参保机构破产可能性
风险指数模型（RI）	通过分析财务和宏观数据，从指数上反映各金融部门风险等级

第二阶段是检查准备阶段，KDIC 在每个季度末确定检查对象范围，并提前进行数据获取。

第三阶段是现场检查阶段，检查内容涉及投保机构的整体业务经营状况，包括所有制、公司治理以及财务稳健性，根据现场检查需要约谈投保机构管理人员。

第四阶段是检查结果审查阶段，业务风险审查委员会根据检查结果进行工作层面的分析讨论，如果判定被检查机构存在潜在的破产风险，KDIC 则可依通过调整费率、信息披露等特有方式以及要求 FSS 采取必要措施对违规金融机构进行处罚，以尽量减少存款保险基金的损失。

第五阶段是后续监测阶段，定期监测整个改进过程，分析并在报告中指出有待改进之处，同时将检查结果进行信息共享。

二、韩国加强 KDIC 单独现场检查权改革

KDIC 单独现场检查的理念是通过早期及时发现互助储蓄潜在经营失败风险从而保证最小化存款保险基金的损失，从单独检查权的范围看，监测和识别经营失败风险的范围是大于违规/违法的监测范围；对于发现问题的投保机构，通过资金支持帮助其资本充足从而改善经营，如果投保机构的保险事故发生不可避免则通过早期风险处置避免损失扩大。

（一）及时（Timely）现场检查理念

KDIC 的现场检查强调对于经营失败风险指标的早期监测和及时反映。与联合检查不同，KDIC 关于互助储蓄银行单独检查的对象选择方面采取模式化决策流程，无须存款保险委员会作出决定（见表 2）。

表 2　　KDIC 现场检查决策

决策流程	联合检查	单独检查
内部批准	○	○
存款保险委员会决策	○	×

KDIC 每个季度均及时进行检查，提前与 FSS 进行沟通以确定检查范围和内容是否存在重叠部分，并就检查重点进行协调，通常情况下，联合

检查以FSS的检查重点为主，而单独检查则以KDIC根据需要自由量裁（见表3）。

表3　　KDIC现场检查频率与重点

决策流程	联合检查	单独检查
检查频率	季度	季度
检查启动	根据FSS计划	KDIC自由量裁权

KDIC为了提高检查结果通知的及时性，制定不同的审核程序，主要取决于被检查投保机构是否存在经营失败的风险，并且检查结果需要在检查结束后2个月进行公布（见表4）。

表4　　KDIC现场检查不同结果的审核过程

风险类型	审核过程
存在经营失败风险	由外部专家进行2次评估审核
不存在经营失败风险	1次评估审核

（二）前瞻性（Forward-looking）现场检查理念

KDIC的现场检查强调了关于互助储蓄银行处理应对危机的能力的评估。KDIC的会计评估组通过对银行现在和未来资产状况的审查，审慎评估该机构所处排名；尽量保证所需提供的报表数量最小化，并对及时发现的潜在风险因素进行提示；根据所发现的风险因素，基于现在和未来的视角前瞻性的判断被检查机构是否存在经营失败的风险，并对存在风险的机构进行及时反映和应对，提出系统性的改进建议以避免相似的风险发生。

（三）友好性（Customer-friendly）现场检查理念

KDIC本着减轻被检查投保机构负担的原则，保护投保机构的权益。KDIC在进行现场检查中，会任命被检查储蓄银行的权益保护负责人，授权其对检查结果进行解释和申诉并在 KDIC 网站上公示，收集针对 KDIC 现场检查程序有待改进之处所进行的问卷调查，最小化被检查储蓄银行的成本（由 KDIC 检查人员承担检查所产生的所有开销），保证现场检查客观的数据（而非过去需要负责人签字的各类待检查表格），针对检察人员与互助储蓄银行员工谈话中所存在的问题进行评估诊断。

KDIC 设置被检查储蓄银行的权益保护负责人设置的主要目的是保护互助储蓄银行员工权益不受侵害，鉴于该负责人需要独立性和专业性，通常权益保护负责人是互助储蓄银行内部律师，其主要职责是当现场检查过程中出现非法或不当方式，或者检查程序存在缺陷时，其有权要求取消检查或采取纠正措施，并要求有关现场检查人员对此进行解释。

（四）透明性（Transparent）现场检查理念

KDIC 要求整个现场检查工作具备公正、专业和诚信的基本条件。为此，KDIC 制定了现场检查的监管措施，并在 KDIC 官方网站上公布了现场检查流程。同时成立了外部审查机构——业务风险审核委员会对检查结果的公正性、客观性和真实性进行审查。为了保证检查的客观和高效，KDIC 采用 IT 系统搜集检查和调查信息以实现系统化流程管理。KDIC 还出台和发布如何避免腐败、寻租和培训检查人员的手册，在进行检查前还对检查人员进行诚信教育，并通过电子邮件提醒其遵守职业道德。

三、KDIC 与 FSS 现场检查的比较

KDIC 在针对投保互助储蓄银行现场检查中发现其确实面临经营失败风险后，KDIC 将要求金融监管委员会（FSC）采取相应纠正措施要求问题机构采取出售资产等措施进行资本重组；或将检查结果和风险告知金融监督院（FSS），由 FSS 进行现场检查使得投保机构问题得到解决；在检查过程中提出改进建议，要求被检查储蓄银行补充资本和改善经营业务，最终实现最小化存款保险基金损失的目标（见表 5）。

表 5　　**KDIC 与 FSS 现场检查的比较**

	KDIC	FSS
检查对象	储蓄银行低于经营失败的阈值 （低于及时纠正机制所规定的 2% 的资本充足率水平或者连续 3 年出现赤字等）	所有的储蓄银行
检查目的	监测经营失败风险，判定风险水平	维护信贷市场秩序，保护金融消费者权益
检查重点	治理结构，风险管理实践，风险因素等	经营合规性监管
检查结果反馈以及措施	——要求金融监管委员会（FSC）采取相应措施（当存在经营失败风险时） ——将检查结果和风险告知金融监督院（FSS） ——通知相关被检查互助储蓄银行	对互助储蓄银行及其员工采取纠正和限制措施

另外，KDIC 在为投保机构提供资金支持时，还通过与投保机构签订业务正常化规划谅解备忘录（MOU）的方式来提升投保机构的稳健运营，包括财务健全、盈利能力和资产质量等绩效目标，以及规划实施日程。如果受助投保机构未能履行 MOU 规定，KDIC 有权采取监管纠正措施，直至停止资金支持，监管纠正措施包括：要求受助机构提供关于业务或机构资金等资料，并要求其关联者出席及陈述；按季度对受助投保机构约定履行业绩进行检查；当受助投保机构出现未依据 MOU 履行、怠慢履行、伪造或迟报资料、拒绝或规避 KDIC 履职等情形时，KDIC 有权要求该机构负责人改正，或提出其高管的免职、停职、警告、注意要求，或提出其职员惩罚、注意等要求。

从表 6 可以看出，2009 ~ 2011 年，FSS 和 KDIC 对银行、保险、证券和储蓄银行共进行联合检查 70 次，占总次数的 60%；其中针对储蓄银行的检查次数达到 59 次，与其他 3 个部门相比，占比达到 84%。从 KDIC 在不同行业与 FSS 进行联合检查次数的结构可以看出，由于 FSS 对数量众多、规模较小的中小金融机构监管方面的力量不足，KDIC 在对中小金融机构的风险监测和补充监管方面发挥着重要作用，这也是本次加强 KDIC 关于互助储蓄银行独立检察权的主要原因。

表 6　　KDIC 与 FSS 实行联合检查情况

金融部门	2003 年之前	2004 年	2005 年	2006 年	2007 年	2008 年	2009 年	2010 年	2011 年	总计
银行	1	1					1	1	1	5
保险机构		2	1	3	3	2	1	2	2	16
投资公司				1		1	1	1	1	5
储蓄银行		3	7	7	9	6	12	20	27	91
总计	1	6	8	11	12	9	15	24	31	117

除上述方面 KDIC 需要实施现场检查以实现风险防范之外，在投保机构缴纳保费之前，KDIC 还会对参保机构提交的、据以计算保费的相关数据与保费计算表中的规定数据进行比对审查；在投保机构支付保费之后，KDIC 还会选择投保机构进行抽查，审查其存款总额、未参保存款比例、过去两年的业绩和保费缴纳额等。

四、韩国强化 KDIC 现场检查职能改革的经验与启示

存款保险机构享有必要的补充监管权，特别是对投保机构的现场检查权，有助于全面、及时和准确地掌握投保机构的经营状况和风险水平，是存款保险制度发挥功效和存款保险机构有效运行的前提。世界各国存款保险和银行监管的实践也表明，存款保险机构与银行业监管机构的监管目的和侧重点是存在一定差异的，存款保险机构通过对金融机构的存款额度、存款结构、财务状况和风险水平的监管，以便合理制定和调整各个金融机构的保费费率；更重要的是检查金融机构的存款人相关数据备份情况，以便在出现问题时，存款保险机构能够及时进行赔付。

从国际实践看，存款保险机构并不会干预和削弱监管机构的监管权，与监管机构的监管权是可以区分和调和的。在监管方式上，存款保险机构可以根据监管机构提供的信息以及监管机构的监管分布，选择单独检查、联合检查、跟随检查、建议检查、处罚权和建议处罚权等不同方式。对于可以共享信息的领域，存款保险机构可以不需要亲自检查和监管，韩国 KDIC 与 FSS 在签署“金融机构监管”和“金融信息共享”的谅解备忘录的基础上，分别建立了独自运营维护的信息共享系统、金融信息分析系统

（FAIR）和金融信息共享系统（FISS），在日常工作中根据各自业务需要通过 IT 信息系统获取所需数据与报告；而在必须由自己参与现场检查的领域，存款保险机构也可以与监管机构进行联合检查或委托检查；对于监管机构没有检查的领域，存款保险机构可以开展单独检查，或建议监管机构开展检查并分享监管机构检查结果信息。根据检查结果，存款保险机构可以直接对问题投保机构实施监管纠正措施并对违规行为进行处罚，而对于金融机构的一些违规行为不能采取处罚行动，则可以建议监管机构做出处罚。

从本次韩国加强 KDIC 单独检查权的改革方向看，互助储蓄银行挤兑事件发生以后，韩国高度重视发挥 KDIC 在补充监管方面的作用，一方面赋予 KDIC 对互助储蓄银行的单独检查权；另一方面扩大单独检查实施的范围，旨在避免监管机构在问题金融机构的退出上可能出现“监管宽容”。韩国互助储蓄银行挤兑事件之前，韩国 FSS 从 2009 年以来对问题储蓄银行的审慎监管始终没有发现其经营不善的问题，在发现问题后也倾向于相信问题机构通过自救能够改善经营状况，这也从侧面反映出审慎监管存在出现“小概率”失败的情况，而一旦发生小概率事件就会对金融系统带来不稳定，因此，从维护金融稳定的角度看，客观需要存款保险机构担当补充监管者的角色，从维护存款保险基金安全（降低基金损失）的角度对投保机构（特别是中小金融机构）的潜在风险进行持续监测和检查，并在发现潜在风险时对其进行及时纠正，尽早处置风险从而防范风险传染。

韩国 KDIC 向风险最小化模式改革的经验表明，加强监管机构和存保机构共同防范事前风险方面的协调与配合，有助于促进监管的规范化和透明性，强化银行业金融机构的自我约束，缓解银行业监管资源不足等问题，特别是在危机时期，有助于更加有效地处置问题金融机构，稳定银行体系的运行。

原载《南方金融》2013 年第 7 期

新时期我国大型商业银行零售业务发展的战略思考

常　戈

一、新时期零售银行业面临的经营形势

党的十八大以后，随着国家加快经济结构战略性调整，深入转变经济发展方式，我国经济回升向好的基础逐步稳固，国内经济将实现稳步增长，为商业银行零售业务发展提供了良好基础。

（一）经济转型为零售业务发展厘清方向

党的十八大提出要围绕扩大内需这一战略基点，加快建立扩大消费需求的长效机制，扩大国内市场规模。随着政府各项收入增长政策和收入分配制度改革的落实，社会保障水平的不断提高，将极大地推动我国居民收入和劳动报酬的增长，促进我国经济向内需型经济转化。预计到2015年，消费额占GDP的比重将达到40%，社会消费品零售总额达32万亿元，居民住房、娱乐、大宗商品、医疗、旅游等消费升级将催生更加多样的零售金融需求。届时，人均GDP将达到7 000美元以上，北上广深一线城市的人均GDP将达到2万美元以上，全国家庭金融资产总规模将超过90万亿元，中高端家庭将占据全国家庭总财富的80%左右，其金融投资理念将更为成熟，财富目标更加多元化，要求零售银行进一步细分客户群体，根据客户的收入和财富状况、行为偏好和需求变化，提供更为专业化、差异化的财富管理、消费金融及投资理财等系列服务。

(二)“四化”同步凸显县域增长点

十八大报告明确指出坚持城乡一体化发展，推动新型工业化、信息化、城镇化、农业现代化“四化”同步发展。预计未来5～10年，县域经济在中国经济版图中的地位将进一步提升，新型城镇化建设、人口集聚、产业集群，为零售业务的规模化发展提供了机遇；中小企业、个体私营经济的蓬勃发展，带动第三产业发展，将对银行的各类传统及新型业务带来巨大拓展空间。根据调查数据，2012年前两个季度40.7%的新购住房或新建住房行为、41.7%的新购车辆行为发生在农村地区，而且还有90%以上的农村居民以现金支付作为主要付款方式，95%的农村家庭没有信用卡，还是金融体系的边缘群体，可见县域零售市场之广大。为此，零售银行必须积极支持农民生产生活方式的转换，满足农民对教育、消费、保险、社会保障、就业、自主创业等方面的需求，才能在“四化”同步进程中抢占市场先机。

(三)科技创新带来零售银行运作模式的深远转变

十八大报告强调要实施创新驱动发展战略，科技创新尤其是网络和信息技术的加速渗透和深度应用，正在以“智能”、“泛在”、“融合”的方式改变人们传统的消费行为、生活方式和价值观念。零售银行在不断将柜面产品搬到电子渠道，不断开发B2B、B2C等电子渠道特色产品，创新应用3G、平板电脑、数字电视等新技术，预计2015年国内网上银行交易量将达到3 500万亿元，零售业务的经营成本将进一步下降，零售产品和服务品种将大幅增加，银行与客户之间的互动将不断增强。传统粗放的外延式发展模式将逐渐在市场竞争中被淘汰，依托IT技术支撑，不断创新管理方式、营销模式及产品功能的科学发展模式将成为零售银行发展的主要方向。零售业务的竞争方式也会由原来的大鱼吃小鱼演变为“以快赢慢、以动制静”。

(四)利率市场化和第三方支付兴起对传统业务构成冲击

利率市场化改革对零售银行的冲击不言而喻，不仅表现在存贷款利率发生变化，还体现在存贷款的替代产品如信托、理财、保险的比重不断调高，形成金融脱媒风险。预计明年改革将稳步推进，不排除继续放宽利率浮动幅度和推出新型市场化工具的可能。为此，零售银行必须预先谋划、抢先布局，实施更灵活的定价管理策略，合理设定理财产品的额度和收益期限结构，在有效驾驭利率风险的基础上稳定客户基础。同时，要加快实现收入结构由单一化向多元化的转型，积极推行针对不同客户建立在交叉营销基础上的价值链经营，培育服务特色，形成差异化的竞争优势。

此外，要高度关注第三方支付兴起导致商业银行支付脱媒的挑战，随着以“支付宝”、“财付通”为代表的第三方支付行业正式合法化，已然对银行的结算、代理收付等传统中间业务造成了明显的挤占，而第三方支付平台正将资源优势延伸至线下收单、支付等业务，对银行形成了新的竞争。零售银行必须结合市场需求，丰富支付产品功能，增强客户黏性，巩固支付业务的主导地位。

（五）城市和县域两个市场的竞争日趋白热化

国内各家大型银行相继提出了在扩大规模优势基础上的重点地区、重点城市集中发展战略，聚集在城市高端商务区和经济金融中心开设私人银行和财富中心，在一般商业区和高档社区集中开设理财中心和精品网点。各家股份制商业银行也在采取区域内或全国扩张的模式，谋求实现综合经营，迅速扩大资产负债规模，并在信用卡、财富管理、出国金融和私人银行等业务领域上重点发力。在“三农”和县域地区，各大型银行和中小股份制银行均加大了网点布局力度，实施重返县域战略。2013 年以来，仅工行就在新区及百强县域新建营业网点 185 家，其他新型农村金融机构也在快速扩张，截至 2011 年年底，全国 242 家银行业金融机构共发起设立 786 家新型农村金融机构，90% 以上设立在县及县以下地区。各家银行的竞争主要表现在价格竞争、产品竞争、渠道竞争、人才竞争等几个方面，竞争方式由趋同化和大众化逐步转向层次化、细分化、差异化，反映了零售银行业务更加突出以客户建设为主导的发展趋势。

❐二、国内大型银行零售业务存在的主要问题

对照现代商业银行的标准，国内大型银行零售业务仍处于成长阶段，管理体制、经营机制、产品体系、业务流程等正在逐步构建，各项业务基础存在一些“瓶颈”问题，制约着核心竞争能力的提升。

（一）业务发展“同质化”

当前，国内大型银行在远景目标、客户定位、业务和市场拓展策略等战略性问题上存在明显的趋同化现象，走的都是“大而全”的发展路子。从国际上看，尽管绝大部分银行的业务经营范围几乎是一样的，但先进银行都有自己独特的战略定位。如花旗银行在信用卡、消费信贷业务领域具有强大的实力，并依托最广泛的国际业务网络，形成了覆盖全世界100多个国家和地区的海外服务优势。汇丰银行资本、规模和利润均居全球前列，机构遍布全球各地，但其客户经营战略十分清晰，不求多，但求精，集中全行资源为精选的客户群提供全面、专业的金融服务。德意志银行面对金融脱媒趋势，通过一系列业务和机构调整，形成了“双支柱”战略，即公司金融及证券服务与全球交易银行服务构成了其核心业务的“第一支柱”，面向个人及私人银行客户的零售业务及财富管理业务构成了“第二支柱”，果断压缩了信贷业务、保险业务及其他非核心业务，展现了清晰的发展思路和坚定的转型决心。可见，任何成功的银行都必须充分考虑自身的经营基础，在市场和客户群体需求的重大变化趋势中主动调整发展战略，集中主要的战略资源培育核心业务和服务品牌，才能创造出低成本、高收益和卓越品牌等竞争优势。

（二）流程运作“部门化”

国内大型银行现有的直线——职能型的组织架构体系在日益激烈的市场竞争环境下，已逐渐显现出其自身难以克服的“部门银行”弊病：一是组织与运作流程设计未体现以客户为中心、以市场为导向的竞争和效率原

则，着眼于方便管理、集中控制，导致过度控制与管理真空的矛盾经常并存，机构运作成本高，市场反应速度慢，客户需求响应差。一项制度从总行流转到执行端，需层层转批；市场信息从一线反馈到总行，需逐级传递；涉及跨部门的事项，需要反复协调。二是按照行政区划设置分支机构，呈现“四级管理、一级经营”的倒“金字塔形”结构。管理链条冗长，管理端与经营端信息不对称，导致经营管理与市场脱节。三是网点“万能”，所有的经营管理活动都以网点为实现载体，业务经营面面俱到，交易、营销、核算、内控、管理、服务、后勤保障均需负责，分散了资源，削弱了网点市场营销和客户服务能力。

（三）产品创新“被动化”

各家大型零售银行一般扮演着金融创新追随者的角色，跟踪国际或同业中小银行的创新举措，产品创新的适应性和主动性不强。一是产品研发体制不畅，创新效率较低。高度集中的产品研发体制提高了产品风险控制能力，但研发流程环节较为烦琐，总分行之间传导时间过长，缺乏产品研发的后评价机制，造成了产品创新效率较低，新产品推出速度较慢。二是产品创新人才储备不足，创新前瞻性不够。产品研发需求系统性和适用性不强，多是为了应付市场竞争和客户投诉压力而提出的同业追随型、功能完善型产品研发需求。三是核心竞争力产品缺乏，品牌意识薄弱，市场战略分散，产品品牌辨识度和社会认知度较低。四是电子银行创新不足。网银、电子机具等渠道功能仍较为简单，电子商务和支付业务相对滞后。国外银行等已建立远程银行模式，可帮助客户在线处理业务，主动发起营销，但国内大型银行呼叫中心的主要功能大都只限于被动接听来电，尚未形成有效的主动分销渠道。

（四）绩效考核“偏离化”

受制于组织架构和经营管理模式，国内大型银行普遍存在零售业务考核激励机制传导不畅的问题，分解战略、引导发展、落实责任、提供动力的作用没有得到有效发挥。一是零售条线考核约束力弱，考核结果缺乏应用，导向性差。机构综合绩效考评指标设置着眼于效益，条线考核指标关注于发展规模和竞争力培育，当两者不关联时，会产生经营导向上的偏离和冲突，模糊传递了管理层战略意图。二是考评体系从一级分行、二级分行、支行到营业网点的逐层传递中，层级递增，指标庞杂，抓不住重点，基层行对考核的敏感性层层衰减；当所有指标会聚到网点，已经无法发挥业务引导作用，加重了网点经营压力。三是缺乏管理会计体系与岗位管理体系的支撑，尚未形成以客户为导向、以职责为核心的核算机制。四是激励机制设计上，没有很好地体现责权利关系。业务发展只奖不罚，风险控制只罚不奖，客观上容易造成只有压力、没有动力，只有负向激励，没有正向激励的局面。

❒三、加快零售银行发展的主要应对措施

在新时期，国内各家大型银行要适应经济发展方式转变的趋势，进一步推动零售业务管理体系和营销服务模式的创新和转变，才能在最大限度地满足客户多元化需求的同时，获得独特的市场地位和竞争优势。

（一）打造差异化的竞争优势

建立难以复制的盈利模式，在竞争领域里拥有明显的经营优势和雄厚的客户基础，是国内大型零售银行持续发展的关键。为此，一是应利用现代战略和财务分析手段，对各类零售业务（含子公司业务）进行梳理，明确业务评价标准，如资本回报率和投入资本回报率等，排出优先级，壮大部分收益高、发展潜力大的业务，退出部分低收益和高风险业务。二是围绕发展战略，制定具体的战略举措，由前、中、后台部门共同参与，确立各部门工作措施，由人事和财务部门遵循权力和责任对等原则，对战略性业务强化配置战略资源。三是实现由抓业务向抓客户转变，重点在制度、产品、服务、价格上提升客户的综合营销能力，培育忠诚度高、贡献度高的优质客户群体。着力构建分层维护的客户营销服务体系，以私人银行、财富管理中心为营销服务平台，为高端客户提供以资产配置管理、多元增值服务为主要特点的顾问式综合金融服务。根据客户价值、职业、生命周期、兴趣爱好等，多维度细分客户群体，确定适合的产品和服务营销方

式，针对目标客户群体实施精准营销。

（二）加快“流程银行”建设

欧美银行业在20世纪七八十年代广泛推行流程银行改造，即推进业务流程、管理流程和组织流程再造，以服务客户为中心，以提升价值创造与市场竞争能力为目标，倡导机构扁平化、条线垂直运作管理以及前、中、后台分离制衡。自此，纵横结合的矩阵式组织架构替代了传统的总分行制，成为全球银行业普遍采用的主流组织模式。国内大型银行也应加快流程银行的建设步伐，构建垂直化的条线管理体系和扁平化的组织架构。一是建立以前台营销部门为中心，产品、技术和资源配置部门为支撑的经营架构。独立设置零售业务板块，负责经营，通过内设产品、客户等相关部门实施营销和管理；其他管理、支持、保障板块为零售业务板块提供业务支持，对零售业务板块内设部门提供专业辅助和监督，通过内部计价解决利益关系。二是要加快二级分行扁平化改革，采取直管直营、统管分营等模式，减少管理层级，逐步建立以二级分行为经营主体、城区支行为基本经营单元的扁平化经营管理格局。将非营销及服务职能逐步剥离到后台集中处理，通过成立区域专业化服务中心、后勤服务社会化改革、服务外包等方式，将支行及以下营业机构行政管理、后勤物业、IT维护、人力资源、财务会计等工作职能集中到同城或二级分行专业职能中心集中处理，强化网点、支行经营职能。三是要加快实施运营管理体系改革，建设运行中心、监控中心、清算中心、作业中心和现金中心；加强审查审批中心、抵押登记中心、贷后管理中心等专业职能中心建设，在保证业务流程顺畅的情况下，将对客户体验影响不大、适宜规模化作业的工作流程集中处理，集约经营。四是增强条线垂直运作和管理能力，赋予零售条线相对独立的事权、人权和财权，在资源配置、队伍管理、风险监控、考核评价等方面，逐步实现“穿透式”管理。五是引入六西格玛管理方法，持续优化业务流程，剔除低价值的操作环节，精减重复控制活动，提高业务处理能力和交易、管理效率。

（三）加强品牌建设与产品创新管理

创新是一家银行进步的灵魂，零售业务更是银行创新的主要领域，考验着一家银行的经营智慧和资源整合能力。只有在产品品牌和功能上独树一帜，不同凡响，才能在激烈的市场竞争中取得立足之地。一是要树立良好的零售业务品牌，建设“具备较高客户认知度和较强情感渗透力、具有显著的品牌一致性和较强的市场适应性、与企业文化一脉相承”的个性化零售金融服务品牌，使品牌成为零售业务核心竞争力和可持续发展能力的重要支柱。二是完善产品研发机制，搭建产品快速创新平台。畅通总分行间的产品需求收集、反馈渠道，强化产品研发质量控制，实施从产品创意、技术开发、试点上线等所有环节的全生命周期管理。三是丰富产品创新种类。加大业务与科技融合，提升产品技术含量，实现产品的模型化、模块化和参数化设计，根据市场需求，基于参数化属性配置，快速生成适应市场需求的新产品。利用互联网、移动通讯、智能卡、各类支付平台等工具，创新产品功能，丰富增值服务，拓宽受理渠道，优化卡片介质。构建多渠道融合发展格局，发挥门户网站、客服中心、消息服务平台中金融信息处理、传递的特有优势，实现其对网络金融服务、语音金融服务、移动金融服务客户的精准营销和交易引导，打造集金融资讯、产品销售、理财顾问、客户服务于一体的网络金融服务平台。四是深化银行间、机构间合作，优化产品创新渠道。深化与证券、基金、期货、信托、保险、租赁、私募及证交所等的跨领域金融合作，构建竞争力突出的个人理财、资产管理和私人银行产品体系。通过与医疗、税务、教育、交通、通讯等行业合作，开展跨行业合作创新，有效整合和运用联盟方资源，针对富豪客户、老龄消费者、农村富余居民、中小企业主和80/90后群体，以及农村拆迁户、乡镇企业主、专业市场户、城市白领、优秀学生群体等推出有针对性的创新性产品，推出客户回馈活动和增值服务内容，与客户吃、穿、住、行日常生活和情感诉求紧密贴合。通过扩展海外市场和为客户提供跨境业务，开展国际化创新，响应高速变化中新的市场需求。五是适应利率市场化趋势，实现灵活产品定价。建立便捷、高度集成的产品利息和佣金定价模型，针对不同产品、区域、渠道、管理层级、担保方式给予不同的定价浮动区间授权，综合考虑资产和负债规模、同业价格、资金成本、客户综合贡献度等因素，实现分层化产品定价模式。

（四）完善零售绩效考核体系

打造先进的零售银行，必须具有以价值创造和发展质量为导向的考核与资源配置机制，以价值最大化为目标，建立部门协同、上下联动，组织、部门、岗位三位一体的新型绩效管理体系。一是优化绩效考核机制。横向部门考核上，要加强前台业务部门对后台支持服务部门的考核评价，提高后台部门对业务支持的主动性和有效性，突出业务经营中心；纵向机构考核上，要加强条线考核结果的应用，将其与条线部门、人员岗位、绩效工资分配挂钩，增强对条线考核的敏感性。二是加强财务会计部门与业务部门协调，努力保持机构综合绩效考评指标与条线考核指标一致。三是加快推进网点经营转型，厘清网点经营定位，理顺网点经营职能，以零售业务经营指标为主体，综合风险管理、服务质量等因素针对性地设计差异化的网点综合绩效考核指标体系，科学设定考核权重和分值。四是加强对管理会计的应用研究，将内设部门作为成本中心，实施成本分配与职责考核。五是强化正向激励引导，科学设计营销考核系统，建立起客户、产品、营销人员（参与人）间的关联关系，形成营销合力，全面提升综合营销服务水平。

原载《银行家》2013 年第 4 期

关于商业银行加强城镇化建设金融支持的思考

常　戈

党的十八大报告对城镇化发展建设做出了重要部署，明确指出坚持走中国特色新型工业化、信息化、城镇化、农业现代化道路，促进“四化”同步发展。其中，城镇化起着承先启后的关键作用，既与工业化良性互动，又与农业现代化相互协调，是经济结构调整的核心动力。对于国内商业银行而言，要从战略和全局高度，认识金融推进新型城镇化的必要性和紧迫性，全力做好配套的金融支持和服务。城镇化建设项目通常具有投资规模大、沉淀成本高、建设和投资回收周期长及政府行政干预多的特点，客观上设置了商业银行的进入门槛，但随着城镇化建设的步伐加快，政府的单一财政投入渠道显然难以为继，并且无法分散和过滤建设过程中的投资风险。本文着重研究如何将商业金融的风险管理机制与政府部门的组织增信及制度支持功能有机结合起来，通过建立公、私部门合理的投入、风险、责任和收益分担体系，有效提高资金的使用效率，降低商业金融的交易成本和运作风险，并发挥对其他社会资金的“诱导效应”和“溢出效应”，加速城镇化和经济转型进程。

一、城镇化建设对解决“三农”问题的重要意义

（一）城镇化建设有利于促进人口再分布，提高农产品需求量，促进农业生产发展

预计到2020年，将有2亿~3亿的农村人口转移到城镇，他们的生活

消费由原来的自给、半自给消费转变为商品性消费，这样会大幅增加对农产品的需求，促进农业生产的发展。此外，仍然留在土地上的农民也会因为收入增加而带来消费的增加，从而缓解城市的内需不足与市场限制。特别是在经济处于全面过剩的情况下，农村城镇化有利于创造经济的增长空间，避免“农村病”和“城市病”（辜胜阻、李永周，2000）。

（二）城镇化建设有利于产业结构调整和农业产业化发展

中国产业结构偏差的一个重要原因是第三产业发展不足和第一产业容留了更多劳动就业，而城镇是第三产业发展的主要依托，也是农业劳动力转移的主要场所，因此城镇化进程的推进将是改变中国产业结构偏差、提高国民经济集约程度的重要途径，也将为农业产业化创造广阔的发展空间。随着城镇化比率的提高，不断发展和壮大起来的制造业和服务业，对第一产业的原料需求会逐步增加，而大批过剩的农产品也能通过第二产业、第三产业的再加工和优质服务成为回报率和附加值较高的商品，充分实现它们的价值。

同时，加快城镇化进程后，可以依托小城镇相对便捷的交通设施、通讯手段和信息渠道，把分散、封闭的农村市场纳入以城市为中心的统一、开放的市场体系中，推动城乡市场发育和商品流通。农业产业化过程中，关键的一点是建设好上联市场、下联农户的龙头企业及各类分工中介组织，城镇作为农村地区资金、技术、人才、信息的聚集地，是龙头企业天然的依托和载体。通过加快城镇化进程，加强城镇连接大中城市和辐射农村的功能，可以促进各种分工中介组织和社会化服务组织的发展，孕育和培植大批龙头企业和农副产品交易市场，从而引导农民以市场需求为导向组织生产和投资，调整产业经营结构，规避专业化生产的交易风险和交易成本。

（三）城镇化建设有利于农村剩余劳动力转移

国家发改委副主任杜鹰指出，目前农民的职业转移并没有与空间转移同步，空间转移只占职业转移的1/4弱，通过城镇化建设来实现农村劳动力职业和空间的双重转移是十分迫切的，尤其在转移乡镇企业劳动力方面，小城镇有更重要的责任。乡镇企业在小城镇的积聚必然要求更多的剩余劳动力转移到城镇来从事第二、第三产业，而将分散的乡村工业和劳动力聚集于小城镇，不仅有利于利用小城镇的住房、交通、通信、商业网络等设施，而且有利于利用资金、技术、物流及商业规模等条件，为工业发展提供必要的要素支持和市场资源，进而促进城乡经济的协同发展。此外，农村劳动力的转移有利于剩余农户经营的专业化和规模化，从而不断降低生产成本，提高农业生产率，推进农业产业化发展。

（四）城镇化建设有利于村庄发展和城乡转型

对于城镇化发展对村庄发展的影响，冯健、张小林（1999）概括为以下几点：（1）城镇化发展带动了乡村社会结构的升级与调整，规范了农村市场，促进了乡村初级市场向专业市场变迁。（2）城镇化发展促进了乡村经济体制和技术的创新，通过推进优势产业，形成连锁效应，培育了农村经济全面均衡发展的实验地。（3）城镇化发展对农村社区聚落形态的演化，聚落功能、体系的变迁具有重要影响，并带动了农村社区聚落规划水平的提高。[①] 胡必亮（2008）则指出，农村城镇化从本质上是一个城乡转型过程（rural-urban transformation），即从农业经济转变为工业与服务业经济（经济结构的转型）、从土地的乡村利用转变为城镇利用（土地利用在空间结构上的转型）、从乡村社会转变为城镇社会（社会形态的整体转型）、从乡村文明转变为城镇文明（文明形态的转型）等多元化的转型过程。

二、城镇化建设亟须商业银行的金融支持

城镇化建设的资金需求主要集中在通信设施、道路、自来水、住宅、市政建设、电网改造、公共设施建设等。按照过去农村投入资金中财政资金、信贷资金和社会资金的经验比例，并且考虑到国家预算内投资对基础性项目的资金支持率呈逐年下降趋势，城镇化建设资金需求中的很大部分

① 乡村聚落形态是指乡村聚落的平面展布方式，即组成乡村聚落的民宅、仓库、圈棚、晒场、道路、水渠、宅旁绿地以及商业服务、文教等公用设施的布局。

需要由金融机构提供。问题在于，城镇化建设项目通常具有投资规模大、沉淀成本高、建设周期和投资回收期长等特点，且普遍存在外部性，社会效益大而商业效益小，具有较强的公共产品特征，在纳入商业性金融渠道方面具有一定的运作难度。因此，在我国城镇化和基础设施建设投资渠道中，政府投资仍占据着主要地位，银行贷款占比仍然较低，但如果舍弃这一资金基础最雄厚的融资渠道，在城镇化建设资金需求日益增长的情况下，必将对国家和地方政府财政支出形成巨大的挑战和压力。特别是在财政困难的地区，由于政府很难拿出资金投资，造成了城镇化基础设施投入不足，很多已经成为当地经济发展的瓶颈。

因此，如何调动商业银行的资金渠道支持农村城镇化和基础设施建设，是当前农村金融改革的一项重要任务。实际上，在农村经济日益市场化的前提下，很多收益可以排他的城镇化建设项目已经蜕变为准公共产品或“俱乐部”产品，完全可能由民间提供或逐步转变为私人产品而转向商业金融渠道。公共选择理论认为，没有任何逻辑理由可以证明公共服务等必须由政府机构来提供，摆脱政府公共服务低效率和资金不足困境的最好出路是打破政府的垄断模式，积极实行公共服务的民营化，建立起公私机构之间的竞争机制（E. S. 萨瓦斯，2002）。世界银行（1994）的报告则指出，基础设施部门提供的大部分服务在特定情况下都可以实现排他性，可以通过市场化的融资渠道筹集资金。如果由政府独立作为基础设施资金的供给主体，则政府将承担所有项目的风险，而商业金融的介入将有助于减轻政府的财政负担，并在基础设施建设中更好地分担风险、分清责任、强化项目监督和管理。另外一份世界银行的工作报告显示，在欠发达国家，可通过实行竞争性补贴的政策，使城镇化项目如电力、水、卫生和交通等由市场的力量来提供，更为重要的是，通过市场融资机制能够动员私人投资，减少资金漏损，提高资金使用效率，培养新的企业家和加强农村城镇化建设的透明度（费雯·福斯特等，2004）。何广文等（2005）的研究进一步表明，政府独立投资城镇化建设项目时，由于没有私人部门与之竞争．且缺乏利润动机的刺激，因而不可能实现高效率，同时，不同政府部门为了各自的利益，往往强调本部门公共物品的重要性，尽可能地扩大预算比例，势必造成有些项目资金过度供给，其他项目无人问津的矛盾。张军、蒋维（1998）针对这种情况，强调了商业金融渠道的重要意义，指出应通过向商业金融机构提供税收减免等优惠政策，鼓励其增加对公共产品生产的投入。上述观点均为城镇化建设的商业化融资提供了理论支持。

三、商业银行支持城镇化建设的优势和困境

当前，各级政府已将城镇化建设作为发展的根本战略，在固定资产投资、投融资体制改革、资金投入、土地利用政策、社会保障等多方面向中小城镇倾斜，这为商业银行金融中介功能的发挥提供了有利的条件和平台。随着城镇化建设进程的推进，在市政规划建设、住宅建设、环境绿化、信息通讯、科教文卫以及特色工业园区配套建设等基础设施项目方面必然产生大量的信贷资金需求，[①] 商业银行对各项基础设施建设项目的信贷支持，将有效地推动农村经济结构转型和工业化进程。[②] 同时，农村城镇建设资金的募集，还将创造一个庞大的投融资中介服务市场，衍生包括投资中介、票据承兑、顾问服务、包销代理在内的多元化金融功能需求。此外，城镇各类设施的建设和运营，也将涌现出各式各样的汇兑结算、消费信贷、保险代理、信托投资、理财管理等附加型金融服务需求。为此，商业银行应在提升和完善县城及建制镇的城镇功能，改善生产生活条件，提高城镇化水平等方面发挥不可或缺的作用。

更为重要的是，商业银行由于市场化的资金运作方式，追求良好的经营业绩，较之政府的财政投资无论从效果、效率还是效益上都具有比较优势：

首先，从资金供给数量上看，商业银行由于具备较低的资金成本和较为广泛的资金来源，具有较强的资金调集优势。同时，由于商业银行能够比较准确地把握产业活动和地区经济活动的实际情况，具有较强的信息甄别和信用审查能力，对其他社会资金和民营资本具有相当程度的信息“溢出效应”和“诱导效应”，能够引导各类资金进入农村城镇化建设领域，通过多层次、多元化的投融资活动，实现投资的乘数增加和集聚经济，并有利于分散城镇化建设中的非系统风险，加速城镇化建设资本的形成。

其次，从资金配置的效果上看，由于基础设施投资的主体主要是国有

① 承贷主体主要是县级投资开发公司、电信企业、自来水公司、市政机构、房地产开发公司等。

② 王延中（2002）的研究表明，我国基础设施与经济发展、工业发展之间存在某种正相关性，基础设施每提高1%，将导致制造业产值比重分别增加0.143%和0.176%。

部门，容易形成“棘轮效应”，[1] 即在投资上追求规模，希望上大项目、搞大工程，尽量争取财政的无偿划拨，忽视资金投入的实际效益；在资金的运用层面，更是由于预算软约束，往往导致投资和运营的低效率，资金漏损和挪用现象严重。相比之下，由于市场化的趋利属性，商业银行能够更及时和准确地感受到市场对资本的需求压力，通过较为严格的信息甄别和信用筛查程序，将资金投放到最具效率和效益的项目和领域，而由于商业银行对投资主体的“预算硬约束”，投资主体为了能够偿还本金和利息，必然会保持资金运用和基础设施运营的高效率。

最后，商业银行可以利用自身的融资优势和组织增信能力实现优化配置农村各种要素的功能，通过金融合作，可以促进劳动合作、消费合作、生产合作、土地合作等，促进农村生产力发展和生产关系调整，提升城镇化建设水平。商业银行在长期的投融资过程中，积累了有关各地方、各产业、各类项目的丰富资料、信息，能够向政府部门释放积极的市场信号，争取到政府的政策倾斜和补贴支持，引导资源的优化配置。伴随着金融合作秩序的扩展，市场深化和信用深化相互支撑发展到一定水平，农村经济结构也必然会发展到一个相应的新水平。

值得关注的是，城镇化建设项目现有的市场化融资能力较差，客观上造成了商业银行的金融支持障碍。

一是很多城镇化建设项目本身盈利能力相对较弱，投资回收期长，[2] 而且现金流入“前低后高”，造成短期收益较低，流动性较差，与商业金融的盈利性和流动性要求存在矛盾。

二是很多城镇化建设项目的外部性较大且不容易内部化，突出表现为一些公共基础设施项目无法界定受益对象时，投资者的收入难以保证，商业金融因缺乏还款来源保证也不敢贸然介入。

三是很多城镇化建设项目贷款伴有债权虚置风险。城镇化基础设施项目贷款名义上多以公司或企业的形式进行，但这些公司绝大部分隶属财政局、建设局等某个政府机构，其主要职能是作为地方政府向金融机构贷款的工具。贷款多少并不是根据公司偿债能力的强弱来确定，而是根据地方

---

① 棘轮效应的概念是贝林纳在分析苏维埃式企业中的管理行为时创造的，表现为国有部门和企业，在年终把预算资金全部花完，不顾购买的东西有无用处，以避免来年预算被削减等非理性行为。

② 一般建设期在3年左右，长的可达5年，同时为了减轻政府和借款人的还款压力，还款期限的设定也比较长，一般设定在8～10年，如城市道路建设，有的更长达15年甚至20年。

政府建设资金需求量和财政能力而定，同时资金的使用以及贷款的偿还由政府统筹安排，公司对借入的资金没有处置权，在一定程度上存在着项目法人实体不明的问题，潜藏着一定的财政风险和违约风险。

四是过度依赖政府信用引发的道德风险。尽管基础设施建设项目采取了项目法人负责制，但据资料显示，目前至少有三成以上的此类项目法人实体未对项目的经营和管理承担风险（夏瑛、杨柳，2006）。一般都由当地政府与银行签订金融合作协议，承诺财政出具项目资本金，落实还款来源、落实贷款担保条件并承担还款“财政兜底”责任等。因此，政府能否切实承担履约责任，成为银行贷款安全的关键所在。

特别值得关注的是，2008 年年底实行经济刺激计划之后，由于取消了贷款数额限制，各家银行争着抢政府项目，贷款管理高度依赖地方信用，据国家审计署公布的《全国地方性债务审计结果》，截至 2010 年年底，全国省、市、县三级政府设立融资平台公司 6 576 家，地方政府性债务余额为 107 174.91 亿元，其中省级 32 111.94 亿元，占 29.96%，市级 46 632.06 亿元，占 43.51%，县级 28 430.91 亿元，占 26.53%，银行信贷资金的“财政化”预留了巨额的金融系统风险，也为城镇化建设金融支持投上了阴影。

商业银行支持农村城镇化建设项目的决策模型可以表示如下：

$$E=(1-\theta)\times L\times[1+RR_{1R}/(1+i)+RR_{2R}/(1+i)P^{2P}+RR_{3R}/(1+i)P^{3P}+\cdots+Rn/(1+i)P^{nP}]-\theta\times\delta\times L-CR_{OR}-CR_{SR}-CR_{ER}$$

其中：

E 表示商业银行可获得的预期净收入；

θ 表示城镇化建设项目贷款的违约概率；

L 为贷款资金总量；

RR_{iR}（i =1 − n）表示第 i 期的贷款收益，n 表示项目贷款的回收期数，n 越大则项目跨期回收风险越大，流动性越差，时间效益越低；

i 表示放贷资金的机会成本（即不放贷而购买国债或中央银行票据的无风险利率）；

δ 表示城镇化建设项目贷款被违约时损失的比例；

CR_{OR} 表示组织成本，由于城镇化建设项目的投融资主体可能不止一个，因此需要承担不同经济主体协调配合的组织成本；

CR_{SR} 表示阻滞成本，城镇化建设项目的商业金融融资相对于以前的单一财政融资来说可能要承受各类附加的行政干预和市场阻力；

CR_{ER}表示排他成本，对于追求利润的融资主体来说，如果收益不能排他，就难以保障稳定的预期收益，因此要承担一定的成本实现农村城镇化建设项目的排他收益。

可见，商业银行支持城镇化建设项目面临着各类的风险和成本，只有保证 $E \geqslant 0$，商业银行才有融资的动力。因此，如何有效的分摊和过滤城镇化建设项目的融资风险，明晰地方政府、借款人与用款人之间的“借、用、还”和“权、责、利”关系，有效规避地方政府和投融资平台的信用风险，减少项目运作的协调成本和阻滞成本，保证资金的优化分配和高效运作，形成良性循环和回流机制，是新时期破解城镇化建设融资困境的重点所在。

❒四、PPP 模式：金融支持城镇化建设的策略参考

城镇化和基础设施建设具有政府主导型突出、系统整体性强、资金偿还模式多元化的鲜明特点，需要商业银行根据城镇化建设项目组合式发展特点和资金运作特征，制定配套制度、完善产品体系，在区域评价、项目选择、银政联动、信贷准入和贷后监管上强化风险控制与管理，实现城镇化建设金融支持模式的良性运作。PPP（Public - Private Partnership）模式为城镇化建设金融支持模式的选择提供了一种有益的策略参考。PPP 模式是西方国家近年来比较流行的对基础设施进行多元化投资、多元化治理的新兴模式，其主要内涵是公私合作机制，或者可以称做公私伙伴关系，[①]代表了在合约约束下，公共部门（政府）与商业资本协作配合的一种模式，这一模式通过公私部门在投入、风险、责任与收益等方面的分担，能够达到他们单独行动所不能达到的公共产品供给目标（巴曙松、任杰，2007）。

PPP 模式的核心是对商业资本风险管理机制与政府部门市场增信及制度支持功能的联合利用。一方面，与政府部门相比，商业化资本在经营当中的风险管理经验更丰富，[②] 能够更好地评估和管理项目风险，在一个

① 20 世纪 70 年代开始，随着西方政府公共债务的快速增加，政府开始鼓励私有商业资本进入以往由政府提供服务的公共基础设施领域中。90 年代，英国首先提出公私伙伴关系（PPP）的概念，并在美国、加拿大、法国、德国、澳大利亚、新西兰等主要西方国家得到积极的响应。

② 这些风险包括成本风险、设计风险、建设风险、经营风险等。

PPP 模式框架下，通过进行风险转移，可以极大地提高资金应用价值，并激励商业资本提供长期的公共服务。同时，合理的分工体系可以使公有部门和民营资本专注于发挥各自的优势，在降低整体风险的同时，实现更高的收益目标。另一方面，PPP 模式将政府因素“内生化”，有利于动员政府的信用和组织优势，降低商业资本的交易成本和运作风险，如通过政府号召、引导和规划，可以降低组织成本；通过界定和保护私有产权，可以降低排他成本；通过相关的配套改革，可以降低阻滞成本①；通过补贴政策，对农民或企业提供农村基础设施进行补贴，可以降低经营成本等（林万龙，2003）。特别值得强调的是，政府角色的转变，即由过去主导基础设施项目建设的“家长”角色转变为联合商业资本在整个项目生命周期中扮演的合作者和监督者角色，对投融资体制的理顺及商业金融的有效介入尤为重要。

在众多国家的实践中，PPP 模式已被证明是行之有效的公用事业制度安排形式。萨瓦斯将基础设施领域的公私合作形式归纳为服务外包、运营和维护的外包或租赁、租赁—建设—经营、建设—转让—经营、建设—经营—转让、购买—建设—经营、建设—拥有—经营等，并对现有、扩建和改造、新建等不同种类的基础设施运营方式进行了分析。他指出，采用公私合作的形式推进基础设施建设项目关键要处理好各参与方的角色、竞争、规制、风险和融资等问题（E. S. 萨瓦斯，2002），如在较为常见的建设—转让—经营即 BOT（Build - Operate - Transfer）模式中，政府给予私人投资者一定的特许权，投资者以此为基础向正规商业金融机构融资建设某基础设施项目，在规定的时间内经营该设施并收取服务费，以实现的收益抵扣融资成本并获取利润，特许期满后将设施移交给政府部门或其他公营机构，相似的投融资安排还有 TOT（Transfer - Operate - Transfer）、PFI（Private Finance Initiative）等衍生模式。

对于我国巨大的公共事业和城镇化进程的投资需求，PPP 模式具有较强的适用性。近年来，国内学者对 PPP 模式的研究主要集中在大型城市基础设施建设上，而对城镇化建设过程的公私合作投融资模式涉猎较少。实际上，城镇化建设项目政府投入不足、基层财政困难、管理效率低下和多元融资激励不足等问题更为突出，推行 PPP 模式，引导商业金融、社会资本

① 如改革项目审批制度和在贷款中给予适当的扶持。

的进入是解决上述问题的重要途径。同时，由于城镇化建设项目受益群体的区域性、有限性和较弱的可经营性，为提升商业金融与私人资本的参与意愿，需要政府不仅要从体制、政策、资金、服务等方面构建发展平台，而且要提供更多的优惠政策和承担更大的责任，如政府应根据项目的特点提供最低经营收入保证、授予经营现有收费设施的专营权，“自下而上”改变政府投资管理方式、“以奖代补”鼓励企业和个人投资、完善税收优惠政策、引导更多商业金融资金投入城镇化项目基础设施建设和运营。

更为重要的是，PPP 模式的建立将有效的规避地方政府主宰项目运行所导致的债权虚置风险和道德风险，避免对政府信用和财政能力的过度依赖，明晰“借、用、还”多方主体的“权、责、利”关系，为商业银行的介入提供了一个较为完备的制度基础和操作平台。同时，商业银行作为第三方组织介入 PPP 模式的营运管理，参与管理项目资金、检查项目建设进度与质量，负责运行过程中的监督管理及资金分期给付，有利于避免项目资金应用者的一次性博弈行为，杜绝因监督缺失引致的资金渗漏和用途转移，健全结果导向的农村基础设施建设绩效评价体系（温铁军、张林秀，2011）。

当然，这种模式的探索和完善需要一个过程，在我国当前城镇化建设项目贷款的运行过程中，应该遵循以下要点（见图 1）：

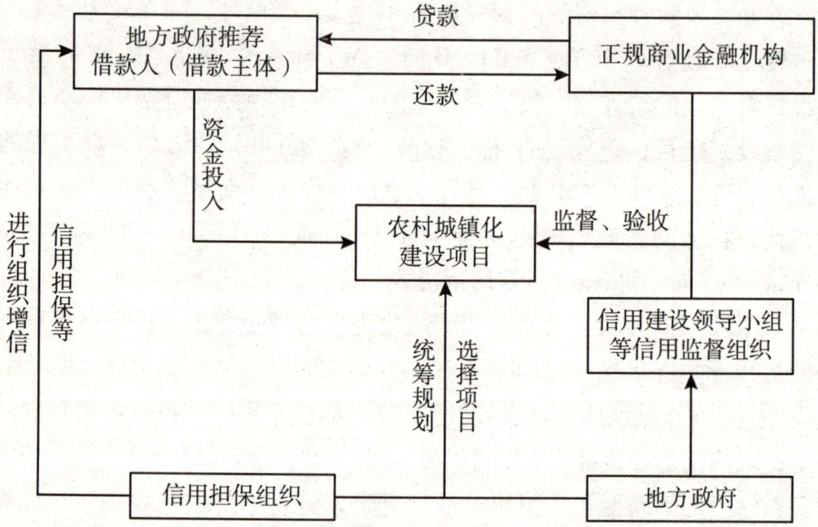

图 1　金融支持城镇化建设运作模式

（1）由地方政府根据区域性产业政策和城镇化发展需要确定哪些项目可以进行项目融资，通过 PPP 模式明确产权独立的项目建设和承贷主体，合理界定政府与项目建设和承贷主体在整个项目生命周期中的风险分配、责任归属和共同目标。商业银行对项目建设和承贷主体的信用进行评审，对项目进行评估，确定贷款数量和贷款方式，同时明确贷款调查、审查、审批环节权限和职责，建立严格的责任追究制度。在项目执行过程中，商业银行要与项目建设单位建立定期工作联系制度，加强信息沟通，及时掌握项目建设进度和投资情况，防止项目超概算，确保项目工程顺利推进；严格按照项目施工进度划拨资金，严防挤占挪用，确保专款专用；督促政府与项目建设单位处理好项目相关部门及农户的关系，如城镇内的生产基地建设项目涉及农户面广，项目建设区域内农户对生产基地建设项目是否支持配合，是项目能否顺利进行的基础，政府及项目建设单位必须处理好与农户的关系。在贷款项目竣工后，应进行全面的贷后评价，编制评价报告，把贷后管理质量与责任人利益挂钩，确保从管理上杜绝操作风险和道德风险。

（2）地方政府或其所辖部门应充分发挥组织增信功能，有效整合各方面要素，建立起完善的风险控制机制和信用体系。如建立信用建设领导小组，对城镇化建设项目的推进质量和信贷履约情况进行监督、检查和验收；构建贷款担保体系，降低贷款的信用风险，以土地出让等财政收益补贴贷款本息，以制度化的组织协调机制促进项目治理结构完善，督导贷款“借、用、管、还”协议的落实，并以此推动地方信用建设，为城镇化建设项目融资营造良好的发展环境。

（3）经过商业银行的支持和培育，项目现金流充足，承贷主体信用良好，可积极引入民间资本和外资等社会资本，必要时可以采用项目资产的证券化措施（夏瑛、杨柳，2006），使银行从一个信贷提供机构转变为一个信贷服务机构，增强流动性，化解和分散项目贷款的风险，增加基础设施建设资金的来源，加快城镇化建设进程。

此外，商业银行应加快担保体系、金融结算系统、交易系统、征信系统、信息系统等金融基础设施的内部建设过程。金融本身就是一种服务性产业，随着农村城镇化水平的提高，对金融服务的需求会以超过实物资产的速度增长。为此，商业银行应加快城镇金融基础设施建设步伐，如通过完善支付结算体系，为农村劳动力流动所衍生的汇兑业务等提供支持（陆磊，2007）。[①] 更为关键的是，商业银行应积极支持城镇化过程中信用担保体系的发展，通过联合贷款和再担保业务提升担保公司信用担保能力，为农民提供融资担保；支持各类各级担保公司的发展，增强担保公司为中小企业商业融资提供担保的能力，间接引导商业金融增加对中小企业的融资力度。大力发展农业贷款再担保或代理农业担保信用保险等中间业务，通过对农业贷款担保机构实施再担保或者担保信用保险，提升农业贷款担保机构的信用，有效分担农业贷款担保机构的风险，吸引投资进入农业贷款担保体系，提高农业贷款担保机构的规模和效益，拉动更多的社会资金投入农业和农村经济发展（何德旭等，2007）。

原载《农村金融研究》2013 年第 2 期

① 当前，人民银行已经在加快推动小城镇银行卡工程，但金融服务还没有覆盖到由农产品异地贩运、具有个体工商户或小微企业性质的农户自我就业引致的支付清算需求等领域。

信托信用篇

民事信托在我国的实践与发展

赵　英

信托，是指委托人基于对受托人的信任，将其财产权委托给受托人，由受托人按委托人的意愿以自己的名义，为受益人的利益或者特定目的，进行管理或者处分的行为。以是否盈利为标准，可以将其分为民事信托与商事信托。我国《信托法》在起草之初确定的立法宗旨就很明确，其主要目的就是为我国信托投资公司建立一个规范其发展的法律框架。可以说，商事信托是我国《信托法》立法的真正目的所在，但这样的立法目的产生的负面影响就是对民事信托的漠视，谈到信托人们仅仅会想起商事信托。而实际上，民事信托才是信托制度的基础所在。

当前我国民间已出现一定形式的民事信托活动，如小额财产管理、遗产管理和贵重物品保管等。①

特别值得一提的是近几年来广泛应用的运用民事信托方式设立的"股权信托"，它主要存在以下几种形式：国有企业改制中的员工受托持股信托、执行激励机制的员工受托持股信托、项目建设和投资的受托持股信托等。这些民事信托无一例外的都是寻找了一些信用良好的同事、朋友或者律师等，并由此人受托持股，以达到合法绕开法律限制的目的。由此可见，我国的民事信托活动已经自发开展起来，虽然我国民事信托理论上暂时还处于相对空白的状态，其法律制度也不太完善，但民事信托发展在我国有其必要性和可行性。

① 张军建、王巍：《中国（长沙）信托国际论坛综述》，载《中南大学学报》（社会科学版）2005 年第 1 期。

一、民事信托的比较优势

（一）民事信托相对于营业信托的比较优势

同为信托制度，民事信托与营业信托并非绝对对立，而是相辅相成的。民事信托与营业信托各有优势和侧重，此处只讨论民事信托的优势。

笔者认为，目前在我国，民事信托相对于营业信托的主要优势在于民事信托更为灵活。我国信托发展时间不长，信托业也还处于起步阶段，业务种类还比较单一，绝大部分还是资金信托，而且主要针对的是法人，对于个性要求甚高的个人信托市场涉足得还较少。这恰恰是民事信托的优势。民事信托可以适应各个委托人的独特要求，而且从英国的状况来看个人信托绝大部分也是民事信托。民事信托的发展对我国个人信托市场的开拓具有举足轻重的作用。

（二）民事信托相对一般财产管理方式（委托代理和公司）的比较优势

1. 民事信托相对于委托代理的比较优势

第一，在法律责任上，民事信托优于委托代理。在委托代理中，代理人所实施的活动只是被代理人民事行为能力的一种延伸，只能以被代理人的名义对外从事代理权限内的活动。因此，代理人因代理活动所发生的一切法律后果（包括对第三人的合同责任和侵权责任）都由被代理人自己承担，并且这种责任是一种无限责任。而在信托关系中，委托人、受托人及受益人实质上对因信托事务所发生的合同之债和侵权之债都只以信托财产为限负有限清偿责任。

总之，在委托代理所涉及的财产上，所有权与利益是不发生分离的，故委托人承担的是无限责任；而在信托中，财产的所有权与利益发生分离，信托财产具有独立的地位，委托人、受托人与受益人都只承担有限责任。

第二，民事信托与委托代理相比更可以实现长期规划的功用委托代理关系极不稳定、非常脆弱，只较适合于短期的财产管理。这是因为：委托代理原则上于当事人一方死亡或者丧失民事行为能力时即归于消灭，而且被代理人可以随时取消委托，代理人也可随时辞去委托。而信托则不同，信托一旦设定，除委托人在信托文件中明确保留了撤销权外，委托人不得废止或撤销信托；受托人一旦接受信托，也不得随意辞去其职务；信托的存续更不会因委托人或受托人一方的死亡、破产、丧失行为能力而中断，这是信托管理连续性设计的结果。

以上优点就使得信托较之于委托代理具有了很大的优势。

2. 民事信托相对于公司制度的比较优势

第一，民事信托的利用领域比公司具有更大的灵活性。公司体制的优势在于组织机构与交易方式的定型与完备，基于此，现代化的大型企业多选择公司体制的经营形态，以应付复杂万变的商业环境。但并不是所有的财产转移与管理都适合通过公司制度实现，民事信托的灵活弹性有时也可以发挥独特的功能，此将在“民事信托的运用”部分详细说明。

第二，民事信托设立的条件与程序比公司简单。公司的设立往往具有较高的门槛，比如股东符合法定人数，出资达到法定资本最低限额，要有公司住所，股东要共同制定公司章程，公司机关等，并且在符合法定条件后，还必须向有关部门进行设立登记，有些在依法登记前还要求先由相关部门审批。设立的条件与程序都相对烦琐。而民事信托的设立手续相对简单，具有更高的自主权。如果在某些事项上可以达到与公司设计相同的目的，那将是对时间和精力的有效节约。

第三，民事信托的管理成本比公司低。由于公司法对于公司的组织架构与管理机制均有详尽的规定，如必须严格遵循董事会、股东会、监事会的设置与运作的规定，而信托原则上无此要求，仅需受托人负责信托事务，形式要求不高，管理成本也就低于公司体制。

第四，民事信托受益权的优先性。由于公司财产属于法人财产，股东仅得于公司解散并向债权人作清偿之后方得为剩余资产分配之请求，而信托财产与受托人财产各自独立，原则上受托人的债权人不能对信托财产有任何主张。同时，公司无盈余不得向股东分配利润，如有亏损必先弥补亏损，并在纳税、提取公积金、公益金后尚有盈余时，方可供股利之分配，而受托人就其管理处分信托财产之所得，可全部分配予受益人，无须保留一定比例为债务清偿之保障。可见，受益人之地位与公司股东恰恰相反，与一般债权人的请求权相比较，在分配次序上公司股东总落后于一般债权人，而受益人则总是处于优先地位。此特点是民事信托优于公司制度最主要的特征之一。

综上所述，民事信托不但具有与公司制度一样的责任与利益相分离、有限责任等优点，另一方面，民事信托比公司制度更灵活、设立的条件与程序更简单、管理成本更低，最关键的是民事信托中的受益人具有优于债权人的地位，这使得民事信托更显优势，从而更显必要。

（三）民事信托相对于赠与或遗嘱的比较优势

在信托法尚未立法通过之前，个人财产移转不是采用生前赠与，便是以死后继承的方式办理，但这两种方式都会在不久的将来面临缴纳税款问题，并存有相当的缺失。采用民事信托的方式能够解决以下采用赠与和遗嘱方式解决不了的问题。

1. 生前赠与部分

管理财富的作用：上一代辛苦创业，下一代通常不易感受，以至往后几代不知守成而造成“富不过三代”的情形，如果财产交付信托由受托人专业管理则可使辛勤累积的财富得以延续。

避免子女产生依赖心理：随着父母所赠与的财产越多，子女无须辛劳工作就可坐拥万贯家财，易造成依赖心理，如果财产交付信托由受托人依约定期分配则可避免子女坐吃山空。

避免老年生活无所依靠：赠与出去的财产，赠与人即不再享有所有权，如发生不肖子女不愿奉养父母，将造成年老时没有老本照顾自己的晚年生活，财产交付信托，可以照顾你一辈子。

避免子女挥霍家产：不肖子女收到巨额财产后，将财产挥霍或败掉家产的案例极多，因父母无法控制子女的挥霍个性，故财产交付信托，可以避免子女不当浪费，并能保障其未来生活。

有利于进行税务规划：开征赠与税只是时间早晚的问题。如果利用财产他益信托，将本金及孳息分离即可依信托期间享受复利折算现值的优惠，为你节省可观的赠与税。

2. 死后继承部分

避免子孙争产：因为财产的所有人已经去世，除非有合法遗嘱交付子女，或者继承人愿意协议继承财产，否则为了遗产分配的问题，兄弟姊妹们对簿公堂的情形比比皆是，如果财产交付信托，可以由受托人公平地依委托人所指示的方法分配遗产。

维持遗产完整性：中国人大多希望祖产可以永久留传，由于遗产由所有继承人共同拥有，在有多数继承人情形将造成遗产被细分，如果财产交付信托则可维持遗产的完整性。

解决继承制度的问题：子女挥霍家产、管理家产的能力并未因继承而有所改善，不肖子女收到巨额财产后，将财产挥霍或败掉家产的案例极多，因父母无法控制子女的挥霍个性，故财产交付信托，可以避免子女不当浪费，并能保障其未来生活。

税务规划：遗产税开征后，将财产预先规划，交付信托成立他益信托，借由生前分散遗产总额，降低累进税率，可节省可观的遗产税。

二、民事信托制度的社会意义

在我国，民事信托的应用与实践具有重要的社会意义：

首先，民事信托是最基本的信托形式，民事信托的基本理论是整个信托制度的基础。民事信托的发展，有助于对信托观念的培养。这对于我们这样一个引进信托制度的国家来说尤为重要。商事信托要获得更好的发展，是以人们对信托制度的了解与信任为基础的。一项没有群众基础的制度，不可能有良好的发展前景。一段时期以来，我国信托业所暴露出的种种问题，除了因为相关制度不健全以外，更主要的原因是我们忽略了对民事信托基本理论的研究，忽视了普及信托观念的重要性。因此，加强民事信托理论的研究已成为当务之急。

其次，作为一种制度设计，管理信托为人们财产的管理、分配提供了更多更好的选择。与其他制度相比，民事信托更注重当事人的意思自治，能够确保当事人意志的实现。与其他制度相比，民事信托财产的独立与受托人法定义务也使得财产更为安全。

最后，默示信托对于实现司法公正具有重要的现实意义。默示信托是根据委托人的默示行为推定其具有信托意图而成立的信托。默示信托是信托制度灵活性的充分体现，它可以成为司法裁量的有效手段。任何一般规则在适用于特殊案件的时候，都肯定会产生不公平。因此，为了实现更大的公平，实现法的适用必须受某种豁免权的限制。这种形成于欧洲大陆，并在英格兰由于普通法与衡平法司法管辖的分离而生动地显现出来的思想，已经成为世界法律思想潮流的一部分。在运用其他制度不能使案件的处理收到良好的社会效果时，完全可以借助默示信托来实现司法公正。

如果说理论是苍白的，那么我们可以用一则颇有影响的实例来对民事信托的重要社会意义做出说明。香港富翁余彭年是享誉大陆的慈善家，由他发起的“光明医疗行动”造福了广大的贫困白内障患者。“光明医疗行动”让许多白内障患者重建光明，可是这一善举在当初却是颇费周折。最初，余彭年请求深圳市人大立法保护他的捐献意愿和捐献产业并由深圳市余彭年社会福利协会及其管理委员会进行管理和监督，利润全部用于教育、救灾、扶贫济困及其他社会福利事业。这实际上就是想设立一项公益信托，我国《信托法》对此早已经做出了明确具体的规定。但是由于有关部门信托观念的缺失，老人设立公益信托的首选没有成功。最终，余彭年只得与中国工商银行深圳分行签订慈善资产托管与监督合同，由银行安全保管余彭年的慈善资产和监督慈善资产的使用。在本质上，余彭年老人还是设立了一项民事信托。这样的选择并不是一种巧合，因为只有信托才能最大程度地保障委托人意愿及信托财产的安全，也只有信托才能实现这种财产管理的长期规划。如果余彭年的愿望真的不能得到实现，那么这无疑是我国法制的悲哀，拥有五千年文明史的泱泱大国竟成慈善弱土。有关部门所谓的困难，不是因为没有法律依据，不是因为没有先例参考，而是因为他们没有真正的信托观念。在此，我们更真切地感受到信托观念的重要性，我们也更需要强调信托观念的重要价值。

❐三、国外民事信托发展的考察

(一) 英国

英国是信托的发源地。个人信托在英国出现之初，主要是以个人之间的信任、委托为基础发展起来的，且被作为一种消极的财产转移设计而加以运用。长期以来，充当受托人在英国被视为一种莫大的社会荣誉，人们在观念上便排斥受托人发展成为一种营业性职业，虽然时至今日，这种观念已经淡化，但其形成的历史性影响则非一时间可以消除；况且，非营业信托旷日持久的发达，也客观上冲淡了对于营业信托的需求。所以，英国信托发展仍然保持着历史传统，表现为无论是委托人还是受托人，无论是早期的信托还是现代的信托，个人受托这个古老的方式仍然在信托业中占较大比重。到现在，其个人信托业务仍占其整个信托业的80%，且个人信托中绝大部分为民事信托，信托标的物以房屋、土地等不动产为主。这也是英国的信托与其他西方国家相比最为显著的特点。

(二) 美国

随着英国移民团涌入美国，信托制度也随之被引进到美国。但是，在美国，不存在类似英国的利用民事信托制度的社会背景，受托人纯粹是为了营业谋利而接受信托，所以使得本来是作为民事信托而诞生并发展起来的信托制度，便以商事信托的形式确立起来，并取得了迅猛的发展。①

但是，即使在美国，也不是不存在民事信托，除商事信托之外，一种被称作宣言信托的信托形态，在法律上即被认为是民事信托。宣言信托又称宣示信托，是指财产所有人以宣布自己为该项财产受托人的方式而设定的信托。该项财产一经宣告受托，就成为信托财产，财产并不转移，但须与原有其他财产分别进行保管。这种信托只存在他益信托，以委托人以外

① 中野正俊：《中国民事信托发展的可能性》，载《法学》2005 年第 1 期。

的他人为受益人的场合始能成立。①

（三）日本

由于日本不拥有信托的历史传统，并且直接引进了在美国发展起来的商事信托制度，所以，大多数法学家（包括日本的法学家）都认为日本的信托全部属于商事信托，民事信托制度几乎没有得到运用。并且，英、美、法所承认的所谓的宣言信托，在日本也得不到法律的承认。虽然学界普遍否认民事信托的存在，但中野正俊先生在总结大量民事信托判例的基础上指出，日本的民事信托实际上随处可见，只是它们在性质上仅作为判例，而没有明显地表现出来罢了。从这个意义上讲，可以说在日本还是存在许多民事信托的。②

四、我国民事信托的前景展望

目前我国民间已开始出现了如小额财产管理、遗产管理和贵重物品保管等形式的民事信托，这应当引起我们的重视。而更进一步讲，笔者认为，以下这些实务中出现的问题，也完全可以作为民事信托（尤其是默示信托）来处理：

1. 遗托（遗嘱负担）

遗托是遗嘱人在遗嘱中对受遗赠人或者遗嘱继承人提出的履行某附加义务的要求，在德国法上又称为遗嘱负担，其实质是遗赠或遗嘱继承所附加的义务。通说认为，遗托具有附随性，是必须履行的具有不可免除性。如果受托人没有按照遗嘱的要求履行所附加的义务，其便没有资格获得遗产。我国《继承法》第 21 条明确规定："遗嘱继承或者遗赠附有义务的，继承人或者受遗赠人应当履行义务。没有正当理由不履行义务的，经有关单位或者个人请求，人民法院可以取消他接受遗产的权利。"最高人民法

---

① 陈大钢：《中国信托法与信托制度创新》，立信会计出版社 2004 年版，第 12 页。

② 张军建、王巍：《中国（长沙）信托国际论坛综述》，载《中南大学学报》（社会科学版）2005 年第 1 期。

院在关于贯彻执行《中华人民共和国继承法》若干问题的意见第43条对此做出了进一步解释："附义务的遗嘱继承或遗赠，如义务能够履行，而继承人、受遗赠人无正当理由不履行，经受益人或其他继承人请求，最后人民法院可以取消他接受附义务那部分遗产的权利，由提出请求的继承人或受益人负责按遗嘱人的意愿履行义务，接受遗产。"但是，这样一种法院强加的履行同样可能面临遗托不能实现的困境。笔者认为，完全可以将遗托视为遗嘱人设立的遗产信托。一方面，遗托符合遗产信托的基本特征，遗嘱人的目的不在于使受托人获得财产，而是在于受托人对义务的履行。该财产在本质上是一项目的财产，构成了信托基金；另一方面，将信托财产作为独立的基金及对受托人义务的法律规定可以充分地保障遗托的实现。同时，在遗嘱指定的人拒绝或者无能力担任受托人时，由受益人或法院另行选任受托人去完成遗托，可以最大程度地尊重当事人的意志。

2. 出租车挂靠法律关系

出租车挂靠营业，是一种出租车公司集约经营管理的形式。由于我国目前对出租车行业实行个人准入的限制，出租车车主不得不将自己的车籍落在已领取营业执照的出租车公司，以该公司的名义经营客运或货运业务，此种现象在我国台湾俗称"靠行"。实际车主与被挂靠的出租车公司（实际车主下称"车主"，被挂靠的出租车公司下称"公司"）之间关系为车主每年或每月向公司缴纳一定的挂靠费，车籍、工商注册、税务登记、车辆营运证等皆登记在公司名下，并以公司名义缴纳各种税、费及年检；出租车的实际营业活动则由车主独立经营，盈亏都是车主自己的事情，与公司无关。出租车挂靠营业，是我国目前出租车行业普遍存在的现象，与其他挂靠现象不同，并不是法律禁止的行为。目前，出租车业的这种挂靠法律关系并没有明确的法律依据，理论上也没有定论。笔者认为，出租车挂靠实际就是设立了一项信托。即以公司为受托人，为车主利益对车辆进行管理的信托。将出租车挂靠法律关系定性为信托法律关系具有以下三方面意义：首先，《信托法》能够为出租车挂靠提供法律依据，出租车挂靠这一具有明显公益性的经营管理制度也就有了制度保障；其次，在因出租车营运产生法律责任时，可以运用信托原理确定车主与公司之间的连带赔偿责任。这样就解决了司法实践中很多案例判决公司在其所收取的管理费限额内与车主承担连带责任，却苦于没有法律依据的问题；最后，在双方发生权属争议或受托人违反信托义务时，由法院运用结果信托的原理，判决受托人（公司）将车辆返还受益人（车主）。这种解决方式较直接确认所有权属于车主要合理得多，因为后一种处理方法将导致双方之前的一切法律行为归于无效的危险，而前者则是最安全的方式。

3. 社会捐赠剩余的处理

所谓社会捐赠是指由特定的机关、法人或自然人发起的，以特定的被救助对象为受赠人，其他社会主体无偿向该被救助对象捐赠财产的行为。社会捐赠的义举令人感动，但是因为我国目前缺乏相关的立法，使得司法实践面临极大的挑战。以发生在广西地区的案件为例，某地税局为募集同事治疗白血病的医疗费进行公开募捐，并指定了专门的银行账户用于接收捐款。但由于迟迟没有找到适合的骨髓，地税局最终没能留住它的职工。被救助人死亡后，围绕剩余捐款 14 万余元的归属问题，其父与地税局发生纠纷并诉至法院。一审法院认为，捐款不是直接赠与被救助者本人，捐款余额不应属于个人遗产，驳回了其父的诉讼请求。而二审法院认为，被救助者作为特定的受赠人对该款项拥有所有权，判决捐款余额作为遗产由其家属继承。判决一经做出，随即引发了极大的争议。捐赠者的意愿是为被救助者治疗疾病而使用捐款，但是现在这笔捐款变成了个人财产，并将被用于其他目的，对于捐款人来说这是一种心理打击，如果长此以往，难免人们不会对公益捐款或者说是爱心捐款失去兴趣。为此，有学者认为应当将社会捐赠认定为附义务的赠与，其中赠与所附义务就是受赠人应当将社会捐款用于特定的捐赠事由。在捐款剩余时应该由捐款发起人向捐赠人返还财产或遵照捐款人意愿处分财产。日本学者中野正俊则认为，如果能活用民事信托的法理进行裁决的方法，也许会更为简明、有效。即将社会捐赠视为一项公益信托，运用公益信托的“近似性”原则可以将该剩余财产用于其他公益目的，从而促进社会公益事业的发展。对照而言，后一种观点更符合实际，便于操作。①

上述分析实际上都是民事信托制度中“默示信托”理论的体现，即由法院根据委托人的默示行为推定其具有信托意图而成立的信托，这一理论不仅有助于组织法律关系，而且更为重要的是其有助于司法机关做出正确

① 中野正俊：《中国民事信托发展的可能性》，载《法学》2005 年第 1 期。

的判断，《信托法》第55条及最高人民法院的判例都对默示信托进行了确认与肯定。从理论上讲，默示信托所运用的拟制技术，是大陆法系与英美法系共同的财富。它是一种决断性虚构，这种虚构可以是立法层面的，也可以是司法层面的。只要存在事实的有限性、相对性与秩序的紧迫性、必要性之间的矛盾，拟制的判决性功能是不可取代的；只要存在规范的应然性、法律的呆板性与社会的发展性、变化性之间的矛盾，拟制的协调性功能就是不可替代的。可以说，默示信托实际上是法院手中掌握的有力工具，借助于对默示信托的运用，法院的裁判得以真正的实现公平、正义。

我国民事信托制度的进一步发展，离不开理论界从法理角度厘清法律关系、提供法律依据。唯有实现信托法理论研究与立法、执法和司法实践的相互契合，实现信托实务界与理论界、法律实务界与理论界的良性互动，将信托法真正纳入本国法律制度的系统中，信托法才能够由“纸法”转变为“活法”，彰显自身的生命力。相信随着信托观念的普及，我国的民事信托必将会有更大的发展。

原载《河北经贸大学学报》2013年第4期

民事信托在老龄化社会的应用与发展

赵 英

随着我国经济社会的发展、人口和家庭结构的变化，人口老龄化及老年人生活照顾、权益保障等出现了一些新情况新问题：一是人口老龄化快速发展。1999年，我国60周岁以上老年人口占到总人口的10%，按照国际标准，成为老年型国家。此后，我国老龄化快速发展，第六次人口普查显示，截至2010年年底，我国60周岁以上老年人达到1.78亿人，占总人口的13.26%。据预测，到“十二五”规划末期，老年人口将达到2.21亿人，平均每年增加860万人，老龄化水平提高到16%，到2025年突破3亿人，2033年突破4亿人。二是困难老人数量增多。目前，我国80岁以上高龄老人超过2 000万人，失能、半失能老人3 300多万人，对社会照料的需求日益增大。三是家庭养老功能明显弱化。目前我国平均每个家庭只有3.1人，家庭小型化加上人口流动性的增强，使城乡“空巢”家庭大幅增加，目前已接近50%。[①] 老龄化进程与家庭小型化、空巢化相伴随，与经济社会转型期的矛盾相交织，社会养老保障和养老服务的需求将急剧增加。[②] 如何使老年人安度晚年，除了需要人伦孝道的弘扬与全社会的共同努力，更需要为其提供合理的制度安排。

一、从家庭赡养到老年人监护制度

长久以来，家庭一直是我国养老的主要承担者。修订前的老年人权益保障法也是贯彻了这一理念，确立了以家庭赡养制度为基础、辅以扶养制

① 《关于〈中华人民共和国老年人权益保障法（修订草案）〉的说明》。
② 《国务院关于印发中国老龄事业发展“十二五”规划的通知》。

度等的养老制度。但是，现实中，一方面，失独的老年人大量增加，达到数百万人之巨，使得以子女照顾为核心的传统养老模式受到了冲击；另一方面，不少不肖子女侵占老人财产，甚至为此闹上法庭的情况表明，子女未必一定是老人财产的最佳管理人。

新修订老年人权益保障法对家庭养老作了重新定位。将现行法“老年人养老主要依靠家庭”修改为“老年人养老以居家为基础”。同时，为保障失能、失智老年人的人身财产权益，在深入研究我国《民法通则》有关监护的规定，并借鉴国外经验的基础上，新法并确立了老年人监护人制度。其第26条规定：具备完全民事行为能力的老年人，可以在近亲属或者其他与自己关系密切、愿意承担监护责任的个人、组织中协商确定自己的监护人。监护人在老年人丧失或者部分丧失民事行为能力时，依法承担监护责任。老年人未事先确定监护人的，其丧失或者部分丧失民事行为能力时，依照有关法律的规定确定监护人。这一规定体现了对被监护人（老年人）的自我决定权和尚存的自由意志与行为能力的重视。为老年人的生活照顾和财产管理提供了一种新的可供选择的制度安排，可以说是老年人安养照顾制度的一个突破。但是，这一制度在适用中面临的一大障碍是，对监护人和被监护人之间的权利义务关系没有清晰的界定，尤其是监护人的职责及对其监督的缺失给作为被监护人的老年人的权益保护留下了漏洞。

二、民事信托的内涵及其作为养老制度安排的功能优势

信托，是指委托人基于对受托人的信任，将其财产权委托给受托人，由受托人按委托人的意愿以自己的名义，为受益人的利益或者特定目的，进行管理或者处分的行为。以受托人是否盈利为标准，可以将其分为民事信托与商事信托。

民事信托的功能大致可分为转移财产与管理财产两方面，但功能不仅于此，委托人利用信托制度的灵活性，以及信托财产的独立性，可以对特定财产做特殊的安排，以达成所有人的特定目的。除了上述之外，民事信托还有如下特性：

1. 独立性

根据《信托法》的规定，信托财产与委托人未设立信托的其他财产和受托人的财产相区别。除因法定情形外，对信托财产不得强制执行。信托财产独立于委托人与受托人的自有财产之外，不计入受托人宣告破产的范围，因此不会成为委托人或受托人的债权人求偿的标的。针对老年人的财产管理而言，透过信托制度的独立性原则，则是可以清楚地将财产分开，由受托人全权负责处理相关财产。

2. 安全性

信托固然不能防止财产因市场行情变化，而投资收益受到损失，但却可以防止许多无法预知的风险，如财产登记者挪用公款或侵占潜逃。因此透过专业的受托人，依委托人的需求，将财产做妥善的规划，可保障受益人的基本权益。老年人的亲戚朋友，过去常常是受托管理财产的人但碍于无明确的法律规范，在少数个案中因而发生侵占财产的状况。透过信托制度的建立，可以确保信托财产的安全性。

3. 弹性

信托通常以合同或遗嘱的方式设立尤其以契约设立最为常见。合同信托具有高度的弹性，包含可以随意订定履行的条件、方式及时间等，更能因时因地制宜调整更改。信托制度的弹性原则，使得作为信托委托人的老年人，可以因时因地改变信托的内容，以更符合受益人的实际需求。

4. 预先规划未来

信托的设立，可确保信托财产依委托人的意愿，顺利地分配给指定的受益人，因此更可以作为受益人未来的计划，如老年安养、遗产规划等。针对老年人而言，信托制度就如同一份财务计划书，透过健全的制度，帮助受益人规划未来的生活，以期望在老年生活中，能有更好的生活质量。

5. 保密性

在信托成立之后，信托财产将属受托人所有，日后的交易都以受托人的名义进行，因此原财产所有人的身份不至于曝光。

民事信托制度作为一种与监护制度不同的制度选择，可以弥补监护制度对受监护人保护的欠缺，更好地保护老年人的权益。

（1）民事信托受托人与监护人管理财产的能力不同。监护制度中关于监护人的决定，有着法定的顺序，其不外以血缘或婚姻关系为取得监护身份的原因，这种监护人的设置完全通过法律规定或者有关机关指定缺乏变通，也忽视了被监护人的自由意思自由，不能体现民法“意思自由”的法律理念；而信托受托人的选任，基于私法自治原则及合同自由原则，可以由委托人自由选任，委托人可以针对财产管理的专业性或提供照护的质量等受益人的最佳利益为选择受托人的考虑因素，因此，以信托制度落实信托财产的管理或受益人的生活照顾较监护制度更有弹性。

（2）民事信托受托人管理信托财产负有较高的注意义务。监护人管理受监护人的财产时，应与处理自己的事务为同一注意；而信托中的受托人管理或处分信托财产，应依信托本旨，以善良管理人的注意义务进行。所谓善良管理人的注意义务，是指受托人在管理财产时，依受托人从事职业或社会地位，一般通常所要求的注意义务，而不论受托人个人具体的能力，因此相较于监护人对执行财产监护仅需与处理自己事务为相同的注意，可知信托受托人管理信托财产相较于监护人执行财产监护，负有较高的注意义务。

（3）民事信托受托人与监护人所受的监督不同。监护制度中，监护人主要的监督来自于法院，人民法院可以根据有关人员或者有关单位的申请，撤销监护人的资格。(《民法通则》第18条第3款)。反之，如以信托制度提供受益人的养老照顾，委托人除依信托法的规定行使监督的权利外，在受托人违反信托目的处分信托财产或者管理运用、处分信托财产有重大过失时，委托人可依信托文件或请求法院解任受托人。因此，信托受托人所受的监督大于监护人，信托制度较监护制度更能贯彻对于老年人养老照护需求的保障。

而与民事信托相比，监护制度的优势在于：后者为老年人提供全方位的照顾，包括身体及财产上的监护，身份行为的代理及财产管理等；而前者则以财产管理为核心，不涉及身体照顾。

三、民事信托制度在老年人财产管理中的应用

近年来随着经济发展，越来越多的老人拥有了以房产为主要财产形式的大量财富，使得其对财产进行有效管理有了客观需求。同时，目前大多数老年人的生活照顾和财产管理都是以子女及其他亲友的家庭照顾为主要方式，但是大量的失能、失智老人以及“失独”老人的存在，使得作为财产管理制度之一的信托有了客观存在的基础。特别是在英、美、法信托制度中，存在着以监护型信托保障失能、失智的老年人财产免于灭失并提供其生活所需的传统，泛称为监护型的信托，其中以扶助信托（Support Trust）最切合老年人财产信托的目的。

扶助信托是一种以满足受益人生活所需为信托目的所设立的信托，扶助信托的受托人应运用信托财产的收益于受益人的日常生活开销。[①] 基于这种信托目的在维持受益人现实生活的特质，任何不属于这一范围的支出都与信托目的不符，因此扶助信托的受益权不能转让及受强制执行，且不得转让的部分也仅限于教养所必需。

扶助信托与非以教养为目的的一般民事信托，区分的重点在于扶助信托人并非定期、定额或依获利将信托利益给付受益人，而是运用信托财产的收益支付受益人现实生活上确实发生的生活费用的支出。因此，如果委托人明确约定受托人应每月固定交付受益人固定金额时，这就不属于扶助信托。就老年人财产信托制度而言，以扶助信托的方式设立老年人财产信托，相较非以教养为目的的一般民事信托，可以更有效地落实老年人生活照护的目的，并进一步预防老年人自己管理使用受托人所交付信托利益的风险；相对地，受托人虽然未必需要直接提供老年人生活照顾的服务，但可能必须进一步承担合理运用信托利益使老年人得到妥善照顾的工作，也就是受托人除了管理信托财产之外，有可能还要兼及运用信托财产的利益，而相较于非以教养为目的的一般民事信托受托人负担更大的责任。

目前，老年人生活照顾及财产管理仍以赡养及监护等为主。但随着老龄化社会的到来，传统的养老制度面临着越来越多的挑战，制度安排上，

① George T. Bogert, Trusts, Sixth Edition, West Publishing Company, 1987, 164.

需要给老年人提供更多更具弹性的选择。而经由民事信托制度，透过受托人管理运用信托财产，使老年人能以信托利益保障其老有所养，对老年人尤其是失能、失智无法自己进行财产管理的老年人来说，无疑为其提供了财产管理与生活保障的另一选择。

原载《中国社会科学报》2013 年 6 月 19 日

节省信托制度初探[①]

——从比较法的视角看我国信托法相关规定的不足与完善

赵　英

信托是一种忠实关系，在此关系中，受托人拥有法律上财产的所有权，受到衡平法上义务的限制，必须为受益人的利益而管理或使用此财产。信托制度之所以产生的重要原因之一是委托人意思的尊重与实现。委托人可以通过信托文件灵活地安排和处分财产。而这也是委托人喜欢用此制度的原因。但信托一旦成立，基于信托财产的独立性，委托人便失去对该财产的控制，在信托法律关系下，只有信托财产的债权人方能对信托财产进行追索，委托人与受托人的债权人均无法对信托财产进行追索，即使是受益人的债权人，也只能对受益人的受益权而非信托财产本身有所主张。但委托人能否在信托文件中预先对信托财产的受益权转让作出限制性的规定，也就是节省信托能否成立，就成了一个颇具争议的问题。

一、节省信托的内涵

（一）节省信托的一般含义

在委托人用以照顾受益人生活为目的的信托中，委托人希望以其所能支配的某些财产专门用来照顾受益人，故除了前述信托制度中赋予信托财产的独立性之外，委托人希望受益人不能随意去挥霍这些财产，而且这些

① 节省信托（spendthrift trust），也有的翻译为禁止挥霍信托，严格来说其并不是一种独立的信托类型，而是对于信托法律效果的特殊限制。

财产也不会被任何债权人所取偿，为了达到这个目的，委托人必须限制受益人的受益权的转让，这就是节省信托制度产生的缘由。受益权为财产权，一般而言，限制财产转让的方式有三种：第一就是限制受让人的自愿转让或限制其债务人的扣押与强制执行；第二是当受让人意图转让或其债务人意图扣押或强制执行信托利益时，财产则自动回归委托人或给予其他信托中所指定的人，这也是自由裁量信托或保护信托所采取的方式；第三则是受让人承诺不得为任何转让，如受让人意图转让，让与人可以禁止或申请禁止令禁止之。①

节省信托所用的方法就是上述第一种方法，即除了前述一般信托中，委托人与受托人的债权人外，禁止非自愿转让使信托利益免于受益人的债权人无法就受益权扣押或强制执行，此外，为避免受益人自身的挥霍，也禁止受益人将受益权自愿转让与他人，如此方能确保信托财产的专款专用，贯彻信托本旨。

节省信托是禁止信托受益权转让的信托，包括受益人对信托利益的自愿转让和非自愿转让。节省信托可能是基于委托人的信托本旨而来，也有可能是基于法律的规定。在一般的信托中，如果没有委托人或法律的特别规定的话，并不必然会有限制受益人自愿转让或非自愿转让信托利益的效果，而委托人要设立节省信托的方法，只要在信托中加入节省信托条款即可。② 一旦信托中设有节省信托条款，受益人则不得转让其信托利益，受益人的债权人也不得追及信托利益取偿。③ 委托人在设立信托时，可以部分为节省信托，部分为一般的信托，即节省信托条款可以只适用于信托的一部分，而不是一列上信托条款，整个信托就必须成为节省信托。

节省信托设立的用意在于让信托财产留在受益人身边使用，防止因受益人思虑欠周、缺乏自我保护的能力或浪费，而使得信托受益权一下子就消耗殆尽。节省信托禁止任何形式的转让，由于受益人无法自愿转让受益权，故受益权并不能立即变价，仅能依照信托内容收取信托财产及其收益，而达成禁止受益人挥霍的目的。除此之外，依照普通法的规定，不能

① Wakeman Scott, Scott's Abridgment of the Law of Trusts 281 (Little, Brown and Company 1960).

② Uniform Trusts Code, Section 502 (b).

③ Uniform Trusts Code, Section 502 (c), "A beneficiary may not transfer an interest in a trust in violation of a valid spendthrift provision and, except as otherwise provided in this article, a creditor or assignee of the beneficiary may not reach the interest or a distribution by the trusteebefore its receipt by the beneficiary."

转让的财产无法扣押，故受益权非自愿转让的禁止，会造成受益人的债权人无法强制执行受益权获得清偿，即便受益人已收受对价或是受益人破产，进入破产程序也是如此。这确保了受益权不会因受益人的其他债务而受到影响，也可防止受益人用间接的方式提前花费信托利益。值得注意的是，节省信托所禁止转让的是受益人的受益权，受益人已实际受领受分配的信托利益，受益人还是可以转让，受益人的债权人也可以对之取偿。

受益人的受益权，可能是既得权，也可能是期待权。既得权是指受益人已确定会得到信托利益的情形，如信托内容中规定受托人于信托成立生效时起，每个月均分派信托利益若干与受益人；期待权是指委托人对受益人能否得到信托利益与否设有条件，即受益人能否受信托利益的分派，尚处于不确定的状态，如信托内容为受益人定期分派信托利益与甲终身，甲死后分派给乙，此时乙的受益权处于不确定的状态，因乙必须较甲晚死才可得到信托利益，故乙的受益权为期待权。但不论受益人的受益权为既得权或期待权，两者均可为节省信托条款所限制。但期待权由于其本质太过不确定，故不待节省信托条款的保护，在未成为既得权之前，并无法转让、扣押，但可在其上设定物上负担。

而在信托法重述第二版第 152 条也有相关的规定。在信托利益为信托财产本金的情形，如该信托利益是在未来的某个时点将分派给受益人的话，则受益权的自愿与非自愿转让限制有效；如该信托利益是受益人可以立即得到分派时，则受益权的自愿与非自愿转让限制无效；如该信托利益要等到受益人死亡才会分派到受益人的遗产内，则该自愿与非自愿转让的限制无效，因该信托对受益人而言并不会受到任何利益。

（二）我国的相关规定

我国《信托法》第 47 条规定，受益人不能清偿到期债务的，其信托受益权可以用于清偿债务，但法律、行政法规以及信托文件有限制性规定的除外。第 48 条规定，受益人的信托受益权可以依法转让和继承，但信托文件有限制规定的除外。由以上所列条文可知，我国信托法继受美国法受益权转让性的规定，即原则上受益人可以自由转让，受益人的债权人也可就受益权强制执行，但法律或信托条款另有规定者不在此限。因此学者认为此两条规定为我国《信托法》承认节省信托的基础。① 因此，如果委托人在信托条款中加上节省信托条款，则受益人不得转让受益权。而至于节省信托的其他相关制度，如自益信托能否为节省信托、节省信托的限制等，我国《信托法》中则无规定。信托法草案第一次审议稿中原先并未有上述第47条及第48条的内容，而是到了第二次审议稿才加上。② 而第二次审议稿的立法资料，“全国人大法律委员会关于《中华人民共和国信托法（草案）》修改情况的汇报”也未列出增订的理由。③

本文认为，即使在美国这样一个信托制度如此发达的国家，对于节省信托受益人与其债权人的保护上仍有非常多的问题产生，而由我国信托法条文看来，似乎对节省信托采取全面采纳的态度，因此，应该对这两条的适用范围作更细致的规范，以避免争议问题产生，这将在后文详述。

二、各国（地区）对待节省信托的态度

节省信托制度的背后，其实是各种利益的衡量。首先是委托人的意思的尊重，也就是委托人的财产处分自由；其次是受益人之债权人的保护，因为债权人很难得知信托的内容，容易受到不可预测的损害；再者就是其他的政策考虑，例如破坏债权法上的自我负责原则。信托制度源自于英美法，但即使是英、美两国，甚至是美国国内各州，对节省信托的看法也大不相同，这其实就是在上述利益衡量的基础上进行取舍的结果。而同为大陆法系的日本与中国台湾地区，在受到美国法的影响之后，对节省信托的态度又是如何呢？

（一）英国

节省信托很早就出现在英国，英国法院于19世纪初即表达了其对节

① 常照伦：《论信托当事人与债权人间外部关系——两岸信托法之比较观察》，载《法令月刊》第54卷第6期；王清、郭策：《中华人民共和国信托法条文诠释》，中国法制出版社2001年版，第122～124页。

② 扈纪华、张桂龙主编：《中华人民共和国信托法条文释义》，人民法院出版社2001年版，第168、第169、第284页。

③ “全国人大法律委员会关于《中华人民共和国信托法（草案）》修改情况的汇报”就第47条及第48条的说明为：“……受益人的信托受益权可以依法转让和继承，但信托文件有限制性规定的除外；受益人不能清偿到期债务的，其信托受益权可以用于清偿债务”。

省信托的态度。1811 年的 Brandon v. Robinson 是英国关于节省信托的主要判决之一，虽然英国很早就做出了上述否定节省信托的见解，但其实在 19 世纪的英国，节省信托并非全然无效。在当时的英国，妻子的人格为丈夫所吸收，故已婚妇女的财产会被丈夫所取得，于是人们借由模糊所有权的概念，以信托方式给予已婚妇女财产。而为了确保已婚妇女能实际享有财产权，法院判决一致承认，以已婚妇女为受益人的节省信托有效，且此为唯一的例外，即使信托利益为信托财产的收入，或者信托利益为衡平法上的利益也一样。[①] 时至今日，英国已婚妇女早已可以独自拥有财产权，因而节省信托条款在英国是完全无效的。

（二）美国

美国各州对节省信托的态度并不完全相同，肯定与否定节省信托的看法，各有支持者。

1. 肯定说

Broadway National Bank v. Adams 是美国肯定节省信托的重要案例，本案法院判决的主要理由是，节省信托的设立，属于委托人财产自由的范围，也不违反法律或公共秩序善良风俗，故肯定节省信托的有效性。美国采取肯定说见解的州有阿拉巴马州、阿肯色州、康涅狄格州、德拉瓦州等。

美国信托法重述及美国统一信托法均肯定节省信托的有效性。《信托法》重述第三版第 12 章第 58 条（1）规定：除本条第（2）项 35、意见 b 所列的法则及第 59 条的规定之外，如信托条款中规定受益人不得转让其受益权或受益人的债权人不得就受益权取偿时，这种限制信托利益转让的规定有效。

《统一信托法》第 5 条第 501 项（受益人的债权人及受益权受让人的权利）规定：如受益人的信托利益不受节省信托条款所保护时，法院可准许受益人的债权人或信托利益的受让人就信托利益现在或将来的分派进行扣押或其他方式取偿。

---

① Austin Wakeman Scott, Scott's Abridgment of the Law of Trusts, 284, Little, Brown and Company, 1960.

2. 否定说

美国在 Broadway International Bank 案之前，受英国 Brandon v. Robinson 案的影响，大多对节省信托的有效性采否定见解，如联邦最高法院于 1875 年做出的 Nichols v. Eaton 判决，Sparhawk v. Cloon 案等。现今美国则只有少数州否定节省信托条款的有效性，如俄亥俄州、罗得岛州等。虽然节省信托后来渐渐地为大多数州所采用，但法院及学者也慢慢地对节省信托产生质疑，节省信托的限制也越来越多。俄亥俄州最高法院做出的 Sherrow v. Brookover 案判决，其内容即对肯定节省信托的观点提出了许多批判。①

英国法认为，限制财产权或利益（在此处为受益权）的转让，不论是在衡平财产或法律利益上加上转让的限制都是违反公序良俗的，因而无效。② 美国则认为习惯法上所保护的利益不可限制转让，但衡平法上所保护的利益则可以，故还有讨论的空间。③ 美国与英国看节省信托的角度不同，美国较重视财产权人的财产自由，只要在不违反法律规定与公序良俗的条件下，财产权人可以对其财产为任何安排。而美国之所以认为禁止自愿与非自愿转让为有效的理由在于受益人的债权人或受益权的受让人基于公示制度仍然有知情的可能性。美国由于各州仍保留有立法权，故各州的法律可能不一样，包括节省信托在内，所以虽然大部分州承认节省信托，也还是有少数州否认节省信托。即使大部分州承认节省信托，这些州的节省信托制度也不尽相同，例如在节省信托的限制方面就是一个明显的例子，所以也有学者说美国整个节省信托制度其实是个大杂烩。④

（三）日本

日本学界认为受益权原则上不得限制转让，但在受益权有禁止转让的性质、扶养信托、自由裁量信托的情况下则可以。

至于对节省信托的态度，日本并不承认节省信托的有效性。日本对节省信托的态度较美国为保守，但在受益人为身心障碍者的情形，考虑到财

① Willard M. Bushman, The (in) validity of Spendthrift trusts, Or. L. Rev, 295, 1967, 304.

② Scott and Scott, Cases on Trusts, 376, Little, Brown and Company, 1966.

③ Paul G. Haskell, Preface to the Law of Trusts, 29, The Foundation Press, 1975; Austin Wakeman Scott, Scott's Abridgment of the Law of Trusts 289, Little, Brown and Company, 1960.

④ George G. Bogert, Cases and Text on the Law of Trusts, 172, The Foundation Press, 1991.

产所有权人的处分权及照顾受益人生活的信托本旨，日本则承认了拥有节省信托及扶助信托性质的特别障害者扶养信托。特别障害者扶养信托，又称特定赠与信托，顾名思义，其目的即为照顾特别障害者生活的信托。特别障害者为精神或身体具有重度障碍的人。委托人以一定的财产作为信托财产，并转让给受托人，使受托人依信托条款照顾特别障害者的生活，受益人的受益权为其一身专属的权利，因此不得转让。特别障害扶养信托须为他益信托，且受托人须为信托业者。

（四）中国台湾地区

中国台湾地区信托法并未明文承认节省信托。对于节省信托是否有存在的空间，学者间存在不同的认识，但主流观点认为，节省信托条款是否有效，应回归民法加以探讨。信托当事人间可以约定受益权不得转让，但此特约并无法取得对世效力，故无法达到禁止或限制第三人对受益权强制执行的效果，故解释上应认为委托人禁止受益人的债权人对受益权强制执行的规定，因违反公序良俗而无效。[①]

三、我国法律适用的完善与改进

前面谈到，我国信托法已为承认节省信托的有效性提供了制度基础，但信托法的相关规定过于简略，无法为这一制度的适用提供明确的方向，而这一制度本身即使在英美等信托制度的发源地也存在较大的争议，对其适用有越来越严格的趋势。这里根据国外相关的相关规定，尝试对我国《信托法》第47、第48条适用的具体条件和界限作出解释。

（一）节省信托的成立要件

信托的设立方式有意定信托与非意定信托。意定信托是由当事人意思表示所产生的信托，如以契约或遗嘱成立的信托。这里的意思表示基本上

① 王志诚：《信托法》，五南图书出版股份有限公司2006年版，第149～151页；王文宇：《信托之公示机制与对世效力》，载《月旦法学》2002年第91期，第192页。

须为明示，有些州承认可以默示成立，但信托文件以外的证据，并不能成为默示成立的依据。非意定信托则是基于法律或法院的推定或拟制而产生的信托，可分为回复信托与拟制信托。回复信托是推定委托人有成立信托意思的信托，如于意定信托无法成立生效的情形，此时法院则推定成立回复信托；拟制信托是法院根据衡平法的原则，拟制信托关系所成立的信托，如被诈欺者与诈欺者就诈欺所得成立拟制信托。非意定信托并无成立节省信托的可能。节省信托除了以意定信托的方式成立之外，也有可能是基于法律所推定，如纽约州即将受益权为信托财产收入的信托推定为节省信托。

本文认为，意定节省信托的成立要件除了一般意定信托的要件外，还需具备以下要件：

1. 委托人不得与受益人为同一人

这里指的是自益信托不能成立节省信托。美国信托法重述第二版第156条、第三版第58条（2）也采取类似见解。而法院认为个人的财产本来就应该作为其未来债务的担保，如果允许此种信托安排，将大幅冲击信用制度及对所有权的信赖，并会破坏防止诈欺法规的效果。在自益信托的节省信托中，实质所有权人并无变更，违反自我负责原则，且相较于他益信托而言，更有侵害债权人的危险，及违反公序良俗的疑虑。

自益信托下设定的节省信托无效，主要是因为防止诈欺，为了贯彻这一立法意旨，即便委托人无诈害债权人的故意或意图，自益信托的节省信托仍然无效。

2. 受益权须为无偿取得

委托人给予受益人受益权不能是有偿，禁止有偿取得受益权的原因，在于避免受益人因此而使其财产无法为债权人所追及，其理由与前述自益信托不能成立节省信托相同。

3. 信托内容必须禁止受益权的转让

即节省信托条款中必须明确限制受益人对受益权的自愿转让及非自愿转让。理论上来说，委托人也可以只限制其中之一，但如此可能无法达到信托目的，如不限制自愿转让，则受益人可以尽情挥霍，使信托利益顿时即消耗殆尽；如不限制非自愿转让，则会使受益人的受益权暴露在受益人的债权人追索的危险，且受益人可透过非自愿转让间接达到转让的目的。所以美国大部分的州会推定限制自愿转让的信托，也限制非自愿转让，反之亦然。美国信托法重述第二版第502条（b）项及同条（e）项也持相同看法。

（二）适用上的限制

1. 受益人的资格

节省信托的设立会对交易带来不确定性，因此可能对交易安全带来损害，因此在适用上应有较严格的限制。在主体方面，可参考日本的做法，将受益人的资格限定在经济上相对的弱势群体，如身心障碍者、老人、未成年人、无工作能力者、低收入户、劳工等，这既有利于缓解节省信托的设立给交易安全和第三人带来的不确定性，也有助于解决社会问题。

2. 受益权的限制

节省信托的原意是保护受益人，但在某些情况下，衡量委托人、受益人及受益人的债权人的利益和公共利益后，如保护受益人将会造成不适当或不公平的状况。因此美国法发展出了对节省信托的限制，界定出节省信托的界限，这些限制主要有：（1）最高限额规定；（2）必要费用及有益费用；（3）维持受益人生活所必需的债务；（4）委托人与受益人的关系；（5）扶养费与赡养费的请求；（6）因侵权行为产生的债务；（7）政府的债权或请求。

如果要让节省信托受益权的限制转让具有对世效力，必须具有合理正当的目的。因此，本文认为我国在适用节省信托制度上，应加上受益权内容的限制，在维持受益人生活及供给受益人教育所需的范围内，如生活费、教育费、退休金、退职金、遣散费及奖学金等，可以成立节省信托。此外，受益权内容应有金额上限，只要给予接近最低限度的保障即可，且应有一定明确的标准，因此受益权只是提供最低生活与教育的保障而已，并非在维持受益人往常的生活。

3. 公示制度的加强

节省信托由于可以对抗第三人，相对在公示上的要求应更加严格，以使第三人具有预见可能性。因此本文认为，应采取双重公示方法，即除了特定种类的信托财产必须登记外，还必须对节省信托法律关系做登记，如此才能赋予节省信托对抗善意第三人的效力。

我国征信业的市场化发展及有限监管

叶建勋

2012年12月26日，《征信业管理条例》（以下简称《条例》）经第288次国务院常务会议讨论通过，并于2013年3月15日实施，这是我国征信发展史上关键的一步，该条例不仅确立了个人信息数据的保护原则、解决了国家金融信息基础数据库的定位问题，而且确立了中国征信业有效监管下的市场化发展方向，为建设诚信社会奠定了坚实的制度基础。

一、征信业市场化发展的重要制度

（一）信用信息概念中的市场化机制

条例规定，征信机构是指主要经营征信业务的机构，而征信业务是指对信用信息采集、整理、保存、加工，并对外提供的活动。从征信机构和征信业务的关系分析可知其概念之间的逻辑顺序为：用信用信息定义征信业务，然后通过征信业务定义征信机构，即信用信息处于概念体系的逻辑起点。那么，什么是逻辑起点上的信用信息呢？对此，条例并没有进行界定。由于在条例草案向社会公开征求意见时，该意见稿曾经对信用信息进行了界定。笔者认为，条例最终没有对信用信息进行界定并非遗漏，而是深刻思考后的选择。

传统上，对概念的定义包括三种模式：概括式、列举式、概括加列举式，其中，以第三种方式最为常用，如《银行业监督管理法》第2条规定，本法所称银行业金融机构，是指在中华人民共和国境内设立的商业银行、城市信用合作社、农村信用合作社等吸收公众存款的金融机构以及政策性银行。这一定义既有对商业银行的列举，也有对金融机构共性的概括，属于列举加概括的立法方式。但是，本条例在信用信息的界定上并没有采取上述三种方式的任一种，而是选择不予界定的新思路。立法上对概念不予界定，这实质上就是把信用信息概念的判断权交给了信息采集者，而信息采集者成千上万，这就意味着对信用信息的判断标准是多元的、开放式的。

为什么要采取多元、开放的方式呢？原因有二：其一，由信用信息的性质决定。一个信息是否构成信用信息，在不同的环境下，在不同的信息使用者的眼中是不同的，如离婚信息。离婚是否代表一个人的信用不好？有人认为，离婚是对夫妻信任关系的背叛，妻子（丈夫）都能背叛，何况朋友？这表明其信用不好；也有人认为，离婚是人自由的选择，体现的是一种以个人权利与幸福为基础的现代价值观，与其信用没有关系。所以，信用信息的判断必须结合其具体环境和主体来判断，或者说一个信息是否构成信用信息是难以单独确定的，即使立法上使用“信用信息是表明信息主体信用状况的信息”这样的表述来界定意义也不大。因为即使这样，我们还是无法单纯判断离婚信息是否是表明信息主体信用状况的信息。其二，不界定有利于确立市场化的信用信息采集、保存和使用机制。不界定信用信息意味着一切信息都可能构成信用信息，意味着是否构成信用信息由信息采集者来判断。根据科斯交易成本的理论，如果由采集者和使用者决定，则他们会采取最有效率的方式进行采集、保存和使用，使采集成本最小化、收益最大化。是否采集或者使用某一信息，采集者或者使用者就会考虑其价值以及采集和使用的成本，进行成本和收益计算。所以，正是由于不界定信用信息，交由采集者和使用者判断，有利于促使成本控制下的信用信息采集、保存和使用，即只采集、保存和使用那些有现实价值的信息。还需指出的是，一切信息都可能构成信用信息并不意味着一切信息都允许采集和使用。对此，条例规定，从事征信业务及相关活动，不得侵犯国家秘密、个人隐私和商业秘密。关于信用信息的采集、保存和使用的强制性规定，属于有限监管的内容，在下文将有详细的分析。

（二）企业征信机构管理中的市场化机制

条例对经营个人征信业务和企业征信业务的征信机构采取不同的管理

方式。经营个人征信业务的征信机构（简称“个人征信机构”）采取许可的管理方式，经营企业征信业务的征信机构（简称“企业征信机构”）采取备案的管理方式。条例第10条规定，企业征信机构，应符合公司法的设立条件，自公司登记机关准予登记之日起30日内向所在地的国务院征信业监督管理部门的派出机构办理备案即可。简而言之，设立企业征信机构如同设立普通公司一样，即使规定了备案制度，也从方便当事人的角度考虑，是向所在地的国务院征信业监督管理部门的派出机构备案。设置较低的准入门槛将有利于吸引更多的资金和人力进入这个行业。使这些征信机构在公正的平台上通过业务创新、提高服务质量等方式，实现市场化的竞争和优胜劣汰。

征信业监管部门对企业征信机构的管理也促使着市场化机制发挥作用。条例规定，企业征信机构应按照要求报告上一年度开展征信业务的情况，征信业监管部门应向社会公告企业征信机构的名单并及时更新，其中的市场化机制体现为：其一，公布企业征信机构的名单，是对企业征信机构的合法认证。那些没有被公布并备案的企业征信机构，难以取信于社会公众，自然难以开展业务，这样就鼓励征信机构向征信业监管机构备案，同时淘汰那些企图逃避备案、违法作业的企业征信机构，这样，公布备案企业征信机构的名单实质上就为那些合法经营并依法备案的企业征信机构搭建了一个公平竞争的平台；其二，征信业监管部门向社会公布的内容还应包括企业征信机构的经营业绩和该企业征信机构在行业内的名次。业绩和排名的公布为社会公众对企业征信机构的评判提供了客观、公正的评判标准。这样的管理制度实质上把对企业征信机构的评判权交给了社会公众，而社会公众将会自然而然地去选择那些重信誉、经营业绩好的企业征信机构，这样的管理制度在客观上将为信誉好、业绩好的企业征信机构带来更多的商机；其三，如果企业征信机构在报告其经营业绩时进行虚假申报，则这种接受公众监督的公开方式也将使其名誉扫地，甚至被逐出征信行业或者破产。所以，条例通过建立完善的备案及公开制度，通过社会公众的监督，搭建了企业征信机构公平竞争的平台，实现了企业征信机构的合法经营和未来商业机会的挂钩，形成了市场化的激励机制，减少了政府监管对市场调节可能存在的扭曲，最大限度地实现市场在配置资源、实现企业优胜劣汰中的作用。随着条例的顺利出台，监管部门也会出台相应的备案规定，相信会有促进企业开展市场化竞争的更为完善的制度保障。

（三）信用信息使用中的市场化机制

条例第23条规定，征信机构应当采取合理措施，保障所提供信息的准确性。征信机构提供的信息，仅供信息使用者参考。虽然寥寥数语，也确立了很重要的市场化机制。条例并不要求征信机构绝对保证其信息的准确性，而是尽量保障其信息的准确性。条例既没有规定对提供不准确信息的严格监管措施，也没有多么严厉的法律责任，但这并不意味着在这种宽松环境下，信息质量会比较差，相反，数据质量会越来越好，其奥妙在于后面的规定，征信机构提供的信息仅供信息使用者参考。“仅供参考”具有三层重要意义：其一，“仅供参考”意味着信息使用者有权选择使用或者不使用信息，也有权选择使用A提供的信息，也有权选择B提供的信息，这样就形成了一个市场化的信息销售市场，是否选择或者选择哪一家征信机构的信息完全取决于所提供信息的质量，取决于信息能否带来商业利益。如果征信机构向信息使用者提供不真实、不及时、不准确的信息，将直接影响使用者的正确决策，使其丧失稍纵即逝的商业机会，则这样的征信机构将会被信息使用者所抛弃、被市场所淘汰。这样就形成了一个倒逼机制，即为了生存，征信机构会倾其所能，保证其提供信息的真实、准确和及时，以赢得市场，这是发自企业内部的推动力，而不是靠外部监管来实现的，因此，这种推动力是真实的、持久的。同时，监管部门也能够节约大量的监管成本。其二，“仅供参考”是基于现实的要求。征信机构为了提供最好的信息，必须多渠道采集信息，由于信息多是传来信息，如果信息来源就存在问题，自然难以要求征信机构做到完全的真实、准确，提出这样的要求，只会束缚征信机构的手脚，在完全确认信息的真实、准确之前，不敢采集，反而影响了信息的采集。相反，如果没有这样的严格要求，客观上将鼓励征信机构多渠道采集信息，并进行信息之间的比较、分析、鉴别和判断，尽可能实现信息的真实和准确。其三，“仅供参考”对于征信机构也是一个免责条款。如果信息万一错了，征信机构也不用承担责任，其所损失的只不过是下一次商业机会。免责条款的存在鼓励了征信机构采集、鉴别、判断和提供的积极性。综上所述，信用信息使用中的参考规则确立了信息的市场化淘汰机制并逐步实现信息的真实、准确和及时。

（四）商业活动中企业征信的市场化机制

根据条例规定，个人信用信息和企业信用信息按照不同的原则采集和使用。为了保护个人信息安全，采集个人信息原则上需经信息主体同意，而采集企业信息，则不需要信息主体同意，只要不侵犯国家秘密、个人隐私①和商业秘密，不采集法律、行政法规禁止采集的信息即可。简而言之，采集企业信息，无须经企业同意，而是一种“背对背”② 的商业调查。举例来说，当某一企业需要了解交易对手的商业信用时，他可以委托一家征信机构进行调查，征信机构进行调查时，无须经被调查对象同意。被调查对象即使知道自己被调查，由于没有机会拒绝（一般不会让被调查企业知道），只能选择掩盖信息，但事实上，它也无法掩盖自己的信息。显而易见，如果隐瞒部分信息，则被隐瞒的信息会被推定为不良信息；如果它隐瞒所有的信息，则一个没有任何信用记录的神秘企业同样难以取得交易方的信赖，换言之，隐瞒自己的信用记录将丧失商业机会，而开放自己的信用记录，如果有不良的信用记录，同样会丧失商业机会，结果只有一个，保持良好的信用记录并公开信用记录才能够赢得商业机会。这样，通过确立“背对背”的调查原则，就实现了企业的信用记录和商业机会挂钩，企业在这种市场约束机制下，只能选择保持良好的信用记录并实现企业经营管理的透明化。那么，当绝大多数企业都选择保持良好信用记录时，将逐步形成一个诚信的商业环境。所以，虽然征信业不是一个大行业，但有了这种“背对背”的市场化调查机制，它就是撬动地球的那根杠杆，将对商业诚信的建立发挥至关重要的作用。由于目前在我国的企业诚信问题较多，这样的机制具有特别的现实意义。这一点在淘宝网的经营上已经有所验证，那些从未见过面的网商愿意提供最好的产品和服务，除了淘宝的担保付费③机制外，消费者能够对网商进行评价是一个重要的约束机制，当

① 企业的董事、监事、高级管理人员与其履行职务相关的信息按照企业信息的采集原则进行采集，其他信息按照个人信息的采集原则进行采集和使用。

② “背对背”和“面对面”是相对应的两个概念，前者是指信息采集时，无须经信息主体同意，在信息主体背后悄悄地调查，而后者则需要经信息主体同意。“背对背”是商业调查的基本原则。

③ 淘宝的担保付费是指，消费者购买网上产品时，先将货款打给淘宝网，然后，淘宝网通知网商发货，消费者收到货物并检验合格后，才指示淘宝网付款给网商。淘宝网发挥着网商和消费者之间担保人的角色，这对于交易双方互不见面的网络交易发挥着至关重要的作用。

绝大多数消费者给予的信用评定都是差评时，网商将无法获得新的交易机会，所以他们会倾尽所能地提供最好的服务并维护自己良好的商业评价，好的信用记录就是财富。

（五）解散或破产时信息的市场化转让

对于一个征信机构而言，采集、保存的信用信息是其重要的财富，当征信机构解散或者被依法宣告破产时，条例既没有选择将这些信息收为国有，也没有指定转移给其他征信机构，而是鼓励通过市场化的方式转让，这样的处理方式鼓励了征信机构积极经营，建立更为完备的信用信息库，即使将来破产了，好的数据库也能够卖出好价钱。根据条例的规定，征信机构在报告监管部门后，可以与其他征信机构约定并经监管部门同意，转让给其他征信机构。这是市场化的转让方式，有利于实现征信机构的利益最大化（这里的经监管部门同意，是维护信息安全的需要，即只有造成信息泄露等安全问题时，监管部门才会干预）。当不能进行市场化转让时，才会要求依法进行指定转让或者销毁。

（六）金融信用信息基础数据库定位中的市场化原则

条例规定，国家设立金融信用信息基础数据库（以下简称“金融信息数据库”），由不以营利为目的的专业机构建设、运行和维护，目的在于防范金融风险，促进金融业发展。条例对金融信息数据库的定位体现了市场化的价值导向：其一，不以营利为目的，即金融信息数据库不从事营利性业务，不同市场上的征信机构竞争；其二，其业务限定于为信息主体和取得信息主体本人书面同意的信息使用者提供查询服务，不从事其他营利性业务；其三，即使随着发展的需要，金融信息数据库的业务范围有所扩展，也需要遵循防范金融风险，促进金融业发展的原则。显然，作为一个国家级的信息数据库，从事与民争利的营利性业务不符合这一原则。换言之，条例对金融信息数据库的约束和限制目的在于为市场上的征信机构提供更多公平的竞争机会，通过市场的优胜劣汰，实现征信业的繁荣和发展。

二、征信业有限监管的重要制度

市场化方式是推动征信业发展的“看不见的手”，而征信业监管部门的监管则是“看得见的手”，两者同样重要、互为补充，共同促进征信业的发展。具体而言，征信业的有限监管体现在以下方面：

（一）范围明确的监管权

2011年10月19日的国务院常务会议提出，大力推进政务诚信、商务诚信、社会诚信和司法公信建设，抓紧建立健全覆盖全社会的征信系统。征信业是社会信用体系建设的一部分，也是社会信用体系建设和发展的重要基础。在坚持有所为有所不为的原则下，条例将监管范围限定为对征信业的监管。条例第4条规定，国务院征信业监督管理部门及其派出机构依法对征信业进行监督管理。同时明确提出，国家机关以及法律法规授权的具有管理公共事务职能的组织，依照法律、行政法规和国务院的规定，为履行职责进行的企业和个人信息的采集、整理、保存、加工和公布，不适用本条例，即政府信息公开的内容不属于本条例的监管范围。实践中，不少国家机关以及法律法规授权的具有管理公共事务职能的组织将工作中收集或者形成的公共信息[①]交由下属的或者关系密切的企事业单位经营，随之而来的问题是，那些利用政府信息从事征信活动是否属于征信业的监管范围？笔者认为，利用政府信息从事征信活动属于征信业的内容，应当依法成立征信机构并接受征信业监管部门的监管。另一方面，包括政府信息在内的公共信息应向所有的征信机构平等地公开，实现公平竞争。

为了既发挥地方政府的积极性，又避免形成征信业多头监管，影响征信业的发展，条例规定，县级以上地方人民政府和国务院有关部门依法推进本地区、本行业的社会信用体系建设，培育征信市场，推动征信业发

① 公共信息包括政府信息以及从事公共事务管理的组织形成的相关信息。根据《政府信息公开条例》第36条的规定，法律、法规授权的具有管理公共事务职能的组织公开政府信息的活动，适用该条例。教育、医疗卫生、计划生育、供水、供电、供气、供热、环保、公共交通等与人民群众利益密切相关的公共企事业单位在提供社会公共服务过程中制作、获取的信息的公开，参照该条例。所以，这些信息和政府信息类似，因此，本文将这些信息统称为公共信息。

展。换言之，从监管职权划分上，地方政府无权监管征信业，但为了推进本地社会信用体系建设，应为征信业的发展创造好的环境，实现征信的公平竞争。

（二）范围明确的监管内容

诚如前述，征信业监管部门负责监管征信业，但并非事无巨细的全部监管。条例从征信业务、征信机构以及信息提供者、使用者三个方面限定了征信业的监管内容：其一，监管那些对外提供信息的征信活动。条例规定，征信业务是指对企业、事业单位等组织的信用信息和个人的信用信息进行采集、整理、保存、加工，并向信息使用者提供的活动。在这个概念界定中，关键词是“向信息使用者提供”。换言之，并非所有的采集并保存信息的活动都属于征信业务，只有采集、保存并对外提供的信息采集活动才属于征信业务。比如，企业在业务开展过程中，也会采集、整理、保存、加工客户信息，并用于自己业务的开展，由于不对外提供，不具有公众性，那么，这些活动就不属于本条例的征信业务，征信业的监管部门也不会插手这些企业的内部事务。但是，如果这些企业将这些信息对外提供，则就要受本条例的监管。其二，监管对象是主要经营征信业务的机构。条例明确规定对征信业务进行监管，一个随之而来的问题是，是不是所有机构的征信业务都监管？律师事务所为了开展律师业务，也有少量的征信业务，是否受本条例约束呢？笔者认为，只要征信业务都适用本条例，律师事务所、会计师事务所的征信业务同样适用，但由于不是以此为主业，因此，实践中并不是监管的重点，这一点从条例对征信机构的定义中可以得到证明。条例第5条规定，征信机构，是指依法设立，主要经营征信业务的机构。换言之，由于律师事务所、会计师事务所等不主要经营征信业务，因此，不会因为本条例的出台，其业务活动受到限制和影响。其三，监管本条例规定的信息提供者和信息使用者。社会生活中，信息无处不在，任何一个社会主体都是信息的提供者，也是信息的使用者。但是，并非所有的信息提供者和使用者都受本条例的约束和监管。条例对信息提供者和使用者的范围进行了界定，条例规定，信息提供者是指向征信机构提供信息的单位和个人，以及向金融信用信息基础数据库提供信息的单位；信息使用者，是指从征信机构和金融信用信息基础数据库获取信息的单位和个人，其他信息提供者和使用者并不受条例出台的影响。

（三）力度适当的监管方式

在征信业的监管上，条例从推进行业发展的角度出发，采取了力度适当的监管方式，而不是一味地严格监管。具体而言，条例区分个人征信业务和企业征信业务，对于个人征信业务，从维护个人信息安全的角度出发，规定设立经营个人征信业务的征信机构必须获得监管部门的许可，未经批准，任何单位和个人不得经营个人征信业务。对于企业征信业务，则不需要获得监管部门的许可，依法向监管部门备案即可，为企业征信和建立良好的商业诚信创造了广阔的发展空间。

（四）有限的强制性规则

为了促进征信业的健康发展，维护信息主体的权益和信息安全，条例规定了必要的强制性规则。具体而言，这些监管措施包括强制性业务规则和强制性措施。强制性业务规则指以下内容：采集个人信息应当经信息主体本人同意，未经本人同意不得采集，采用格式合同条款取得个人信息主体同意的，应当在合同中作出足以引起信息主体注意的提示，并按照信息主体的要求作出明确说明；禁止采集个人的宗教信仰、基因、指纹、血型、疾病和病史信息以及法律、行政法规规定禁止采集的其他个人信息，征信机构不得采集法律、行政法规禁止采集的企业信息；除明确告知信息主体提供该信息可能产生的不利后果，并取得其书面同意外，不得采集个人的收入、存款、有价证券、商业保险、不动产的信息和纳税数额信息；除依照法律、行政法规公开的不良信息外，信息提供者提供个人不良信息，应当事先告知信息主体本人；个人不良信息的保存期限为5年，超过5年的，予以删除。除法律规定可以不经同意查询外，向征信机构查询个人信息，应当取得信息主体本人的书面同意并约定用途；信息使用者应当按照与个人信息主体约定的用途使用个人信息，不得用作约定以外的用途，不得未经个人信息主体同意向第三方提供等采集、保存和使用规则，此外，还规定了技术安全保障措施、破产后信息的强制转让措施和信息的境外依法提供等。强制性措施指依法对征信机构、金融信用信息基础数据库运行机构和向金融信用信息基础数据库提供或者查询信息的机构的检查权和调查权；查阅、复制与被调查事件有关的文件、资料，对可能被转移、销毁、隐匿或者篡改的文件、资料予以封存的权力以及检查相关信息系统的权力。此外，条例还规定了征信监管部门对经营个人征信业务的征信机构、金融信用信息基础数据库、向金融信用信息基础数据库提供或者查询信息的机构发生重大信息泄露等事件时的接管权，以避免损失的扩大。

（五）信息跨境传输和外资的准入规则

在信息跨境传输方面，随着国际贸易的不断扩大，征信活动日益国际化是必然的发展趋势，如何既实现信息的跨境传输又维护国家的信息安全是一个需要重点解决的问题。过于严格的管理，必将影响我国的对外贸易，不予管理也将造成信息安全上的隐患。为此，条例确定了“内外有别”的原则，即采集自中华人民共和国境内的信息，其整理、保存和加工必须在中华人民共和国境内进行；采集自境外的信息，可以在境内整理、保存和加工，也可以在境外进行。信息提供上，境内信息向境外提供，必须遵守法律、行政法规和征信业监管部门的有关规定；境外信息向境内提供则没有限制。这样，既确立了必要的管理制度，又促进了征信业务的国际化拓展，为我国征信机构参与全球贸易及国际竞争预留了发展空间。条例出台后，监管部门将出台相应的具体管理规定。

在外资准入上，依照中国加入世界贸易组织（WTO）的承诺，条例规定了两方面的内容：其一，对于外商投资境内征信业务的准入条件，由于既涉及外商投资，又涉及征信业务的监管，条例授权相关的规则由征信业的监管部门和商务部门等共同制定并报国务院批准；其二，对于境外征信机构在境内经营征信业务，条例规定，应当经征信业监管部门批准。

三、有限监管下的市场化发展

改革开放30多年来的实践表明，我国坚持的政府主导型改革开放政策是行之有效的，具体到行业发展而言，行业的发展既离不开行政监管的规范和指导，也离不开市场化力量的推动。至今，思考的重点集中于行政监管和市场化在度的把握和平衡之上。征信业是一个有着广阔发展空间和广泛影响力的行业，其发展状况如何直接影响到诚信社会的建立。对于这样一个影响深远的行业，如何促进其健康成长，是一个慎之又慎的重大问题。笔者认为，条例为征信业的发展确立了正确的发展方向，即有限监管下的市场化方向，换言之，征信业的发展和诚信社会的建立主要依靠市场化的竞争机制，而不是政府无时不在（实际上也做不到）的监督，充分发挥市场对行业主体和从业人员的激励约束机制，通过发挥人的内在推动力和潜能，促进行业的健康发展，必要的监管措施既建立在市场化的机制之上，也是对市场化机制不足的制度性预防和纠正。我们有理由相信，征信条例的出台必将为征信业的发展和诚信社会的建立提供广阔的发展空间。

原载《征信》2013 年第 2 期

征信机构的有限监管及其市场化发展

——《征信业管理条例》解读

叶建勋

《征信业管理条例》（以下简称《条例》）即将于2013年3月15日生效。从此，我国征信业的发展将进入一个新的时期。征信机构作为征信行业的主要活动主体，其业务范围、行业监管及其发展方向将决定这一行业的未来。本文拟从征信机构的概念界定、征信机构的有限监管和市场化发展三个方面对征信机构的规定及相关制度进行解读。

一、征信机构的概念性解读

（一）征信机构是主要经营征信业务的机构

条例第5条规定，本条例所称征信机构，是指依法设立，主要经营征信业务的机构。在这一定义中，最核心的关系是征信机构和征信业务之间的关系。从条例的逻辑结构看，条例坚持了客观主义的立法原则，即通过征信业务来定义征信业务主体，而不是相反，通过主体来定义业务。那么，是否是主要经营征信业务便成了判断该机构是征信机构的重要判断依据。因此，我们有必要进一步了解条例对于征信业务的界定。根据条例第2条的规定，征信业务是对信用信息进行采集、加工并向使用者提供的活动。由该定义可知，征信业务的概念建立在另外两个概念之上：信用信息和征信活动。所谓信用信息，逻辑上讲，信用信息是信息的一种，是那些能够反映信息主体信用状况及其变化的信息，如信用卡持有人的消费信息，对违法行为主体的处罚信息等。所谓征信活动，是指与信用信息的采集、加工、提供、使用以及监管有关的活动。至此，我们可以得出一个清晰的征信机构的概念结构图，即征信活动的一部分是征信业务，主要经营征信业务的机构是征信机构。具体而言，征信活动包括征信业务，还包括与征信业务相关的活动。对信用信息进行采集、加工并提供的征信活动称为征信业务；信息提供者报送信息、信息使用者使用信息、信息主体维护自身权益，以及征信业监管部门对征信业的管理活动等与征信业务有关的活动称为相关活动。征信机构是主要经营征信业务的机构意味着并非所有从事征信业务的机构都作为征信机构管理，那些少量从事征信业务的机构不是本条例管理的征信机构。例如，律师事务所和会计师事务所在从事律师和会计业务的时候，也会涉及客户信用信息的调查、采集和提供，但并非本条例所称的征信机构。此外，征信机构是主要经营征信业务的机构还有一层含义，即征信机构还可以在经营征信业务之外经营其他业务，只要其主要业务是征信业务即可。对于什么是主要经营征信业务，则需要结合该机构在征信业务方面的客户群、业务量、营业额等方面的情况进行综合认定。

（二）征信机构是依法设立的机构

征信机构是依法设立的机构，主要是指征信机构根据所从事业务类型的不同，需依照不同的法律规定设立。按照业务类型，征信机构分为经营个人征信业务的征信机构（简称“个人征信机构”）和经营企业征信业务的征信机构（简称“企业征信机构”）。根据条例第 6 条的规定，设立个人征信机构必须符合公司法规定的公司设立条件和本条例规定的条件，并经国务院征信业监管部门批准才能够成立，即采取相对比较严格的许可制。此外，条例第 7 条还作出明确的禁止性规定，即未经国务院征信业监管部门批准，任何单位和个人不得经营个人征信业务。对个人征信业务采取如此严格的审批制度，其目的在于以最严格的方式保护个人信息安全和权益。根据条例第 10 条的规定，设立企业征信机构，符合公司法规定的条件并向所在地的国务院征信业监管部门派出机构备案即可。对于企业征信机构而言，条例既没有设立许可，也没有增加比一般公司设立更严格的条件，目的在于维持一个较低的准入门槛，吸引更多的资金和人员参与到这一行业的经营中来，发展壮大征信业。

二、征信机构的有限监管

征信机构监管的有限性体现在监管主体、监管方式、监管内容、强制措施和涉外机构及其业务的监管等方面。

在监管主体上，条例只规定了一个监管机构，避免了多头监管。根据条例第3条的规定，国务院征信业监管部门及其派出机构依法对征信业进行监管，对征信业监管的重要内容就是对征信机构及其业务活动的依法监管。在强调依法监管的同时，还规定，县级以上地方人民政府和国务院有关部门的主要任务是依法推进本地区、本行业的社会信用体系建设，培育征信市场，推动征信业发展，这实质上也排除了国务院其他部门和地方政府对征信机构的监管权。明确征信机构只有一个监管主体，限制其他政府部门对征信机构经营活动的干预，有利于征信机构依法自主经营。

在监管方式上，只规定了国务院征信业监管部门的有限审批权，即条例区分个人征信业务和企业征信业务，对个人征信机构实行许可管理，对企业征信机构实行备案管理，不设审批。对个人征信机构的审批管理有利于对个人信息主体权益实行最严格的保护，对企业征信机构实行备案制，一定程度上限制了国务院征信业监管部门的审批权，为企业征信业务的发展提供了广阔的发展空间。

在监管内容上，只规定了国务院征信业监管部门的有限监管权。条例重点规定了对征信规则、信息安全、信息主体合法权益保护以及金融信用信息数据库运行等内容的监管。对于征信机构的业务开拓以及跨域经营等内容，则充分尊重了企业的自主经营权，促使征信机构发挥经营的积极性和主动性。

在强制措施上，只规定了国务院征信业监管部门有限的强制措施，并规定了采取强制措施的条件和程序。如条例规定只有在征信机构出现问题并被立案调查后，国务院征信监管部门才有权对与被调查事件有关的单位和个人进行询问，或者查阅、复制、封存有关资料。规定只有个人征信机构发生重大信息泄露等事件时，国务院征信业监督管理部门才有权采取临时接管相关信息系统等必要措施。在涉外征信机构及其业务监管上，根据条例规定，只有在中国境内采集的信息才要求在中国境内进行整理、保存、加工；跨境提供和使用时，符合国务院征信业监督管理部门的管理规定即可。再如，在程序上，条例还规定国务院征信监管部门对征信机构进行现场检查时，需要有检查通知书，检查人员不得少于2人，且应当出示合法证件，并将检查范围严格限制为征信机构，并没有延伸规定国务院征信监管部门对与征信机构及其业务有关的单位和个人采取强制措施的权力。

三、征信机构的市场化发展

征信机构的市场化发展体现在信用信息采集和使用的市场化、企业征信机构管理的市场化导向、企业征信促进商业活动信用化的市场机制和企业征信机构信息数据库的市场化转让等方面。

（一）信用信息采集和使用方面的市场化

条例没有界定信用信息的概念以及征信机构提供的信息仅供参考的规定确立了重要的市场化机制。首先，条例并没有如传统立法一样，对信用信息的概念进行定义，这看似不作为，其实是经过深入思考和严密论证的。不对概念进行界定，为征信机构的业务发展留下了重要的制度空间。因为条例对信用信息的内涵和外延不予界定，实质上把判断的权利交给了征信机构，由征信机构判断。根据科斯交易成本理论，如果信用信息由采集者和使用者决定，则他们会采取最有效率的方式进行采集、保存和使用，使采集成本最小化、收益最大化。那么，是否采集或者使用某一信息，采集者或者使用者就会考虑其价值以及采集和使用的成本，进行成本和收益计算。所以，正是由于不界定信用信息，交由采集者和使用者判断，才更有利于促使成本控制下的信用信息采集、保存和使用，即只采集、保存和使用那些有现实价值的信息。其次，在使用环节上，条例第23条规定，征信机构应当采取合理措施，保障所提供信息的准确性。征信机构提供的信息，仅供信息使用者参考。虽然寥寥数语，也确立了很重要的市场化机制：条例并不要求征信机构绝对保证其信息的准确性，而是尽量保障其信息的准确性。条例既没有规定对提供不准确信息的严格监管措施，也没有多么严厉的法律责任，但这并不意味着在这种宽松环境下，信息质量会比较差，相反，数据质量可能会越来越好，其奥妙在于后面的规定，征信机构提供的信息仅供信息使用者参考。“仅供参考”具有三层重要意义：其一，“仅供参考”意味着信息使用者有权选择使用或者不使用信息，也有权选择使用 A 提供的信息，也有权选择 B 提供的信息，这样就形成了一个市场化的信息销售市场，是否使用或者选择使用哪一家征信机构的信息完全取决于所提供信息的质量，取决于信息能否带来商业利益。如果征信机构向信息使用者提供不真实、不及时、不准确的信息，将直接影响使用者的正确决策，使其丧失稍纵即逝的商业机会，则这样的征信机构将会被信息使用者所抛弃、被市场所淘汰。这样就形成了一个倒逼机制，即为了生存，征信机构会倾其所能，保证其提供信息的真实、准确和及时，以赢得市场，这是发自企业内部的推动力，而不是靠外部监管来实现的，因此，这种推动力是真实的、持久的。同时，监管部门也能够节约大量的监管成本。其二，“仅供参考”是基于现实的要求。征信机构为了提供最好的信息，必然多渠道采集信息，由于信息多是传来信息，如果信息来源就存在问题，自然难以要求征信机构做到完全的真实、准确，提出这样的要求，只会束缚征信机构的“手脚”，在完全确认信息的真实、准确之前，不敢采集，反而影响了信息的采集。相反，如果没有这样的严格要求，客观上将鼓励征信机构多渠道采集信息，并进行信息之间的比较、分析、鉴别和判断，尽可能实现信息的真实和准确。其三，“仅供参考”对于征信机构也是一个免责条款。如果信息万一错了，征信机构也不用承担责任，其所损失的只不过是下一次商业机会。免责条款的存在鼓励了征信机构采集、鉴别、判断和提供的积极性。综上所述，信用信息使用中的参考规则确立了信用信息使用过程中的市场化淘汰机制并逐步实现信息的真实、准确和及时。

（二）企业征信机构管理中的市场化机制

条例对企业征信机构采取备案管理及公开的方式，是一个有市场导向的管理机制。条例第 10 条规定，企业征信机构，自公司登记机关准予登记之日起 30 日内向所在地的国务院征信业监督管理部门的派出机构办理备案，并按照要求报告上一年度开展征信业务的情况，征信业监管部门应向社会公告企业征信机构的名单并及时更新。采取备案管理的方式，有助于实现市场化的竞争和优胜劣汰：其一，公布企业征信机构的名单，是对企业征信机构的一种合法认证。那些没有被公布并备案的企业征信机构，难以取信于社会公众，自然难以开展业务，这样就鼓励征信机构向征信业监管机构备案，同时淘汰那些企图逃避备案、违法作业的企业征信机构，这样，公布备案企业征信机构的名单实质上就为那些合法经营并依法备案的企业征信机构搭建了一个公平竞争的平台。其二，征信业监管部门向社会公布的具体内容还应包括企业征信机构的经营业绩和该企业征信机构在行业内的名次，真实地反映企业的经营水平。业绩和排名的公布为社会公众对企业征信机构的评判提供了客观、公正的评判标准。这样的管理制度实质上把对企业征信机构的评判权交给了社会公众，而社会公众将会自然而然地去选择那些重信誉、经营业绩好的企业征信机构，这样的管理制度在客观上将为信誉好、业绩好的企业征信机构带来更多的商机。其三，如果企业征信机构在报告其经营业绩时进行虚假申报，则这种接受公众监督的公开方式也将使其名誉扫地，甚至被逐出征信行业或者破产。所以，条例通过建立完善的备案及公开制度，通过社会公众的监督，搭建了企业征信机构公平竞争的平台，实现了企业征信机构的合法经营和未来商业机会的挂钩，形成了市场化的激励机制，减少了政府监管对市场调节可能产生的扭曲，最大限度地实现市场在配置资源、实现企业优胜劣汰中的作用。随着条例的顺利出台，监管部门也会出台相应的备案规定，相信会有促进企业开展市场化竞争的更为完善的制度保障。

（三）企业征信促进商业活动信用化的市场机制

“背对背”的企业征信方式也形成了一个重要的市场淘汰机制。根据条例规定，采集个人信息原则上需经信息主体同意，而采集企业信息，则不需要信息主体同意，只要不侵犯国家秘密、个人隐私和商业秘密，不采集法律、行政法规禁止采集的信息即可。简而言之，采集企业信息，无须经企业同意，这是一种“背对背”的商业调查。举例来说，当某一企业需要了解交易对手的商业信用时，他可以委托一家征信机构进行调查，征信机构进行调查时，无须经被调查对象同意。被调查对象即使知道自己被调查，由于没有机会拒绝（一般不会让被调查企业知道），只能选择掩盖信息，但事实上，它也无法掩盖自己的信息。显而易见，如果隐瞒部分信息，则被隐瞒的信息会被推定为不良信息；如果它隐瞒所有的信息，则一个没有任何信用记录的神秘企业同样难以取得交易方的信赖，换言之，隐瞒自己的信用记录将丧失商业机会，而开放自己的信用记录，如果有不良的信用记录，同样会丧失商业机会，结果只有一个，保持良好的信用记录并公开信用记录才能够赢得商业机会。这样，通过确立“背对背”的调查原则，就实现了企业的信用记录和商业机会挂钩，企业在这种市场约束机制下，只能选择保持良好的信用记录并实现企业经营管理的透明化，否则，将会被逐渐地淘汰。那么，当绝大多数企业都选择保持良好信用记录时，将逐步形成一个诚信的商业环境。所以，虽然征信业不是一个大行业，但有了这种“背对背”的市场化调查机制，它就能够发挥撬动地球的那根杠杆的类似作用，将对商业诚信的建立发挥至关重要的作用。由于目前我国企业诚信存在较多问题，这样的机制具有特别的现实意义。这一点在淘宝网的经营上已经有所验证，那些从未见过面的网商愿意提供最好的产品和服务，除了淘宝的担保付费机制外，消费者能够对网商进行评价是一个重要的约束机制，当绝大多数消费者给予的信用评定都是差评时，网商将很难获得新的交易机会，所以他们会倾尽所能地提供最好的服务并维护自己良好的商业评价，简单来讲，好的信用记录就是财富。淘宝网的客户评价机制实质上就是企业征信机制的一个良好例证。

（四）企业征信机构信息数据库的市场化转让

条例第 12 条规定了征信机构解散或者被依法宣告破产时，数据库的三种处理方式：首先是市场化转让；其次是移交；最后是在监管部门监督下销毁。虽然这里的征信机构也包括个人征信机构，但根据条例第 20 条的规定，个人信息未经个人信息主体同意，不得向第三方提供。因此，征信机构信息数据库的市场化转让主要适用于企业信用信息数据库的转让，由于个人信用信息数据库转让时需要取得所有所存信息的主体的同意，因此，很难做到市场化转让。条例充分重视财产权的保护，认为征信机构保存的信用信息是其重要的财富，当征信机构解散或者被依法宣告破产时，条例既没有选择将这些信息收为国有，也没有指定转移给其他征信机构，而是鼓励通过市场化的方式转让，这样的处理方式有助于鼓励征信机构积极经营，建立更为完备的信用信息库，即使将来破产了，好的数据库也能够使经营者收回一定的成本。因此，这是市场化的转让方式，有利于实现征信机构的利益最大化。

综上所述，条例对企业征信机构的界定及其监管方式，既恰当地确定了监管范围，降低了准入门槛，能够吸引更多的人才和资金进入该领域，促进征信业的发展，又确立了市场化的发展机制，确立了征信对商业诚信及商业活动的激励约束机制，为企业征信及经济的发展开辟了广阔的制度性空间。

原载《中国经济时报》2013 年 4 月 8 日、9 日

征信新规构建社会诚信激励约束机制

叶建勋

一、前言

2012年12月26日，《征信业管理条例》（以下简称《条例》）经第288次国务院常务会议讨论通过。该条例规定了信息数据保护、征信业监管、金融信用信息基础数据库等内容，其中个人不良信息的保存规则及相关制度的设计，形成了一个促进社会诚信水平提高的激励约束机制。

二、个人不良信息的保存规则

条例第16条规定，征信机构对个人不良信息的保存期限，自不良行为或者事件终止之日起为5年；超过5年的，应当予以删除。这是关于个人不良信息保存期限的规定。所谓个人不良信息的保存期限，是指个人不良信息能够被征信机构记载、提供和使用的期限，超过该期限，该信息应该被删除，不得再提供。本条内容的适用主体为征信机构。根据条例第32条的规定，该规定也适用于金融信用信息基础数据库。对于保存个人不良信息的非征信机构单位，条例没有强制性规定，原则上经同意采集或者依法保存的，可以依法保存超过5年以上的个人不良信息，但在对外提供时，应当依法提供。事实上，依据条例的规定，除了司法机关和行政机关依法保存的个人不良信息外，未经信息主体同意，其他机构不得采集和保存个人不良信息。

三、保存期限形成的激励约束机制

规定个人不良信息的保存规则，目的在于建立个人信用信息系统对个人行为的激励约束机制：一方面该系统能够使个人受到不良信息的约束和惩戒，对于有不良信息的个人，其贷款买房或者办理信用卡等授信消费行为将受到限制或者需要支付更高的成本；另一方面，对不良信息的保存期限规定为5年，当有不良信息的主体受到5年的限制后，又给其重新开始的机会，重新成为没有不良信息的主体，这会使信息主体更加重视自己的信用记录。这一激励机制的设计基于三方面因素的考虑：

（一）有不良信息的主体应为少数人

社会中的人群可以分为两类：有不良信息的人群和没有不良信息的人群。假如社会上的绝大多数人都有不良信息记录，则公众会产生一种法不责众的心理，既然大家都有不良信息记录，那么，我有没有不良信息也不算什么，因此，社会公众就不会太在意自己的不良信息记录，这个激励约束机制就失去了对社会的约束作用，只有形成社会公众都比较珍惜自己的信用记录，并以没有不良信息记录为荣时，这个机制才能够很好地发挥作用。因此，从制度设计上，应使大多数人有机会成为有良好信用信息记录的主体，使少数人是有不良信用记录的主体，这就需要科学地划定不良信息的范围和标准，尽可能地减少那些存在争议的不良信息。如非出于信息主体本意的违约行为是否记录为个人不良信息？对于因过失形成的不良信息，是否给信息主体补救的机会？如果给予补救的机会，不仅能够督促信息主体积极补救，而且能够减少有不良记录的主体。例如，不少人认为，商业银行对不良信息的记录过于严格，欠款几元或者逾期一天都会被记载为不良信息。实际上，这些违约并非是信息主体故意违约，而是由于工作忙等原因错过了。对于这种情况，在提供个人不良信息时，商业银行可以事先提醒告知信息主体，给信息主体一次补救的机会，避免不良信息记录真正形成。根据条例第15条的规定，除法律、行政法规另有规定外，信息提供者向征信机构提供个人不良信息，应当事先告知信息主体本人。规定信息提供者的提醒义务，有助于减少不良信息主体的人数，并使信息主体重视其个人信用记录。

（二）不良信息的保存期限应当适中

不良信息记录对信息主体的约束机制主要体现为：有不良信息的主体，其贷款、信用卡使用等授信行为将受到限制或者付出更多的成本。如果希望发挥不良信息记录的这种限制、约束、教育作用，一方面，不良信息记录的保存期限就不能太短，太短了，不会对信息主体的授信活动构成不便，就难以发挥制约作用；另一方面，保存期限也不能太长，时间太长了，会对信息主体买车、买房等行为产生比较大的限制。如 10 年，买车或者买房的需求不会等 10 年之后再予以满足，这样，信息主体只能支付更高的成本或者采取其他不合法的方式实现其目的，这也不利于鼓励当事人守法和重视其信用状况。从国外的立法情况看，国外一般规定为 5 年、7 年或者 10 年，有的国家还规定了两个或者两个以上的保存期限，对于违法和犯罪适用不同的保存期限。条例规定的保存期限为 5 年，笔者认为，该规定符合多数人的期待，也比较符合我国正处于社会大变革时期，社会各方面变化都比较快的社会现实，能够比较好地发挥不良信息记录对信息主体信守合约、遵纪守法的制约作用。

（三）要使不良信息主体有重新开始的机会

规定不良信息的保存期限，一方面，在保存期限内对信息主体形成制约，另一方面，保存期限到期后，不良信息就要被删除，使曾经具有不良信息的个人重新成为具有良好信用记录的人，在体会到不良信息给个人授信活动等带来不便之后，信息主体会更加珍惜自己的信用记录，形成了人人都重视、人人都珍惜的激励机制。

综上所述，对于有不良信息的主体，在 5 年内，其授信行为受到限制并促使其反省自己的行为；5 年后，给予其重新开始的机会，促使其自觉遵纪守法，诚实守信。通俗地讲，个人诚信激励约束机制的设计可以概括为三句话：该制度要保证社会上大多数人是好人，形成主流；要保证犯了错的人有机会重新做好人，给其希望；重新做好人的机会不能来得太容易，也不能太难，使其受教育。通过教育和惩戒，形成一个社会诚信水平不断提高的良性运行机制，培养信息主体诚信、守法的社会意识。

❐四、个人不良信息激励约束机制运行的制度环境

个人不良信息的激励约束机制的运行不仅依靠个人不良信息保存规则本身，还需要相关制度的配合，这些制度包括信息的采集制度、信息的安全保存制度、信息的说明和记载制度以及信息的使用制度，这些制度不仅使个人信息能够在安全的封闭的小范围内运转，而且能够使个人信息在符合个人意愿的前提下被恰当地使用。具体而言，根据条例的规定，在采集环节，除依法公开的信息外，采集个人信息应当经信息主体本人同意，控制了个人信息的来源，避免了对个人信息的乱采、滥采，尊重了信息主体的个人隐私权；在信息保存环节，不仅对经营个人征信业务的征信机构实现许可制，而且规定，征信机构采取安全措施，维护信息安全；在使用环节，除法律规定外，查询个人信息的，必须取得信息主体的授权，并按照和信息主体约定的用途使用个人信息，应当取得信息主体本人的书面同意并约定用途，使信息的使用处于信息主体可以控制的范围内。此外，条例还规定了不良信息在存续期间的说明记载制度。说明记载制度不仅有助于更全面地反映个人不良信息产生的原因及相关情况，有助于反映错误争议及争议的具体情况，而且也能为个人不良信息的使用者提供更多的信息，提供更好的判断基础，更有利于信息使用者对个人不良信息做出正确的判断，更客观、公正地对待个人不良信息。这些相关制度为个人不良信息的激励约束机制正常运行提供了良好的运行环境。

原载《中国证券报》2013 年 3 月 15 日

征信业监管制度及其边界

叶建勋

《征信业管理条例》（以下简称《条例》）的颁布实施，对于我国征信业的发展具有里程碑的意义，它不仅规定了征信业的监管规则及业务规则，而且理清了征信业的边界，为征信业的健康发展和社会信用体系建设确立了制度性空间。本文将从征信业务、信息数据保护、征信监管、金融信用信息基础数据库和社会信用体系建设5个方面对条例进行解读。

一、征信业务的范围及其边界

条例第2条规定，在中国境内从事征信业务及相关活动，适用本条例。该条确立了条例适用的地域范围和业务范围，即我国采取属地管辖主义，在我国境内的征信业务及相关活动都要适用本条例，不论从事的主体是中国人，还是外国人，不论其资金来源是中资还是外资，都要受本条例相关规定的约束。其中，征信业务是指，对企业、事业单位等组织的信用信息和个人的信用信息进行采集、整理、保存、加工，并向信息使用者提供的活动；相关活动是指信息提供者报送信息、信息使用者使用信息、信息主体维护自身权益，以及征信业监管部门对征信业的管理活动等。

在征信业务的边界划分上，条例解决了两个颇具争议的问题，划定了征信业务的范围：其一，信用评级业务不属于本条例规定的征信业务。国内外的征信理论有一个基本的共识：信用评级业务是广泛意义上征信业务的一部分，但同一般的征信业务又有所不同。信用评级业务和一般征信业务有三点区别：一是，在评价对象上，信用评级的受评对象主要是国家、金融机构、上市公司以及债权证券等金融产品等，一般不包括个人和普通的工商企业，而一般征信业务的评价对象是个人、法人及其他组织的信用信息。二是，在业务方式上，信用评级是对发行人如期履行特定债务的能力和意愿，以及违约可能性和违约的损失程度的风险评价，其根本目的在于揭示受评对象违约风险的大小，体现为对发行人未来信用状况的预测和分析；而一般征信业务是对个人、法人及其他组织的客观的、历史的信用信息或记录进行收集、整理、加工，重点不在于对未来信用风险的预测和分析，而是客观反映信息主体的信用状况。三是，在服务对象上，信用评级一般提供给债权人使用，体现为一对多的关系，而一般征信业务则多为一对一地提供给个人、法人等使用。信用评级和一般征信业务的差异决定了在立法上需要对两者进行区别处理，制定适合各自业务特点及发展需要的业务规则。多数国家对信用评级和一般征信业务也是区别立法，综合考虑我国信用评级监管的实际情况和国外经验，条例没有规定信用评级的内容，这样的安排既有利于征信业务规则的制定和适用，也为未来信用评级立法预留了立法空间。其二，征信业务是采集、整理、保存、加工，并对外提供的活动。这一定义也划分了征信业务和单纯的信息采集、保存、加工活动之间的边界。从征信业务的定义可知，单纯的信息采集、整理、保存、加工活动不属于征信业务，如金融、电信、电力、快递等领域的企业保存自己的客户信息，并且供企业内部使用的行为，不属于征信业务。因此，是否构成征信业务，一个重要的判断标准就是，该信息是否对外提供。是否对外提供确立了征信业务及其管理的范围，对外提供的，构成征信业务，归征信业监督管理部门监管，仅供内部使用的，由企业自己负责，并承担相应的数据安全责任。

二、信息公开和信息保护的边界

在信息时代，我们既需要低成本、快捷地获取各类信息供工作、生活、学习之用；同时，我们也处于一个权利保护的时代，社会公众对个人信息的保护意识和保护需求都在日益增强。实践中，有效信息获取困难与滥采、滥用公民、法人信息，侵犯信息主体合法权益的现象也长期并存。这种现状决定了立法上既需要依法保护信息安全，避免信息的滥采、滥用，也需要适当的信息公开，发挥信息在授信活动等方面的作用。针对我国的现状，条例对个人信息和企业信息的保护方式及范围进行了区别规定。

在个人信息保护方式上，条例侧重于对个人隐私的保护，在个人信息的采集、保存和使用中，建立了以个人知情并同意为基本原则的个人信息保护、查询和使用制度。条例第 13 条规定，除依法公开的信息外，采集个人信息需经信息主体本人同意；条例第 15 条规定，除依法公开的信息外，信息提供者向征信机构提供个人不良信息，应当事先告知信息主体本人。第 18 条和第 20 条规定，除法律另有规定外，向征信机构查询个人信息的，应当取得信息主体本人的书面同意并约定用途，信息使用者应当按照约定用途使用个人信息，不得用作约定以外的用途，也不得未经个人信息主体同意向第三方提供。通过对个人信息采集、查询和使用的规定，建立了个人信息在个人同意前提下封闭范围内的流通和使用，体现了对个人意愿最大程度的尊重和对个人合法权益最大限度的维护，也能有效地解决个人信息被滥采、滥用，个人权益不被尊重的现象。

在企业信息保护上，由于企业信息公开有助于企业诚信经营，形成良好的商业环境。因此，在制度设计上，尽量地促进企业信用信息的开放、透明。条例第 21 条规定，征信机构可以通过信息主体、企业交易对方、行业协会提供信息，政府有关部门依法已公开的信息，人民法院依法公布的判决、裁定等渠道，采集企业信息。企业信息的采集、保存、加工和使用都不需信息主体同意。当然，企业信息的采集和使用也不是没有限制，条例同样规定，不得采集法律行政法规禁止采集的企业信息。法律行政法规的限制包括对采集企业商业秘密的限制、对信息跨境流动方面的限制等。

在信息公开和信息保护的边界划分上，条例第 3 条还做了原则性规定，即从事征信业务及相关活动，应当遵守法律法规，诚实守信，不得危害国家秘密，不得侵犯商业秘密和个人隐私。具体来讲，对于个人信息，以保护为原则，除获得信息主体授权外，采集、保存、加工和使用信息主体没有依法公开的信息，就构成对个人隐私的侵犯。对于企业信息，以公开为原则，除法律、行政法规禁止采集的信息外，如商业秘密等，所有企业信息都可以采集，都可以公开。

三、有限监管和市场化发展的边界

征信业规模不大，发展还不充分，因此，这个行业面临监管问题，更面临加速发展的问题，这决定了既需要降低行业准入门槛，发挥市场机制的作用，促进征信业快速发展；还需要政府的有效监管，促进征信业规范发展，既需要向能够发挥行业主体积极性的市场化方向发展，又需要有限的行业监管。

就征信业的监管而言，在监管范围上，其范围限于征信业，重点监管对外提供信用信息的征信活动，而不是信息在企业内部的使用活动；重点监管主要经营征信业务的机构，而不是律师事务所、会计师事务所等有少量征信业务的机构；重点监管条例规定的信息提供者和信息使用者，而不是所有的信息提供者和信息使用者。该条例规定的信息提供者有特定的范围，是指向征信机构提供信息的单位和个人，以及向金融信用信息基础数据库提供信息的单位；信息使用者，是指从征信机构和金融信用信息基础数据库获取信息的单位和个人。在监管方式上，仅对经营个人征信业务的征信机构设立行政许可，对于经营企业征信业务的征信机构采取备案制，为企业征信业务创造广阔的发展空间；在强制规范上，条例仅规定了必要的促进行业健康发展，维护信息主体权益和信息安全的强制性业务规则和强制性措施，如采集个人信息应当经信息主体本人同意；国务院征信业监督管理部门对可能被转移、销毁、隐匿或者篡改的文件、资料予以封存等。

在相对宽松的监管制度框架内，便是行业自由发展的空间。条例不仅给予了足够的发展空间，而且提供了有利于市场化发展的制度环境，如条例规定，禁止金融信用信息基础数据库从事同征信机构存在竞争关系的营利性活动，为征信市场提供了公平的竞争环境；条例规定信用报告仅供使用者参考，禁止强制使用，形成倒逼机制，促使征信机构提高数据质量和服务质量，通过市场竞争不断地做强做大等。

❐四、征信业监管和社会信用体系建设的关系

征信业是社会信用体系建设的一部分。征信业立法，也为社会信用体系建设法制化迈出了重要一步，但是征信业和社会信用体系建设之间存在差别。根据中国人民银行的职责规定，中国人民银行管理征信业，推动建立社会信用体系。在征信业和社会信用体系建设上，中国人民银行的职责存在差异，一个是管理，一个是推进。据此，条例规定，中国人民银行（国务院征信业监督管理部门）及其派出机构依法对征信业进行监督管理。

根据《国务院办公厅关于社会信用体系建设的若干意见》（国办发[2007] 17号）的规定，商品的生产、交换、分配和消费是社会信用关系发展的基础，社会信用体系建设涉及经济社会生活的各个方面。根据我国的国情和现阶段经济社会发展的需要，要逐步完善信贷、纳税、合同履约、产品质量的信用记录，推进行业信用建设。并规定了由国务院社会信用体系建设部际联席会议负责推动社会信用体系建设。2011年10月，国务院召开常务会议专题部署了“十二五”期间社会信用体系建设的规划。根据社会信用体系建设的相关规划，为了发挥各部门和地方政府在推进社会信用体系建设中的积极性和主动性，条例明确了国务院各有关部门和地方政府在社会信用体系建设中的法律地位和作用。条例规定，县级以上地方人民政府和国务院有关部门依法推进本地区、本行业的社会信用体系建设，培育征信市场，推动征信业发展。

条例的规定实际上也理清了征信业监管和社会信用体系建设的管理边界，即征信业由国务院征信业监督管理部门监管，社会信用体系建设由县级以上地方人民政府和国务院有关部门按照国务院社会信用体系建设部际联席会议的具体部署予以推动。明确规定征信业由国务院征信业监督管理部门监管，避免了征信业的多头监管和重复监管，有利于该行业的发展；明确社会信用体系建设由国务院社会信用体系建设部际联席会议负责，有利于发挥国务院各部门和地方政府的积极性，在各自领域内开展工作，全面推进并早日建成完善的社会信用体系。

五、金融信用信息基础数据库和信息互联互通

从国外经验看，为了防范金融风险、促进金融业发展，大多数国家都建立公共征信系统。这些年，中国人民银行征信中心的发展实践也证明，建立金融信用信息基础数据库对于防范金融风险，完善金融服务，构建社会信用体系也具有重要的意义，因此，有必要从法律上明确国家金融信用信息基础数据库的地位及其不以营利为目的的运营原则，并以信贷征信建设为切入点，进一步健全证券业、保险业及外汇管理的信用管理系统，加强金融部门的协调和合作，逐步建立金融业统一征信平台，促进金融业信用信息整合和共享，稳步推进我国金融业信用体系建设。另一方面，建立覆盖全国的社会信用体系还需要实现不同行业和地域的信息数据库的互联互通。由于各个数据库在数据质量、管理水平等方面存在较大差异，还需要妥善处理好金融信用信息基础数据库自身，金融信用信息基础数据库和其他数据库以及其他数据库之间的信息使用问题。因此，客观上需要条例解决三个层次的问题：其一，金融信用信息基础数据库的定位问题；其二，建设金融信用信息基础数据库的步骤和原则；其三，金融信用信息基础数据库和其他数据库的互联互通问题。根据条例第27、第28条的规定，国家设立由专业运行机构负责的金融信用信息基础数据库，接收从事信贷业务的机构按照规定提供的信贷信息，在不以营利为目的的原则下，为国家机关以及信息主体和取得信息主体本人书面同意的信息使用者提供查询服务。这一规定解决了三方面的问题：一是，明确了金融信用信息基础数据库的独特地位和权限；二是，金融信用信息基础数据库只服务于依法有权查询的国家机关和经信息主体授权的主体，不提供开放性查询服务；三是，金融信用信息基础数据库不以营利为目的，即按照补偿成本原则提供查询服务并且不从事营利性活动，不参与市场竞争，为征信机构的发展提供一个公平的竞争环境。根据条例第30条的规定，不从事信贷业务的金融机构，如证券公司、保险公司等，向金融信用信息基础数据库提供、查询信用信息以及金融信用信息基础数据库接收其提供的信用信息的具体办法，由国务院征信业监督管理部门会同相关的金融监督管理机构制定。这一规定解决了第二个层面的问题，即金融信用信息基础数据库目前主要采

集信贷信息，未来也可以将采集范围扩大到整个金融领域，包括证券、保险、外汇等方面的信息，但信息的采集和查询办法都要由国务院征信业监督管理部门和其他金融监督管理机构共同商定，而不是直接采集。从立法的角度看，条例在确立了基本原则后，具体的建设规则由国务院征信业监督管理部门和相关的金融监督管理机构规定。关于金融信用信息基础数据库和其他数据库之间的互联互通问题，条例没有强制要求互联互通，但也没有禁止。笔者认为，这样规定是符合中国实际的。我国各类数据库很多，其数据采集原则、数据质量、规模等方面都存在较大差异，强制规定互联互通还是禁止互联互通都可能影响未来的发展，因此，条例不予规定比较好，能够为将来的发展预留了制度空间，未来包括金融信用信息基础数据库在内的数据库之间的互联互通问题，可由国务院征信业监督管理部门和国务院社会信用体系建设部际联席会议共同推动，循序渐进地积极发展。

综上所述，条例从 5 个方面划清了征信业及相关领域的边界，为征信业发展、信用评级业务的发展、信息数据保护、社会信用体系建设确立了制度性的发展空间，开辟了进一步发展的广阔前景。

原载《中国金融》2013 年第 6 期

主权信用评级的决定因素与信用评级机构的规范化研究

张 鹏 朱 珠

作为国际金融市场的重要参与者，主权信用评级机构应本着客观、公正的原则独立地向国际市场提供有价值的信息。理论上而言，评级结果有助于反映债务国真实的偿债能力和偿债意愿，最大限度地减少市场中的信息不对称，并通过风险预警机制稳定投资者的收益；同时，也可削平债务国贷款的高峰—低谷周期，为各国的经济发展创造良好的外部环境。然而，近年来国际社会对于评级机构的斥责之声不绝于耳。1997 年亚洲金融危机中评级机构前瞻性不足使其威信首次受到挑战，2010 年欧洲债务危机中评级机构“落井下石”般的降级浪潮又将其推到了风口浪尖，评级机构遭遇了自其建立以来最严峻的信任危机。

一、信用评级机构与主权信用评级

（一）信用评级机构的产生及现状

评级机构是社会信用体系的重要组成部分，其前身是商业信用评级，最早出现在美国。路易斯·塔班于 1849 年在纽约建立了以企业为评级对象的最早的信用评级机构，并与 1849 年发表了最早的评级理论及方法。1902 年，穆迪公司的创始人约翰·穆迪开始对当时发行的铁路债券进行评级，后来延伸到各种金融产品及各种评估对象。目前，国际上最具影响力的评级机构主要是美国的标准普尔（Standard & Poor's）、穆迪（Moody's）和惠誉（Fitch Rating），该三大权威评级机构占据的市场份额超过 95%，形成了事实上的“评级霸权”。

近20年来，随着全球化的发展，评级机构在金融市场上发挥的作用越来越大。《纽约时报》专栏作家弗里德曼曾说：“我们生活在两个超级大国之间，一个是美国，一个是穆迪，美国可以用炸弹摧毁一个国家，穆迪则可以用评级毁灭一个国家。”国际投资者对于主权评级依赖性的增强客观上赋予了评级机构偌大的权力，它们甚至成为各国进入国际金融市场的“看门人”，变相掌握着一国企业的和金融市场的生杀大权。从某种程度而言，谁掌握了国际评级话语权，谁就控制了全球的信用资源。

（二）主权信用评级简介

1. 主权信用评级的含义

主权信用评级是指评级机构对债务国主权债务的违约可能性进行的评估。主权信用评级不同于行业评级以及企业评级，它的基础是一个国家的整体信用价值，偿付意愿的评估是主权信用评级区别于公司信用评级的重要特征。鉴于国际投资者倾向于选择投资评级过的证券，各国政府通常主动寻求信用评级，以便使自己（和国内其他发行人）可以轻而易举地进入国际资本市场。①

2. 主权信用评级的级别说明

在主要的评级符号或者评级级别方面，三大最具影响力的评级机构虽略有不同，但大体保持一致（见表1）。②

表1　长期债券的评级符号

投资级（质量）	最高	高			强支付能力			充分支付能力		
穆迪	Aaa	Aa1	Aa2	Aa3	A1	A2	A3	Baa1	Baa2	Baa3
标普	AAA	AA +	AA	AA −	A +	A	A −	BBB +	BBB	BBB −
投机级（质量）	可能履行义务，进行中不确定							高风险债务		
穆迪	Ba1		Ba2		Ba3			B1	B2	B3
标普	BB +		BB		BB −			B +	B	B −

① 信用评级包括对一国政府的本外币债券进行评级。迄今为止，外币评级在国际债券市场上依然是比较普遍和比较有影响的。

② 惠誉与穆迪在外币评级符号上相同，故略之。

3. 主权信用评级的意义

主权信用评级不仅影响一国主权债务和国内非主权债务的融资成本，也影响着该国的信用资源和金融安全。首先，受到“主权信用封顶”的限制，国际评级机构给予一国银行业以及公司的信用评级都不会超过该国的主权信用评级，倘若一国拥有较低的主权信用评级，那么这些国家的银行股份以及企业债券国外发行的价格都会较为低廉，它们只能被动承受着高成本的融资。其次，主权信用评级决定一个国家的国际信用资源。2008 年世界外债总量约为 6.1 万亿美元，AA 级以上的 29 个国家的外债总量为 55.8 万亿美元，占有国际信用资源的 91.3%，这些全部为发达国家。发展中国家的主权信用级别不高，所占国际信用资源的比重较低。此外，当主权信用评级出现变动时，被评级国家的资产价格可能出现波动，从而引起资本大规模的跨国流动，威胁其金融市场的稳定和安全。

同时，对于投资者而言，客观、公正且具有前瞻性的评级结果可以深刻反映债务国的偿债能力以及偿债意愿。投资者可以根据评级结果的变化合理安排自己的投资组合，规避风险以确保收益。正是评级机构百年发展史树立起的绝对威信使得国际投资者对评级机构保持了较高程度的信任。

二、主权信用评级的决定因素

在标准普尔、穆迪和惠誉公布的评级标准介绍中，它们列举了许多社会、政治以及经济的因素作为其主权信用评级的基础。但是，它们没有公布这些因素的相对权重，也没有确切的数学公式将这些得分进行组合。

（一）主权信用评级决定因素的定性分析

综合考虑标准普尔与穆迪的评级报告，以下这八个变量因其被列举的频数之高，故可被认为是评级机构进行主权信用评级时所重点考察的对象。

1. 人均收入

债务国的人均收入越高意味着该国的税基越大，相应地，政府偿债的能力就越强。这一变量可以反映借款国的政治风险和其他重要因素。

2. GDP 的增长率

GDP 的增长率越高，既定时间内国家的偿债难度越低。

3. 通胀率

高的通胀率不仅可以暗示着政府的财政结构问题，也影响着公众对于政府的支持。持续走高的物价很可能引发政治风险。

4. 财政平衡

从财政状况可以看出一国政府弥补赤字的筹资方法以及偿还债务的意愿。

5. 外部平衡

长期大规模的经常账户逆差可以揭示出该国较高的外资依赖度，使得一国的偿债能力变得不可持续。

6. 外债情况

外币债务相对于外汇收入的上升意味着一国债务负担水平的加重，也对应着较高的违约风险。[①]

7. 经济发展情况

经济发展水平较高的国家不太倾向于对它们的国外债务违约。因为，它们的经济基本同世界经济连为一体。按照国际货币基金组织的规定，我们可以用"一国是否是工业化国家"来描述这一指标。

8. 违约史

信用声誉在主权信用评级中也发挥着重要的作用。在其他因素相同的条件下，一个在最近出现过债务违约的国家被认为是高信用风险国家。

① 当然，债务人关注的是一国的总债务负担，而不仅是外币负担。但是，穆迪在主权评级中更多地强调外币债务，认为它比总的外债有更大的重要性。

（二）主权信用评级决定因素的定量分析

为了评估上述八个变量在主权信用评级中的相对重要性以及总体显著性。康托（Cantor）和帕克（Packer）曾用49个国家的样本数据对这一问题进行过深入的研究。像许多分析师把债券评级转化为回归分析数据那样，他们按照如下方式给穆迪和标准普尔的评级结果指派数字值：B3/B－＝1，B2/B＝2，一直到Aaa/AAA＝16。他们使用最小二乘法将穆迪和标准普尔的数字值与八个解释变量联系了起来。估计结果如表2所示。

表2　　主权信用评级的决定因素

	平均评级	穆迪	标准普尔	评级差异
截距	1.442 （0.633）	3.408 （1.379）	－0.524 （0.223）	3.932(2) （2.521）
人均收入	1.242(3) （5.302）	1.027(3) （4.041）	1.458(3) （6.048）	－0.431(3) （2.688）
GDP增长率	0.151(1) （1.935）	0.130 （1.545）	0.171(2) （2.132）	－0.040 （0.756）
通胀率	－0.611(3) （2.839）	－0.630(3) （2.701）	－0.591(3) （2.671）	－0.039 （0.265）
财政平衡	0.073* （1.324）	0.049 （0.818）	0.097(1) （1.71）	－0.048 （1.274）
外部平衡	0.003* （0.314）	0.006 （0.535）	0.001 （0.046）	0.006 （0.779）
外债情况	－0.013(3) （5.088）	－0.015(3) （5.365）	－0.011(3) （4.236）	－0.004(2) （2.133）
经济发展指标注	2.776(3) （4.25）	2.957(3) （4.175）	2.595(3) （3.861）	0.362 （0.81）
违约史指标	2.042(3) （3.175）	1.463(2) （2.097）	2.622(3) （3.962）	1.159(3) （2.632）
调整过的R^2	0.924	0.905	0.926	0.251
标准差	1.222	1.325	1.257	0.836

注：经济发展指标以虚拟变量的方式引入，其中：1＝工业化；0＝非工业化。

说明：（1）10%的显著水平；（2）5%的显著水平；（3）1%的显著水平；括号内是t统计量。

根据统计结果可以看出，尽管权重有所差别，但穆迪和标准普尔的评级标准基本相同。而且，二者的平均评级关于对这八个变量的回归解释超过了90%的样本变化。单个系数中，人均收入、GDP增长、通胀率、外债情况、经济发展指标和违约史指标都有预料的符号且统计显著。财政平衡和外部平衡的统计系数不显著且没有预料的符号。

尽管评级机构还需考虑很多定性因素，诸如政治风险、社会稳定程度等，也不排除评级机构的预设政治倾向因素，这都使得定量模型不足以解释跨国评级中的全部变化。但是，90%的解释力说明评级机构基本还是依靠上述变量决定一国主权评级的变化。评级机构权威树立的基础是其相对独立、公平的评级结果，其近百年来确立的话语权和公信力也不是偶然的。从1971~1997年，没有一家得到标准普尔的AAA评级的债券在评级后的第一年内违约，只有不到1%的AAA级债券在评级后的10年内违约。2010年国际货币基金组织的研究也公开声明，评级是衡量主权违约风险的较好指标。因此，正常年份中，一国发展的基本面情况依旧是评级公司决定主权信用评级的主要因素，评级结果的改变仅是主权信用走势的反映，只能在一定程度上影响一国的债券收益率等变量，而不能对该国宏观的主权信用走势起决定作用。

❐三、评级机构遭遇“信任危机”：评级失真的原因分析

原则上，公允的主权评级有助于削平一国进入国际金融市场进行贷款的高峰—低谷周期。在高峰期，尽早地评级下调有助于打消乐观的预期和减少私人短期资本流动，低谷期的评级提前上调则有助于向市场注入信心，缓解一国融资难题。历史上，评级机构正是很好地发挥了上述作用才使得国际投资者提高了对评级结果的依赖程度。

然而，近些年金融危机的频现让评级机构遭遇了严峻的信任危机。它们非但没有在危机前公布相应的预警通告，调低相应主权国家的评级级别，反而在危机中扮演了“落井下石”的角色。危机初显苗头时，评级机构纷纷调低危机国的主权信用评级，1997年的亚洲金融危机如此，2010年的欧债危机也是如此（如图1、图2所示）。1998年7月至1998年9月，亚洲金融危机爆发后，三大评级机构共发布了60多次降级、“观察”

以及“负面”通告，多次下调泰国、韩国等国的主权评级，引起了这些国家巨大的股市、汇市波动。其中，印度尼西亚、马来西亚和俄罗斯等国由于多数重要债信指标被拉至“垃圾级”，陷入了严重的信贷危机。2010 年 4 月 27 日，评级危机再次显现，[①] 标准普尔将希腊主权债务评级从 BBB + 下调至 BB +，前景展望为负，同时将葡萄牙主权债务级别从 A + 下调到 A -，前景展望为负；翌日，标准普尔宣布将西班牙主权债务级别从 AAA 下调到 AA，前景展望为负。消息一经传出，希腊和葡萄牙股市分别暴跌 6% 和 5%，德、法、英等国股市普遍下跌 2% ~3%。7 月 5 日，穆迪将葡萄牙政府长期债券评级由 Baa1 降至投机级 Ba2。此前，该机构曾将意大利 Aa2 主权信用评级、23 家意大利次主权机构的长期评级及优先无担保债券评级全部纳入负面观察名单。惠誉甚至将欧元区核心成员国比利时的主权信用评级前景由稳定下调至负面。2012 年开始，标普又宣布同时下调 9 个欧元区国家的长期信用评级，将法国和奥地利的 AAA 主权信用评级下调一个级别至 AA +，同时将葡萄牙、意大利和西班牙的评级分别下调两个级别。全球金融市场数据显示，希腊主权债务危机导致的全球股市总市值蒸发超过 1 万亿美元。

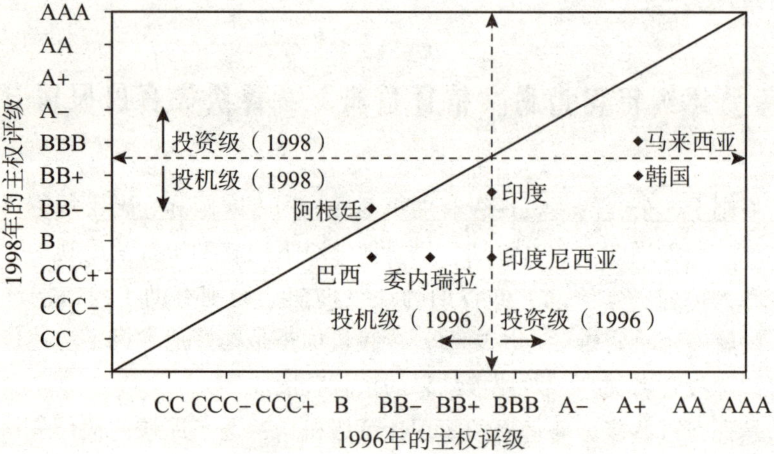

图 1　亚洲金融危机中主权信用评级的变化

资料来源：Standard & Poor’s.

① 评级危机可以定义为，在任何 6 个月期间内，一国的长期外币债务被下调三级主权信用评级。与货币危机类似，这无疑会引起该国金融市场的混乱。

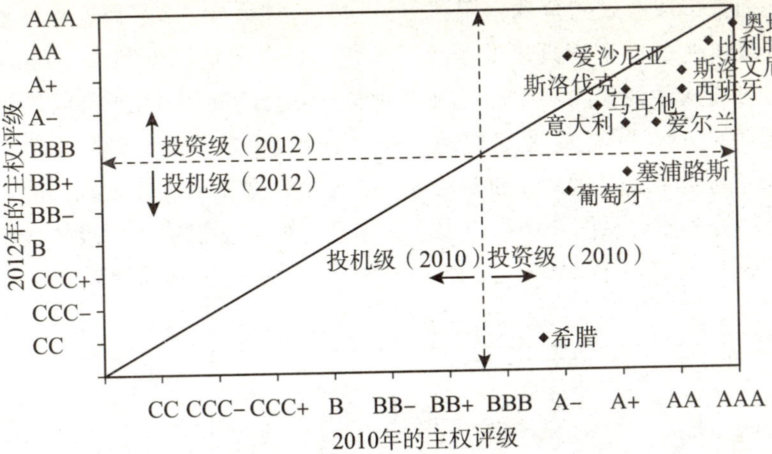

图 2　欧债危机中主权信用评级的变化

资料来源：Standard & Poor's。

评级机构的降级风暴让社会对其独立性与前瞻性均产生了怀疑。国际社会普遍认为，评级机构非但没有起到风险预警的作用，反而对已经出现危机的国家实施“炮轰”式降级，不仅恶化了危机，而且增加了这些国家的融资成本以及国际社会对其进行救助的难度。评级机构近年来的“恶劣”影响使其自身的信用问题成为社会的焦点，引起了人们的普遍关注。具体而言，最近几次金融危机中评级机构“表现欠佳”的原因主要可以从内在与外部两个角度来分析。

（一）评级失真的内在原因分析

1. 美国的评级垄断

从 1975 年开始，美国证券交易委员会（SEC）对信用评级机构实行认证制度（NRSROs）。在此制度下，美国承认的评级机构只有穆迪、标准普尔和惠誉三家，同时，美国要求国外筹资者在其国内金融市场上进行融资时必须接受 NRSROs 的评估，由此确立了三大评级机构的垄断地位。自此之后的 20 年间，美国再未批准其他评级机构。截至 2009 年，三大信用评级机构垄断了全球信用评级服务市场 95% 的收入。NRSROs 制度的确立客观上为评级行业设置了进入壁垒，造成了三大评级机构事实上的垄断地位。加之尚未形成有效的全球信用评级机构监管体系,[①] 这都为近些年主权信用评级机构的慵懒表现创造了客观条件。新兴市场债券利差（EMBI spreads）可以从某种程度上反映一国的基本经济面情况,[②] 对于有效削平高峰—低谷的主权评级，它们必须通过向市场传递新的信息，领先而不是滞后于利差的变化。然而，亚洲金融危机的历史数据显示，评级机构的表现似乎不尽如人意。从图3中可以看出，穆迪对韩国主权信用评级的数次调整（左轴）均滞后于EMBI（右轴）的变化，并无任何前瞻性表现。

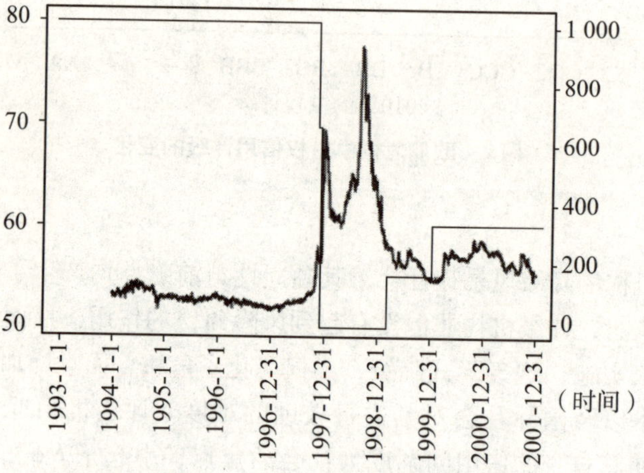

图3 EMBI spreads与韩国的主权信用评级

注：EMBI使用右轴，评级结果使用左轴，评级结果赋予0~100的值。
资料来源：Bloomberg与Moody's。

2. 特殊的政治目的

评级行业的垄断为美国带来了评级标准的制定权。具有浓厚美国色彩的三大评级机构在选择评级模式时无一例外地选择了偏好于西方资本主义国家的模式，认为英美等西方国家的政体、市场结构以及法治政府等均优于其他地区，从而对新兴市场国家以及非英美等国给予了较低的评级。2010年，美、欧、英、日四大经济体总债务余额高达84万亿美元，约为

① 美国的信用评级机构目前由证监会（SEC）进行监管。国别层次的监管与信用评级机构全球层面的影响形成了鲜明的对比。

② 可以认为，利差变大即说明一国基本经济面的恶化，利差缩小则说明经济的复苏。

其 GDP 总额的 2.4 倍；全球债务分布中，排名前 10 位的发达国家经济体外债总和已占据全球债务总额的 82%。但是，这些国家和地区几乎都拥有全球 AAA 级信用评级。尽管三大评级机构一再宣称其独立性与公平性，但评级过程中表现出的双重标准以及维护发达国家利益的意图则是国际投资者有目共睹的事实。

事实上，评级过程中掺杂特殊因素的现象不仅存在于三大国际评级机构当中。中国大公国际资信评估有限公司对于主权信用评级的模式选择也存有一定的预设政治倾向。在 2010 年 7 月公布的《首批 50 个典型国家的信用等级》研究报告中，其选用的评级立场、思维方式、理论体系与分析方法上，均与三大机构存有较大差别。该评级结果对新兴市场国家的主权信用情况给予了较高的肯定，而对英、美等西方国家则给出了低于中国的评级。① 这固然是“第一个非西方国家评级机构第一次向世界发布的国家信用风险信息”，但从其评级结果可以看出，该机构选用了偏向于新兴经济体的评级标准，也存在一定的主观倾向性。

（二）评级失真的外部原因分析

1. 主权信用评级难度较大

如前所述，主权信用评级是指评级机构对债务国主权债务的违约可能性进行的评估，既包括对一国偿付能力的评估，也包括对其偿付意愿的评估。评级机构需选用一系列指标并进行量化分析，方能出具最后的评级结果。首先，评级机构主要利用市场中公开可用的信息进行评估，仅可在一定程度上降低个体信息的不对称。数据的不易获得性客观上造成了评级结果的偏差。其次，随着金融市场的不断深化，对一国主权信用等级进行综合评定可能会遭遇复杂衍生品难以估计等问题。最后，评级机构具有预测性的评级结果决定了它不可能绝对准确。评级模型需要基于一定的假设并使用部分历史数据才能得出最终结果。部分假设可能会不成立，历史数据可能具有局限性，模型可能存有使用模型的风险，这些都导致了评级结果可能产生误差。

① 各国的外币信用等级：中国 AAA，美国 AA，德国 AA+，日本 AA，英国 AA-，法国 AA-。

2. 投资者过于依赖评级机构的评级结果

美国的认证制度以及评级机构之前的发展史导致国际投资者对于评级结果的过度依赖。评级结果成为了投资者进行投资时的重要参考指标，缺乏良好信用评级的债券发行人很难在国际金融市场中顺利实现融资。正常年份中，评级机构客观的评级结果在一定程度上决定了国际资本的流向，受羊群效应影响，国际投资者大规模的投资潮流掩盖了债务国的内部风险，这反过来会加大评级修正的难度，客观上创造了评级失真的可能性。

投资者对评级结果的过度依赖在危机中表现得更为明显，且破坏力更大。危机中，评级结果修改传达出的债务国信用能力弱化信号往往被投资者无限放大，导致大批非理性撤资的出现。无疑，这对于已有危机苗头的债务国而言可谓雪上加霜，客观上加速了危机的到来。投资者大批撤资表现出的该国信用情况恶化又促使主权信用评级被进一步下调，恶性循环的形成向市场展现出了主权评级决定主权走势的表象。

评级行业的寡头垄断让评级机构在近几年的发展中丧失了原有的前瞻性，选用特殊评级模式的事实决定了评级中主观倾向性的难以避免。评级惰性和预设的政治倾向所导致的评级失真确实是评级机构应该反思的重要方面。但是，国际社会对于评级结果的过度依赖则是评级意义被放大的主要诱因。这点在危机中表现得尤为明显，如果不是投资者对评级机构较高的信任程度，评级机构就不会掌握一国的“生杀大权”，也不会表现出评级结果决定主权走势的现象。

四、信用评级机构的规范化改革：强化竞争、完善监管

作为国际金融市场的重要组成部分，评级机构的影响力越来越大。规范化的主权信用评级机构不仅可为国际社会提供有价值的投资信息，也可为评级机构自身创造出无形的信誉资本。近年来，评级机构的独立性不足、前瞻性欠缺、评级标准不透明等问题已经使得人们对这一机构的运行模式产生了怀疑，作为信用产品提供者的评级机构本身遭遇了信任危机。

鉴于评级机构的重要作用，对其进行规范化治理是国际社会的必然选择。综合近年来评级失真的原因可以得出，评级机构的规范化改革需从以下两方面着手。

（一）强化评级机构之间的竞争

评级行业的垄断是产生评级误差的重要原因。正是市场份额的绝对占有优势使三大评级机构丧失了及时纠正评级的主动性，从而无法发挥风险预警的功效。打破垄断的最有效方法即引入竞争。前欧洲央行行长特里谢也表示，加强评级机构之间的竞争将是更好的选择。竞争的环境将会刺激评级机构以更加审慎的态度不断完善其内部评级模式，通过公布独立、准确而且及时的评级信息来获得市场的认可。

欧债危机中三大评级机构“火上浇油”般的举动使得试图努力控制债务危机的欧盟领导人怒火万丈，他们对三家美国公司主导全球评级服务业的现状感到不满。德国总理默克尔呼吁，欧洲应该尽早成立自己的信用评级机构。此外，中国、韩国、俄罗斯等国也表示，希望通过本国评级机构的发展壮大打破当今评级三巨头的垄断格局。尽管对于新兴评级机构而言，挑战三大权威机构尚需时日，但是，评级机构在世界各地的不断涌现将会为全球评级市场注入新鲜血液，提高评级市场的竞争活力，促进评级体系的规范化发展。将来的评级市场很可能出现多元格局，新兴经济体、欧洲、美国的评级机构分别按照自己的评级标准对全球的主权国家进行信用评级，并独立地发布各自的评级结果。

（二）完善评级机构的监管体系

人们对主权评级的依赖心理赋予了主权信用评级机构翻云覆雨般的权利，一纸评级修订书往往可以决定一国的生死。然而，在债权国遭遇危机袭击之时，颐指气使的评级机构却从未因市场的动荡而烦恼。究其原因在于，当今国际市场缺乏明确的评级监管体系。美国的三大评级机构由证监会（SEC）监管，该机构监管不力、反应滞后的诟病在数次危机中展露无遗。评级机构的国际影响力与其目前的国籍监管现状形成了尖锐的矛盾，建立完善的评级机构监管体系是避免评级失误频现的最主要的方法。

1. 国际层面的监管

三大评级机构的主权信用评级业务涉及国际金融市场，其产生的影响也是全球性的。目前，国际社会尚未出台全球性的国际评级机构监管办法，无法确保评级机构行为的合规性，也无法有效地约束评级机构的国际影响。

鉴于评级机构的巨大影响力，国际社会有必要通过权威机构对其进行全面监管，[①] 这不仅需要该机构对评级公司的市场进入实行严密的资格审查，更需要它对评级公司出具的评级结果进行第一时间的审慎性检查以及适时的事后评估。对于不符合进入标准的评级机构不予批准其进入评级市场，对于谨慎性较差以及评级结果违约率较高的评级机构，也可以考虑通过适当的退出机制将其从市场中淘汰。

2. 政府层面的监管

信用评级机构的主权性质决定了政府监管的必要性，政府的参与是监管效力的重要保障。目前，G20已经达成一致意见，所有的信用评级机构都必须在本国进行注册，并且要纳入该国的金融监管范畴。与国际监管相比，评级机构所属国政府的监督更具有直接性。这首先需要一国政府制定相应的法律，通过明确的信息披露规定来提高评级机构标准选择的透明度，增加评级过程的公开性。其次，还需要政府相关部门进行追踪性检查，对于违规评级的机构给予相应的惩罚。同时，各国政府应通力合作，定期举行会谈，交流本国评级行业的监管情况。2011年2月，国际证监会组织提出成立信用评级机构监管论坛，用于各国评级机构监管当局交流本国评级公司的行为准则落实情况，这一建议指出了政府合作的可行方法。

3. 行业层面的监管

信用评级行业层面的监管主要指的是以行业协会为代表的自律性组织的监管。评级行业的内部监管可以督促评级机构对于国家法律、法规政策的遵守和贯彻，也可通过行规有效制约评级机构的行为。跨地区的评级行业自律组织协调不仅有利于完善评级机构自身的评级标准建设、及时纠正

① 按照目前的形式分析，可以考虑让国际证监会组织（IOSCO）完成这一职能。

评级误差，也有利于从基层推进评级行业的政策建设，促进各评级机构之间信息共享机制与经验交流机制的形成，从而为国家以及国际层面的监管创造良好的合作基础。

加强对评级机构的规范化治理是数次危机留给人们的重要启示。强化对评级机构的评级过程、评级方法以及数据来源等信息的披露要求是国际社会已达成的共识。这不仅要求增加评级行业的内部竞争，通过评级结果的可比性提升评级行业的透明度和公平性；也要求国际社会从多个角度完善对评级行业的监督管理。尽管如此，从国际评级市场的现状来看，要保证评级机构的独立性、评级过程的透明性和评级结果的公平性，最根本的还是要从评级机构的内部建设着手。任何的外部监管均属外部约束，只有通过自身的内部约束才有可能确保外部监管的有效性。总之，从评级机构的内部控制入手，构造内外约束相结合的多维监管体系是国际社会必须完成的一大历史任务。

❐五、结论及启示

评级机构是社会信用体系的重要组成部分。主权信用评级是指评级机构对债务国主权债务的违约可能性进行的评估。公平的信用评级有利于一国金融市场的健康发展，并且可以通过风险发现、风险估计和风险劝告服务于广大国际投资者。目前国际评级行业主要被美国三大评级机构垄断，决定其评级结果的因素主要有：人均收入、GDP 的增长率、通胀率、外债情况、经济发展情况以及违约史六项。或许因为财政政策和国际资本流动的内生性，主权评级受这两个因素的影响并不明显。可以说，正常年份中，一国发展的基本面情况是主权信用评级的主要决定因素。

近年来，评级失真的频频出现不仅使得评级机构遭遇信任危机，也在某种程度上加大了危机的救援难度。究其原因，可以从内外两方面找到答案。美国的评级垄断以及评级机构特定的政治倾向固然是导致评级偏差的主要诱因，但评级的难度以及投资者的夸张反应也是我们需要考虑的部分。后者在危机中表现得甚为明显，投资者对于评级机构信任程度的提高在某种程度上甚至赋予了评级机构决定一国主权走势的巨大权力。

随着评级机构影响力的扩大，我们有必要对它们的行为进行规范化整治，以便其更好地服务市场。具体而言，提高评级质量需要从强化竞争与完善监管两方面努力。良好的市场竞争氛围与全面的内外监管体系可以确保评级机构的独立性、评级结果的公平性和客观性。需要指出的是，虽然评级机构在危机中确实起了“推波助澜”的作用，我们也有必要对其进行规范化治理，但将危机的出现全部归因于评级机构是不理智的做法。作为独立的信息提供者，评级机构仅作为第三方向市场公布其评级结果，如何看待这一结果则取决于投资者自身。我们需要在增强自身风险评估能力的基础上降低对评级机构的依赖性。对我国而言，加快建立自己的评级体系，减少对国外评级机构的依赖固然重要，但应更加注重对国内投资者独立分析能力的培养。只有在这样的环境中才能重塑规范化的评级体系，避免评级危机的重现。

原载《新金融》2013 年第 4 期

信托公司声誉机制及监管对策

张 鹏 解玉平

❐一、信托公司与银行、券商风险分担机制的比较

金融中介根据承担风险的方式，或者根据自身资产负债表中风险的汇聚方式，可以区分为一般的经纪人或者融通资金中的当事人。作为一般的经纪人，它促成融资人和资金提供方之间的交易，但是并不对外形成债权。而其他形式的金融中介则直接对融资人发放贷款，而成为交易合约中的当事人。

银行。银行业务中，银行作为金融中介在储蓄与投资的转化中，既是资金的债务方（对存款人讲），又是资金的债权方（对融资人来说），风险基本在资产平衡表中汇聚。银行是典型的风险仓储型（risk warehousing）金融中介。

商业银行资本发挥“缓冲器”的作用，防止存款人的意外损失。作为风险仓储的银行，相对来说其可以保护银行客户的私有信息，特别是对一些不愿意向市场公布其信息的借款者；同时这种风险分担方式也帮助形成了信息垄断客户群体，并享受相应的信息租金。但风险仓储的劣势也很明显，因为商业银行持有的债权资产在市场上不透明，存款人和监督机构很难对其进行评估，从存款人角度看增加了存款人的资金风险；并且该种风险分担方式对应的复杂性和不透明性也可能导致较高的代理成本，例如当存在大量且份额很小的存款人时，银行代理问题将会加重。仓储型风险分担能否成功取决于大数定理能够发挥作用。对银行来讲，当某种外部性因素发生，如经济危机或关于银行声誉的不利信息出现，即使存款人之间不

相关，但是其支取行为将由此产生相关性，就有可能发生辖区内银行挤兑。

券商。券商的风险管理方式是典型的风险媒介（risk media）。券商在承销业务中起着“信息生产者”和“认证中介”的作用。券商帮助客户实现股权融资和债权融资（在公开市场发行股票和债券），在这两类融资中，出资人是留存风险的最终承担者，而不是券商以自有资产承担风险。证券公司的核心作用就是为客户设计交易并将风险转嫁到公开市场去，即通过向投资者提供信息和交换服务，承担了经纪人角色。券商在承销股票或债券时，一般会联合其他券商，通过其他券商分销这些证券，取得承销佣金收入，而不会将大量证券留在自己账户上。证券公司会维持一定的权益资本以承担一部分剩余风险，但是一般来说，其付出的权益资本远低于仓储型的银行中介。证券公司的天然优势在于承担风险的主体是公开市场，而金融市场具有巨大的风险承担能力。而且风险媒介披露的信息是透明的，如果它提供的资本效率和融资利益足以抵消私人信息的利益损失，风险媒介型中介将优于风险仓储型中介。

信托公司。信托公司的核心业务是管理信托财产。信托公司首先取得投资者的信任实现资金的募集，这方面类似于证券公司“承销商”的角色。信托财产系表外资产，破产隔离于信托公司自有资产和其他客户资产。委托人认购信托产品时填写风险申明书，约定除非信托公司未能尽职尽责，否则风险由委托人（投资者）承担。信托公司的对外债权或者股权投资都系以信托公司的名义来行事，因此在名义和形式上信托公司是合同约定中的当事人，但是在法律约定的风险承担上又远远低于银行业务，同时又高于完全不承担风险的券商承销业务。因此我们可以说信托公司是居于银行和证券公司之间，或者说是居于风险仓储和风险媒介之间的金融中介机构。

二、信托公司与银行、券商声誉的区别

根据以上分析，我们发现根据风险承担方式的不同，银行、证券、信托的声誉具体功能有所不同：

声誉担保程度不同。银行的风险分担方式为风险仓储，其持有风险资

产，风险在其资产平衡表中积聚，因此银行是风险的直接承担者，而资产质量、权益资本等是重要的风险承担因素。资产质量高意味着风险承担比较有效，权益资本高意味着“缓冲器”效果更加有效。对股票市场的投资者，券商作为承销机构向公众提供了广泛的信息，体现了“信息生产者”和“认证中介”的角色。一般认为一个讲信用、有责任的承销商意味着其承销证券的质量较高，能够如实反映实际情况；尽职调查非常详尽，风险揭示非常充足，起到了信号显示功能。承销商声誉能够降低投资者大量的搜索交易成本，降低信息不对称。因此承销商声誉更多地代表其可信任程度的信息，而风险承担要素要弱一些。对于信托公司来说，信息披露给投资者，较银行披露范围要广，但是较证券公司承销股票和债券的信息披露要求要宽松得多，同时披露的深度一般也比券商浅，因此信托公司的声誉不仅代表了信息生产能力和准确性以及降低投资者的交易成本，更主要的是受托人声誉起到了隐性担保的作用，投资者缺乏专业能力直接对披露的信息进行研究，在没有第三方专业机构提供动态评级的情况下，主要凭借信托公司对投资项目的评价结论。因此，投资者更加关心信托公司自身的专业水准和责任心，更加关心信托公司的声誉。

声誉重要性不同。商业银行与存款人的存款合约对银行是一种“硬担保”，银行必须按照存款合约的约定兑付存款本金和收益，如果不能兑付，则意味着银行经营失败，因此存款人更加关心银行的未来而不是过去，所以过去的交易记录对银行声誉形成的作用是比较弱的。但是对证券承销商，投资者没有受到类似银行担保的“硬约束”，必须根据券商的声誉来决策，因此更为关注券商的过往表现，来推测券商披露信息的准确程度。券商的核心任务是构造风险交易，实现客户和资本市场之间的风险和信息转换。如果证券承销商承销的股票在上市后具有良好的市场表现，表明此前承销商的信息挖掘和认证能力是很强的，并会逐步提升承销商的市场声誉。对于信托公司而言，由于信息仅提供给投资者和监管机构，信息披露的深度和范围大大小于证券公司，社会第三方比如独立的资产评价机构、排名机构等对信托产品的评价几乎不可能，投资者从公开市场方面得到的信息非常少。因此，信托公司作为资金受托人的声誉将比其他机构更显重要。信托公司要求委托人资格门槛高，起点投资额在100万元以上，主要资金更是来源于300万元以上客户，一旦投资出现损失，投资者承担的绝对值损失都比较大，他们更加关心信托公司的过去经营历史、兑付结果和服务水平，因此信托公司发布的相关信号成为众多委托人是否认购信托产品的依据。可以看出，信托公司的过往声誉较银行和券商要重要得多。

声誉显示信号强度不同。证券承销商声誉的披露程度和可比较性要强于银行声誉，这主要因为证券公司承销证券都在同一个市场，同一个区域，而且面对同样的投资者，与其声誉相关的承销规模、存续时间等因素容易在一个尺度上比较。银行组织架构中往往涉及总分行制，并且各个银行独自决策，经营具有明显区域性和市场细分性，因此银行声誉排名的可比较性是较弱的。截至目前，还没有发现有专业机构对信托公司进行声誉排名，一方面信托公司真正的发展刚刚起步，存续时间刚过 10 年，还没有经历大的周期性波动，不良资产还未显现；另一方面，信托公司信托信息披露范围依然很窄，使得第三方机构无法完成对信托公司的排名，目前的排名也仅仅限于监管机构内部；再者信托产品相对于银行信贷业务和证券产品，更加具有针对性，可以对于不同区域资金成本、不同区域行业发展水平、不同的客户群体，提供特异化融资解决方案。这样使得信托公司的声誉水平很难比较，投资者的选择更为困难。

❒三、信托业务的脆弱性

由于信托公司开展的业务模式与银行、券商有很大区别，因此，信托业务有其自身特殊的脆弱性，主要表现在以下几点：

信托产品的非显性、担保性。信托公司在法律上被定义为“受人之托，代之理财”，即从字面上明确了信托公司属于理财机构。信托法规上也明确了除非受托人有不尽职之表现，否则风险由委托人独自承担，因此信托公司承担的责任可以理解为有限责任。信托公司不像银行一样会对委托人提供担保，信托产品中披露的收益仅为预期收益，与银行提供显性担保的存款合约有着本质的区别。一旦信托投资失败，在法律上投资者将面临直接的损失。信托公司对于信托产品提供的是隐性担保，能否尽职尽责，能否成功兑付，关键是信托公司资产管理水平和隐性担保能力，即声誉价值的高低。

我国信托公司虽然自 2011 年年初实行净资本管理办法，但是根据《信托法》受托人不得将其固有财产与信托财产进行交易或者将不同委托人的信托财产进行相互交易。银行资本金往往承担着风险控制的最后一道防线，但是信托公司资本金与银行资本金有着本质的区别，它并不是用来补偿信托财产投资失败的风险，除非信托公司没有起到尽职尽责受托责任。所以在投资信托产品前，投资者需要更加关注信托公司的过往投资成果，更需要谨慎地选择声誉高、资产管理能力水平高的信托公司。这就决定了投资者只愿意把钱交给声誉高的机构。

信托产品的低流动性。2007 年《信托公司集合资金信托计划（查询信托产品）管理办法》明确规定“信托产品的委托人必须是合格投资者”。信托产品中主流为集合资金信托，该类产品明确约定“信托期限不得少于 1 年”，这就意味着 1 年期限内，该信托不会终止。若是受益人需要资金周转，需将对应的受益权份额转让出去，由于没有转让市场，难度会很大。2007 年新的《信托公司管理办法》明确规定：“信托受益权进行拆分转让的，受让人不得为自然人。机构所持有的信托受益权，不得向自然人转让或拆分转让。”因为信托产品的高起点、非透明性、非标准化，信托产品对投资者一般很难实现即时的转让。即便是投资者预期到信托投资失败时，也不可能像存托款一样随时提取，或像股票一样在公开市场自由转让出去。虽然由于流动性差，信托产品在收益水平上已经取得了溢价补偿，但是在投资者自身遇到流动性危机时，信托受益权的转让在目前国内市场上依然很难。

信托业务的超高杠杆特性。信托公司信托业务属于表外业务，不同于银行的表内业务。因此，一般来说信托业务的规模不受限制。虽然信托行业自 2011 年年初实行净资本管理办法，但是信托业务杠杆相对于信托行业的资本来说依然相当大。杠杆的放大，提高了净资本收益率的同时，助长了管理层盲目扩张的动机，扩大了风险。

信息披露的不充分性。信托公司信托业务属于私募特征，在产品的销售过程中，不得做专门的广告宣传；在信息披露中，仅限于向投资者和监管机关报备。私募有利于保护客户的私密信息，信托公司也借此获得信息租金，但是同时也带来了非常大的副作用，比如风险信息的不透明，众多第三方评价机构，无法对信托产品进行评价，投资者也很难通过产品说明书来全面评估信托产品。

由于信托业务的脆弱性，导致信托公司的声誉对其发展产生至关重要的影响，由此也衍生出了声誉风险。信托公司声誉风险是指由于交易对手、经济环境、舆论导向等外界因素变化对信托公司社会认可度的影响。这种影响是一种隐性风险，并难以量化，一旦爆发，不仅会给单个信托公司信誉带来不良影响，而且会产生溢出效应，即会对其他信托公司乃至整个信托行业甚至整个金融行业产生巨大的不良影响。

《信托法》规定信托财产各自独立，带来的好处是隔离了不同信托财产之间的风险转嫁，但缺陷是无法通过资产组合来降低风险。由于信托财产之间的相互独立性，部分财产盈利，个别出现投资失败的现象属于常态。由于信托公司资本金并不是用来补偿信托财产投资失败的风险，除非信托公司没有起到尽职尽责受托责任。这就带来一个问题，信托公司可能会面临一个非常尴尬的现象，即大部分信托财产经营正常，顺利到期，而极个别信托财产则出现损失，信托到期无法实现正常兑付。此时无法正常兑付的产品对应的受益人理论上将直接出现损失。在这些投资者眼里，信托公司可能存在未能尽职尽责的问题，从而降低了信托公司在这些投资者心目中的地位，若是这种看法进一步对外传染，将会造成市场对同种类型的信托产品乃至整个信托行业产生信任危机，从而导致风险的传染和叠加，使得风险由一款产品向一家公司蔓延，进而蔓延至整个信托行业，导致投资者的恐慌，使得所有投资者都无法享受到其他大量正常运营的信托财产的组合收益，从而造成信托公司声誉风险的溢出。

四、信托公司声誉风险监管对策

（一）加强信托业排名

对信托公司进行独立的声誉排名。声誉排名机制是体现声誉激励的很好的方式。声誉排名对以声誉机制为核心的信托公司是件大事，更体现了信托公司长久的目标取向。鉴于信托业协会对各家信托公司的深刻了解，其提供的排名结果对社会高端投资者的影响将不可小视，这相当于专业机构向社会发布的声誉信号，在投资者眼中声誉排名增强了信息对称程度，体现了相对公正的信息。

信托行业声誉排名机制将会促进信托公司的信息披露程度，声誉高的信托公司会更加主动全面地披露自己的经营信息，向社会不断发布信号。而声誉差的信托公司由于声誉机制的存在也会更加努力，模仿优秀信托公司，逐步改善资产质量。声誉排名将是对优秀公司的激励，更是对不规范或者资产能力差的信托公司的隐性约束，因为这种排名将会影响社会投资者对信托公司类型的看法。信托业协会作为声誉信号发布机构一旦确立，信托公司将更加重视遵守信托行业协会的地位，认可并积极响应参与协会活动，这将更有助于达成集体行动。

对信托经理声誉水平进行独立排名。信托业协会可以利用信托声誉机制对全行业信托经理进行排名。这个排名系统可以包含风险控制能力、尽职调查能力、后续管控能力、创新能力等指标，全面反映信托经理的个人专业素质和责任心。根据声誉的溢出效应，信托经理的排名将直接传递到社会投资者对其所在的信托公司的看法的改变，从而会对责任心强、风险意识强烈、资产管理能力强的信托经理产生长久的激励，对表现较差的信托经理形成一种约束。排名制度建立后将促进信托经理们主动披露自身的投资成果、投资理念、投资风格、风险控制水平等，促使信托经理全面提升自己的专业技术水平，强化为受益人服务的执业操守。随着声誉的溢出效应，对经理们的排名应该会提升信托公司乃至信托行业的声誉水平。

（二）加强监管机构的职能作用

信托业务的外部性决定了信托公司需要政府必要的监管。由于信托业务的特殊性，相对于其他金融中介来说，声誉对信托公司更为重要，通过政府部门监管促进信托公司与投资者之间合作行为的声誉机制对整个行业意义非同小可。

根据声誉理论，监管机构树立强监管形象有助于信托公司声誉的提升。对于信托行业中的“坏孩子”，监管机关给予的处罚实际是对整个行业发出的监管信号，会对每个信托公司形成警示作用。外围制度的约束可以弥补声誉机制的自我实现机制，进一步促进合作行为的形成，督促各信托公司诚信为本，合规经营。

近些年来，监管机构实施了信托公司分级监管理念，对于监管机构评级得分高的信托公司在审批方面给予了更多政策支持，这也说明了信托公司声誉排名所带来的福利奖励。

未来监管机构应该把握对信托公司监管的尺度，鉴于信托业务的特殊性，监管机构不应该替投资者去进行风险的评判，而应该提升信托公司信息披露深度和合规经营水平，促进信托公司声誉建设。

原载《银行家》2013 年第 5 期

保险市场篇

构建完善农业保险体系 提高三农保险保障作用

韩泽县

农业保险作为市场化的风险管理和社会管理手段，在防范农业灾害风险、转变农业发展方式、促进农村金融发展和创新农村社会管理等方面，具有重要作用。“十二五”时期，是加快转变经济发展方式，推进农业现代化的重要时期。要深刻认识并准确把握农业保险面临的新形势、新任务和新要求，要充分发挥农业保险的重要作用，努力促进农业保险持续健康较快发展，切实提高农业现代化水平和农民生活水平。

构建完善农业保险参与社会管理的渠道和途径，利用好经济社会发展的有利条件和积极因素，找准服务经济社会的结合点和突破口，将潜在的保险需求转化为现实的保险供给，不断挖掘行业自身的发展潜力，更好地发挥保障和促进经济社会发展的作用。

一、推动农业保险发展的主要路径

（一）创新农业保险机制，拓展农业保险渠道

积极开展关系国计民生的重要粮棉油作物、大宗畜牧品种、天然橡胶、渔业和森林保险业务，争取使主产区的粮棉油作物的投保率进一步提高，推动粮食生产能力稳步提升，促进棉花、油料、糖料等主要农产品生产能力稳步提高，保障“菜篮子”产品生产供应充足；要针对地方特色农业和支柱产业，积极开展蔬菜、水产养殖、果木等保险业务，推动农业生

产方式转变；针对农民主要的生产生活资料，积极开展农房保险、农机保险、农民工意外伤害等保险。

（二）健全农险制度，促进农险发展

法律法规体系是农业保险基础制度体系的重要核心和基石，是农业保险规范、健康、可持续发展的重要保障。要更加重视制度建设的重要支撑作用，通过基础制度的完善和创新增强农业保险的内生增长能力。要建立健全农业巨灾风险分散机制，建立农业巨灾风险保障基金，形成由财政支持的农业巨灾风险转移分担机制，实现农业巨灾风险在全国范围内的分散化解，提高保险业抵御农业巨灾风险的能力。

（三）健全网点服务网络，强化信息体系建设

一方面要采取有效措施，通过延伸自身机构或借助农业、林业部门基层机构、农村信用社及其他基层涉农机构的力量，强化农业保险基层服务网点建设，协同开展相关工作，有效提升基层服务水平；另一方面要下更大气力加强信息化建设、夯实基础数据。通过对农业保险信息网络的扩容改造，构建具有高可靠性、高安全性、可扩展性的农业保险信息网络体系，大力提升服务能力，以满足农业保险业务规模和覆盖面快速扩大的服务需求。

（四）加大对农业保险业务的政策倾斜力度

向粮食主产区和畜牧业大省、林业大省倾斜。要制定促进农业保险发展的政策，建立健全相应的激励约束机制和业绩考核机制，切实调动社会各方面的资源及积极性，促进农业保险全面协调发展。

二、存在的问题

发展农业保险事业，有利于发挥保险专业化、市场化风险管理优势，

改革农业补贴方式和救灾救济方式，促进农业发展方式转变，提升“三农”保障水平。农业保险补贴的实行在转移农业风险、减轻政府负担、引导农民积极参保投保等方面起到了“四两拨千斤”的作用。但是，由于农业保险本身属于政策性保险，其在展业、承保、防灾减损、查勘理赔等方面的复杂性，加之农业保险又是一项全新的工作，还存在着诸多的问题。

（一）缺乏农业政策性保险“顶层设计”

没有农业政策性保险的政策目标和导向，导致到目前为止让试验农险的各地政府或多或少都存在疑惑的问题。因此，有的地方政府把举办农业保险当做一种“额外负担”。加之，中央没有相关配套政策，害怕遇到大灾还“吃不完兜着走”，于是地方上试办农险积极性大打折扣。

（二）缺乏农业政策性保险好的“商业模式”

政策性保险与小微中小企业融资一样被称为“世界性难题”，同样，政策性保险业务中存在的成本高、效率低、信息、风险不对称问题，批量化、规模化，通过零售业务批发来显著降低人工成本；遵循“大数法则”，通过计算整体违约概率来确定保险违约风险；根据投保人信用状况和经营方式，以保险差异定价覆盖风险；通过规划先行、风险前移等手段优化流程，提高保险效率；通过建设专业化、专门化的组织与团队，提升对专业市场的认识与服务水平。借鉴银行支持发展小微企业经验，打造政策性保险商业模式，在政策性保险领域的探索与创新，其意义不仅在于为政策性保险和三农经济带来强大支持，也为保险业推进业务结构转型提供了重要启示。有效地开展农业保险，提高农民对农业保险的认知水平，解决农业保险的高费用、高费率与农民的低收入是农业保险推广的瓶颈。

（三）缺乏宏观政策架构，微观运行机制

一方面，我国至今还没有一部完整的法律法规对政策性农业保险业务予以扶持，地方政府也没有管理条例，农业保险的业务开展所依靠的是上

级有关部门的红头文件，诸多问题形成了法律真空；另一方面，我国农业保险没有强硬政策支持，导致农民对投保农业保险缺乏积极性。在缺失国家、行业统一扶持政策的情况下，政策性农业保险好看不好行，行业内由谁承办？具体怎么办？缺乏一套行之有效的微观运行机制。

（四）机构网点不匹配，产品种类不配套

到目前为止，农业保险有试点，没机构没网点，形成了推广难难推广；农业保险没有种类、没有细化的产品、没有标准，形成了勘赔定损难、理赔标准偏低，产品种类不配套。从事种养业的农民遭遇自然灾害后，由于没有技术性较强的专业仲裁机构，灾害损失难以确定，赔偿金额很难在保险公司与农户之间达成一致，极易出现理赔纠纷。同时，由于勘赔、清算工作量大，理赔到户时间长，这些技术性问题的存在对农民积极参加农业保险有着相当大的负面影响，并在很大程度上阻碍着这项工作的顺利开展。

（五）中央、地方对政策性农业保险的财政补贴缺乏长效机制

基层政府工作人员组织推动农业保险的费用分担无章可循。

三、构建完善农业保险体系的政策建议

推动发展农业保险，对于发展现代农业，建设社会主义新农村，建立“三农”风险防范机制，增强政府防灾救灾的能力，提高三农保险保障作用。为切实解决当前农业保险工作中存在的各种问题，要从以下几点着手：

第一，加强和完善农业保险制度建设，做好“顶层设计”。通过制度建设，对农业保险的性质、保障范围、经营原则、政策性业务与商业性业务的界定、经营主体的组织形式、参与主体、收益主体以及相关的权利和义务等问题加以明确。在统一的经营体制框架下自主开展工作；针对农业保险赔付率高、承受风险大的实际情况经营全国农业保险的再保险的业

务，通过农业再保险对各地开展农业保险业务给予资金扶持；同时，中央财政和地方财政应对实施农业保险的保险公司给予经营费用补贴，对参保投保的农民给予保费补贴。

第二，创新体制、机制建设，借鉴中小企业的金融服务六个机制，推进农业保险发展。一是费率风险定价的机制；二是独立核算的机制；三是高效运营的机制；四是激励约束机制；五有专门的人员培训；六是要建立违约信息的通报机制。切实解决好政策、机制、体制、产品、营销、人员问题，为政策性农业保险深化改革保驾护航。

第三，制定农业保险行业标准，研发细化农业保险产品。按照不同的情况按品种分别确定理赔标准，实行对于关系国民经济的重要农产品，如水稻、小麦、棉花、果树、蔬菜等采用强制保险的方式；对果树、园艺作物、旱田作物、家禽等，实行自愿保险。农业保险以强制保险为主，以自愿保险为辅。但必须研发细化每类每个产品的适应范围、理赔标准、补贴标准、投保费率、风险界定机制等一系列产品，具有操作性、流程化，切实解决勘赔定损、理赔标准难问题，促进农业保险可持续发展。

第四，建立健全服务网点，创新农保服务机制。借鉴中央解决小微中小企业融资难的模式，国家给政策，国有银行、股份制银行、城信社、农信社、村镇银行、小贷公司都争做小微中小企业融资业务的经验；充分调动国有财险、国有寿险、股份制财险、股份制寿险、保银代办、保信代办、甚至乡镇代办站等方式，政策到位，整合资源，机构下沉，全方位开展政策性农业保险业务，服务网点全覆盖，创新农保服务机制，推进农村社会保障（社会福利）制度的建设，促进农业稳定发展，推动政策性农业保险为农业现代化服务。

第五，确立有效的激励约束机制。举办农业保险要获得成功，就必须利用利益诱导机制，使保险人（农业保险公司）愿意和至少能够维持经营，有利益可图，在政府的政策资金投入支持下，达到自我积累、自我发展，自我约束，使被保险人能够承担和接受自己所分担的价格份额，达到国家、保险人、被保险人“三赢”。

第六，设立巨灾风险基金，建立农业保险的再保险机制。需要由政府主导下的中央级农业巨灾风险基金，对遭遇巨灾损失的农业保险公司提供一定程度的补偿，增强抵抗巨灾风险的能力。同时，建立农业保险的再保险机制，通过再保险手段将风险予以转移，充分利用再保险组织的保险基金在分保关系中的流动作用，应对各个地区的各种农业风险造成的区域性灾害后果，弥补灾害损失。

第七，制订税收优惠政策，扩大农业保险的覆盖范围。当前我国农业正处于由传统农业向现代农业转变的关键时期，农业保险应全面介入农业生产、农民生活和农村市场，无论是农民人身还是其财产，无论是农田水利设施方面还是农产品深加工，都要有相应的保险服务，因此为充分发挥农业保险的经济补偿、资金融通和社会管理功能，今后政府应根据产业结构的调整和农村经济社会的发展需要，制订税收优惠政策，逐步扩大政策性农业保险的覆盖范围。明确政府在农业保险中的作用，确立农业保险为政策性法定保险，并对农业保险的组织形式、保险金额的确定、保险费率的厘定、保险条款的核定、税收减免政策、财政补贴方式等做出相应规定。政策性保险可以在一定程度上补救农业保险的不充分状况，不以赢利为目的，借助于税收杠杆的财政积累来补贴农业保险，为农业生产提供保险保障。加大财政补助力度，着力解决农业保险高费用、高费率问题，促进农业保险可持续发展。切实提高中央财政对农业保险的保费补贴比例，特别是对种植业保险的保费补贴比例，同时，探索建立农业保险再保险制度及巨灾风险保险体系。

第八，完善农业保险法律法规，统筹全国农业保险发展。我国《保险法》第186条规定“国家支持发展为农业生产服务的保险事业，农业保险由法律、行政法规另行规定”，但至今农业保险仍未立法，给农业保险实践带来了较多困难，如农业保险的定位、政府在政策性农业保险中的作用和地位、对农险的支持原则、对农险投保人利益的保护、对保险公司的保护、如何保证农险的投保面等问题都难以明确或得不到有效落实，在一定程度上影响了农业保险的规范化发展。此外，农业保险属于政策性保险，需要公共财政的积极扶持。目前，农业保险有些险种的保费承担方面，政府财政补贴标准偏低等，亟须统筹全国农业保险的发展。如与保险合作社和商业性保险公司签订再保险合同，向其提供再保险；向购买一级政策性农业保险业务的投保人支付保费补贴，向农业保险经营机构支付经营管理费用补贴；推广现行的农业保险险种，并帮助研发新险种；负责对保险费率的合理性提出意见；研究现行农业保险制度存在的缺陷，并提出修改方案；掌管农业保险经营机构的再保险基金和超额赔付基金；向损失严重的农业保险经营机构提供低息或无息贷款；开展广泛的农作物保险宣传活动，对农民进行风险管理教育等。优化农业保险运行的外部环境，加强农业保险的立法，制定农业保险相关的法律法规，明确各类主体在农业保险中的法律地位，确保政府、企业、农民等各方利益得到保护，保障农业保险健康发展，提高三农保险保障作用。

政策性农业保险的发展和顶层设计探讨

韩泽县

在现代化进程中，“三农”问题始终是重点和难点，农业现代化、农村现代化和城镇化、农村社会保障体系的构建，都离不开金融和保险，作为支农惠农、粮食安全和宏观调控手段的农业保险随着新型城镇化推进，越来越受到各级政府的重视。

一、政策性农业保险的发展状况

政策性农业保险试点于2007年启动，至2012年春试点已由6省区扩展到全部省、区、直辖市，品种由5种增加到16种。农业保险在商业财产保险公司中的业务比重已经上升为除车险以外的第二位。2007～2012年，我国农业保险累计收取保费收入超过800亿元，为农户提供风险保障8 000亿元，承保标的覆盖到农、林、牧、渔等主要领域。2012年，参保的农户近2亿户次，投保的作物播种面积达到7亿亩，占全国播种面积的1/3。农房保险、农机保险、渔船保险等险种的试点也取得了一定进展，农房保险已有20个省、自治区开展，浙江等部分省区基本实现全覆盖。6年间，共计向9 000多万农户支付保险赔款500多亿元，户均赔款600多元，占到农户人均纯收入的一成。农业保险补偿已经成为农民灾后恢复生产、生活和农业再生产的最重要的资金来源之一。

经过6年试点，政策性农业保险整体推进顺利：一是各级政府和广大农户对发展农业保险的认识得到了较大提升，农业生产和农业经济发展对农业保险的渴求得到了有效验证；二是农业保险的规模实现了重要突破，也带动了发展理念、发展定位、发展着力点和发展空间的突破，基本达到盈亏平衡点；三是初步建立了“4+2”发展模式：商业保险公司为主渠道，渔业互保协会、农机风险互助协会等提供特殊农业保险业务服务的机构为辅助供给组织和渠道，基本完成了农业保险供给体制的基本布局；四是保险的经济补偿和再分配作用得到有效发挥和体现，政府农业保险资金的补偿力度和效果得到了有效放大。从资金筹集上看，中央政府补贴资金的放大倍数接近1:1，地方政府的放大倍数约为1:4，农户的放大倍数约为1:8；从风险保障上看，中央政府资金的放大倍数为1:100，农户的放大倍数为1:150。这种独特的再分配功能对农业保险补贴资金的放大效应是其他财政和金融手段所达不到的。更重要的是，目前农业保险这种基于对简单再生产的补偿、对生产和生活保障的及时性和有效性也是其他财政和金融手段所不能比拟的；五是随着我国经济步入“以工补农，以城带乡”的发展新阶段，发展农业保险近年来已成为政府最新、最重要的强农惠农政策之一和“支持三农”工作的重要政策工具。农业保险的发展在许多领域，在一定程度上为政府解决了其他手段和措施难以解决的问题；六是农业保险与农村信贷的结合，一定程度上改善了农村信用环境，促进了农村信贷发展，解决了农民借款难、银行贷款难的问题，有力助推了农村金融体制改革的深化。

可以说，政策性农业保险不仅有效支持了农业生产和农村发展，在农业风险管理和农村经济发展方式转变中发挥的作用也已初步显现，产生的效果实现了试点的预想，为全面推进政策性农业保险奠定了良好的基础，也标志着我国现代农业风险管理体系的构建迈出了重要一步。

❒二、政策性农业保险存在的主要问题

经过6年的发展，我国政策性农业保险尽管相对自身取得了一定成绩，但保险的总量、承保面以及保险深度、保险密度等衡量保险发展水平的指标都还不高，与中央对农业保险的要求，与相关国家农业保险的发展水平，与经济社会发展对农业保险的需求和农业保险发展的潜力相比都还存在较大的差距，农业保险发展的基础还不牢固，距离建成体系完整、功能完备、可持续发展的农业保险体系还有很长的路要走，还存在一些较为突出和亟待解决的问题。

（一）政府对发展农业保险的定位不明晰

总体来看，各级政府对农业保险的定位、政府责任和实际目标尚不清晰，重视程度还不够足，更多的是“稳定观”而非“发展观”，被动执行国务院的方针政策，没有针对当地社会发展的实际系统地研究农业保险问题，没有站到推进新型城镇化、推进农村金融体制改革、保障农户基本人权的高度来认识农业保险问题，对农业保险的发展缺乏系统性思维、必要的制度安排、充足的资源投入和强有力的政策引导，这是制约农业保险健康可持续发展的首要问题。

（二）参与各方的认识存在偏差

农业保险运行是否有效，要看其制度环境是否与其相容。而决定制度环境与之相容的一个基本前提就是各方对农业保险要有一个清晰和准确的认识。目前，各参与方对政策性农业保险的认识尚存在诸多偏差。政府领导或多或少地存在农业 GDP 占比小、农民将来越来越少、农民没多少是靠种地生活的，以及工业化是发展趋势、城镇化是发展目标等观念，错误地把农业保险简单等同于传统的种养业保险，把城镇化简单等同于农业、农村和农民的消灭，认为发展农业保险没有空间、没有必要、搞不出成绩，因而在发展农业保险上多是被动执行政策，但求完成“任务”，获得中央财政补贴。殊不知，新型城镇化离不开政策性农业保险，新农险与新农合、新农保同样是城镇化不可或缺的必要保障，新型城镇化不是农民、农村和农业的消失，而是向新农民、新农村和新农业的升级转化，农业的总量并没有降低，农业的风险程度并没有降低，只是农业的业态和结构发生了变化。没有新农险，新“三农”就失去了保障，新型城镇化就失去了依托，形成新的“两张皮”和“两极分化”，违背城镇化的初衷。

农民对农业保险的认识多是两个极端。一方面，由于农业保险宣传不到位，农民缺乏主动了解政策性农业保险的意识和能力，更谈不上主动投保；另一方面，一旦投保，农民潜意识认为政府会对农业损失最终“埋单”，引发农民期待政府兜底与保险公司“赔付封顶”的潜在冲突和误解，极易引发群体性赔付纠纷。同时，农民文化水平不高，保险条款设计过于复杂，难以理解，也降低了对农民的吸引力。

农业等有关政府部门对农业保险的属性、定位、品种、范围等认识也不免存在一定偏差，对发展农业保险的重要性和必要性认识不足，对农业、林业、财政、气象和保险监督等多部门建立联动协调机制认识不足，导致难以推动农业保险有效发展。

保险公司等经营主体，不仅仍将农业视为弱质产业，不愿涉足农业保险；同时也多认为全国城镇化了、城市化了，农业在逐渐消亡，农业保险发展空间有限、潜力不足；同时受农业保险高赔付率、低收益、高风险等因素制约，缺乏开展政策性农业保险的积极性和主动性，更多地把农业保险视为政治“任务”而非“业务”。

商业银行、农信社、村镇银行等受金融分业政策的限制尽管有意介入农业保险却无能为力。保险公估等相关中介机构体系建设方面基本上还是空白。

（三）农业保险的系统设计有待完善

自 2007 年以来，以财政补贴为标志我国初创了政策性农业保险的制度，但中央并没有制定统一制度安排（顶层设计），地方政府没有足够的动力和精力对农业保险进行顶层设计，基本上处于被动执行政策、摸着石头过河的局面。理论研究上，观点杂乱，模式争论意见不统一，大多停留在西方模式的研讨上，争论的多实践的少，结合实际的结论更少。在宏观层面，缺乏结合国家整体发展战略和城镇化发展规划来确定农业保险的发展规划和定位的思路，缺乏对政府及其相关部门、各经营主体、中介机构在农业保险中各自角色的确定，缺乏农业保险发展法规体系的确定和建立，缺乏农业保险市场的参与主体、市场机制和监管体系各层级分工明确的界定，缺乏完整清晰的财政支持保障机制。中观层面，还没有找到一条适合国情的农业保险的可持续发展的商业模式和建立相应的配套设施，缺乏农业保险综合经营、以险养险、分保、再保和巨灾风险分散机制等制度安排，农业保险推广的理念和原则仍保守而传统。微观层面，保险经营主体较为单一，缺乏竞争压力和服务改善动力；产品单一，只有部分中央财政补贴的险种，少有针对各地实际的地方特色品种，只有种养险等部分传统保险和部分农房、农财保险，没有农机具、农民人身伤亡险、寿险和健康险险种，更少有商业农业保险；经营主体缺乏经营农业保险专门的组织、队伍和有效的微观运营机制。由于没有统一的“游戏规则”，基层政府在保险承保、定损和理赔中被赋予较大的权力，也导致了多种弊端，在很多情况下影响了保险基本原则的贯彻，也正在损害农业保险的可持续性。

（四）对农业保险投入有待提高

财力投入上，考虑到财力问题，政府在每年年初核定政策性农业保险完成计划时，往往多设定财政补贴数量的上限，从而造成了财政补贴不均，在很大程度上影响了农业保险自身的发展。渠道投入上，受农业标的小、农民收入低、生产分散等因素影响，农业保险收费、承保、展业难的问题十分突出。而基层服务力量的投入不足，更进一步制约了农业保险承保、展业等业务的开展；在宣传和教育资源的投入上，部分省区政府和基层服务站对政策性农险宣传得不够深入细致，导致农户没有弄清楚政策性农业保险的实质，只是随大流或是因村干部的鼓动而参保。同时，保险公司对服务站工作人员的教育力度也不够，部分人员对政策性农业保险只是一知半解，自然也就不可能对农户进行教育宣传；在人力的投入上，农业保险是专业性很强的保险业务，从条款、费率、财务、内控等制度设计，到实务操作规程管理都有其特殊性。由于缺乏专业技术人才，容易导致农业保险体系建设落空、资金管理“落荒”、政策实施“走样”。

（五）道德风险和逆向选择有所抬头

道德风险和逆向选择在保险经营中一直都是不可回避的问题，在目前的政策性农业保险中有抬头苗头，必须加以控制，任其发展会严重危及农业保险的健康发展。道德风险不仅存在于农户中，也存在于保险经营人员和基层政府参与农业保险工作的人员中。假承保、降费承保、骗赔案件频发，不规范的理赔，“协议赔付”，在一些地方很有“市场”，这是某些领域和地区农业保险发展不快甚至萎缩的主因之一。目前的农业保险，除浙江等少数地区之外，多不进行风险划分和费率分区，一个险种实行一省区一个费率，容易引发逆向选择。即便是中央补贴也存在道德风险和逆向选择问题：一是近两年一方面全国农业保险承保面仅三分之一，另一方面却出现了补贴资金“花不出去”现象；二是地方政府和保险机构通过不当方式甚至违规违法手段套取中央财政补贴，造成财政资金的“漏损”，从而削弱和减低了财政资金支持农业保险的力度和效果；三是部分地方盲目追求补贴力度，不仅加大了财政负担，也不利于培养农户的风险观念和保险意识。

（六）农业再保险体系和巨灾风险转移分散机制不健全

由于农业保险的高风险性，农业保险应建立较一般财产保险更加完善的大灾风险分散的制度安排。从获取经营效益考虑，一般商业再保险公司都不涉足农业再保险业务。在没有再保险支持的情况下，开办农业保险只能采用财政暗兜底的办法，即在遭遇大灾风险时，当年的保费不够赔付，由历年积累的风险金补充；仍不够，只能“以丰补歉”，由保险公司经营其他险种赚取的商业险利润给予补贴，严重影响了保险公司经营农业保险的积极性，也制约了保险费率的降低和保障程度的提高。如果不能很好解决大灾风险分散机制问题，投保农民的利益将无法得到确实保证，农业保险的可持续经营将受到挑战。

三、发展政策性农业保险的顶层设计对策建议

要落实中央支农惠农的农业保险政策，最重要的有两条：一是制度设计，不断完善和优化农业保险制度模式，更好发挥减灾防灾作用，保障粮食安全和促进农业现代化；二是制度的执行力，提高农业保险服务体系的制度执行能力，才能使建立的农业保险制度得到有效贯彻和实施。

（一）提高认识，明确定位，科学设定目标

各级政府要深刻认识到农业保险的公共品和准公共品性质，确认发展农业保险是政府义不容辞的责任，要准确把握农业保险的内涵和外延，真正认识到农业保险的市场空间、战略意义和发展价值，站在解决“三农”难题、推进新型城镇化和城乡统筹发展、促进农村金融体制改革的高度来

认识农业保险，把农业保险搞真、搞实、搞出实效、搞出特色，实现模式可复制、商业可持续。一是要明确政府责任。在农业保险领域，“有形的手”和“无形的手”相互依存，缺一不可。介入农业保险并发挥主导作用是政府的责任，政府的责任主要是财政责任、监管责任及实施责任，必须严格界定政府的行为内容和边界，将政府的作用限制在社会自治和市场失灵的领域。政府应承担制度设计和规范责任，颁布相关法律或法规，界定农业保险的目标、保障范围及水平、组织机构、运作方式等实施细则和提供财政支持的职责，并确保政策的“动态一致性”；二是明确农业保险的目标。农业保险的目标不外乎推进农业社会保障（社会福利）制度的建设同时兼顾农业发展和促进稳定发展两个目标。从我国国情和农业保险的特殊经济职能看，应分两步走：初级目标是为农业生产提供有效的安全保障，即强调如何提高农业保险的效率，实现农业的可持续发展；高级目标是提高农民以及整个社会的福利，即突出社会范围内收入再分配的公平性。现阶段我们要解决的应该是农业保险的效率问题而不是过分强调公平；三是明确农业保险的“福利性”特征，明确基本的金融服务便利性是基本人权，要用“发展观”而非“稳定观”来看待农业保险的发展，不宜过分强调政策性农业保险“自愿”参与，不宜夸大试点中存在的个别缺陷和不足、道德风险和逆向选择，更不宜以“亏和赚”商业化的眼光来对待政策性农业保险，应坚持发展和管理并重，创新体制机制，坚定地做下去；四是政府和有关部门应紧紧围绕上述目标定位，变被动为主动，变“中央要我完成指标”为“我要突破发展”，创造性地开展工作；五是在农业保险财政补贴上，政府和财政应切实把加大农业保险投入当成各级政府“民心工程”和重点工作，从“为农民办实事”的政治高度给农业、农民一个实惠、实用、实际的保险保障。政府财政支持至少应包括出资建立初始资本和准备基金、提供管理费和保险费补贴、税收优惠等方面。政府补贴不仅要重视“总盘子”，还要结合各地农业经济发展实际和财政负担能力，科学确定补贴结构。

（二）明确各级政府和有关各方的职责，整合各方资源

推进农业保险是一项造福千家万户的系统工程、民心工程和民生工程，必须整合各方面资源，在这方面政府必须有所为，应切实承担起完成

农业保险体系的顶层设计，承担起农业保险的政策制定、保险监管、财政监管及行政监管的职责，合理构建农业保险的监管机制，发挥好“护航船队”旗舰职能。一是在明确农业保险发展目标及政府职责定位的基础上，在效率优先、兼顾公平指导思想下应尽快出台国家和地方政策和法规，要着手提高制度和监管部门的权威性及执行的科学性和有效性，以降低制度创建成本和监督成本；二是中央和地方政府应合理划分并切实承担财政责任，优化保费补贴政策，适当提高补贴程度，改进对保险经营机构的财政补贴方式，建立中央和地方财政补贴筹集、使用和监管制度，为农业保险建立长期、稳定、可持续的财力保障，对市场形成稳定预期；应明确保险机构从事农业保险业务、中介机构从事相关业务的营业税、所得税等税费优惠政策，投资和筹资鼓励政策，以及开办费、营运费用和业务存量增量奖励政策；应明确对各级政府和相关部门、保险机构的考核评价制度；完善风险共担机制，建立农业巨灾风险基金。适时设立政策性农业保险公司，明确其组织开展农业保险调研、规划、险种和险率确定、年度预算、组织政策宣传、统计分析、理赔等工作职责；三是立法机关应切实承担起农业保险制度设计与规范的责任，司法机关切实承担起对农业运行的法律监督责任，以合理构建政府、保险机构、农户和市场等的行为边界，实现制度的法制化；四是各级政府应建立常设农业保险牵头协调机制，明确各级政府及相关部门、商业保险机构的责任和义务；五是各级政府应切实承担起建立农业保险中的政府服务与支持体系，加强保险思想的教育、提高农户风险管理意识，整合农业技术部门、农业病虫害监控防疫机构、气象部门、地质灾害监控机构等各方资源，建立农业灾害监测和预警系统，通过天气预报、灾害预测等手段给予农业保险经营主体全面的技术支持，形成信息共享机制；不断完善部门联动机制，提高农业保险制度的运行效率，提高各方开办农业保险业务的积极性；同时，加强农业灾害防范体系建设，加大对农业保险技术的研究与引进力度，建立农业保险人才培养体系并采取各种措施在促进农民增收上发挥作用。

（三）创新农业保险发展理念、原则和模式

国内外经验表明发展农业保险不存在放之四海皆准的模式，模式的选择只有次优解没有最优解，必须根据国情来“取舍”。一是鉴于我国人多

地少粮食安全面临严峻挑战，农业发展呈现典型的双重二元特征（区域二元性和部门二元性），以及农户保险意识淡薄、小农意识较强的基本国情，我国农业保险的模式必须考虑实际和历史阶段，在坚持效率优先、兼顾公平的基础上，建立以一种模式为主体、多种模式为补充、兼顾地区差异的“渐近 + 层次”的立体模式，即由政府强制为主向市场化渐近发展，在同一时期允许各地结合实际采取不同的主体模式，对基础险种和附加险种允许采取不同的模式，强制投保农作物一切险或养殖业保险的同时允许和支持商业机构和合作机构开展农业保险，同时设立专业农业保险公司直接参与部分险种的营运（主要是针对商业机构有固有缺陷而不能或不愿意承保的品种）。二是宏观上区域梯级发展，坚持区域发展为主线，发达地方、试点较为成功的地区以政府诱导为主、政府强制为辅，商业和互助可以多些；欠发达地方、试点较强的以政府强制为主、政府诱导为辅，确保参保率、保障程度和保险范围；以“有形的手”补充“无形的手”，多层次管理、统筹协调，以最少的交易成本实现转移支付，将外部成本内部化。微观上，实施有限干预，积极引进商业运作机制，适时组建地方农业保险公司，将地方政府引导和商业运作机制结合起来，鼓励商业机构特别是中小机构参与进来，强化市场竞争机制，以市场机制应对营运成本、监督成本和逆向选择、道德风险。三是结合各省区的产业结构、农业发展实际、政府财力和农业保险试点情况，应立即将先进省区的农业保险工作由试点转入全面推进，将农业保险发展的原则由“低费率、低保障、广覆盖”调整为“低费率、适度保障或全保障、全覆盖”，构建具有当地特色的面向农民、农业和涉农企业的全方位、多层次的农业保险服务体系。通过中央和地方财政补贴以及构建有效的农业保险商业模式，在确保低费率的前提下，实现农业保险覆盖全体农民、农村经济组织和农业生产、加工、物流企业，覆盖包括种植业、养殖业在内的农业各子行业和业态；农业保险的保障水平提高到保障全部直接物化成本，并将超过直接物化成本的部分一并予以保障。四是在农业保险的发展理念上，依据各地实际和试点工作取得的经验，将“政府引导、市场运作、农民自愿、协同推进”的工作思路调整为“政府引导、市场运作、组织推动与农民自愿相结合、协同推进”，找准政府、市场、农民的契合点，加快推进政策性农业保险工作步伐。

（四）全面推进农业保险的全覆盖

要以提高农业保险的参与率为基础目标开发农业保险品种。对与种植、养殖、涉农保险标的相联系的险种，中央财政支持的农业保险标的有限，险种不多，因此地方要督促各地在做好现有政策性品种的基础上，开齐全部15个中央财政补贴险种，用足用好中央补贴政策。同时，按照2013年7月5日国务院新下发的《关于金融支持经济结构调整和转型升级的指导意见》要求，要积极“扩大农业保险覆盖范围，推广菜篮子工程保险、渔业保险、农产品质量保证保险、农房保险等新型险种”，加大力度开发和推出新的险种，鼓励各地结合自身农业产业结构和业态特征开发地方特色险种并给予地方财政补贴，以满足农业风险管理的需求。如蔬菜保险、果园保险、特色农产品保险、林果业保险，盐业、渔业、渔船、渔民、渔工责任等保险，观赏鱼、观赏花卉、农家乐、牧家乐、渔家乐等观光农业保险，“作物+财产”的农业产业园区、示范园区等设施农业一篮子保险品种，以政府部分或全额出资、统保的方式开展的农房、农机保险，“商业性信贷+政策性信贷+森林保险”组合模式的林权保险，以及结合新农合、新农保发展开发的面向农村市场分散性客户的意外伤害险、小额人身险、小额健康险，为农民的流动、就业和工伤等提供较为全面的风险保障。积极开发和推广“银保富”、“证银保”等特色组合产品，引入银行和证券服务，进一步拓宽农业保险业务领域，放大财政资金的支农扶农效应。力争通过5年左右的时间实现我国农业保险可保险种、可保人群、可保财产和可保资源的“横到边、纵到底”的全覆盖。

要以提高农业保险的参与率为基础目标结合农业保险供需变化，丰富和创新承保方式，在优化管理和提高供给能力的基础上适应多种需求。在目前绝大部分农业保险产品是只保部分成本的“成本保险”的基础上试点承保一定比例产量的“产量保险”、易于控制道德风险和降低管理成本的“天气指数保险”和“区域产量保险”。在费率设置上，建立和逐步完善浮动费率调整机制，建立农业保险标的市场价格评估机制，采取盯住“一篮子市场价格和产量”的方式和触发机制，定期（如每季度）开展评估，比照“成品油调价机制”动态调整保险金额和保费，以控制道德风险和逆向选择。

（五）完善农业保险的市场体系和商业模式

农业保险发展应贯彻全国性和区域性相结合的原则，既要坚持形成全国性的相对统一的制度框架，又要鼓励地方政府在制定区域性的农业保险政策、选择区域性的农业保险组织形式和开展差异化的农业保险经营方面发挥作用。一是以混合的三级农业保险体系为建设的总体方向，由第一层政策性农业保险、第二层政策性农业保险体系和商业农业保险相结合、第三层商业农业保险三个层级组成，前两个层级保证社会公平，实现农业保险的双重政策功能，第三层级实行完全商业化运作，政府除了创建和维护保险生态环境外，不进行直接或间接的财政支持；二是在农业保险领域应试行产险、寿险和健康险混业经营；试行农村信用社、村镇银行等金融机构县域网点试办或代理农业保险的综合经营和农资部等代理农业保险或从事保险经纪业务，实现银保资源统筹规划和网点等渠道共享，既可弥补农业保险和农业信贷的巨大人力成本和风险成本，又可解决因无担保、无抵押引发的农民“贷款难”和银行“难贷款”的困境，实现农村土地流转、农业小额信贷、政策性农业保险三大农村发展新路径的良好结合，达到保险的保障作用与信贷的融资功能的有效结合，实现为农业发展和农民致富融资、农业风险保障和银行信贷风险可控的“三赢”效果；三是推进中央补贴险种、地方特色险种和商业农险险种的多种组合产品开发，利用商业性保险放大农业保险的灾害补偿作用和基本保障效用；推进种养两业险、农机具保险、农房统保、特色设施农业、观光农业和生态农业险、农民家财和一般财产险、寿险、农民短期健康险与人身意外险交叉营销，开发自然灾害公众责任险等新型政策性农业保险品种，以强化面向客户的综合服务能力，扩大农业保险外延，实现以险（如赔付率较低的住房险）养险（如赔付率较高的种植业险）。最终按照政策性业务商业化运作的模式，通过政府补贴、以险养险、多种经营和交叉销售实现农业保险的商业可持续发展；四是建立基础互助保险、中层公司保险和政府巨灾保障兜底的多层次农业保险体系，建立互助保险初保、保险公司分保和政府自身提供巨灾保障及政府再保险机构再保系统连接的“三级火箭”推进机制，以发挥农业保险制度的保障作用，大幅提高农业保险能力和资金运用效率；五是引进和建立保险公估等中介机构体系，推进农业保险经营机构的多样化，完善农业保险的市场体系。发起设立和引进部分从事农业保险业务的国外优质商业保险机构，在农业保险市场引入有限竞争，改变农业保险市场发育不充分、市场主体缺乏降低运营成本的压力和动力、农业保险难以满足广大农民的保险保障需求，也难以集中和分散经营风险、深化服务网络的现状；六是逐步增大政策包容力，稳步推进农业保险向包括风险损失补偿在内的农业（或农村金融）综合服务延伸，如除提供商业信贷的保险支持外，还向小额信贷业务和其他可行的农村投融资业务拓展，逐步把农作物保险扩大成“农业金融综合服务公司”，除提供保险服务外，也提供事故救援、农机作业信息等服务，提高农户参保率和忠诚度，这方面的创新空间巨大；七是建立农业信贷、保险等与农业补贴挂钩的农村征信体系和违约信息共享和惩戒机制，改善农业保险生态环境。

（六）建立巨灾风险分散和灾害补偿机制

农业风险具有不确定性和高度关联性，一旦发生就会导致巨大损失，使农业保险的经营主体减少准备金和资本金，甚至使农业保险经营主体的财务出现危机，影响政策性农业保险的可持续发展。因此，必须着手建立政府主导下的现代农业巨灾风险基金和农业再保险体系。2013 年 7 月 5 日，国务院下发了《关于金融支持经济结构调整和转型升级的指导意见》，明确提出要“建立完善财政支持的农业保险大灾风险分散机制”。巨灾农业风险基金的筹集使用和农业再保险保障体系的设计实施上必须在全国范围内统筹规划，在中央财政补贴的运用上必须有所侧重，以确保农业保险的可持续性。同时，根据各地农业经济发展水平、农业生产布局、农民收入、农业保险发展程度和实力的巨大的差异性，坚持区域性原则，走区域化发展之路，比照社会统筹养老保险的模式进行，以提高政策的实用性，防范道德风险和逆向选择。农业巨灾风险基金的筹措渠道是：（1）在基金成立之初，由中央、省区两级政府一次性拨入一定金额作为农业保险风险基金的最低准备；（2）每年提取一定比例的支农资金、救灾基金和农业补贴资金作为农业保险专项基金；（3）由农业龙头企业出资补贴；（4）农业保险经营机构在税前从经营盈余中扣除一定比例的资金作为保险风险基金；（5）从农业保险经营机构交纳所得税等税费地方留存部分提取一定比例，充实农业保险风险基金。通过逐年累计下来的农业保险风险基金，在普通年份不动用，实行单独立账，独立核算，专户专储，专款专用，专项管理。另外，应加快政策性农业保险的分保和再保险体系建设和产品推广，通过市场化机制分散政策性农业保险经营主体的风险，有效减轻政府的农业巨灾风险的财政负担。可由保险公司安排分保险和再保险，切实防范和化解农业保险风险。如渔业保险，可由保险公司与渔业协会按6:4比例实行共保。

（七）创新和完善保险经营主体的经营模式

农业保险与农户贷款和小微企业贷款具有极其相似的单体业务量少、客户分散化、风险度高的固有特征，决定了其经营模式必然不能复制普通财险的批发业务经营模式，而应结合自身特点，借鉴农户贷款和小微企业贷款“六项机制”为主体的零售业务经营模式，建立独立于其他业务的农业保险专营机构或垂直的专业业务条线。一是经营主体必须切实转变观念，真正视农业保险为取得发展优势和打造核心竞争力的“蓝海”，稳步推进创新转型，实现业务重心“下海”，初期必须投入较大人力、物力、财力和精力，并对风险损失设立一定的容忍度。其他金融机构、中介机构和社会各界应全力支持和配合农业保险事业的发展；二是组织架构上，必须改造现有科层式组织架构，以事业部（项目组）制为基础，实行组织机构扁平化、业务操作流程化和保险产品标准化，减少组织层级，实现人员、机构、业务重心“三下沉”以应对客户“小、散、急、频”的需求特征；三是风险管理上，要以防范道德风险和操作风险为重点，借鉴住房按揭贷款、农村信用工程建设和小微企业信贷的管控模式开展业务；四是采取国库“单一账户”和银行贷款“受托支付”的思路防范非农民虚假投保和骗取财政补贴行为；五是营销模式上借鉴小微企业信贷模式，以“供应链＋现金管理”、“公司＋农户”、“商圈”、农村经济组织、专业合作社和乡镇、村民小组等为依托的“批量开发”整体参保模式，以降低人力成本；六是服务模式上，充分发挥“批量”投保的优势，采取定制承保、理赔的绿色通道以降低人力成本和信息不对称问题；对于分散的、非集约化的家庭农业生产方式，建立“标准化”的农业保险服务模式和流程，实现四到户（承保收费到户、凭证发放到户、损失确定到户、赔款支付到户）、两公开（承保信息公开，理赔结果公开）；七是渠道建设上，结合各地示范小城镇建设、“三区”联动和“三改一化”实际，保险机构必须加大基层投入，明确专项资金用于农村网点的优化布局和改造升级，加快农村网点布局建设。加大对基层队伍建设和基层服务网络建设的支持力度，加强对基层人员培训、展业工具、信息技术等方面的资源投入，拓宽农业保险营销渠道，适时发展农业保险电销网销，构建门店营销、保险超市，逐步将城网农网等实体渠道与电销网销等新兴渠道、发展传统营销与尝试发展门店营销、保险超市等新型服务渠道有机结合；八是激励机制上，保险公司应借鉴银行“经济增加值（EVA）和风险调整后的收益(RAROC)”考核理念，建立以经济增加值和市场渗透率、市场占有率、钱包占有率，以及客户满意度相结合的、有别于批发业务的绩效考核体系，明确基层服务建设刚性目标和奖惩措施，把政策性农业保险办成阳光保险，有效促进农业保险产品、服务和人员“三下乡”；九是核算机制上，农业保险在保险公司内部应单独立账，独立核算，专户专储，专款专用，设立单独的风险容忍度和拨备政策；十是扩大农业保险宣传和人才培养，激发保险需求，提高展业能力，降低操作风险。

政策性农业保险的现状和发展路径探讨

——以天津市为例

韩泽县

在现代化进程中，“三农”问题始终是重点和难点，农业现代化、农村现代化和城镇化、农村社会保障体系的构建，都离不开金融和保险，作为支农惠农、粮食安全和宏观调控手段的农业保险随着新型城镇化推进，越来越受到各级政府的重视。本文旨在通过对天津市政策性农业保险的发展现状和问题进行分析，提出有关对策建议，为天津市建立有效的、完善的、走在全国前列的政策性农业保险体系提供一些有意义的参考。

一、天津市政策性农业保险的基本状况

天津市政策性农业保险试点于2007年启动，5年来已覆盖天津市15个区县和国有涉农企业，风险保障覆盖率达近40%，险种覆盖率占到农业生产资源的75%以上，累计为82.9万户次农户提供了360亿元的风险保障，赔款支出8.6亿元，受益农户40.2万户次。2012年，天津市政策性农业保险全年实现保费收入9 807.04万元，共承保各类牲畜17.62万头，温室大棚5.51万亩，农作物254.09万亩，政策性农房、农财2.71万户，农民人身意外40.31万人，为广大农户提供了73.29亿元的风险保障，共支付赔款5 934.2万元。总体情况是整体推进顺利，与自身相比增长速度喜人，不仅实现了业务规模的重要突破，也带动了发展理念、发展定位、发展着力点和发展空间的突破，基本达到盈亏平衡点，有效支持了农业生产和农村发展，在农业风险管理和农村经济社会发展方式转变中发挥的作

用已初步显现，产生的效果实现了试点的预想，为全面推进政策性农业保险奠定了良好的基础。

二、天津市农业保险存在的主要问题

经过几年的发展，天津市农业保险尽管相对自身取得了一定成绩，但保险的总量尚不到河北省一个地市的水平、承保面仅限于种养业中中央补贴的险种的一半，保险深度、保险密度等衡量保险发展水平的指标都还不高，与中央对农业保险的要求，与中央赋予的金融改革先行先试的定位，与兄弟省市农业保险的发展水平，与天津市经济社会发展对农业保险的需求和农业保险发展的潜力相比都还存在较大的差距，农业保险发展的基础还不牢固，距离建成体系完整、功能完备、可持续发展的农业保险体系还有很长的路要走，还存在一些较为突出和亟待解决的问题。

（一）政府对发展农业保险的定位不明晰

总体来看，天津市对农业保险的定位并不清晰，重视程度还不够足，更多的是被动执行国务院的方针政策，没有针对天津经济社会发展的实际系统地研究农业保险问题，没有站到推进新型城镇化、推进金融改革先行先试的高度来认识农业保险问题，对农业保险的发展缺乏系统性思维、必要的制度安排、充足的资源投入和强有力的政策引导，这是制约农业保险健康可持续发展的首要问题。

（二）参与各方的认识存在偏差

农业保险运行是否有效，要看其制度环境是否与其相容。而决定制度环境与之相容的一个基本前提就是各方对农业保险要有一个清晰和准确的认识。目前，天津市各参与方对政策性农业保险的认识尚存在诸多偏差。

政府领导或多或少地存在天津是直辖市、农业占比很小、农民很少或许不久的将来就没有了、人均耕地很少、农民没多少是靠种地生活的、天津发展的目标是城镇化等观念，错误地把农业保险简单地等同于传统的种养业保险，把城镇化简单地等同于农业、农村和农民的消灭，认为天津发展农业保险没有空间、没有必要、搞不出成绩，因而在发展农业保险上多是被动执行政策，但求完成“任务”，获得中央财政补贴。殊不知，新型城镇化离不开政策性农业保险，新农险与新农合、新农保同样是城镇化不可或缺的必要保障，新型城镇化不是农民、农村和农业的消失而是向新农民、新农村和新农业的升级转化，农业的总量并没有降低，农业的风险程度没有降低，只是农业的业态和结构发生了变化。没有新农险，新“三农”就失去了保障，新型城镇化就失去了依托，形成新的“两张皮”和“两极分化”，违背城镇化的初衷。享受先行先试的优惠政策，加之传统的农民、农业占比小且逐步减少，只会让天津的农业保险财政负担更小，农业保险做出特色、做出成绩、为新型城镇化蹚出一条路子的可行性更高。

农民对农业保险的认识多是两个极端。一方面，由于农业保险宣传不到位，农民缺乏主动了解政策性农业保险的意识和能力，更谈不上主动投保；另一方面，一旦投保，农民潜意识认为政府会对农业损失最终“埋单”，引发农民期待政府兜底与保险公司“赔付封顶”的潜在冲突和误解，极易引发群体性赔付纠纷。同时，农民文化水平不高，保险条款设计过于复杂，难以理解，也降低了对农民的吸引力。

农业等有关政府部门对农业保险的属性、定位、品种、范围等也不免存在一定偏差，对发展农业保险的重要性和必要性认识不足，对农业、林业、财政、气象和保险监督等多部门建立联动协调机制认识不足，导致难以推动农业保险有效发展。

保险公司等经营主体，不仅仍将农业视为弱质产业，不愿涉足农业保险；同时也多认为天津市城镇化了、城市化了，农业在逐渐消亡，农业保险发展空间有限、潜力不足；同时受农业保险高赔付率、低收益、高风险等因素制约，缺乏开展政策性农业保险的积极性和主动性，更多地把农业保险视为政治“任务”而非“业务”。

商业银行、农信社、村镇银行等受金融分业政策的限制尽管有意介入农业保险却无能为力。保险公估等相关中介机构体系建设方面基本上还是空白。

（三）农业保险的系统设计有待完善

作为地方政府，没有足够的动力和精力对农业保险进行顶层设计，基本上处于被动执行政策、摸着石头过河的局面。在宏观层面，缺乏结合天津市的整体发展战略和城镇化发展规划来确定农业保险的发展规划和定位，缺乏政府及其相关部门、各经营主体、中介机构在农业保险中各自角色的确定，缺乏农业保险发展法规体系的确定和建立，缺乏农业保险市场的参与主体、市场机制和监管体系的确定，缺乏完整清晰的财政支持保障机制。中观层面，还没有找到一条适合天津市市情的农业保险的可持续发展的商业模式和建立相应的配套设施，缺乏农业保险综合经营、以险养险、分保、再保和巨灾风险分散机制等制度安排，农业保险推广的理念和原则仍保守而传统。微观层面，保险经营主体单一，仅有人保财险一家，缺乏竞争压力和服务改善动力；产品单一，只有部分中央财政补贴的险种，没有针对天津农林牧渔、盐业和湿地保护的实际开发地方特色品种，只有种养险等部分传统保险和部分农房、农财保险，没有农机具、农民人身伤亡险、寿险和健康险险种，更没有商业农业保险；经营主体缺乏经营农业保险专门的组织、队伍和有效的微观运营机制。

（四）对农业保险投入有待提高

财力投入上，考虑到财力问题，在每年年初核定政策性农业保险完成计划时，往往多设定财政补贴数量的上限，从而造成了财政补贴不均，在很大程度上影响了农业保险自身的发展。渠道投入上，受农业标的小、农民收入低、生产分散等因素影响，农业保险收费、承保、展业难的问题十分突出。而基层服务力量的投入不足，更进一步制约了农业保险承保、展业等业务的开展。宣传和教育资源的投入上，部分区县政府和基层服务站对政策性农险宣传得不够深入细致，导致农户没有弄清楚政策性农业保险的实质，只是随大流或是因村干部的鼓动而参保。同时，保险公司对服务站工作人员的教育力度也不够，部分人员对政策性农业保险只是一知半解，自然也就不可能对农户进行教育宣传。人力的投入上，农业保险是专业性很强的保险业务，从条款、费率、财务、内控等制度设计，到实务操作规程管理都有其特殊性。由于缺乏专业技术人才，容易导致农业保险体系建设落空、资金管理“落荒”，政策实施“走样”。

（五）农业再保险体系和巨灾风险转移分散机制不健全

由于农业保险的高风险性，从获取经营效益考虑，一般商业再保险公司都不涉足农业再保险业务。在没有再保险支持的情况下，开办农业保险只能采用财政暗兜底的办法，即在遭遇大灾风险时，当年的保费不够赔付，由历年积累的风险金补充；仍不够，只能“以丰补歉”，由保险公司经营其他险种赚取的商业险利润给予补贴，严重影响了保险公司经营农业保险的积极性，也制约了保险费率的降低和保障程度的提高。

❐三、发展天津市新型城镇化农业保险的对策建议

要落实中央支农惠农的农业保险政策，最重要的有两条：一是制度设计，不断完善和优化农业保险制度模式，更好发挥减灾防灾作用，保障粮食安全和促进农业现代化；二是制度的执行力，提高农业保险服务体系的制度执行能力，才能使建立的农业保险制度得到有效贯彻和实施。天津市农业保险应着力做好以下几方面工作：

（一）提高认识，明确定位，准确把握中央支农惠农政策带来的新机遇

政府要深刻认识到农业保险的公共品和准公共品性质，确认发展农业保险是政府义不容辞的责任，要准确把握农业保险的内涵和外延，才能真正认识到农业保险的市场空间、战略意义和发展价值，站在解决“三农”难题、推进新型城镇化和城乡统筹发展、促进金融改革先行先试的高度来认识农业保险，才能系统、深入、创新地推进农业保险发展，把农业保险搞真、搞实、搞出实效、搞出特色，实现模式可复制、商业可持续，将农业保险打造成为天津市继私募基金、金融租赁和商业保理等之后又一个全国叫得响的金融创新品牌，成为全国解决“三农”难题和推进新型城镇化的样板、标杆和亮点，进而进军全国农业保险市场。政府有关部门应紧紧围绕上述目标定位，变被动为主动，变“中央要我完成指标”为“我要

突破发展”，创造性地开展工作。保险公司等经营主体应切实转变观念，视农业保险为取得发展优势和打造核心竞争力的“蓝海”，稳步推进创新转型，实现业务重心“下海”。其他金融机构、中介机构和社会各界应全力支持和配合农业保险事业的发展。在农业保险财政补贴上，政府和财政应切实把加大农业保险投入当成各级政府“民心工程”和重点工作，从“为农民办实事”的政治高度给农业、农民一个实惠、实用、实际的保险保障。

（二）明确政府和有关各方的职责，整合各方面资源

推进农业保险是一项造福千家万户的系统工程、民心工程和民生工程，必须整合各方面资源，在这方面政府必须有所为。在中央《农业保险条例》尚未明确全国农业保险组织体系的“顶层设计”前，天津市应本着先行先试的精神，完成农业保险体系建设的顶层设计。根据天津市农业保险发展状况，制定和颁布政策性农业保险地方法规或行政规章，细化落实国务院《农业保险条例》的要求；用足用好中央赋予的先行先试优惠政策，积极沟通国家部委为天津市创新农业保险创造政策环境；设立政策性农业保险公司，明确其组织开展农业保险调研、规划、险种和险率确定、年度预算、组织政策宣传、统计分析、理赔等工作职责；建立市、区县两级常设农业保险牵头协调机制，明确各级政府及相关部门、商业保险机构的责任和义务；建立地方财政补贴筹集、使用和监管制度，为农业保险建立长期、稳定、可持续的财力保障，对市场形成稳定预期；明确保险机构从事农业保险业务、中介机构从事相关业务的营业税、所得税等税费优惠政策，以及开办费、营运费用和业务存量增量奖励政策；明确对市相关部门、区县政府及相关部门和保险机构的考核评价制度；建立全市统一的农业防灾减灾体系和巨灾保障、救济和灾害补偿机制；整合农业技术部门、农业病虫害监控防疫机构、气象部门、地质灾害监控机构等部门资源，通过天气预报、灾害预测等手段给予农业保险经营主体全面的技术支持，形成信息共享机制；不断完善部门联动机制，提高农业保险制度的运行效率，提高各方开办农业保险业务的积极性。

（三）创新农业保险发展理念和原则

结合天津市的产业结构、农业发展实际和政府财力情况，依据先行先

试的精神，天津市应立即将农业保险工作由试点转入全面推进，将农业保险发展的原则由“低费率、低保障、广覆盖”调整为“低费率、适度保障或全保障、全覆盖”，构建具有天津特色的面向农民、农业和涉农企业的全方位、多层次的农业保险服务体系。通过中央和地方财政补贴以及构建有效的农业保险商业模式，在确保低费率的前提下，实现农业保险覆盖全体农民、农村经济组织和农业生产、加工、物流企业，覆盖包括种植业、养殖业在内的农业各子行业和业态；农业保险的保障水平提高到保障全部直接物化成本，并将超过直接物化成本的部分一并予以保障。在农业保险的发展理念上，依据天津实际和试点工作取得的经验，将“政府引导、市场运作、农民自愿、协同推进”的工作思路调整为“政府引导、市场运作、组织推动与农民自愿相结合、协同推进”，找准政府、市场、农民的契合点，加快推进天津市政策性农业保险工作步伐。

（四）全面推进农业保险的全覆盖

在做好现有政策性小麦等 8 个险种的基础上，开齐全部 15 个中央财政补贴险种，用足用好中央补贴政策。除此之外，结合天津市农业产业结构和业态特征开发地方特色险种并给予地方财政补贴，开发蔬菜保险、果园保险、“宝坻三辣”保险、蓟县特色林果业保险；针对天津临海特点，开发盐业、渔业、渔船、渔民、渔工责任等保险；针对观光农业，开发观赏鱼、观赏花卉、农家乐等保险；针对农业产业园区、示范园区等设施农业，开发“作物 + 财产”一篮子保险品种；针对农房、农机，按照政府部分或全额出资、全市统保的方式，开展农房、农机保险；针对林权，按照“商业性信贷 + 政策性信贷 + 森林保险”组合模式开设保险；结合新农合、新农保发展，开发面向农村市场分散性客户的意外伤害险、小额人身险、小额健康险，为农民的流动、就业和工伤等提供较为全面的风险保障；积极开发和推广“银保富”、“证银保”等特色组合产品，引入银行和证券服务，进一步拓宽农业保险业务领域，放大财政资金的支农扶农效应。力争通过 3 年左右的时间实现天津市农业保险可保险种、可保人群、可保财产和可保资源的“横到边、纵到底”的全覆盖。

（五）完善农业保险的市场体系和商业模式

在先行先试的精神指引下，在天津市农业保险领域试行产险、寿险和健康险混业经营；试行农村信用社、村镇银行等金融机构县域网点试办或代理农业保险的综合经营和农资部等代理农业保险或从事保险经纪业务，实现银保资源统筹规划和网点等渠道共享，既可弥补农业保险和农业信贷的巨大人力成本和风险成本，又可解决因无担保、无抵押引发的农民“贷款难”和银行“难贷款”的困境，实现农村土地流转、农业小额信贷、政策性农业保险三大农村发展新路径的良好结合，达到保险的保障作用与信贷的融资功能的有效结合，实现为农业发展和农民致富融资、农业风险保障和银行信贷风险可控的“三赢”效果；推进中央补贴险种、地方特色险种和商业农险险种的多种组合产品开发，利用商业性保险放大农业保险的灾害补偿作用和基本保障效用；推进种养两业险、农机具保险、农房统保、特色设施农业、观光农业和生态农业险、农民家财和一般财产险、寿险、农民短期健康险与人身意外险交叉营销，开发自然灾害公众责任险等新型政策性农业保险品种，以强化面向客户的综合服务能力，扩大农业保险外延，实现以险（如赔付率较低的住房险）养险（如赔付率较高的种植业险）；按照政策性业务商业化运作的模式，通过政府补贴、以险养险、多种经营和交叉销售实现农业保险的商业可持续发展。建立基础互助保险、中层公司保险和政府巨灾保障兜底的多层次农业保险体系，互助保险初保、保险公司分保和政府自身提供巨灾保障及政府再保险机构再保系统连接的“三级火箭”推进机制，以发挥天津市农业保险制度的保障作用，大幅提高农业保险能力和资金运用效率。要立足天津、面向全国引进和建立保险公估等中介机构体系，完善农业保险的市场体系。通过发起设立和引进部分优质国内外从事农业保险业务的商业保险机构，引入适度竞争，打破天津市政策性农业保险独家承保的局面，改变农业保险市场发育不充分、市场主体缺乏降低运营成本的压力和动力、农业保险难以满足广大农民的保险保障需求，也难以集中和分散经营风险、深化服务网络的状况。探索符合天津特色的可持续的商业模式是实现天津农业保险商业可持续发展的必要条件。

（六）加强农业保险风险管理

农业保险的复杂性不仅体现在其展业、承保、防灾减损、理赔等业务经营层面，更主要的是农业保险具有很强的政策性，要求跨部门协调。强化农业保险风险管理，需要建立健全风险预警机制。政策性农业保险公司应加强与气象、地质、水利等相关部门的联动合作，密切关注与农业生产有关的预警信息和数据信息，加强分析预判，建立农业保险风险预警机制。政府及相关部门要加大防灾减灾投入，同时考虑在一些农业保险覆盖面较大的区县加快引入人工干预天气等防灾减灾手段，提高防灾减灾质量和效率。保险公司应依据历年来农业保险开展情况，认真总结农业保险在应对各类自然灾害中的经验，积极协助相关单位开展防灾减灾工作，帮助农民提高抗御风险的能力。

（七）建立巨灾风险分散和灾害补偿机制

农业风险具有不确定性和高度关联性，一旦发生就会导致巨大损失，使农业保险的经营主体减少准备金和资本金，甚至使农业保险经营主体的财务出现危机，影响政策性农业保险的可持续发展。因此，在中央尚未明确巨灾风险分散机制前，天津市应先行先试，着手建立政府主导下的现代农业巨灾风险基金和农业再保险体系。农业巨灾风险基金的筹措渠道是：(1）在基金成立之初，由市、县区两级政府一次性拨入一定金额作为农业保险风险基金的最低准备；(2）每年提取一定比例的支农资金、救灾基金和农业补贴资金作为农业保险专项基金；(3）由农业龙头企业出资补贴；(4）农业保险经营机构在税前从经营盈余中扣除一定比例的资金作为保险风险基金；(5）从农业保险经营机构交纳所得税等税费地方留存部分提取一定比例，充实农业保险风险基金。通过逐年累计下来的农业保险风险基金，在普通年份不动用，实行单独立账，独立核算，专户专储，专款专用，专项管理。另外，应加快政策性农业保险的分保和再保险体系建设和产品推广，通过市场化机制分散政策性农业保险经营主体的风险，有效减轻政府的农业巨灾风险的财政负担。可由保险公司安排分保险和再保险，切实防范和化解农业保险风险。比如渔业保险，可由保险公司与渔业协会按6∶4比例实行共保。

（八）创新和完善保险经营主体的经营模式

农业保险与农户贷款和小微企业贷款具有极其相似的单体业务量少、客户分散化、风险度高的固有特征，决定了其经营模式必然不能复制普通财险的批发业务经营模式，而应结合自身特点，借鉴农户贷款和小微企业贷款“六项机制”为主体的零售业务经营模式，建立独立于其他业务的农业保险专营机构或垂直的专业业务条线。一是经营主体必须视农业保险领域为“蓝海”，初期必须投入较大人力、物力、财力和精力，并对风险损失设立一定的容忍度；二是组织架构上，必须改造现有科层式组织架构，以事业部（项目组）制为基础，实行组织机构扁平化、业务操作流程化和保险产品标准化，减少组织层级，实现人员、机构、业务重心“三下沉”以应对客户“小、散、急、频”的需求特征；三是风险管理上，要以防范道德风险和操作风险为重点，借鉴住房按揭贷款、农村信用工程建设和小微企业信贷的管控模式开展业务；四是采取国库“单一账户”和银行贷款“受托支付”的思路防范非农民虚假投保和骗取财政补贴行为；五是营销模式上借鉴小微企业信贷模式，以“供应链+现金管理”、“公司+农户”、“商圈”、农村经济组织、专业合作社和乡镇、村民小组等为依托的“批量开发”整体参保模式，以降低人力成本；六是在服务模式上，充分发挥“批量”投保的优势，采取定制承保、理赔的绿色通道以降低人力成本和信息不对称问题；对于分散的、非集约化的家庭农业生产方式，建立“标准化”的农业保险服务模式和流程，实现四到户（承保收费到户、凭证发放到户、损失确定到户、赔款支付到户）、两公开（承保信息公开，理赔结果公开）；七是在渠道建设上，结合天津市示范小城镇建设、“三区”联动和“三改一化”实际，保险机构必须加大基层投入，明确专项资金用于农村网点的优化布局和改造升级，加快农村网点布局建设。加大对基层队伍建设和基层服务网络建设的支持力度，加强对基层人员培训、展业工具、信息技术等方面的资源投入，拓宽农业保险营销渠道，适时发展农业保险电销网销，构建门店营销、保险超市，逐步将城网农网等实体渠道与电销网销等新兴渠道、发展传统营销与尝试发展门店营销、保险超市等新型服务渠道有机结合；八是在激励机制上，保险公司应借鉴银行

"经济增加值（EVA）和风险调整后的收益（RAROC）"考核理念，建立以经济增加值和市场渗透率、市场占有率、钱包占有率，以及客户满意度相结合的、有别于批发业务的绩效考核体系，明确基层服务建设刚性目标和奖惩措施，把政策性农业保险办成阳光保险，有效促进农业保险产品、服务和人员"三下乡"；九是在核算机制上，农业保险在保险公司内部应单独立账，独立核算，专户专储，专款专用，设立单独的风险容忍度和拨备政策；十是在费率设置上，应建立和逐步完善浮动费率调整机制，建立农业保险标的市场价格评估机制，采取盯住"一篮子市场价格和产量"的方式和触发机制，定期（如每季度）开展评估，比照"成品油调价机制"动态调整保险金额和保费，以控制道德风险；十一是扩大农业保险宣传和人才培养，激发保险需求，提高展业能力，降低操作风险。

原载《天津经济》2013 年第 5 期